Komitee für Grundrechte und Demokratie

Trotzdem: Menschenrechte!

Komitee für Grundrechte und Demokratie (Hrsg.)

Wolf-Dieter Narr

zusammen mit Dirk Vogelskamp

Trotzdem: Menschenrechte!

Versuch, uns und anderen nach nationalsozialistischer Herrschaft Menschenrechte zu erklären

Impressum

Herausgeber und Bestelladresse:
■ Komitee für Grundrechte und Demokratie e.V.
Aquinostraße 7 – 11 • 50670 Köln
Telefon 0221 972 69 30 • Fax 0221 972 69 31
info@grundrechtekomitee.de
www.grundrechtekomitee.de

Druck und Herstellung: hbo-Druck • Einhausen
1. Auflage: Mai 2012

Umschlagfoto: Stacheldrahtzaun in Auschwitz 1989
monster 4711 | CC

Wir danken der Ullsteinverlage GmbH für die Abdruckgenehmigung von: Wassili Grossmann, Die Sixtinische Madonna (hier S. 85-95). Aus: Wassili Grossmann: Tiergarten. Erzählungen. Aus dem Russischen von Katharina Narbutovič, Berlin 2008, S. 119-130.

Preis: 18,- €

ISBN 978-3-88906-137-9

Hanne und Klaus Vack in überdauernder politisch-persönlicher Freundschaft

Inhalt

Vorwort

Das Menschenrechtsbuch ist anlässlich des 30. Gründungsjahres des Komitees für Grundrechte und Demokratie 2010 entstanden. Ein erster Entwurf lag im Juli desselben Jahres vor. Er blieb liegen. Erst im Laufe des Jahres 2011 wurde er überarbeitet und ergänzt.

Verweise auf Bücher wurden verschieden gehandhabt. So etwas wie ein wissenschaftlicher Apparat wurde nicht installiert. Bücher und Materialien, die genannt werden, sind den Interessierten mühelos in Zeiten von Internet und Google auffindbar. Das gilt ebenso für die zahlreichen Texte, die wir uns zu eigen gemacht und dokumentiert haben. Wir stehen auf vielen Schultern. Sollte das Informations- und Schulternsuchen der einen oder dem anderen je ärgerliche Mühen bereiten oder bestünden zusätzliche Nachfragen, sind Verfasser und mitarbeitender Freund, Wolf-Dieter Narr und Dirk Vogelskamp, jederzeit über das Komiteesekretariat anschreibbar. Zwischen „ich“ und „wir“ wechselt das nicht nur grammatische Subjekt.

Viele der Gedanken und Bezüge finden sich in den Jahrbüchern des Komitees von 1983 bis 2009 oder anderen komiteelichen Publikationen (und unseren damit verbundenen Nadelstichaktionen).

Bedanken möchte ich mich vor allem bei meinem komiteelichen Mitstreiter und Freund Dirk Vogelskamp. Er hat sich so sehr anregend und korrigierend um das zu närrisch geratene Manuskript verdient gemacht – von dem immer noch viel, zu viel bleibt –, dass ich ihn, wenn schon nicht zum Koautor zwingen, so doch als eigenständigen Mitarbeiter erwähnen wollte und musste. Martin Singe, mir nah und seit Jahrzehnten komiteelicher Mitarbeiter, hat dankenswerter Weise das Manuskript geprüft. Friedemann Vogel, frisch promovierter Linguist, mit dessen Elan mir vorübergehend notwendige Elemente der Universität, menschenrechtsferner denn je, punktuell neu belebbar erschienen, hat mit kritischen Anmerkungen den Text befördert. Gewidmet ist das Büchlein Hanne und Klaus Vack. Ohne sie wäre weder das Komitee entstanden, noch wäre mir „unser“ Politikbegriff je so klar und plastisch geworden. Von ihm sind Klaus und ich bis heute, alt geworden, in sprachlos sprachlichem Fundamentalkonsens mit 30 Jahre lang fast täglich handelnder Spitze durchdrungen. Mögen die Jungen,

Kinder und Enkelkinder, eigenständig, eigensinnig, das ihnen Wichtige zur eigenen Orientierung und Anregung entnehmen und menschenrechtspraktisch besser machen.

Von allen Büchern und Aufsätzen ist mir dieses Elaborat am schwersten gefallen. Und hält zweifelnd an. Es geht um Grundlage und Horizont von Orientieren, Urteilen und Handeln. Der Triade von Fähigkeiten, die Menschen auszeichnen, wenn sie ihren Möglichkeiten und ihrem Anspruch gerecht werden. Und die geschichtlich dauernd irrtümlich ausfallen, menschlicher Maße entbehren, die herrschaftlich und indolent blockiert werden. Welches Schindluder wird nicht täglich mit dem Pathos der Menschenrechte betrieben. Ein Gespinst aus Rationalisierungen, Instrumentalisierungen und Lügen. Das wuchert geradezu allwärts. Kann man über Menschenrechte, ihr angemessenes, in Urteilen und Handeln übersetztes Verständnis überhaupt reden, ohne sich in Lügengespinste zu verheddern? Und sei es nur dadurch, dass man von ihnen handelt, als käme ihnen ein größeres Wirklichkeitsgewicht zu. Man verstärkte damit nur ihr betäubend verführerisches Parfüm. Das täuschte und täuscht über die harten Widersprüche hinweg. Keine Ariadne steht bereit, keine mythische Kennerin des Herrschafts- und Täuschungslabyrinths zahlreicher Ebenen, voll des Menschengetümmels, hin zu Wegen ins Freie zu geleiten. Sie zu finden und zu gehen zu suchen, ist menschlich.

Berlin, im Winter 2011

Wolf-Dieter Narr

„Denn wie soll man die Menschheit anders heilen, als indem man ihr die ganze Fäulnis zeigt, wie soll man die Welt anders läutern, als indem man ihr das Ausmaß des Bösen, das sie begeht, begreiflich macht? Alles ist eine Frage des Begreifens. Diese Wahrheit ist es, was mich ängstigt und quält. Nicht durch den Krieg wird man das Leid rächen: Blut schreit nach Blut, die Menschen verwurzeln sich in ihrer Bösartigkeit und in ihrer Blindheit. Könnte man den schlechten Menschen das Böse, das sie tun, begreiflich machen, könnte man ihnen ein unparteiisches und vollständiges Bild davon geben, was den Ruhm des Menschen ausmachen sollte!“

Hélène Berr in ihrem Tagebuch am 10. Oktober 1943.[1]

Einleitung

Menschenrechte – Das Nötige, das schwer zu machen ist

Menschenrechte bezeichnen begriffliche Kapseln. In ihnen sind menschliche Bedürfnisse eingefangen. Sie werden im Geflecht der natürlichen und sozialen Bedingungen aktualisiert. Das macht Spaß. Das kostet Anstrengung. Oder Menschenrechte werden blockiert und verfehlt. Andere Bedürfnisse obsiegen. Sie schaffen Ungleichheit. Geschichtlich überwiegen Herrschaft, Ausbeutung und Ungleichheit unter den Menschen. „Die Begierde zu haben und auch zu herrschen“ (I. Kant) äußert sich überlegen. Zusätzlich wechseln die Bedürfnisse der Menschen. Sie sind so vielfältig wie die Menschen, die gelebt haben, leben und leben werden. Darum kommt es auf die einzelne Person an. Ihr Ergehen, ihre Lebensbedingungen bilden in der alle Menschen umfassenden Vielheit das Maßverhältnis schlechthin. Dieses Maß geben Menschen sich selbst. Täglich wird es neu praktiziert. Oder verfehlt.

Wenn wir von Menschenrechten als Fundament reden, haben wir keinen verbindlichen und eindeutigen Kanon im Sinn. Menschenrechte kanonisch zu verstehen, zerstörte ihre freiheitliche, ihre gestalterische Qualität: kollek-

[1] Hélène Berr, Pariser Tagebuch 1942-1944, München 2011, S. 169 f.

tiv und individuell. Wir befinden uns in einer langen, einer brüchigen Tradition. Sie hebt an mit den ersten Menschen. Frauen, Männer und Kinder wie wir, und zugleich durch veränderte Umwelten Jahrtausende geschieden. Die den Menschen sozialökologisch eröffneten oder verschlossenen Nischen sorgen für menschliche Wirklichkeiten die Fülle. Natürliche und soziale Umwelten ermöglichen es, dass Menschen, Anderen zugetan, Vorbildliches schaffen. Sie bewirken, dass sich Menschen selbst untertreffen. Sie erlauben es, andere Menschen zu morden, menschlich unmenschlich zu handeln.

Menschengemachte Kulturen verbinden und trennen. Die kontinuierliche und zugleich diskontinuierliche Tradition lässt gewahr werden, was den fülligen und abgründigen Raum der Menschen ausmacht. Sie lässt einsehen, wie sich die Bedürfnisse wiederholen und sich zugleich bis zur Unkenntlichkeit wandeln. Kurz: sie macht darauf aufmerksam, dass die Menschen in ihrer Körperlichkeit, ihrer Psyche, ihrem Verstand ihnen notwendige Organe und darin metaphorisch und nicht metaphorisch sitzende Bedürfnisse haben. Sie sind nur um den Preis von menschlichen Entwicklungsprozessen zu versagen – mit verelendendem und tödlichem Ausgang. Die kurven- und katastrophenreiche Tradition macht außerdem offensichtlich, dass das, was wir heute unter Menschenrechten mit unterschiedlichen Varianten verstehen, ständig neu erfunden und neu errungen werden muss. Menschenrechte sind wie Menschen nie fertig. Sie sind nie definitiv erreicht. Sie sind nie ein für alle Mal verloren. So sehr gilt, dass Menschen ohne sie zugrunde gingen und zugrunde gehen. Menschenrechte sind wie das Leben von Menschen prekär und voll lockender Entgrenzungen gegebener Grenzen. Die rumorenden Bedürfnisse sind unersättlich. Und doch nähern sich Menschen nur den Versprechen, die im Begriff Menschenrechte enthalten sind, wenn sie ihre Grenzen unter den gegebenen Bedingungen menschengemäß gestalteten. Damit verlören solche Grenzen ihren negativen Sinn. Sie machten frei.

Menschenrechte sind also keine von äußeren oder höheren Instanzen gegebenen „Rechte“. Sie fassen menschliche Bedürfnisse in einer begrifflichen Form, die den Namen „Menschenrechte“ erhalten haben. Darum werden sie nur gewonnen, werden in Grenzen erreicht oder verloren, wenn wir und andere sie zu fassen und sie zu verwirklichen suchen. Darum thronen sie nicht als allgemein verbindliche Normen über den Menschen. Sie sind allgemein nur, indem sie allen Menschen in ihrer physischen, psychischen und intellektuellen Befindlichkeit entsprechen. Sie sind nur allgemein, wenn sie und in dem Maße wie sie von den konkret-besonderen Personen in ihren gesellschaftlichen Kontexten verwirklicht werden. Spricht man daher von Menschenrechten und den Subjekten/Objekten, denen sie „gehören", den Menschen, ist auf ein Doppeltes zu achten. Zum einen, dass man menschenrechtliche Normen gleichursprünglich in ihre materiellen, physischen und sozialen Bedingungen übersetzte. Nur dann kann man dem sozialen Körperwesen zwischen Geborenwerden und Sterben gerecht werden. Zum anderen gilt: menschenrechtliche Sitten übersteigen alltägliche Erfahrungen. Sonst ließen sich keine allgemeinen Regeln formulieren. Sonst wäre schon der allgemeine Ausdruck „Mensch" nicht möglich, der alle Wesen mit bestimmten Kennzeichen zeit- und raumübergreifend bezeichnen soll. Die überempirischen, meta-physischen Normen, die über die empirisch fassbare Physis hinausreichen, werden in Raum und Zeit menschenwirklich erst, wenn sie vermittelt werden durch soziale Bedingungen, die ihnen korrespondieren. Eine Physik der Sitten. Erst diese verhindert, dass allgemeine Normen zu beliebig verfügbaren abgehobenen Postulaten erstarren. Damit wird's möglich, dass die Allgemeinheit der Menschenrechte alle Menschen aller Zeiten durch ein mögliches Maßverhältnis in Raum und Zeit verbindet, zugleich aber über Raum und Zeit hinausreicht.

„Ich bin, aber ich habe mich nicht, darum werden wir erst", formulierte Ernst Bloch. Menschen sind nicht zeit- und ortsfixiert versessen. Sie entwickeln und verändern sich in gesellschaftlichen Umständen zwischen nicht klar und eindeutig fixierten Anfangs- und Endpunkten. Zwischen Geburt und Tod, zwischen Werden und Vergehen. Die Lernfähigkeit der Menschen erhellt – selbst ein zentrales Menschenbedürfnis –, warum sich menschliche Bedürfnisse individuell und kollektiv ändern. So Menschenrechte Gesellschaften konstituieren und regulieren, besitzen sie ein utopisches Element. Nicht nur gilt in allen uns bekannten Gegenwarten von Menschen, dass sich in ihnen nie menschliches „Glück" kollektiv und damit individuell dauerhaft ereignete. Vielmehr bleiben gesellschaftliche Räume und ihre Zeiten utopisch. Sie sind erst noch auszubauen und zu erfüllen. Das macht Menschenrechte wider alle statischen Beschränkungen zur kollektiven wie individuellen Unruhe. Man denke an die Trikolore der Französischen Revolution – Freiheit, Gleichheit, Geschwisterlichkeit. Verknüpft mit Bedürfnissen, die in Menschen gären, orientieren Menschenrechte, indem sie gegebene Zustände transzendieren. Das verleiht ihnen ihre kritische Kraft. Sie heischt, die gegenwärtigen Bedingungen über sich hinauszutreiben. In diesem Sinne entsprechen die Menschenrechte Gotthold Ephraim Lessings Ringparabel, die Nathan der Weise erzählt. Sie enthalten das Gold menschlicher Wahrheit im Sinne gelungenen kollektiven und individuellen Lebens. Aber sie entziehen sich, will man sie endgültig fassen. Sie weisen den Weg heute schon, sucht man sie zu verwirklichen. Sie rücken jedoch immer erneut durch ein „Noch-Nicht" in die Ferne.

Lessings Nathan eingedenk, wollen wir Begriff und Praxis der Menschenrechte dimensional unterschiedlich näherrücken. Die Dimensionen werden durch Zwischenüberschriften gekennzeichnet. Die Aspekte durch durchgehende arabische Nummerierung. Im Text finden sich des Öfteren Einschübe verdichteter Argumente. Sie sollen hin und wieder Schlüsselausdrücke klären. Stolpersteine des Eingedenkens.

Erster Einschub: *Menschen-Rechte*

Der Ausdruck „Menschenrechte" ist alles andere als klar und eindeutig. Diese Feststellung gilt für fast alle Begriffe, an deren vermeintlichem Gehalt wir uns orientieren und die wir täglich wie selbstverständlich gebrauchen. Daraus erwachsen Missverständnisse und Täuschungen. Daraus erklärt sich, warum unter dem Begriff „Menschenrechte" Widersprüchliches verlangt und getan werden kann. Es ist nicht möglich, einen eindeutigen und klaren Begriff zu gewinnen. Ambivalenzen bleiben immer. Gerade darum sind hauptsächliche Merkmale des ungefähren Begriffs wenigstens zu klären. Damit Missbräuche erkannt und verdrehter Gebrauch in Grenzen gehalten werden können.

Der Ausdruck „Menschenrechte" ist aus zwei Hauptwörtern zusammengesetzt: „Menschen" und „Rechte". Bevor sie in einem Substantiv, der Bedeutungen voll, zusammenbenutzt werden, sind ihre selbstständigen Teile einzukreisen. Im Ausdruck Menschen-Rechte, deutsch als Menschenrechte, gewinnen sie eine zusätzliche Qualität.

Mensch, Menschen. Das ist eine hohe und zugleich umfassende Abstraktion. „Hoch" ist sie, weil von einer Fülle historisch-empirischer Eigenschaften von Menschen mit der Kunst der Abstraktion abgesehen wird. Menschen, wie sie gestern, heute und morgen leb(t)en, wachsen aus solchen historisch empirischen Eigenschaften zusammen. Zusammengewachsen, also konkret (konkret: aus concrescere, zusammenwachsen, sich verdichten). „Umfassend" ist der Begriff Mensch/Menschen, weil er alle Wesen benennt, die folgende Merkmale besitzen: organisch gewachsen, der Spezies homo sapiens zugehörig; Wesen, die von Natur aus als „extreme Nesthocker" mit Kopf und Hand geschaffener Kultur bedürfen; Organismen, mit der Fähigkeit ausgestattet, sich sprachlich Wirklichkeit anzueignen, zu verständigen und rückwärts Vergangenheit wie vorwärts Zukunft zu denken. Soweit, so unzureichend, aber heute überwiegend menschenweit einverstanden.

Wie steht es aber mit der Abgrenzung zu anderen organischen Wesen, angefangen mit den Affen, den Hunden ...? Dazu wird es eines eigenen Einschubs bedürfen. Nicht erst seit Darwin und der bisher bekannten Geschichte der Evolution wissen wir, dass es trotz aller Differenzen zwischen Tieren und Menschen kontinuierliche Übergänge gibt.

Vor allem aber: wie steht es mit den natur- und kulturgegebenen Eigenschaften, mit natürlichen und Jahrtausende lang aufgeherrscht verinnerlichten Unterschieden in der abstrakten Spezies „Mensch"? Was geht im abgehobenen Ausdruck „Mensch" an Besonderheiten verlustig? Umgekehrt, welche Besonderheiten müssten in ihm aufgehoben werden? Immer erneut umstritten, sind wir erst in der weiteren, ins 17. und 18. Jahrhundert zurückreichenden Gegenwart über die zuvor natur- und herrschaftswüchsige Gleichheit in der Differenz zwischen Männern und Frauen aufgeklärt worden, genauer: im Prozess der Aufklärung. Frauen waren zuvor Jahrtausende lang und in den meisten Regionen der Erde Menschen zweitrangiger „Natur". Ihre Differenz wurde ihnen als Mangelerscheinung zugeschrieben. Weil der Mann die Norm bestimmte und als Normalität herrschte. Auf der Frau-Mann-Waage des Menschen wurde Frau mit geringerem Gewicht angezeigt. Erst im Laufe der letzten Jahrhunderte wissen wir: Menschenrechte sind gleichursprünglich und gleich-gültig: Männer- und Frauenrechte. Bedeutet das aber, dass es unter dem Gewölbe der allgemeinen Menschenrechte zwei Subspezies Frauen- und Männerrechte mit demselben Anspruch gibt? Worin bestünde die Differenz? Bewirkt der kleine, aber geschlechtsentscheidende Unterschied verschieden akzentuierte „Menschenrechte" mit unterschiedlichen Türschildern? Oder müssen die seither geltenden Menschenrechte im Herrenanzug nur modisch erweitert werden? Oder: Hosen anziehen? Gleichberechtigung! Wie steht es aber mit den Rechten, die aus der natürlichen und historisch gewachsenen Differenz („gender") der Frauen herzuleiten sind? Die Klammer im Titel eines einschlägigen Buches – „Menschenrechte haben (k)ein Geschlecht"[2] – wird in einem zusätzlichen Einschub ein Stückweit ausgelegt werden müssen.

Damit der Besonderheiten in der Allgemeinheit nicht genug. Die (modernen) Menschenrechte sind im europäisch-angelsächsischen Okzident formuliert worden. Den Geburtsstempel tragen sie, etwas blasser geworden, heute noch. Zwar wird ihr universeller Anspruch nicht mehr rassistisch/ethnisch beschränkt (oder nur noch selten und unter vorgehaltener Hand). Das geschah modernelang bis tief ins 20. Jahrhundert im Sinne von allgemeinen Rechten des weißen und in der Regel besitzenden Mannes. Stempel und Stempelkissen jedoch sind noch heute ‚westlich' strukturiert und imprägniert. Was hat es mit den kolonialistischen Elementen im Vatermal der Menschenrechte auf sich? Die unterschiedlichen Erfahrungen und Traditionen nicht westlicher Völkerschaften afrikanischer, asiatischer, orientalischer, indigener Herkunft sind kaum berücksichtigt worden. Darum muss der Begriff der Menschenrechte allen imperialen Ansprüchen entgegen, so sublim sie sein mögen, neu bedacht werden. Ein eigener Einschub wird die hauptsächlichen Aspekte zusammendrängen.

Wie steht's mit dem zweiten Kompositionselement, den Rechten? Was meint Recht? Modernes Recht – in europäisch-angelsächsischen Ländern verschieden geformt – zeichnet sich dadurch aus, dass es

---

[2] Ute Gerhard, Mechthild Jansen, Andrea Maihofer, Pia Schmid, Irmgard Schultz (Hrsg.), Differenz und Gleichheit. Menschenrechte haben (k)ein Geschlecht, Frankfurt/M. 1990.

vom modernen Staat gemäß seiner Verfassung gesetzt wird. Es wird als Recht des Staates verstanden (auch dort, wo es Privatrecht u. ä. m. ist). Als staatsgesetzte Norm ist es mit dem Anspruch verbunden, allgemein zu gelten und legitim zu sein, sprich von allen Mitgliedern und Unterworfenen eines Staates als gerechtfertigt, wenn nicht als gerecht angesehen zu werden. Dieser Anspruch wird durch das staatliche Monopol legitimer physischer Gewalt garantiert. Worin immer die Motive des Rechts, seine Geltungsgründe, mitsamt den mit ihm verbundenen Erwartungen bestehen mögen, das staatlich gesatzte und durchgesetzte Recht ist in Entstehung und Funktion staatsgewaltgeprägt. Wenn Menschenrecht staatsgesatztes und staatssanktioniertes Recht bedeutete, dann wäre es im Kern herrschaftlich. Zusammen mit dem staatlichen Souveränitätsanspruch wäre es von vornherein kriegerisch geprägt. Hat der Rechtsausdruck im Kompositum „Menschenrecht" diese restriktive herrschaftliche Bedeutung? Zunächst nicht. Die Aufklärer, die die Menschenrechte begründeten, verstanden unter ihnen vorstaatliche Rechte. Diese vor- oder außerstaatliche Qualität wurde naturrechtlich begründet. Im heutigen Gebrauch werden aber die natur- und die staatsrechtliche Bedeutung häufig miteinander vermischt. Das hat folgende Bewandtnis. Dort, wo seit Ende des 18. Jahrhunderts (Staats-) Verfassungen formuliert worden sind, sind Menschenrechte Teil der Verfassungen geworden. Außerdem gibt es über Gruppen von Privatleuten und darauf geeichte Vereine hinaus keine Instanz außer Staaten, die Menschenrechte im Rahmen ihres Staatsgebiets nach ihrem Interesse durchsetzen könnten. Menschenrechte, staatliche Verfassungen wie kapitalistische Ökonomie sind alle Teil der eigenartig westlichen Rationalität der Moderne.[3] Anders gesagt: die Menschenrechte als Begriff wurden im Kontext des modernen Staates formuliert. Sie besaßen eine staatskritische Ausrichtung als Abwehrrechte des Individuums, das seinen primär ökonomisch und insoweit rational verstandenen Interessen ungehindert und darum frei nachgehen wollte. Menschenrechte als bürgerliche Mannesansprüche enthielten eine ‚den' Staat auf den

[3] Zu einer kurzen Erläuterung der Genese und Eigenart der modernen westlichen Rationalität vgl. klassisch Max Webers „Vorbemerkung", in: ders., Gesammelte Aufsätze zur Religionssoziologie I, Tübingen 1920, S. 1-16.

Plan rufende Absicht. Besitzbürgerlich verfasste Staaten sollten ihren schützenden, kontrollierenden und widrigenfalls durchsetzenden Untersatz bilden. Daraus ist zu erklären, dass Menschenrechte nicht als Maßverhältnis staatlicher Politik begriffen wurden. Vielmehr wurden und werden Staaten geradezu als Menschenrechtsbeauftragte begriffen. Entsprechend werden Menschenrechte staatspolitisch instrumentalisiert. Diese Instrumentalisierung ist dann durchgehend gegeben, wenn von „Grundrechten" die Rede ist. Sie werden von vornherein als Rechte verstanden, die von der Staatsverfassung gegeben worden sind.

Kurzum: der Ausdruck Menschenrechte ist voll problemschwerer Wackersteine und Uneindeutigkeiten. Der Charakter ihrer Allgemeinheit ist durchaus problematisch. Mit der westgeprägten Allgemeinheit können Menschengruppen nicht passender Besonderheiten unterschlagen oder unterworfen werden. In diese Allgemeinheit können Besonderheiten nicht aufgenommen und Lebensrechte von Menschen entsprechend verweigert werden, die sich dem Allgemeinanspruch nicht fügen. Darum ist es geboten, dem jeweiligen Gebrauch genau auf die Begriffshände und seine Rechtfertigungen zu schauen.

A. Zur Genese der Menschenrechte

1. Menschenrechte bürgerlich beschränkt

Die Entstehung sozialer Phänomene, wie das Aufkommen neuer Begriffe, lohnt untersucht zu werden. Buddelt man im Entstehungszusammenhang, lassen sich die Interessen auffinden, die dazu beitrugen, eine Sache zu erkennen, zu benennen und sie in ihrer Interessenperspektive beurteilen zu lassen. Die ‚ursprüngliche' Entstehungsursache mag abgestorben sein. Veränderte Motive könnten an ihre Stelle getreten sein.

Nach einigen Etappen der adeligen, der bäuerlichen und der bürgerlichen Freiheitssuche wurde vor der Gründung der USA nach dem Krieg mit „dem Mutterland" England die erste Erklärung allgemeiner Menschenrechte, „The Declaration of Independence", am 4. Juli 1776 verkündet.

Ihr hauptsächlicher Verfasser: Thomas Jefferson, später der 3. Präsident der USA.

„Wenn es im Zuge der Menschheitsentwicklung für ein Volk notwendig wird, die politischen Bande zu lösen, die es mit einem anderen Volke verknüpft haben, und unter den Mächten der Erde den selbständigen und gleichberechtigten Rang einzunehmen, zu dem Naturrecht und göttliches Gesetz es berechtigen, so erfordert eine geziemende Rücksichtnahme auf die Meinung der Menschheit, dass es die Gründe darlegt, die es zu der Trennung veranlassen.

Folgende Wahrheiten erachten wir als selbstverständlich:

Dass alle Menschen gleich geschaffen sind;

dass sie von ihrem Schöpfer mit gewissen unveräußerlichen Rechten ausgestattet sind;

dass dazu Leben, Freiheit und das Streben nach Glück gehören;

dass zur Sicherung dieser Rechte Regierungen unter den Menschen eingesetzt werden, die ihre rechtmäßige Macht aus der Zustimmung der Regierten herleiten;

dass, wann immer irgendeine Regierungsform sich als diesen Zielen abträglich erweist, es Recht des Volkes ist, sie zu ändern oder abzuschaffen und eine neue Regierung einzusetzen und diese auf solchen Grundsätzen aufzubauen und ihre Gewalten in der Form zu organisieren, wie es ihm zur Gewährleistung seiner Sicherheit und seines Glückes geboten zu sein scheint.“ [4]

In den ersten 1 ½ Absätzen ist das enthalten, was sich später als liberaldemokratische Verfassung samt ihren Menschenrechten entwickelte. Die individuellen Rechte gelten unausgesprochen, weil westwärts selbstverständlich, „nur“ den weißen, westlichen, besitzbürgerlichen Männern. Sie werden in eine Regierungsverfassung eingebettet, die durch die Zustimmung der Regierten legitimiert wird. Nur der besitzbürgerlich männliche Teil hat Stimmrecht. Gerechtfertigt werden die vorstaatlich aufgefassten Rechte durch „Naturrecht“ (vgl. nachfolgenden Einschub zum „Naturrecht“). Ohne ausdrücklich religiösen Bezug werden natürliche Evidenzen für Gleichheit und Freiheit bürgerlich allgemein angeführt. In die „Natur“

---

[4] Zit. n.: K. Peter Fritzsche, Menschenrechte, Paderborn [2]2009, S. 211.

werden eigene Vorstellungen und Interessen projiziert, die als „natürliche Gegebenheiten“ zurückgeholt werden. Dazu gehört eine politisch zusammengefasste Bevölkerung, vertreten durch eine selbst gewählte Regierung mit dem Anspruch, mit anderen selbstverfassten Bevölkerungen als organisiertes Kollektiv gleichberechtigt zu sein.

Zweiter Einschub: *Naturrecht, Naturzustand, Figur des Gesellschaftsvertrags*

„Natur“, alles, was Menschen prinzipiell fassbar, greifbar, erfahrbar vorgegeben und als eigene (menschliche) Natur mitgegeben ist, wird seit sprachlichen Überlieferungen metaphorisch gebraucht. Als Natur. Wie Natur. Im „natürlich“ Gegebenen, nicht menschlich Geschaffenen wird ein eigener Sinn angenommen. Sie wird zum eigenen naturgegebenen Maßstab vor und jenseits aller Metaphorik. Natur erscheint unverrückbar und dauerhaft. Schien es zuerst so, dass man von Menschen berührte, erfahrene, geschaffene Sachverhalte und Handlungen mit Naturvergleichen anschaulich und einsichtig zu machen suchte, wird nun „Natur“ zur unabhängigen Norm. Gesellschaftliche Vorgänge werden legitim, wenn sie „der Natur“ entsprechen. Natur wird zum menschlichen Maßverhältnis. Es trägt seine Gültigkeit in sich. „Der Natur gemäß“ – „die Natur“ hat gesprochen, die Sache ist erledigt. „Die Natur“ als Basis gültiger Standards äußert sich in den verschiedenen Konzepten des „Naturrechts“. Sie hängen mit religiösen Überzeugungen zusammen. Grundlage des katholischen Naturrechts bildet die Annahme einer analogia entis. Göttliche und irdische Wirklichkeit entsprechen einander. In der normsetzenden Parallelität zwischen Heiliger Familie und irdischer Familie lässt sich die Analogie, zu Deutsch: die wiederkehrende Logik, illustrieren. Das gilt unbeschadet der theologischen Komplexitäten, die darin stecken. Moderne naturrechtliche Annahmen reichen tief in die Antike zurück. Zum einen verlangen sie herrschaftskritisch ein naturgegebenes, mit früheren Zeiten verbundenes Leben einst gegebener allgemeiner Rechte (Allmende). Zum anderen geben sie im Gegensatz dazu „die Natur“ und ihnen gemäße menschliche Umstände frei. Damit die Gestaltung, Ausbeutung und Überwindung „der“ Natur von Menschen gemachte Zivilisation zulasse. Die verschiedenen Konstruktionen von ursprünglichen „Naturzuständen" und künstlich arrangierten „Gesellschaftsverträgen" vermischen beide Konstruktionsqualitäten. Sie treten in der europäisch angelsächsischen Aufklärung profiliert hervor: eine naturgegebene Gleichheit und Freiheit des (bürgerlich männlich vorgestellten) Individuums und ein Gesellschafts- als Verfassungsvertrag, geschlossen durch die Individuen. In ihm gelten originäre individuelle Freiheit und Gleichheit; sie werden vom Gesellschaftsvertrag und seiner eigenartigen Legitimation liberaler Herrschaft aufgehoben. Die bis heute, meist eher hintergründig gebrauchten Figuren des (Natur-)Rechts, des Naturzustands und Gesellschaftsvertrags sind in ihrer Legitimation und/oder Kritik etablierter gesellschaftlicher Formen aufzudecken und in ihren Interessen durchsichtig zu machen. Durchgehend zu beachten ist, dass das Reden über „Natur", ihre Eigenart und ihr gemäßes Verhalten von einer meist nicht aufgedeckten gesellschaftlichen Perspektive, ihren Prämissen und ihren Interessen bestimmt ist. „Die Natur" nehmen „wir" mit unserer interessierten Wirklichkeitssicht in Anspruch. Im Spiegel „der Natur" zeigen sich Elemente der Wirklichkeit, die sich nie restlos fassen lassen. Kant spricht „vom Ding an sich". Zusätzlich wird kund, Menschen und ihren Gesellungen gebricht es an einem klaren, eindeutigen, dauernd gültigen Maßstab. Darum die Suche nach einem solchen physisch und metaphysisch außerhalb.

*

Die Unterschiede der ersten zur wenig später folgenden Menschenrechtserklärung der Französischen Revolution (1789 die Trikolore: Freiheit, Gleichheit, Brüderlichkeit, fünf Jahre später: Freiheit, Gleichheit, Eigentum) spielen keine Rolle, will man Grade und Grenzen dieser Menschenrechtserklärungen und ihre damit verbundenen Interessen erkennen.

Die Menschenrechte werden allgemein verkündet. Wie im 18. Jahrhundert gängig, werden sie mit Hilfe eines säkularen Naturrechts begründet (vgl. Jean-Jaques Rousseaus bekannten Anfang seines „Du contrat social ou principes du droit politique": „Der Mensch ist frei geboren, aber er lebt in Ketten ..."; oder schon die Parole des Bauernkriegs zweieinhalb Jahrhunderte früher, mit biblischem Gott- und Naturbezug: „Als Adam grub und Eva spann, wo war denn da der Edelmann").

Die Allgemeinheit ist jedoch mehrfach geteilt. Ihren erklärenden Männern kommen nur die schon apostrophierten individuellen Rechte von weißen, westlichen und besitzenden Männern in den revolutionären Sinn. Darum werden kollektive soziale Bedingungen nicht genannt, wohl aber die Koppelung von Freiheit und Eigentum gesichert. Die Freiheitsrechte sind ökonomisch fermentiert und gerichtet: besitzindividualistisch (Possessive Individualism[5]). Das größtmögliche Glück der größtmöglichen Zahl wird von einer ihrerseits nicht männerdemokratisch konstituierten Regierung gesichert. Die Freiheit wurde nicht primär politisch als Mitbestimmung begriffen. Sie war vor allem die Freiheit, zu besitzen und den Besitz zu mehren. Infolge der Entwicklung durchs 19. Jahrhundert mit einem europäisch angelsächsischen Knotenpunkt am Ende des Ersten Weltkriegs wurden in europäisch angelsächsischen Landen Verfassungen liberaldemokratisch gedehnt oder erstmals installiert (beispielsweise durch die Weimarer Republik 1919). Die Berechtigung zur Wahl wurde verallgemeinert. Proletarier und Frauen wurden berechtigt. Die Klassenmerkmale von Bildung und Besitz blieben wie der ihnen zugrundeliegende Widerspruch zwischen Lohnarbeit und Kapital. Individuelle politische Rechte beschränkten sich auf punktuelle Wahlbeteiligung. Demokratie wurde von vornherein repräsentativ gezähmt. Auch bei den „massenhaft" hinzugekommenen Bürgerinnen und Bürgern ohne Besitz- und/oder Bildungsstatus wurde die nackte Bürgerlichkeit nicht durch soziale Rechte öffentlich gehfähig gemacht. Zwar haben vor allem die Französische Menschenrechtserklärung und ihre tragenden Gruppen daran mitgewirkt, die Sklaverei abzuschaffen. Nicht nur in den USA blieben und bleiben indes starke Restbestände gegenüber Menschen der ‚Nicht-OECD-Welt' bis heute bestehen. Teilweise sind rassistische Vorurteile in allgemein erscheinenden Feststellungen und Kriterien sublimiert worden. Vor allem rangiert Freiheit der Individuen außer und über der (sozialen) Gleichheit. Die Ungleichheit in Herrschafts- und/oder Besitzklassen ist in den Strukturen und Funktionen der Gesellschaft zuerst feudal-absolutistisch, danach liberal-kapitalistisch vorgegeben. Also wird die „Statik" der Ungleichheit dynamisch durch die allgemeine Freiheit erneuert. Der Schein für alle gleich

---

[5] Vgl. C. B. Macpherson, Die politische Theorie des Besitzindividualismus. Von Hobbes bis Locke, Frankfurt/M. [3]1990.

gültiger Menschenrechte legitimiert die dynamisch überlagerte „Statik" der Ungleichheit. Sie sorgt ihrerseits dafür, dass formelle politische Gleichheit, die Gleichheit allgemeiner, individuell zugeschriebener Bürgerrechte, das hauptsächliche, unausgesprochen zugrundeliegende Element des Verfassungsvertrags, die ökonomisch-soziale Ungleichheit, nicht angreifen können.

Dritter Einschub: *die geheime Herrschaftsschrift der Menschenrechte*

Vom Status zum Kontrakt – so lautet die Kernthese eines Buches von Henry Sumner Maine.[6] Mit diesen zwei Begriffen wollte er den soziorechtlichen Wechsel der Gezeiten vom europäischen Mittelalter zur aufgeklärten Moderne pointieren. Die (spät-)mittelalterliche Gesellschaft hier, statisch in eine hierarchische Ordnung von Ständen geordnet, in die jeder Mensch hineingeboren wird. Die moderne Gesellschaft dort, die dynamisch aufgrund von erneuerbaren Verträgen zwischen prinzipiell gleichen Mitgliedern fortschreitet. Und es scheint so, als seien wir weit vorangekommen. Soweit sind wir gelangt, dass Orwells ironische Bemerkung allgemein zutrifft: Alle Menschen sind gleich. Aber manche sind gleicher als andere (Animal Farm).

Vor allem zwei tief eingegrabene gesellschaftliche Ungleichheiten sind zu nennen: zum einen die soziale Ungleichheit zwischen Armen und Reichen und zum anderen, in teilweiser Überschneidung, die Differenz zwischen Männern und Frauen. Menschen weiblichen Geschlechts haben sich patriarchal zu unterwerfen. Ist es in Rechtsstaaten zu Zeiten der entgrenzenden Globalisierung noch angezeigt, von harten Klassen- und Sex-Differenzen zu reden, da Abweichungen von der breiten Straße der nur individuell verfehlbaren Chancengleichheit gegebenenfalls justiziabel zurechtgerückt werden können? Haben nicht Arbeiterbewegung, Frauenbewegung, sozial- und arbeitsrechtliche Bestimmungen und weitere Individualisierung dafür gesorgt, dass einklagbares Recht Differenzen unterschiedlicher Behandlung der Geschlechter einebnet? Manche

---

[6] Henry S. Maine, Ancient Law, Erstausgabe London 1861, (s. unter: http://en.wikisource.org/wiki/Ancient_Law).

Mangelerscheinungen sind als Überbleibsel darum nicht zu bestreiten. Solche ankern dann aber nicht in definitionsmächtigen Strukturen und Funktionen der Vergesellschaftung.

Nicht müde werden darf man, die menschenrechtlichen Leuchtbegriffe Freiheit, Gleichheit, Geschwisterlichkeit, Integrität und Anerkennung fort und fort verwirklichend – und sei es noch so bröselig – zu übersetzen. Ebenso aber ist darauf zu achten, dass man ihren Abstraktionen nicht erliege. Menschenrechte sind der Täuschungen voll. Sie bergen die Gefahr in sich, indem sie eine Besonderheit verallgemeinern, von einer lebenswichtigen Anzahl anderer Besonderheiten abzusehen. Das ist bei individueller Freiheit und Gleichheit der Fall (analog bei verschwisterten Normen). Gilt für Ständegesellschaften der Verdacht, sie erschlichen mit einer vergöttlichten Natur interessenwüchsige Ungleichheit, so wird in individualisierten Gegenwartsgesellschaften der Schein ihrer Gleichheit fragwürdig. Zu fragen ist jeweils, auf welchem Boden sozialer und geschlechtlicher Annahmen sich die vermeintliche Vertragsgleichheit erhebe. Welche menschlichen Besonderheiten werden großzügig in der Annahme der individuellen Freiheit ansonsten kunterbunt abhängiger Individuen übersehen? Wären damit a-geschlechtliche und a-soziale Annahmen verbunden, was wäre mit allgemeinen menschlichen Vertragsrechten gewonnen, würde darüber die Wirklichkeit von Frauen, von Arbeitern und anderen vom Hauptmuster individueller Eigenschaftslosigkeiten abweichenden Gruppen verloren? Dass das schon zuvor rechtlich in den meisten staatlichen und kapitalistischen Institutionen aufgehobene männliche und besitzende Individuum nun allgemein menschlich weitergelten kann. Aufgehoben heißt in seiner schwäbischen, vom Schwaben Hegel philosophisch geadelten Bedeutung zum einen „beseitigen". In diesem Sinne ist „der Mann" im allgemeinen Individuum beseitigt. Zum anderen bedeutet „aufheben" aufbewahren, schwäbischer Dialektik entsprechend. Im diskutierten Fall besagt dies: dem verallgemeinerten Individuum sieht man seine männlich besitzend herrschenden Eigenschaften nicht mehr an.

Carole Pateman hat in einem Buch aus feministischer Perspektive eine Kritik der modernen Vertragstheorien vorgelegt.[7] In ihr hat sie dargelegt, wie neutrale Ausdrücke als da sind „Vertrag“, „Recht“, „Individuum“, „Zivilgesellschaft“, „Gleichheit“, „Emanzipation“ ... dazu herhalten, ohne soziale Verbindungs- und Anwendungsglieder benutzt, alte Ungleichheits- und Herrschaftsformen fortzutreiben. Vor allem machen sie neue Herrschaftsformen übersehen. In ihrem Schlusskapitel „Das Ende der Geschichte?“, schreibt sie, Vertragstheorie „verwirft und verlangt diese Grenzen („Natur“, „Biologie“ „Sex“, d. Verf.). In einer sozialen Ordnung, die durch nichts als Verträge konstituiert wird, gilt Freiheit grenzenlos. Das Individuum kann in seinem Recht auf Eigentum an seiner Person nicht begrenzt werden, Vertragsfreiheit ist überall. Alle alten Schranken müssen beseitigt werden: Natur, Status, zugeschriebene Eigenschaften oder Paternalismus. Das heißt: im Fortschritt von der alten Gesellschaft, die durch Stände gekennzeichnet war, zur neuen vertraglich vernetzten Gesellschaft bedeutet Emanzipation, alte Bindungen und Beschränkungen zu verlieren. Dabei ist gleichgültig, ob sie dem Absolutismus, der väterlichen Gewalt, dem Staat oder dem sexuellen Unterschied entsprangen. … Freiheit ist grenzenlos geworden. Das Ende der alten Beschränkungen jedoch bringt neue zivile Grenzen von Befehl und Gehorsam mit sich. In der neuen Welt schafft die Emanzipation zivile Unterordnung und patriarchale Rechte.“ Carole Pateman fährt fort: „Die grenzenlose Freiheit des Individuums, das über seine Person verfügt, enthält das Recht, sich als Exempel seiner Freiheit in zivile Sklaverei zu begeben. Der Widerspruch verschwindet – ein ziviler Sklave ist rechtlich frei. Aber unmittelbar kehrt der Widerspruch wieder. Eigentum an der Person ist eine juristische Fiktion. Ein ziviler Sklave leistet nur seinen Dienst. Welchen Nutzen hat es indes, Meister von einer körperlosen Dienstleitung zu sein? Die Freuden eines Meisters, seine zivile Variante eingeschlossen, können nur erfahren werden,

[7] Vgl. Carole Pateman, The Sexual Contract, Cambridge and Stanford 1988; auszugsweise übersetzt in dem vom Komitee für Grundrechte und Demokratie veröffentlichten Band: Wolf-Dieter Narr, Klaus Vack (Hrsg.), Verfassung. Oder: Wie können wir in Zukunft leben. 61 Texte: Ein Lesebuch für die Bürgerin und den Bürger, Sensbachtal 1991, S. 112-127, hier: S. 121 f.; Carole Pateman with Charles W. Mills, Contract and Domination, Cambridge 2007.

wenn sie als ein Recht über einen Mann oder eine Frau ausgeübt werden können.“ Carole Pateman spitzt zu: Freiheit von Frauen, wie Freiheit von unterworfenen, ausgebeuteten Männern könne nur dann erreicht werden, wenn sie mit sozialen und politisch entschiedenen Grenzen verwirklicht werde. „Ein brilliantes Exempel politischen Erfindungsgeistes ist es, ziviler Unterordnung den Namen Freiheit zu geben und den Zusammenhang von ziviler Freiheit und patriarchalem Recht zu verleugnen. Wenn man alle Formen von Sklaverei definitiv beseitigen möchte, müssten politische Theorie und Praxis die Struktur der Gegensätze aufgeben, die durch die Fabel vom ‚ursprünglichen‘ Gesellschaftsvertrag begründet worden ist. Das besagt nicht, die Bedeutung der rechtlichen Freiheit infrage zu stellen, wie Advokaten der Vertragsdoktrin mutmaßen. Im Gegenteil. Dass rechtliche Freiheit und Gleichheit erreicht worden sind, war ein notwendiger Schritt auf dem Weg zur Autonomie der Frauen und notwendig, ihre körperliche Integrität zu schützen. ... Der gleiche Status der Frauen muss allerdings als Ausdruck ihrer Freiheit als Frauen wahrgenommen werden. Es genügt nicht, die Freiheit der Frauen als ein Anzeichen dafür zu behandeln, dass sie wie Männer sind.“ Dafür sind ein radikaler Schnitt, ein demokratischer, poststaatlicher und postrechtlicher Anfang veränderter gesellschaftlich-politischer (Real-)Verfassung notwendig. „Politische Neuerungen müssen die frühmodernen Geschichten des Naturzustands und des ursprünglichen Vertrags hinter sich lassen. Sie müssen sich wegbewegen von den Vertragskonstruktionen und dem Individuum als seinem eigenen Besitzer. Nach einem ‚Ursprungsvertrag‘ Ausschau zu halten, bedeutet systematisch den Unterschied zwischen Freiheit und Unterwerfung zu verwischen. Eine freie soziale Organisation kann keine vertragliche sein. Es gibt andere Formen freier Übereinstimmung, durch die Frauen und Männer sich gemeinschaftlich politisch verfassen können ... Sollen politische Beziehungen jeden Schatten der Sklaverei verlieren, dann müssen freie Frauen und Männer übereinstimmend die sozialen Bedingungen ihrer Autonomie schaffen. Das heißt, sie müssen sich über deren Grenzen einigen. Freiheit macht eine Verfassung erforderlich („order“). Und jede Verfassung von Menschen verlangt Grenzbestimmungen. In der modernen zivilen Gesellschaft gilt individuelle Freiheit uneingeschränkt. Darum kann sie nur durch Herrschaft (mastery) und Gehorsam aufrecht erhalten werden. Soll männliche Herrschaft durch wechselseitige Autonomie ersetzt werden, ist es erforderlich, individuelle Freiheit durch ein Netz sozialer Beziehungen zu ersetzen, die Freiheit gewährleisten." Carole Pateman formuliert folgerichtig: „Ein neuer Weg jenseits des Patriarchats ist so anzulegen, dass er zu Demokratie, Sozialismus und Freiheit führt."

Rossana Rossanda hat ähnlich formuliert (und erneut gälte eine analoge Ausdehnung auf alle abhängig Arbeitenden in durchgehend bürokratisierten Produktions- und Dienstleistungs-Betrieben eng verschlungener „public private partnership" (PPP) – bereits in den Ausbildungsphasen). „Wir müssen uns vielmehr fragen, warum die Frauen damals (zu Zeiten der Französischen Revolution, d. Verf.) nicht gleichberechtigt waren und heute selbst dort, wo sie formell gleichberechtigt sind, nur spärlichen Gebrauch davon machen und sich im allgemeinen von der Ausübung von Macht fernhalten. Sind jene Rechte unser letztes und entscheidendes Ziel, der Schlüssel zu unserer Freiheit? Meine Antwort wie die der Mehrheit der Frauen, die sich in Italien mit dieser Frage beschäftigen, lautet nein. Unser letztes Ziel besteht nicht darin, die in der Menschenrechtserklärung proklamierten Rechte auf die Frauen auszudehnen. Denn das würde bedeuten, dass wir wie die Männer an dem damals gegründeten System von sozialen und politischen Beziehungen teilnähmen, das heute die Grundlage der modernen Demokratie bildet."[8]

2. Menschenrechte vor ihrem Begriff

Das, was wir heute Individuum nennen, eine vereinzelte Person und gleichursprünglich immer ein soziales „Wesen", ist mutmaßlich ein eher spätes

[8] Rossana Rossanda, Differenz und Gleichheit. Eröffnungsvortrag, in: Ute Gerhard, Mechtild Jansen, Andrea Maihofer, Pia Schmid, Irmgard Schultz (Hrsg.): Differenz und Gleichheit. Menschenrechte haben (k)ein Geschlecht, Frankfurt/M. 1990, S. 13-28, s. bes. den Schlussabschnitt: „Anmerkungen über eine Politik der Frauen", S. 26 ff.

Produkt gesellschaftlicher Entwicklung. Sobald jedoch künstlerische und schriftliche Zeugnisse überkommen sind, treten uns einzelne schöpferische Personen gegenüber inmitten des alle Lebensaspekte umfassenden sozialen Zusammenhangs. In noch nicht sesshaften, dann in sesshaften Gruppen erster Arbeitsteilungen werden Regeln kund, die Unterschiedlichkeit und Gleichheit signalisieren. Solche Gewohnheiten, ungeschriebene Gesetze, Bräuche, Sitten, richten sich zuerst an geschlechts- und herkunftsspezifischen „Linien" aus. Sie sind teilweise darauf angelegt, keine „strukturellen" Unterschiede im Sinne früher Besitz- und Herrschaftsmittelakkumulation auskristallisieren zu lassen. Keine anhaltende Phase allgemeiner Gleichheit und Herrschaftsfreiheit ist auszumachen. Wohl aber sind früh Vorkehrungen anzutreffen, die darauf ausgerichtet sind, der herrschaftswirksamen Entstehung von Ungleichheit zu wehren. Sie erwächst aus Arbeitsteilung, aus Differenzen des Geschlechts und der Verfügung über Nachkommen, über symbolische und/oder materielle Güter. Die drei hauptsächlichen Produktionsverhältnisse zunächst der europäisch-angelsächsischen Moderne seit dem späten Mittelalter, die ökonomischen, politischen und kulturellen, sind in ihren „traditionalen" Vorformen kaum geschieden. Darum kann an den nach keiner rationalen Logik der Moderne geschiedenen Funktionen und Formen die Einheit von Ungleichheiten und Herrschaft beobachtet und skandalisiert werden. Etwa, wenn Arbeitsteilungen und herrschaftliche Unterschiede sich verkrusten. Die ersten Arbeitsteilungen zwischen „Kopf" und „Hand" und zwischen Männern und Frauen bieten eine reiche Kette potentieller Konflikte. Gabe und Gegengabe gehören zur sozialen „Mechanik", die das Zusammenleben mit allenfalls geringfügiger Machtakkumulation regeln.

3. Die modernen Menschenrechte in Gefahr, abstrakt zu verkümmern und Teil herrschaftlichen Managements zu werden

3 a. Allgemeinheit mit eingelassenen „zivilisatorischen" Exklusionen

Folgt man den Menschenrechten nur, soweit sie sich schon (vor-)modern herausgebildet haben, sind wiederkehrende Merkmale zu erkennen (s.1.). Menschenrechte werden von den Bürgern verlangt, die sich als allgemeiner

Stand verstehen. Die menschenrechtliche Allgemeinheit schließt insgeheim eine Fülle von Menschen aus, die nicht gleichberechtigt behandelt werden. Die moderne Sozial- und Kolonialgeschichte ist auch eine Geschichte von Noch-Nicht-Menschen. Diese Noch-Nichtse werden rücksichtslos „kolonisiert". Sklavenhalterei ist ein wiederkehrender Teil der langen Geschichte als Kolonialgeschichte. Die menschlichen Noch-Nichtse können allenfalls davon träumen, in den Stand gleichberechtigter Menschen erhoben zu werden. Dazu sind sie zu „zivilisieren", „modern" zu konfirmieren und kollektiv zum kapitaloffenen Nationalstaat zu bilden. Neuerdings „postkolonialistisch" genannt, erlauben die zäh, kriegerisch und imperial verteidigten Vorsprünge kapitalistischer Produktion samt ihrer staatlichen Rationalität „humanitäre Interventionen". Die Marginalisierung überflüssiger, ökonomisch unnützlicher Massen hat längst begonnen – selbst mitten in den Metropolen. Der frühe Demokrat, Thomas Jefferson, wollte nicht nur seiner Zeit gemäß Frauen bei dem halten, was man später den 3-K-Raum genannt hat: Kinder, Küche, Kirche. Er missachtete nicht nur die Schwarzen seinerzeit als nigger infolge ihres angeblich mangelhaften IQs (eine erst später aufgekommene, Vorurteile pseudowissenschaftlich ummantelnde Messeinheit). In Virginia wurden Schwarze als Sklaven gebraucht und als Sklavinnen missbraucht. Jefferson, der die Indianer ob ihres Verstandes positiv einschätzte, verlangte von ihnen, sie müssten ihren Ahnenkult aufgeben, um beim „Fortschritt" mitrennen zu können. Sprich: sie sollten auf ihre indianische Kultur verzichten und sich individuell nackt der Amerikanisierung ergeben (analog der preußisch deutschen „Judenemanzipation" oder der französischen, die Juden nur als abstrakt allgemeine Individuen akzeptierte, die dann preußisch deutsch oder französisch zu integrieren seien. Vergleiche die bundesdeutsche „Integrationsforderung" nach dem „Zuwanderungsgesetz" von 2005. Ausländer können als „Deutsche" nur gefördert werden, wenn sie eine Reihe von Forderungshürden übersprungen haben. Was deutsche „Integration" ist, bestimmen deutsche Bürokraten, von deutscher Politik und ihrem Recht geführt).

3 b. Allgemeinheit mit sozialen Exklusionen

Der bürgerliche, als allgemein behauptete Stand, missachtete die Armen. Die Missachtung konzentrierte sich auf das aufkommende Proletariat. Sie verband sich mit anhaltenden Klassenängsten sozialen Abstiegs. Die Emanzipation der Arbeiter zu politischen Bürgern im 19. und 20. Jahrhundert dehnte deren Wahlrechte zur politischen Gleichheit. Die Menschen- und Bürger- oder Grundrechte, die a-sozial, sprich, ohne nötige soziale Bedingungen verkündet worden waren, wurden indes sozial bedingungslos belassen. Sie wurden nicht durch soziale Bedingungen als Unterfutter der bürgerlichen Freiheits- und Gleichheitsrechte im Sinne sozialer Rechte fundiert und vertieft. Für Besitz- und Bildungsbürger verstanden sich die sozialen Voraussetzungen und Folgen von selbst. Sie sind – wie selbstverständlich – in ungleicher Gesellschaft für die Bourgeoisie gegeben. Die Proletarier und die darunter diskriminierten „Lumpenproletarier" werden mit staatlichen sozialen Gaben, teils in Form von Rechtsansprüchen, systematisch unterversorgt.[9] Wollten sie ihre individuellen Freiheits-, Gleichheits- und Integritätsrechte aktiv in Anspruch nehmen, erstickten sie in ihrer Not.

3 c. Die durchgehende Täuschung individueller Menschenrechte

Das historische Versäumnis, die Menschenrechte durch die kollektiven gesellschaftlichen Umstände zu fundieren, zeitigt bis heute einschneidende Folgen. Insbesondere im westlichen politischen Verständnis und seiner Praxis. Menschenrechte werden gesellschaftlich abstrakt verstanden und behandelt. Darum lassen sie sich umso folgenloser als allgemein oder universell deklarieren. Die sozioökonomischen und die politischen Strukturen und Funktionen werden nicht menschenrechtsgemäß (re-)konstruiert und ausgerichtet. Die Unterschiede in einer Gesellschaft und zwischen den Gesellschaften werden hingenommen und erneuert. Menschenrechte a-sozial gefasst, also ohne ihre sozialen Bedingungen zu schaffen, werden in einzelnen Normen verdinglicht und zu einem eindimensionalen Maßstab um-

---

[9] Vgl. Wolf-Dieter Narr, Dirk Vogelskamp, Das Existenzminimum, wie es die herrschend Besitzenden festlegen. Hrsg. Komitee für Grundrechte und Demokratie, Köln 2010.

funktioniert. Ihr seid doch rechtsgleich, könnt sogar wählen, was kümmern euch Ungleichheit und Herrschaft. Ihr braucht nur eine andere Regierung zu wählen!

Vierter Einschub: *Gleichheit*

„Der Mensch ist frei geboren, und liegt überall in Ketten." Der erste Satz des „Gesellschaftsvertrags" von Jean Jacques Rousseau bezeichnet Widerspruch und Unruhe. Sie prägen Gesellungen, lange bevor moderne Menschenrechte artikuliert werden. Der Herrschaftsgegensatz: Herren, Knechte und Mägde; „Oben" und „Unten"; „Befehl und Gehorsam"; Besitz und Armut und dergleichen gepaarte Gegensätze mehr. Der Herrschaftsgegensatz nimmt eine Fülle von Formen an: wer herrscht und wie geherrscht wird; wer beherrscht wird, wie die Beherrschten zusammengesetzt sind und untertänig gemacht werden; auch und vor allem, wie der Herrschaftszusammenhang aus Herrschenden und Beherrschten gerechtfertigt oder legitimiert wird. Die Herrschaftsformen begründen personelle und institutionalisierte oder strukturelle Ungleichheit. Sie sind in eine Fülle von Ungleichheiten eingebettet. Zu den teils Jahrhunderte, teils Jahrtausende vorherrschenden Ungleichheiten gehören an erster Stelle die Ungleichheit zwischen Frauen und Männern. Sie wird durch die Ungleichheit zwischen Kopfarbeit und Handarbeit überlagert. Diese Ungleichheit wird gemehrt durch die Verhalten prägende zwischen Besitzenden und Armen.

Die Fülle der Formen dieser drei sich überschneidenden und wechselseitig bestätigenden Ungleichheiten zeichnet sich durch ähnliche Legitimationen aus. An erster Stelle dem später auch wissenschaftlich unterfütterten Glauben, sie seien „von Natur" gegeben. Das Natur-(Zwangs-)Argument als Anfangs- und Schlussglied, Ungleichheiten und Ungleichbehandlungen unter den Menschen zu rechtfertigen, wird ergänzt durch das Argument gesellschaftlicher „Sachzwänge". Sie reproduzieren gegebene Ungleichheiten und sorgen für ihre Dauer. Auf eine frühe, Gesellungen konstituierende Ungleichheit und sich in und mit ihr konstituierende Herrschaft hat Platon schon im 2. Buch seiner „Politeia" aufmerksam gemacht: das Erfordernis gesellschaftlicher Arbeitsteilung. Neben der frühen Politik der Nahrungssuche in Hirten- und Jägergesellschaften, der Sexualität, der sozialen Differenzierung und Vereinheitlichung in Abstammungs- und Verwandtschaftslinien einschließlich des Umgangs mit dem Nachwuchs erwuchs Vergesellschaftung aus rudimentären Erfordernissen der Arbeitsteilung, die ihrerseits den gesellschaftlichen Form- und Funktionswandel antrieben.

Menschenrechtlich werden die Ungleichheiten als soziale Tatsachen zum explosiven Problem.

Zum einen sind alle wesentlichen Aspekte der Menschenrechte nur zu begründen und in historisch erneuerten Annäherungen zu erfüllen, wird ihr Eckstein „Gleichheit" in „Theorie und Praxis" nicht gelockert. Dass alle Menschen, Frauen und Männer, Angehörige aller Berufe und Eigner einer verschiedenen Fülle von Fertigkeiten sich dadurch auszeichnen, gleiche Chancen ein Leben lang wahrnehmen zu können. Das verlangt, dass gesellschaftliche Umstände „flüssig" gehalten werden und nicht zu Strukturen gerinnen, die Ungleichheiten auf Dauer stellen. Darum waren die in die Natur projizierten und dann aus ihr herausgelesenen Fähigkeiten und Funktionsteilungen zwischen Frauen und Männern historisch anachronistisch, jedoch menschenrechtlich systematisch argumentiert, nie zu legitimieren. Darum ist die Klassenteilung in „Reiche" und „Arme" ein Skandal. Gesellschaftliche Arbeitsteilungen, die diese Klassenteilung bestätigen, fortsetzen und erneuern, sind nicht akzeptabel.

Zum zweiten wird der Widerspruch in den modernen Menschenrechten historisch genetisch erhellt. Die Menschenrechte wurden im 17. und 18. Jahrhundert im Zuge der Entstehung und Ausbreitung des Bürgertums formuliert. Während der Französischen Revolution verstand sich der „Dritte Stand" als der werdende Vertreter gesellschaftlicher Allgemeinheit. Die Annahme war insoweit berechtigt, als sich bürgerliche Gruppen gegen die Herrschaftswillkür der feudal absolutistischen Herrschaften und ihres Staats kehrten. Der Kampfruf der Emanzipation erschallte. Später hat ihn die Arbeiterbewegung übernommen.[10] Bürger

[10] Vgl. E.P. Thompson, Die Entstehung der englischen Arbeiterklasse, Frankfurt/M. 1987.

gruppierten sich ihrerseits im Zuge des Gezeitenwechsels weg von einer primär agrarisch organisierten Gesellschaft mit wenigen städtischen Knoten hin zu einer handels-, bald auch in Produktionsverhältnissen kapitalistisch expansiven Bürgergesellschaft inmitten eines noch vorherrschenden ländlichen Raums. Bürgerliche Interessen spitzten sich auf ein negatives und positives Ziel zu. Der merkantilistisch aktive Staat sollte davon abgehalten werden, in die besitzergreifenden Interessen steuernd zu intervenieren (qua Steuer und mit Hilfe planender Maßnahmen). Dazu waren Kontrolle staatlicher Interventionen und deren Mitbestimmung erforderlich. Außerdem sollten die besitzindividualistischen Erwerbsinteressen freies Spiel haben. Aus dieser Kräftekonstellation erklärt sich, dass die Menschenrechte als ‚individuelle Abwehrrechte' konzipiert worden sind. Staatliche Herrschaft wurde vorausgesetzt. Sie sollte „nur" verfasst und durch Kontrollrechte bürgerlich geöffnet und begrenzt werden. Verstärkt werden sollte die Freiheit wirtschaftlichen Tuns und Lassens, kurz: die Anfänge kapitalistischer Ökonomie. Neben der staatlichen Herrschaft wurde die wirtschaftliche, in den Produktionsverhältnissen klassenförmig festgeschriebene Ungleichheit zur fundamentalen Freiheit.

Zum dritten: somit wird historisch einsichtig, was bei etablierter Durchstaatung und Durchkapitalisierung der Gesellschaften heute zum ersten liberalen, gegenwärtig zum neoliberalen Theorem geworden ist. Bei verfassungs- und funktionsspezifisch begrenztem Staat ist Freiheit zuerst die Freiheit zur Ungleichheit als Befreiung interessenmächtigen Wirtschaftens mit selbstredend ungleicher Profitstruktur. Das nennt man heute „leistungsgerecht". Vorausgehen und folgen ungleiche Vermögens- und Besitzverhältnisse. In sie hineingewirkt ist eine breite Ungleichheit der Lebenschancen, all das, was Pierre Bourdieu als „feine", in alle bestimmungsmächtigen Verhaltensdetails gehende „Unterschiede" beschrieben hat.[11] Kontrolle und Mitbestimmung gilt in Maßen im Rahmen der politischen Sphäre. Der „Markt", auf struk-

[11] Pierre Bourdieu, Die feinen Unterschiede. Kritik der gesellschaftlichen Urteilskraft, Frankfurt/M. 1984; vgl. ders. u.a., Das Elend der Welt. Zeugnisse und Diagnosen alltäglichen Leidens an der Gesellschaft, Konstanz 1997.

tureller Ungleichheit errichtet, prinzipiell gleiche Angebots- und Nachfragechancen, ist längst zur irreführenden Metapher geworden. Er sollte durch versachlichte marktmechanische Gesetze selbst reguliert werden.

Zum vierten: Trotz aller ungeheuren Brüche sind die beiden einander korrespondierenden Vergesellschaftungsformen, die staatliche und die kapitalistische – mitsamt dem „kulturellen Kapital" –, die weltweiten Definitionsmächte. Ungleichheit heißt in einer breiten Skala von Umständen und Chancen kollektiven und individuellen Lebens die tiefgefächerte soziale Tatsache. Das aber bedeutet: Menschenrechte, die das wechselwirksame Tandem „Gleichheit und Freiheit" verlangen, sind inmitten der modernen Herrschaftstriade aus Ökonomie, Politik und Kultur, au fond sperrige Normen und Formen. Sie verlangten andere gesellschaftliche Grundlegungen, Institutionen und Funktionen. Unter den gegebenen Verhältnissen wirken sie bestenfalls als Streusel auf einem mit herrschaftsprofitabler Hefe getriebenen Kuchen. An ihnen wird in immer erneutem Widerspruch festgehalten, weil sie sich zum symbolischen Akzeptanzmanagement eignen. Es hat jedoch auch und vor allem damit zu tun, dass sie ein Immergrün menschlicher Orientierungen und Sehnsüchte darstellen.

B. Wie sind die allgemeinen Menschenrechte zu begründen?

4. Lässt sich der auf den ersten Blick plausiblen Annahme entgehen, auch in Sachen Menschenrechte gelte das „anything goes"?

Jede und jeder könnten „ihre" Menschenrechte begründen, wie es passe? Sie besäßen außer ihrer aktuell geglaubten und geübten Geltung kein tragfähigeres Fundament? Die Gegenthese lautet: Gerade wenn der allgemeine menschenrechtliche Anspruch historisch und systematisch relativiert werden muss, gibt den Ausschlag, wie die Menschenrechte begründet werden. Damit hängt zusammen, ob sie zuverlässig zu orientieren vermögen. Je nach dem machten Menschenrechte möglich, ein Maßverhältnis zu vermitteln, das allen Menschen angemessen sein könnte. Wie aber könnte eine Fundierung der Menschenrechte aussehen? Sich auf Traditionen zu berufen, führt in den Irrgarten einander sperriger Begründungen. Und in die Klüfte maßloser Traditionsbrüche. Deren am meisten zerstörerische Katarakte ereigneten sich in der Moderne. Historische Phänomene und Werte können konkurrierende „Botschaften" nicht vermeiden. Wie will man den Hinweisen entgegentreten, Menschen hätten immer nach Ungleichheit mit anderen gestrebt? Sie hätten dauernd in materiell wie kumulativ herrschaftlich ungleichen Gesellschaften gelebt? Krieg sei wenn nicht der Vater aller Dinge, wohl aber aller modernen Staaten (und in vorstaatlichen Zeiten in seiner Fülle kaum zu übersehen)? Zeichnet sich Menschengeschichte nicht durch Gewalt von Menschen gegen Menschen individuell und kollektiv aus? Alle Versuche, gewaltsam ein Ende der Schrecken zu bewirken, um die Schrecken ohne Ende zu blockieren, haben nur die Kontinuität der Schrecken fortgesetzt. So wundervolle Äußerungen es quer durch die Religionen gibt, auch religiöse Ballungen helfen nicht weiter. Kriege wurden allenfalls „gerecht" überhöht und umso intensiver. „Als Kaiser Rotbart lobesam zum heil'gen Land gezogen kam, da musst' er mit dem frommen Heer durch ein Gebirge, wüst und leer ...", dichtete im 19. Jahrhundert der nationalliberale Ludwig Uhland die Heldenballade „Schwäbische Kunde". In der Welt, in der Menschen leben, ließe sich ein Fundament, das wenigstens im Prinzip für alle Menschen ohne imperialen Anspruch gelten sollte, nur finden und erfinden, wenn ein Mehrfaches gelänge. Nicht möglich wird es sein, Menschenrechte zu beweisen wie das Fallgesetz. Dann bedürfte es ihrer nicht. Dann widerspräche ihre Begründung, sie gelänge denn, einer Kernfunktion der Menschenrechte: individuelle und kollektive Selbstbestimmung miteinander zu verschränken. Dafür müssen jedoch Freiheiten gewährt werden, die den Widerspruch, also das Scheitern einschlössen. Zum einen müsste sich zeigen lassen, dass Bedürfnisse, die menschenrechtliche Form gefunden haben, allen Menschen eignen. Unbeschadet der Myriade an Unterschieden. Zum zweiten wäre der plausibel gemachte Nachweis erforderlich, Unterschiede dort, wo sie konträr erscheinen, mit menschenrechtlichen Maßen und ihnen gemäßen Verfahren ohne Trick aufzuheben. Zum dritten folgte die Einsicht, dass die Potenzen, die jedem Menschen qua Geburt als Leibesfrucht (nasciturus) mitgegeben sind, dann sich am ehesten ereigneten, wenn das gälte, was menschenrechtlich behauptet wird. Daraus ergäbe sich, zum vierten, dass Menschen verkümmerten und/oder inhuman außer Rand und Band geräten, wenn ihnen menschenrechtlich qualifizierte Bedürfnisse versagt würden. Insgesamt müsste, zum fünften, kumulativ überzeugend belegt werden können, dass praktizierte, also in ihren sozialen Bedingungen materiell eingeholte Menschenrechte ein Ausmaß friedlich kooperativen und konflikthaften Umgangs von Menschen mit Menschen möglich machten, der alle herrschaftlich einseitigen Vergesellschaftungen überträfe. In diesem Sinne enthielten Menschenrechte zukunftsorientierte Lernchancen. Das entspräche dem Lernvermögen. Dieses kann als Kernfähigkeit des homo sapiens als einem nachdrücklich historischen Wesen angenommen werden.[12]

Fünfter Einschub: *Fahndung nach Einsichten, die alle Menschen verbinden*

Diese müssten den Begriff des Menschen qualitativ verbindlich erfassen lassen. Daraus ergäben sich praktische Folgen. Menschen, ihre Handlungen und ihr Fehlverhalten könnten gültiger beurteilt und korrigiert werden. Drei Einsichten leiten an:

Zum ersten: Mit keiner, ihrerseits von Menschen entwickelten und angewandten Methode ist ein gewisses, allen Menschen verbindliches eindeutiges Urteilen möglich. Das, was menschlich und außermenschlich wahrnehmbar der Fall „ist", ist von Menschen nicht eindeutig und klar zu erkennen. Entsprechend ist es nicht eindeutig und klar zu praktizieren.

Zum zweiten: „Wahrheit", darum immer in vorbehaltlichen Anführungszeichen, ist als *metaphysische*, physisch konsequenzenreiche Orientierungs- und Bezugsnorm zu verstehen. Die ihrerseits nicht in ihrer komplexen Fülle eindeutig und klar erkenntliche „Natur" des Menschen wird durch einen solchen metaphysischen Bezug überstiegen.

[12] Nicht um willen eines millionenfachen Belegs, nur um willen einer verwandten Einschätzung und des damit begründeten Verbots der Todesstrafe vgl. Albert Camus, Die Guillotine. Betrachtungen zur Todesstrafe, in: ders., Fragen zur Zeit, Reinbek 1977, S. 93-139.

Zugleich deuten menschliche Erfahrungen darauf hin, dass metaphysische Offenheit und Orientierungen zur „Natur" der Menschen in ihren historisch gesellschaftlichen „Übersetzungen" gehören. Dieser Zirkel ist nicht aufzuheben, er ist nur je und je aufzudecken.

Zum dritten: menschenallgemein Verbindliches ist keiner Ontologie zu entnehmen, einer klaren und eindeutigen *Logik* („Sinn") des Seins und des Seienden. Es sei denn, sie wäre, wiederum notgedrungen einseitig, von Menschen gefunden worden, indem sie ihre externe und eigene Ontologie erfanden. Kein „Ursprung" kündet, was aus ihm notwendig entsteht, und lässt menschliches Werden voraussagen oder bewerten. Das, was Menschen über Menschen herausfinden können, kann am ehesten den Umgangsformen der Menschen mit Menschen und dem im Sinne widersprüchlichen Sammelns entnommen werden, was in ihnen und um sie als „Natur" der Fall zu sein scheint. Ein weiterer nicht auflösbarer, durchsichtig zu machender Zirkel. Subjekt und Objekt sind gegenwärtige Menschen und gegenwärtige Geschehnisse rund um die Menschen und ihre Überlieferungen. Vergangen-gegenwärtige Geschehnisse, die Menschen betreffen, belegen – strittig – ein Doppeltes: dass die organische Gattung „Mensch" sich durch eine erhebliche Kontinuität von Bedürfnissen/Interessen und Verhaltensweisen auszeichnet. Diese Kontinuität erlaubt verallgemeinerbare Einsichten. Sie können als menschengemäße angeeignet werden. Der beobachteten Kontinuität widerspricht diejenige der Diskontinuität. Die Letztgenannte ergibt sich daraus, dass das „nicht festgestellte Tier" Mensch (Nietzsche) oder das „Mängelwesen" (Arnold Gehlen) Instrumente und Konstellationen schafft, um zu überleben. Zur „Natur" als all dem, was änderungsarm vor- und innermenschlich der Fall ist, tritt in wechselndem Ausmaß „Natur" anverwandelnde und verändernde menschengemachte Kultur. Die verschiedenen Kulturen des Menschen als Aneignungen und Auseinandersetzungen von und mit natürlichen Kontexten konstituieren das, was als Entwicklung der Menschen ihre „Geschichte" benannt wird. Geschichte erklärt sich, zusätzlich, aus der Eigenart des Menschen als einem „extremen Nesthocker". Erst in Gruppen von Menschen lernen Säuglinge und Kinder aufrecht zu gehen. Hiermit ist ihre Fähigkeit verbunden, Sprache zu erwerben und „Welt" zu verstehen.

Diese drei verdichtet verkürzten Einsichten erklären den Versuch, Verbindlicheres über Menschen zu erfahren, indem man sich auf den Weg historischer Anthropologie begibt. Historische Anthropologie der hier eher oberflächlich nachgezeichneten Lesrat, unterstellt Menschen als physischorganische, ins Dasein geworfene Bündel. Sie sind in Geburt, in Leben und der „Krankheit zum Tode" zuerst und primär „Natur"-Erscheinungen. Die menschgewordenen Naturphänomene entstehen, leben und vergehen in menschlich mitgemachten Kontexten. Sie werden erst in diesen *wirklich*. Indem sie lebend wirken. Das aber heißt: Menschen als „Natursache" werden in dem, was sie konkret sind, historisch kulturell vermittelt. Darum drängt sich eine *historische* Anthropologie auf. Mit ihrer Hilfe wird aus der beträchtlichen Variabilität der Lebensweisen von Menschen in Gegenwart und Vergangenheit zu sammeln, zu sortieren und zu ergründen gesucht, worin Triebkräfte von Menschen und die Sozio- und Psychophysik ihrer Bedingungen bestehen. Angenommen wird, sie müssten zufriedengestellt werden und gegeben sein. Damit Menschen sich menschlich verhalten. Die nie vorweg harmonisch aufzudröselnden Schwierigkeiten bestehen darin, dass Triebkräfte wie Hunger, Sexualität, Formen gesellschaftlicher Anerkennung, Selbstbestimmung, Denken und Handeln ambivalent sind. Sie sind nicht von vornherein begrenzt. Sie sind immer nur assoziativ begrenzt zu befriedigen. Außerdem gibt es nicht *die* gesellschaftlichen Bedingungen und ihre simpel richtige Organisierung. Keine anthropologische Orthodoxie mit entsprechend Maß und Instrument gebenden Folgen ist möglich. Beide, Triebkräfte und vermittelnde soziale Bedingungen, sind von der Stufe gesellschaftlicher (Re-)Produktion ebenso abhängig wie den politischen Bedingungen menschlicher Gesellung. Dadurch sind kollektive und individuelle Konflikte um diverse Realisierungen nicht zu vermeiden. So gerät zum Knäuel von Konflikten das, in dessen Mitte verallgemeinerbare Standards gewonnen werden sollten. Auch hier blockt und lockt ein Zirkel. Wichtig ist es unseres Erachtens, menschliche Standards nicht mit normativem Gerede zu verwechseln. Also ist ihre historisch materielle Begründung angesagt. Unvermeidlich ist es aber gerade dann, soll die Diskussion um verfolgenswerte Ziele und die dazu angemessenen Mittel nicht in bloßer Verlegenheit enden, wiederum menschengeschichtlich überprüfte, letztlich aber nur *metaphysisch* begründbare Standards der Orientierung zu wählen. Es bleibt menscheneigenartig, ein beträchtlicher normativer „Rest" historisch empirisch nicht auszukosten. Und könnte man's denn, dann haperte es wieder an gültigen Standards. Dass dem so ist, bezeichnet einen Menschen ermöglichenden Mangel. Dieser begründet die herrlichschrecklichen Freiheitsgrade der Menschen und ihrer Gesellungen. In diesem Sinne gehen wir daran, in „Furcht und Zittern", fasziniert von dem Gattungswesen Mensch und seinen Exemplaren, einige historisch-anthropologische Schneisen ins Dickicht menschlichen Umgangs zu bahnen.

5. Historische Anthropologie (1)

Das, was der „Tolle Mensch" Nietzsches im 125. Aphorismus der „Fröhlichen Wissenschaft" vergebens seinen ohrverstopften Zuhörenden zuraunt, verkündet, bangemachend mitteilt, kann nur um der eigenen Selbst- und Fremdtäuschung willen verneint werden. Es lässt sich ohne metaphysischen Überschwung kein sumpffreies, kein bruchlos klares und eindeutiges Fundament menschlichen Urteilens ausmachen. Das ist nach dem Bruch, den Aufklärung und Moderne bedeuten, nicht mehr „wieder gut zu machen". „Gott ist tot", das ist die weggehörte, nicht banale, sondern fundamentale Einsicht des Menschen. Der erscheint „toll". Weil er sich nicht belügt, versehen mit dem Mut, sich seines eigenen Verstandes zu bedienen. Er deckt den Abgrund ohne Illusionsverkleidung auf. Viele, individuell und kollektiv, haben sich immer wieder auf die Suche nach Ersatzfundamenten gemacht. Und tun es neu und neu. „Die Nation". „Die Partei". „Die Wissenschaft". „Die Technologie"... Daraus wurden identifikatorisch verführerische Fetische. Sie zeitig(t)en Menschenopfer unerhört. Selbst der philosophisch ehrsamste Versuch, derjenige Immanuel Kants und des „Deutschen Idealismus", musste hybrid, in subjektiver, Subjekte aufhebender Abstraktion versagen. Eine Teilantwort darauf gab Nietzsche. „Toll". Und „ver-rückt". Die menschenrechtliche Grundsuche ist nicht zuletzt deshalb so wichtig, weil der Drang nach fundamentalen Ersatz-Sinn-Böden so verständlich und so groß ist. Worauf könnten Menschen dem Scheine nach gewiss stehen und ihr prekäres Leben ausrichten? „Es irrt der Mensch, indem er lebt", dichtete barock Andreas Gryphius (1616 - 1664). Welch ein menschliches Grundbedürfnis, wenigstens eine feste Haltestange, wenigstens einen trigonometrisch sicheren Punkt zu wissen. Nein, mehr, zu kennen, festzuhalten vielmehr. Vermöchten just die rundum prekären, die dauernd durch menschliche Widerhandlungen blamierten Menschenrechte den einzigen, durchaus prekären Boden herzugeben? Könnte er humane Gestaltung frei machen, ohne sie in Vorurteilen und ihrer Gewalt zu erwürgen?

6. Historische Anthropologie (2)

Eine menschengefundene, absolute, von irdischem Dreck befreite „Wesenheit" zöge sumpfig hinab („Ontologie"). Sie zöge nicht faustisch hinan. Was für ein durch die Jahrtausende hallender kläglicher Irrtum. Die Philosophen Platons, die unverblendet der Sonne ins wahre Auge sehen können, werden nur außerhuman, mythologisch, geboren. Sein Höhlengleichnis bleibt dennoch faszinierend und unabgegolten. Wir (Pseudo-)Modernen haben allzu rasch und in zynischer, von Euphemismen durchbrochener Nüchternheit aufgegeben, nach Maßstäben und Verwirklichungsformen guten Lebens für alle Menschen und der ihnen zugehörigen Natur zu suchen. Wesensschauen freilich fischen in ihrem Tiefsinn, nämlich im Trüben. Sie verführen zu schrecklichen Formen des variantenreichen, wenngleich nicht notgedrungen mit Todesköpfen versehenen nazistischen Bezugs: „Blut und Boden". Wie und wo aber sind tragende Gründe zu finden? Das ist nur annäherungsweise möglich. Erneut steht der „Nathan" Lessings Pate. Im historischen Blick darauf zurück, was die zahllos verwirrenden, die phantastischen und die grausam perversen Geschichten von Menschen über Menschen erzählen. Im Blick auf das zukünftige Noch-Nicht voraus, indem menschliches Wissen um die Geschicke und Möglichkeiten des Menschen utopisch dem Handlungssinn dient, unablässig mit immer erneut geschundenen Knien Zuständen zuzuarbeiten, die die Chance enthalten, Abgründe des Grauens flacher zu machen. Dazu ist es vonnöten, Robert Musil wusste es im „Mann ohne Eigenschaften", bei sich selbst und bei anderen der Möglichkeitsgesinnung eine Gasse zu öffnen. Zu vermeiden gilt es, sich und andere nur

„wirklichkeitsgesinnt" „realpolitisch" zynisch zu verstocken.[13] Nur wenn es gelingt, den substantiell welken, aber nachhaltig erneuerten Gemeinplatz zu durchbrechen, bestehen Chancen. Und, sei's auch nur brosamenstark, ihn zu widerlegen. Auch diese sind menschheitsgeschichtlich überliefert. Der erschlagende Spruch lautet: Aus der Geschichte lernt man, dass man nichts lernt. Den Marsch der einsichtslosen Dummheit hat ihn Barbara Tuchman genannt.[14] Versucht man eine humane Archäologie im verschlungen verwirrenden Grabensystem gelebten Lebens, trifft man zunächst auf eine Müllhalde, dem babylonischen Turm erdwärts vergleichbar. Vielzahl. Wirrnis. Unvergleichlichkeit. Unverständlichkeit. Widersprüchlichkeit. Außer der Vergänglichkeit keine bleibende Botschaft. „Dass es ‚so weiter' geht", formulierte deshalb Walter Benjamin, „ist die Katastrophe". Vor über 70 Jahren, 1940, ist er durch einen verzweifelten Selbsttod den Nazihäschern in Portbou entkommen. Und doch sieht der zweite, der dritte, der nie ablassende Blick anderes und mehr. So er alles ereignishafte Gewordensein in seinem umständlichen Werden durchschaut. Seine Vergeblichkeit mit raren Goldkörnern. Torsi abgebrochener Möglichkeiten. Noch im Scheitern sprühende Funken. Vor allem offene und geheime, Stein- und Bein gewordene Botschaften menschlichen Mehr-Verlangens, menschlichen Anderswollens, zahlreicher geglückter Zeitpunkte (kairoi). Sie alle übersteigen eine in sich borniert verhockte Geschichte menschenewiger Vergeblichkeit. Kunstwerken gleich, Bildern, Sonaten, Liedern, schauen, tönen und singen sie von einem unablässigen Streben, von gelungenen gesellschaftlichen Orten, fürs Nach- und Weitermalen und Weitersingen komponiert. So wenig Geschichte gerade in gelungenen Augenblicken wiederholt werden kann, so vermögen solche Zeitblicke und Raumpunkte menschlicher Gesellung

[13] Lohnend ist es, sich an die Entstehung des „urdeutsch" liberalen Terminus „Realpolitik" zu erinnern. Ludwig August von Rochau, ein enttäuschter 1848er Liberaler, hat ihn in einer entsprechend getitelten Schrift „Grundsätze der Realpolitik" 1853 erfunden. Nach dem vergeblichen Versuch 1848, dynastisch militärisch rasch zerschlagen, wisse er, man solle auf alle reformerischen Faxen verzichten. Die mit dem Namen Bismarcks versehene bald folgende Politik, das zweite deutsche Kaiserreich 1871 durch drei Kriege mit „Blut und Eisen" zu ersiegen, einem Siegervertrag zu „Versailles", der eine starke Brise des nächsten Versailles 1919 in sich enthielt – das war und blieb „Realpolitik", die gründlichen Frieden innen und außen politisch „real" verfehlen machte.

[14] Barbara Tuchman, The March of Folly. From Troy to Vietnam, New York 1984.

doch wie Fackeln zu wirken. Tradition ist nicht das Halten der Asche, sondern das Weitergeben der Flamme (Thomas Morus). Wenn auch der Erdkreis zerbirst, dichtete Horaz im ersten römisch kaiserlichen Jahrhundert, ungeheuer bleiben doch die Ruinen (Si fractus illabitur orbis impavidum feriunt ruinae).

Indem wir so formulieren, geben wir nicht letztlich eitler Hofferei das Wort? Als rechtfertigten einige Goldkörner das unsägliche menschliche Leid, das ausgepresst worden ist, sie zu gewinnen? Das wäre dann der Fall, wenn Grausamkeit, Gewalt und nicht auszulotendes Leid geschlossen neben den Freuden stünden. Solche werden von denjenigen zumeist überliefert, die überlebt haben. Leid und Freude sind aber, verkürzt gesprochen, nicht im Subtraktionsverfahren miteinander zu verrechnen. Vor allem aber gilt, gerade im Leid sind Nachrichten unterdrückter und beleidigter Menschen erhalten. Sie weisen auf andere Wirklichkeiten. Eine Menschenbedürfnisse siebende Archäologie der Schicksale von Menschen hinterlässt keine Nachrichten vom „lebenssatten" Tun und Lassen vergangener Generationen. Und fast keine Nachricht ist eindeutig. Fast keine überdauernde Botschaft kann so und nicht anders verstanden werden. Und wie viele überdauerten nicht. Und werden es nicht tun. Was wissen wir schon von Menschen, die sich nicht mehr artikulieren können, die sich herrschaftsunterworfen nie anderen hörbar geäußert haben? Und doch – das ist unsere starke Behauptung – murmeln die vielerlei Quellen, die versteinerten, die gemalten, die schriftlichen Dokumente, die Geschichte der Ereignisse, der kriegerischen Schlächtereien, die Gebeine in Massen- und Einzelgräbern ..., sie murmeln in mehrdimensionaler Stimmlage verschiedener Sprachen. Menschen sind Menschen in ihrer Verschiedenartigkeit. Fast als würden sie Theodor W. Adornos utopischem Wunsch vorab entsprechen. Es gälte, eine wahre Gesellung der Andersartigkeiten und der wechselseitigen Achtung des Anderen zu schaffen, in der Jede und Jeder ihr und sein „abweichender Fall" zu sein vermögen.[15] Aber gerade in ihren Verschiedenartigkeiten halten menschliche Bedürfnisse von Anfang bis heute und wohl auch morgen überraschend und überzeugend an. Darum kann vom abstrakten Singular: „der Mensch"

[15] Vgl. „... den besseren Zustand aber denken als den, in dem man ohne Angst verschieden sein kann." Theodor W. Adorno, Minima Moralia, Frankfurt/M. 1987, S. 131.

oder seinem Plural: „die Menschen" gesprochen werden. Es muss in Einzahl und in Vielzahl von Mensch und Menschen gehandelt werden. Nur herrschaftlich triefende Vorurteile leugnen dies.

7. Historische Anthropologie (3)

Aus der Fülle der menschlich murmelnden Quellen vereinen wir vier ohne starre Ummauerung. Durchgehend äußern sich Bedürfnisse, sich selbst zu bestimmen durch den kollektiven Verbund, in dem man lebt, und als eigene Person innerhalb desselben. Menschen suchen, einen sozialen Ort zu finden und in der Gruppe anerkannt zu werden.

Sie streben danach, über einen eigenen Raum zu verfügen. Sie lehnen es ab, diskriminiert zu werden. Sie wollen sich im eigenen Verhalten in der Gruppe und an ihr orientieren können.

Sie wollen in der Lage sein, die eigene Welt zu verstehen und sich im Sinne sozial (und mythologisch) bestimmter Raum- und Zeitkoordinaten mit einem eigenen Ort in der „Wirklichkeit" zurechtzufinden („Heimat"! „Heimat?").

Diesen Strebungen kann dann Rechnung getragen werden, wenn allgemein und besonders der Eindruck überragt: es gehe mit gerechten Standards zu. Das *Brot*, das zum Leben gebraucht wird, wie es produziert und die Art, in der es verteilt wird, schafft in allen Gesellungen eine breite Skala quantitativer und qualitativer Unterschiede. Dieses *Brot*, die materiellen Bedingungen der Reproduktion des Lebens umfassen nur einen Teil der gesellschaftlichen Bedingungen. Sie werden von kulturell symbolischen Vorstellungen und Orientierungsmustern mit auf diese bezogenen Regeln und Sanktionen bewirkt.

8. Erster Quellgrund: Herrschaftsverhältnisse erzählen menschenrechtlich durch die Art, wie sie aufrechterhalten werden müssen

Ungleiche, sozial verankerte Bestimmungsmächte hat es gegeben, bevor sie sich auf Dauer ausbildeten und zu Institutionen verkrusteten. Nach ethnologischem Wissen haben Gruppen früh Vorkehrungen getroffen, darauf gerichtet, zu verhindern, dass die Machtmittel sich bei herausragenden Mitgliedern häufen und vererbt werden. Um ein Dauergefälle aus Ungleichheit zu verhindern, mussten erfolgreiche Gruppenmitglieder, Häuptlinge und andere, die besondere Aufgaben verrichteten, ihre gesondert erhaltenen Mittel teilen und verteilen. Sie hatten sie beispielsweise in Festen auszugeben. Dass nicht Ungleichheit zwischen Mitgliedern einer Gruppe zur Institution werde. „Gleichheit und Gegenseitigkeit" lautet der Titel eines Bandes, den Fritz W. Kramer und Christian Sigrist zu „Gesellschaften ohne Staat" 1978 herausgeben haben. „Staat" wird zu einer in die Gesellschaft verankerten Einrichtung der Ungleichheit. Er prägt die gesellschaftlichen Umgangsformen im hierarchischen „Oben" und „Unten". Die Umgangsformen der Gruppenmitglieder hielten die ungleichen Chancen aufrecht. Einseitig gesetzte Normen waren gegen Widerständige mit Gewalt durchzusetzen. Statt vorstaatliche und staatliche Herrschaftseinrichtungen gaben in „Gesellschaften ohne Staat" Gewohnheitsregeln, customs, Bräuche den sozialen Takt an. Sie unterscheiden sich von staatlich gesetzten Rechten dadurch, dass sie keinem hierarchisch übergeordneten Interesse folgten. Sie waren von der Sitte der Vorfahren überkommen. Die überkommene Sitte verlangte beispielsweise, Angehörige, was immer sie verschuldet haben mochten, in überkommener Weise zu beerdigen. Antigone beruft sich in der Tragödie des Sophokles auf die „ungeschriebenen Gesetze". Gegen den Herrscher Thebens, Kreon, strebte sie danach, ihren Bruder Polyneikes zu beerdigen. Polyneikes war gegen Theben und den Herrschaftsanspruch Kreons aufgestanden. Er war vor den Toren der Stadt gefallen. Plausiblen Berichten zufolge war Männerherrschaft weder zuerst, noch durchgehend primär. Eleanor Leacock hat darum mit gutem Beleggrund vom „Myth of Male Dominance" gesprochen. Dort jedoch, wo sich archaische Herrschaften ausbildeten, Protostaaten und Staaten, konnten sie nicht zur „normalen" Einrichtung werden. Es sei denn, sie sicherten sich dauernd ab. Zwei Vorkehrungen sorgen bis zur durchstaateten globalen Gegenwart für herrschaftliche Sicherheit. Sie dürfen nirgends fehlen. Zum einen wurden Herrschaftsmittel erworben und angehäuft. Sie bestanden früh in materiellen Mitteln, Geld und in gewaltbewehrtem Sicherungspersonal nach innen und nach außen. So kam es allmählich zu dem, was den einmal etablierten

Staat in einem nur von ihm „legitim" beanspruchten Mittel auszeichnet: Von Thomas Hobbes im 17. Jahrhundert frühmodern begründet, von Max Weber nüchtern und eher technisch ausgedrückt: Dem Monopol legitimer physischer Gewaltsamkeit. Alles das, was die Repräsentanten und Funktionäre staatlich sich auskristallisierender Herrschaft zu tun ausgingen, wurde widerständigenfalls durch *Gewalt* aufrechterhalten. Ihr Tun kreiste zuerst darum, die eigene herrschaftliche Ungleichheit zu sichern. Und diese Gewaltsicherung war zuerst physisch, unmittelbar und gegen alle herrschaftsunterworfenen Personen als potentiell eigenwillige, also aufrührerische gerichtet. Den Ausschlag des Gewalteinsatzes und seiner Wirksamkeit gab der allen Herrschaftsunterworfenen vermittelte „Legitimationsglaube". Er gibt neben der Verfügung über physische, personelle und apparativ instrumentelle Gewaltmittel den Ausschlag. Dass es beim herrschaftlichen Gewalteinsatz mit „rechten Dingen" zugehe. Herrschaftliche Gewalt trat also auf und verbarg sich in einem. Sie zog die Kapuze der Legitimation über ihr Gewaltgesicht. Sie verbarg die vorhandenen Fäuste in den Glacéhandschuhen ihres Rechts und ihrer immer erneut durchgesetzten Berechtigung. Protostaatliche, sich zuerst personell, dann apparativ zentralisierende, also staatliche Herrschaft und ihre Vertreter zeichnen sich im Wandel der Zeiten insbesondere durch die Fülle der Mittel und Verfahren aus. Sie werden aufwändig dafür eingesetzt, Legitimation zu inszenieren. Damit die Gewalt- und Zwangsausstattung des Staates selbstverständlich werde. Das war spätestens gelungen, sobald sich (National-)Staaten als das gesellschaftliche Allgemeine etabliert hatten. Sie werden dem durchgesetzten Anspruch nach von allen im und durch den Staat platzierten Personen akzeptiert. Sei es, dass sich die „Staatsinsassen", die zu „Staatsangehörigen" werden, mit dem Staat und seinen Repräsentanten „identifizieren". Und/oder, dass sie zwangsweise rechtseingekleidet zu „Staatsbürgern" gewandet und gewandelt werden. Zuerst Zwangsidentifikationen, dann „freiwillige" Identifikationen der im Deutschen folgerichtig „Staatsbürger" genannten und insofern rechtlich privilegierten Personen verschlingen sich miteinander. Flaggen, Hymnen und andere Symbole werden zum Fetisch fraglos werdender Identifikationen. Das Spektrum ist groß – eine Mixtur aus verschiedenen Arten und Graden freiwilligen Selbst- und Fremdzwangs. Die staatlich außengeleiteten und individuell innengeleiteten Verflechtungsverhältnisse sind nicht trennsauber zu entwirren. Sie lassen sich durchschauen, wenn moderner Staat und moderne Bürgerinnen/Bürger geschichtlich im Zusammenhang betrachtet werden. Dann wird ersichtlich, wie sehr staatliche Disziplinierungen im Schatten des Gewaltmonopols Herrschaft mit dem „Lob der Routine" ausstatteten. Dann ist herauszufinden, wie sehr individuelles und gesellschaftliches Funktionieren verinnerlicht wird. Es kann als Selbstdisziplinierung in Erscheinung treten. Das, was als normal und als a-normal gilt, wird zu einem „spontanen" Ereignis. Nimmt man seinen Ausgang bei Strebungen und Vorkehrungen, derer Menschen als gesellige Wesen bedürfen, wollen sie aufrecht gehen und andere aufrecht gehen lassen, kann der Komplex – „Staat" hier, „Individuum" dort – aufgedröselt werden. Die humanen Kosten des staatlichen Gewaltmonopols werden dann ersichtlich. Das von Thomas Hobbes fortschrittsallgemein begründete staatliche Gewaltmonopol – es dominierte den „Prozess der Zivilisation" – war nie dafür gedacht und wirkte nie in Richtung einer Vermeidung von Gewalt. Das *Gewaltaufkommen* in einer Gesellschaft und zwischen Gesellschaften insgesamt ursächlich zu erkennen und folgerichtig zu minimieren, war nicht das Ziel. Das Gewaltmonopol diente zuerst dazu, die Kriegsgewalt des Staates im Sinne einer unbefragten Prämisse zu verankern. Trotz der Gründung der UN 1945 und ihrer Delegitimation von Krieg als Zeichen staatlicher Souveränität wird staatliche Kriegsgewalt in der Hauptsache bis heute als staats-(natur)gegeben erachtet. Auch im Gesellschaftsinnern hält das Monopol Gewalt überall präsent. Nur dort wird Gewalt missbilligt, wo sie – vom Staat nicht lizensiert – „privat" in Erscheinung tritt. Und durchgehend gilt eine staatlich allgemeine lex talionis. Der Grundsatz, (illegitime) Gewalt müsse durch (legitime) Gewalt bekämpft werden, durchzieht moderne Gesellschaften direkt und indirekt umso mehr, je mehr sie entwickelt sind. Infolge ihres Umfangs und der globalisierenden, bis zum letzten Ort durchdringenden Konkurrenz nehmen abstrakte, bürokratisch-technologische Kontrollen zu. Sie vereinzeln die Menschen. Sie zerschneiden gegebene soziale Zusammenhänge. Sie verhindern nicht staatlich legitimierte und/oder sanktionierte Problemlösungen. Die bürokratisch exzessiven, technologisch perfektionierten a-sozialen Regulierungen enteignen bürgerlich kommunale Umgangs- und Handlungsformen.

9. Summa summarum: Die Herrschaftskosten sind schier nicht zu ermessen

Die Feststellung gilt auch und gerade für staatszentrierte, repräsentativ demokratisch überformte Gesellschaften. Das Gewaltmonopol hält Gewalt, an erster Stelle in ihrer physischen Gestalt, in jeder Rechtsregel durch ihre Sanktion „öffentlich" und „privat" präsent. Es stabilisiert darüber hinaus die inner- und zwischenstaatlichen Verhältnisse, die gewaltförmige Auseinandersetzungen bedingen und produzieren. Das geschieht durch staatlich formierte strukturelle Ungleichheit der Lebensbedingungen und Lebenschancen. Gesellschaftlich andere Formen des Umgangs mit Aggressionen werden verhindert. Dass aus ihren Leistungen, nämlich vor Gewalt gewaltig zu sichern, Staaten ihren fast beliebig kleidsamen und neu zu schneidernden wallenden Mantel der Legitimation ihrer Gewalt erzeugen, rundet den staatlichen Gewalt-Sicherheits-Legitimations-Gewalt-Zirkel. Das nie auf Dauer zu stillende menschliche Bedürfnis nach Selbstbestimmung, das allem menschenrechtlichen Verlangen zugrunde liegt und sich in ihm äußert, wird herrschaftlich mehrfach verstellt. Das umfängliche Arsenal, Herrschaft zu legitimieren, sie in jedem Fall hinnehmen zu machen (compliance), der herrschaftliche Aufwand, der im Interesse der Herrschaft „an sich selber" betrieben wird, verraten eine Wahrheit: Dass Herrschaft immer und überall prekär ist. Sie muss noch als „Glauben" sozialisierend indoktriniert werden. Staatsgewaltiger Verfassungsschutz! Wie immer ihre Verfahren aussehen und Inhalte komponiert sein mögen, fundiert Legitimation den Zwang nicht aus eigener Substanz. Sie wird zum Teil der Gewalt und ihrer „Produktionsverhältnisse". Staatliche Gewalt legitimiert sich selber. Nicht anders bewältigte Sicherheitsängste lassen sie auf den Plan rufen. Ihr „Einsatz" wird von staatlichen Gewalthandlungen selbst legitimiert. Gäbe es sie nicht, wären alle bürgerlichen staatlich projizierten Sicherheiten am Ende. Der Gleichklang dieser „Sicherheiten" wird genetisch und funktional täglich erzeugt. Bürger-Sicherheit wird zur Staatssicherheit. Vor allem dreht sich die Reihenfolge als Dauerwiderspruch der von Hobbes begründeten Staatslegitimation um. Sicherheit wird zuerst staatlich erkannt, benannt und durchgesetzt. Das geflügelte Wort des Verteidigungsministers, um bundesdeutsch den nach keiner bürgerlichen Rationalität rechtfertigbaren US-amerikanischen NATOgestützten Krieg gegen Afghanistan zu legitimieren, lautete folgerichtig: deutsche Sicherheit werde am Hindukusch vorwärtsverteidigt. Der Raub an Selbstbestimmung zeitigt zwei weitere Kosten. Er stabilisiert die ungleichen Verhältnisse. Deren ‚stumme' Gewalt wird monopolarmiert. Und also gerechtfertigt. Die interessengeladene „Ursünde" der Frühliberalen ereignete sich am Beginn der Moderne. Sie haben gegebene Ungleichheit in den „Naturzustand" verlegt und „zivilisatorisch" durch die illiberale Prämisse klassenbürgerlicher Liberalität zementiert: das Gewaltmonopol. Umso stürmischer konnten sie auf dem Tandem „Freiheit und Eigentum" radeln. Der Raub wird im Sinne staatlicher Gewalt- und Rechtssozialisation nach innen verlagert. Die staatspolitisch enteignete und liberaldemokratisch nur symbolisch überlagerte Unfähigkeit zur Selbstorganisation macht Bürgerinnen und Bürger jenseits aller Klassen politisch muskelschwach. Herrschaft stabilisiert und erneuert sich als institutionalisierte politische Bürgeratrophie!

Die Staatsstarre im Sinne einer doppelten Fixierung der Sinne und Wertezüge, die staatsnotfalls die Bürger- und vollends die Menschenrechte erstarren macht, bewirkt die Blockade des „Prozesses der Zivilisation" auf halbem Wege. Norbert Elias, hier korrekter und teilweise originell belegter These zufolge, hat die Konzentration von – zunächst – primär physischer Gewalt in den Hauptinstrumenten des Staates samt seines gesetzten und gewaltdurchgesetzten Rechts als primär äußere Disziplinierung die Selbstdisziplinierung der Bürger zu seinem folgenden Pendant bewirkt. Diesem im europäisch-angelsächsischen Raum an internen und externen sozialen und kriegerischen Kosten reichen Vorgang hat er mit dem Titel „Über den Prozess der Zivilisation" versehen. Im Untertitel, auf Methode und Anspruch verweisend: „Soziogenetische und psychogenetische Untersuchungen" (zuerst in 2. Auflage mit neuer Einleitung 1969). Elias zufolge blieb der „zivilisierte", im Laufe der Entwicklung liberaldemokratisch verfasste Staat – folgt man zunächst den großen Linien – auf halbem Wege stehen. Nicht nur blieb das staatliche Gewaltmonopol mit seinen außen- und innengerichteten Janusgesicht ein in und an sich nicht zivilisierter und nicht zu zivilisierender Rohling. Der Ausschluss bürgerlicher Selbstorganisation ließ nicht nur den staatlichen Gewaltkern ober- und außerhalb der Gesellschaft. Er verhinderte, dass ein demokratischer, menschenrechtlich gerichteter Prozess „zivilgesellschaftlich" überhaupt stattfinden konnte. Nun erst stimmte das weithin falsche und verblasene Gerede von der „Zivilgesellschaft“ als autonomem Subjekt. Gewalt bleibt staatlich wie gesellschaftlich bestehen. Über die Gewalt bewirkenden Umstände belassener und fortlaufend erzeugter Ungleichheit hinaus lernen Bürgerinnen und Bürger nicht Umgangsformen gegenseitiger Hilfe und friedlichen Konfliktausgleichs. Das erforderte risikovertrauendes Probieren und noch einmal Probieren. Auch in ihrer eigenen „Disziplin“, der anscheinend privaten Sicherheitssuche und deren fundierenden Ängsten ist die staatliche (Ersatz-) Gewalt durchgehend präsent.

10. Zweiter Quellgrund: Der Kampfruf nach individueller und kollektiver Freiheit: Indizien der „unendlichen Geschichte“ emanzipatorischer Strebungen

Alle soziologischen und politischen Begriffe wie die ihnen vorausgehenden Erscheinungen sind auf einer breiten Skala zu notieren. Die Endpunkte markieren Herrschaft und Freiheit. Nie ereignen sich „Herrschaft“ und „Freiheit“ vollkommen. Als historische Tatsachen siedeln historisch gegebene soziale Verhältnisse näher dem Herrschafts- oder näher dem Freiheitsextrem. Sie stellen verschiedene Mischungen dar. Deren *Wirklichkeit* verfehlte man, gebrauchte man Begriffe zweigeteilt (dichotomisch): Licht oder Finsternis. Herrschaft oder Freiheit. Darum der ‚ewige‘ Kampf um mehr Freiheit und weniger Herrschaft – wie umgekehrt. Solche Kämpfe machen das gesellige Leben so erfrischend und so peinvoll mühsam. Soziale Wirklichkeiten in Entweder-Oder zu scheiden, erleichtert dem Scheine nach das schwierige Geschäft zu begreifen, zu analysieren, zu bewerten. Ein Beispiel zweigeteilten Begriffesmissbrauchs stellt Carl Schmitts Politikbegriff dar. Er war schon zuvor mit interessiert geführtem Hackbeil im Schwange. Er „lebt“ von, genauer er „tötet“ mit der „eindeutigen“ Unterscheidung zwischen „Freund“ und „Feind“. Wie andere begriffliche Scheidungen soll sie eine unübersichtliche Vielfalt von Erscheinungen aschenputtelgleich zuordnen. Das ist sehr verständlich. Darum ist es angebracht, Begriffe mit einer Anzahl aus dem Erkenntnisinteresse folgender Kriterien zu versehen. Sie lassen die Fülle des multivalent Wirklichen sortieren. Eindeutige, mit einem Unterscheidungsmerkmal arbeitende Begriffe verfehlen historische Besonderheiten und soziale Mehrwertigkeiten. Indem sie aggressiv reduzieren. So das Politikverständnis, das pauschal zwischen „Freund“ und „Feind“ unterscheidet. Es hilft nicht, komplexe Wirklichkeit besser zu verstehen. Es dient dazu, sie zu vergewaltigen. Dichotome Begriffe beherrschen nur begriffs- und interesseeinseitig. Als sei die Vielfalt von Bürgerinnen und Bürgern in einem staatlich besetzten Land und zwischen voneinander abgegrenzten Gesellschaften mit dem zweikantigen Schwert „Freund“ oder „Feind“ in Tod und Leben zu teilen. Die Feindes- und Freundesmale werden herrschaftsfungibel verpasst. Erkenntnis und ihr folgendes Handeln werden zu Fallen. Komplexe Phänomene werden mit Hilfe eines interessiert verpassten Merkmals aufgespießt („identifiziert“). Menschen und ihre Gesellungen aber sind komplex. Was für den exemplarisch berührten Politikbegriff zutrifft, gilt für herrschaftliche Erscheinungen und ihre Begriffe wie für ihren Widerpart: Emanzipationen. Die Schwierigkeiten, Herrschaft je nach historischen Umständen zu begrenzen, und umgekehrt, Emanzipationsprozesse zu fördern, kann man nur bewältigen, wenn man die Übergänge zwischen ihnen und die riskanten Mischungsgrade aus eher herrschaftlichen und eher emanzipatorischen Elementen bedenkt. Solcher kognitiven und habituellen Vorsicht steht die Einsicht nicht entgegen, dass Herrschaftsformen Selbst- und Mitbestimmung einschränken und unterdrücken, je mehr sie erstarren. Gleicher Weise suchen alle emanzipatorischen Bestrebungen, sich aus Herrschaftsgriffen (und Herrschaftsbegriffen) zu befreien, die sie enteignen. E manu domini capere. Aus dem Griff des Herren nehmen. Die Geschichte der Emanzipationsbewegungen ist vorzeitlich grauverhangen lang. Sie ist zukünftig voll der Morgenröte. Solange Vernunftwesen, genannt Menschen, existieren. Neuerliche Emanzipationsbestrebungen bilden eine illustre Schlange: die antikolonialen Bewegungen der „Verdammten dieser Erde“ nach dem Zweiten Weltkrieg; die Schwarzen Südafrikas: sie sind infolge seines Apartheid-Regimes bis in die 90er Jahre des 20. Jahrhunderts unterdrückt worden; die Bürgerrechtsbewegung in den USA seit den 50er Jahren des letzten Jahrhunderts; die (zweite) Frauenbewegung, die westlich zunächst aus den 1960er Jahren in die Gegenwart reicht; die politischen Aktionen, die in der BRD in den 1970er Jahren die Sammelbezeichnung „Neue soziale Bewegungen“ erhalten haben. ... Wer nennte die Länder, zählte die Gruppen, die aus unterschiedlichen Motiven, politisch sich zu Wort meldeten. Welche Fülle der unterschiedenen Entstehungsgründe!

Welche Vielzahl der Motive, Erscheinungsformen, der Erfolge und Niederlagen![16]

Das Glück der Fülle von Freiheitsstrebungen erlaubt mehrere verallgemeinerbare Beobachtungen:

- Revolten, Demonstrationen, widerständige Äußerungen, über längere Zeiten anhaltende Befreiungsbewegungen sind in ihren Anlässen und Verlaufsformen nicht vorweg zu berechnen. Es gibt kein ausrechenbares, kein zu kontrollierendes Muster.
- Selbst in Zeiten anhaltenden Herrschaftsschlummers unter repressiven Decken gelingen anhaltende Gewaltkontrolle und kooptative Mechanismen, potentielle Widersacher herrschaftlich frühzeitig einzugemeinden (zu kooptieren), nie perfekt. Kein Herrschaftsinstitut besteht ohne Basisgefährdungen auf Dauer. Widersprüche äußern sich vereinzelt in abweichendem Verhalten und – herrschaftsgewitztem Akzeptanzmanagement zum Trotz – in erahnbaren Gewitterwolken widerspenstiger Aktionen. Gefahren möglicher Revolten dauern. Entsprechend werden gegebene Herrschaftsmittel und ihr Einsatz verstärkt. Die Unruhe aus dem nicht kalkulierbaren „Unten" lässt selbstverständliche Herrschaft unaggressiv nicht zu. Einer der historisch wiederkehrenden Gründe, Herrschaft menschenbedürftig in Frage zu stellen. Ihr menschennötiges ‚Als-Ob'.
- Die negativen Effekte der Entmündigung herrschaftsunterworfener Menschen mit Hilfe grober und feiner Restriktionen zeitigen nicht allein – zeitlich unbestimmbar – Aufstände der Entmündigten, die sich demonstrativ selbst den „Mund" geben. Negative Effekte kommen nicht selten darin zum Ausdruck, dass sie emanzipative Bestrebungen „von innen" hemmen. Befreiungsbewegungen leiden darunter, dass sie dem „Terror" etablierter Kräfte entgegentreten müssen. Dadurch geraten sie

---

[16] Vgl. über viele Unterschiede und Anlässe hinweg voller Einsichten unverändert: Francis Fox Piven/Richard A. Cloward, Poor People's Movements: Why they succeed and how they fail (1977), dt.: Aufstand der Armen, Frankfurt/M. 1986. Für das Umschlagsjahrhundert zur Moderne: Christopher Hill, The world turned upside down. Radical ideas during the English revolution; für das 19. Jahrhundert: E.P. Thompson, Die Entstehung der englischen Arbeiterklasse, Frankfurt/M. 1987.

in Gefahr, und sei es zunächst nur um ihres eigenen Schutzes willen, ihrerseits repressive und aggressive Mittel zu verwenden. Diese drohen, das eigene Verhalten zu bestimmen. Indem herrschende Formen nach außen und bald nach innen, gegen Gegner im eigenen Lager, angeeignet, das heißt, zu eigenen gegen eigene umgewandelt werden.

- Die negativen Effekte verhindern durch die Übernahme herrschender Mittel, dass sich der Habitus mündiger Menschen untereinander verbreitere, vertiefe und institutionalisierte Dauer gewinne. Darum heißt es Vorsicht von Anfang an! Selbstkontrolle. Darum kommt es auf möglichst lange Lernperioden an. Nur dann gelingen gründliche Reformen. Dass man sich nicht darauf beschränke, nur das „alte" Herrschaftspersonal auszuwechseln. Am Mangel solcher Lern- und Änderungszeiten pflegen Befreiungsbewegungen zu erheblichen Teilen zu scheitern. Ihr Scheitern stärkt herrschaftliche Strukturen und Funktionen. Von einem historisch anthropologisch begründeten Menschenrechtsverständnis aus werden die Argumente wider alle Herrschaft, wird das anarchische Grundmotiv von Menschenrechten dadurch verstärkt. Frei werden und frei bleiben verlangen eine permanente Anstrengung. Die in gelebten Menschenrechten plastisch enthaltene, von ihnen ausgehende Lust kommt nicht schweißlos. In glücklichen Augenblicken macht sie die Mühen vergessen.[17]

[17] Das ist freilich am Schreibtisch, mit einer Tasse warmen Kaffees versehen, wohlfeil zu formulieren: dass auf Gewalt verzichtet werden sollte. Von anderen humanen ‚Kosten' nicht zu schweigen, der Verletzung und Tötung Anderer, wirke Gewalt einem Bumerang gleich auf die eigene Sache, den kollektiven und individuellen Anspruch von Emanzipation zurück. Sie erneuere Herrschaft. Diese historisch erfahrene Annahme trifft zu. Befasst man sich jedoch entgegen der europäisch-angelsächsisch anhaltenden Selbsttäuschung mit Geschichte und Gegenwart der Kolonialisierung und Entkolonialisierung, dann sieht man den europäisch-angelsächsischen „Prozess der Zivilisation" und seine „Moderne" einschließlich der ‚aufgeklärten' Menschenrechte nicht nur mit starken Schatten. Dann übersähe man auch, wie das Gebot unverkürzter Menschenrechte gerade von ihren einseitigen „westlichen" Erfindern systematisch verletzt und umgelogen wird. Wäre die allenfalls partielle Emanzipation der Bevölkerungen der „Dritte Welt" ohne Gewalt möglich gewesen? Bis zum heutigen Tage wird „westliche" Gewalt kapitalistisch und staatlich in mehr oder minder sublimen Formen so vielfach geübt, dass sich beispielsweise afrikanische Gesellschaften nur schwer, mit unsäglichen menschlichen Kosten, von westlich transplantierter Haut formerpresst, „emanzipieren" können. Gewalt in Afrika aber wird zu einer abhängigen Größe. Liest man Frantz Fanons leidenschaftliches Ma-

11. Sklavenrevolten

Einige Aspekte auf der Suche nach dem rumorenden Unterstrom der Bedürfnisse seien an der langen Geschichte der Sklaverei illustriert. Phasen der Sklaverei prägten alle Kontinente. Große Philosophen à la Aristoteles, Intellektuelle und Künstler rechtfertigten sie. Alle Sprachen geben Auskunft über sie. Die Geschichten der Sklaverei sind immer wenigstens Doppelgeschichten. Weder Sklavenhalter noch Sklaven sind unabhängig abzusondern. Aus der Fülle trefflicher Untersuchungen, die insbesondere um die transatlantische Brücke der Versklavung und des Sklavenhandels kreisen, wollen wir Orlando Pattersons seinerseits zusammenfassende Untersuchung illustrativ ausweiden: Slavery and Social Death. A Comparative Study (1982). Fasst man Sklaven beiderlei Geschlechts als verallgemeinertes, verdinglichtes, umgedreht Anderes herrschender Menschen, erscheinen sie wie verkehrt aufrechte Menschen: würdelose, erdwärts gekrümmte, unters Joch gezwungene Beinahemenschen. Jemand mit einem menschlichen Körper, ein stimmbegabtes Instrument, wie es lateinisch hieß (instrumentum vocale), aber schier vollkommen von der Existenz eines Herren abhängig. Bar aller Macht konnte der Sklave wie ein noch lebendiger Toter behandelt

nifest, dann wird das Ausmaß der fast schon halb vergessenen Unterdrückung der kolonialisierten Bevölkerungen als dauernde Wunde bewusst. Von rudimentären Ausnahmen abgesehen, wurden die Afrikaner bis an die Tür der Gegenwart und über ihre FRONTEX-gehütete Schwelle hinaus bestenfalls als Menschen zweiten Grades behandelt. Darum wird Gewalt im Sinne Fanons zur Voraussetzung innere und äußere Fesseln durchschneidender Emanzipation. Und dies – Fanons Schlussfolgerungen künden es – ausgerichtet an einem gesellschaftlichen und politischen Konzept, das dem selbst widersprüchlichen Europa und der angelsächsischen Welt alle Ehre machte. Will man anderen aufgeherrschte Gewalt beurteilen, sind allemal drei praktisch orientierte Schritte vonnöten. Statt abstrakter Interessenlegitimation dienender Verurteilung kommt es darauf an, sie in ihren Entstehungs- und Verwendungsbedingungen im konkreten historischen Kontext zu verstehen. Kollektive Gewalt wird in der Regel von Verhältnissen produziert, die sie formieren. Gewalt kann nur kurzfristig und täuscherisch durch Gegengewalt bekämpft werden. Entscheidend ist, dazu beizutragen, Gewalt schaffende Umstände von den in Gewalt Verschlungenen selbst beseitigen zu lassen. Interventionen, allemal pseudohuman, sind fast immer allenfalls im Herrschaftsinteresse der intervenierenden Mächte. Damit unter harten Konkurrenzbedingungen das jeweils mögliche Maß an Autonomie organisiert werden könne, kommt es, mit Kant gesprochen, auf neue zwischenstaatliche Friedensbündnisse an, die Räume und Chancen konkurrenzverdünnten Handelns für nicht gleichrangig mächtige Staaten und ihre Gesellschaften schaffen.

werden. Sozial wurde er ohne eigenen Schatten nur im Schatten des Herren angesehen. Als befände er sich außerhalb sozialer Zusammenhänge: in Herkunft, Gegenwart und ohne eigene Zukunft. Die symbolische Depersonalisierung entsprach der unbegrenzten Körperherrschaft: Aufgeherrschter Name, ebenso Kleidung, Haarstil, Sprache – und Körper – wie Tiermarken. Generell wurden Sklaven ehrlos gehalten, sprich ohne eigene Ansprüche, ohne soziale Aura. So konnte es zuweilen geschehen, dass ein Sklave der Herrin des Hauses beim Bad Handreichungen zu machen hatte, mehr und weniger als ein Hund. Diesen Vierbeiner schließen selbst liebende Herrinnen eher aus. Patterson zitiert in seinem Eingangskapitel über die konstitutiven Elemente der Sklaverei den ehemaligen Sklaven, späteren Abolitionisten und Schriftsteller Frederick Douglass: „Ein Mensch ohne eigene Stärke besitzt das Wesenselement nicht, das Menschen auszeichnet: Würde. Die Natur des Menschen ist derart, dass ein hilfloser Mensch nicht geehrt, nur bedauert werden kann; und selbst Mitleid kann nicht länger anhalten, wenn nicht einige Spuren eigener Stärke zu spüren sind.“[18]

In der Unfähigkeit zur Ehre – Ehre das Signum vor allem traditionaler Gesellschaften – spitzte sich der Mangel sozialer Autonomie zu. Diese Kennzeichen des *sozial toten* Sklaven bei lebendigem, befehlsabsolut brauchbaren Körper und Geist sind verallgemeinerbar. Der Sklaventypus eignet sich, um zu erkennen, in welcher langen Kette Gesellschaften Sklaven als Gegenbild des „normalen“ Menschen behandelt haben. Das, was O. Patterson im Topos „sozialer Tod“ zusammenzieht, erscheint dort, wo Menschen nicht als eigenständig anerkannt werden, als in ihrer Freiheit im Kontext sozialer Anerkennung. So heißt es bei Patterson:[19]

„Wahre Ehre ist nur möglich, wenn jemand als eigen respektiert und aufgenommen und von seinen potentiellen Gruppenmitgliedern als jemand anerkannt wird, der zu ihnen gehört.“

Gegen Ende spricht Patterson von einer „Dialektik der Sklaverei“. Hier behandelt er sowohl den Drang der Sklaven, den Weg ins Freie zu finden,

---

[18] Orlando Patterson, Slavery and Social Death: A Comparative Study, Harvard University Press 1982, S. 13.

[19] Vgl. ebenda, Honor and Degradation, S. 77 ff.

als auch die List, mit deren Hilfe die Sklavenbesitzer diesen Drang für sich ausbeuteten. Eine veränderte Beziehung - befreiter Sklave hier, früherer Herr dort - war die Folge. Dadurch werden die Freiheit entlassener Sklaven und die Freiheit früherer Herrn eigenartig berührt. „Eine nicht überschätzbare Waffe entwickelte sich in allen Gruppen, die Sklaven hielten. Wie sehr ein Sklave auch kämpfte, er blieb illegitim. Der Kampf verlangte, anderen Menschen vergleichbar, aus dem Sklavendasein entlassen zu werden, seine Entfremdung aufzuheben, seinen sozialen Tod zu beenden, seine eigene humane Würde anzuerkennen.“ Patterson folgert: „So kam Freiheit in die Welt. Vor der Sklaverei war niemand da, der hätte begreifen können, was Freiheit ist. Männer und Frauen in vormodernen Gesellschaften ohne Sklaven konnten den Wert der Befreiung nicht erfassen. … Sklaven waren die ersten, die sich in einer Situation befanden, die sie nach Freisein drängen machte. Und Sklavenhalter waren schnell dabei, das neue Ziel für sich zu nützen. In den großen Sklavenhaltergesellschaften zogen sie einen Vorteil daraus, dass Sklaven die Freiheit entdeckt hatten. …“ Mit anderen Worten, die Befreiung der Sklaven war ein Prozess, der die gespaltene Freiheit der Sklavenhalter und der Sklaven beeinflusste. Er blieb ambivalent.[20]

Orlando Patterson löst die Ambivalenz nicht auf. Ein Kampf- und ein Stück Gegenelement stecken in allen humanen Leuchtbegriffen. Sie sind immer wieder neu in Auseinandersetzungen zu erringen. Und aus Vorstellungen ist Wirklichkeit zu bilden. Beispiel: die erste Trikolore. Freiheit, Gleichheit, Geschwisterlichkeit oder Solidarität. Pattersons Einsichten in „die“ Sklaven, die Sklavenhalter und ihrer beiderseitige Emanzipation erlauben zusammen mit nicht zu fernen Erfahrungen, wie solchen aus Flüchtlingslagern und Fluchtverhalten, eine Reihe von Merkpunkten der Emanzipationsgeschichte zu pointieren:

- Ihre pure Instrumentalisierung vertragen Menschen nicht. Sie gehen daran zugrunde. Oder sie rebellieren. Dazwischen dehnt sich eine Fülle schmerzlicher Versuche, minimale soziale Anerkennung zu ergattern, um nicht nackt instrumentalisiert zu werden (vgl. auch Giorgio Agamben: Homo Sacer. Die souveräne Macht und das nackte Leben, Frankfurt/M. 2002). So gesehen entspricht Kants kategorischer Imperativ, Men-

[20] Vgl. ebenda, The Dialectics of Slavery (Chapter III), S. 275 ff.

schen nie primär wie ein Instrument zu gebrauchen, dem menschlichen Lebensdrang. Menschen erfahren nur in potentiell gleichrangiger Assoziation menschengemäße Umstände.

- Die vielfältige Geschichte der Sklaverei, der Sklavenaufstände und der Sklavenbefreiung ist voll der Versuche von Sklavinnen und Sklaven, von Kindern von Sklaven in ihrer eigenen Mitte, auf atomistische A-Sozialität im exklusiven Herrinnen- und Herren-Bezug getrimmt, wechselseitige soziale Beziehungen zu knüpfen. Und seien sie noch so rudimentär und gefährdet. Immer neu knospen Versuche, gegenseitige Hilfe zu üben. Sobald frühere soziale Zusammenhänge nicht brutal abgehackt wurden, spielt die gefährdete Familie, spielen Ansätze einer selbst entwickelten subkutanen Kultur und Reste von mitgebrachten Traditionen eine eminente Rolle.
- „Onkel Toms", wie abwertend die sich „freiwillig" unter ihre weißen Herren unterordnenden Afroamerikaner genannt werden, gibt es bei lange währender Sklaverei die Fülle. Auch Unterdrückung und soziale Mängel werden habitualisiert. Indes: selbst in den „Onkel Toms" sind immer erneut sperrige, insgeheim aufmüpfige Momente und sich weigernde Elemente zu entdecken. Sie belegen einen essentiellen Lebensbedarf sozialer Minima im Rahmen, trotz und jenseits der Unterdrückung. Umgekehrt sind Menschen, die an ihrem Los als Sklavinnen und Sklaven rütteln, meist geprägt von erlittenen Dauerrepressionen. Sie mögen sie aggressiv umkehren. In dieser Hinsicht irrt Frantz Fanon. Trotz aller Kenntnisse als Psychiater über die tiefgreifenden psychischen Gewaltfolgen sah er für die kolonial Unterdrückten keinen anderen Weg, sich zu emanzipieren, als die weißen Unterdrücker gewaltsam zu entmachten. Eine solche, ihrerseits auf Gewalt setzende Dialektik der emanzipativ gerichteten Gewalt gegen die Unterdrücker hat jedoch die Kontinuität von Herrschaft zur Folge.

12. Dritter Quellgrund: Menschliche Leiden als Leiden an Gesellschaften

Leiden erlauben Einblicke nicht in „die Gesellschaft" als „ärgerliche Tatsache" schlechthin. Dann wäre Gesellschaft unabhängig von ihren Gestaltungen im einzelnen „an sich selber" pathologisch. Eine solche Annahme liegt dem fiktiven urliberalen Individualismus und seinem Ziel einer Als-Ob-Gesellschaft individueller Besitzer zugrunde. Deren „ungesellige Geselligkeit" (Kant) voll der ellbogenspitzen Konkurrenz kann nur staatsherrschaftlich diszipliniert aufrechterhalten werden. Die Einsicht in Leiden an der Gesellschaft entdeckt stattdessen Formen der Vergesellschaftung, die dem Selbstbewusstsein und Handlungsvermögen von Personen schaden. Bis hin zu Krankheiten und Todesfällen. Welche Einflüsse bestimmen die Menschen? Ihre Anlagen, ihre Erziehung und Ausbildung, die Physiologie ihres Gehirns oder die sozialen Tatsachen, in deren Mitte sie qua Geburt *hineingeworfen* worden sind? Wie meist rennen Entweder-Oder-Behauptungen in die Irre. Historisch anthropologisch, mit zu verschiedenen Zeiten ausgeworfenen Netzen ausgestattet, menschliches Verhalten, menschliche Freuden und Leiden zu fischen, lassen sich mehrere Beobachtungen verallgemeinern. Was immer den einzelnen Menschen von Geburt mitgegeben worden sein mag („Anlagen"), das, was aus dem Potenzbündel Mensch wie und wann aktualisiert wird, wird durch die Sequenz der gleichzeitigen und historisch hintereinander gestaffelten gesellschaftlichen Kontexte „entschieden". Der Umgang mit den Bezugspersonen, meist den Eltern, prägen vor allem die frühen Jahre. Eine Reihe schulischer und weiterer sozialisierender Agenturen kommen dazu. Der gesamtgesellschaftliche Kontext gehört ebenso dazu, der in der europäisch-angelsächsischen Moderne nationalstaatlich und kapitalistisch geprägt wurde. Im ausgehenden 20. und beginnenden 21. Jahrhundert nehmen die globalen Einflüsse an definitorischer Macht zu. Der Einfluss mächtiger Gegebenheiten ist im Querschnitt der Moderne gewachsen. Familiale, lokale und regionale Eigenarten sind nicht irrelevant geworden. Sie werden aber von Faktoren ökonomischer, technologischer, wissenschaftlicher und staatlicher Provenienz und deren abgehobenen Zusammenhängen dominiert. Mit einem Hegelschen Paradoxon gesprochen: Das Abstrakte ‚ist' das Konkrete und das Konkrete das Abstrakte. Sprich, Verhaltensweisen von Personen, ihre Leistungen, ihre Probleme, ihre Mängel und Leiden können nicht aus den Personen und ihren nahen Kontexten allein, meist nicht primär erklärt werden. Sie haben vielmehr primär mit nationalstaatlicher Politik und ihrem Vermögen zu tun, auf dem Parkett des Weltmarkts zu agieren. Anders gesagt: von Personen nicht begreifbare, von ihnen kaum beeinflussbare Faktoren, Interessen und Zusammenhänge bestimmen die Grade und Grenzen von deren Selbstbewusstsein, Handlungsvermögen und Umgangsformen. Eine Folge lautet: Will man relevante Einsichten in die Befindlichkeiten und das Verhalten von Menschen erhalten, muss man die Augen weit über sie hinaus auf die prägenden gesellschaftlichen Kontexte richten. Diese gilt es zu ergründen. Wie wirken die näheren und ferneren Institutionen auf die menschlichen Befindlichkeiten und die Habitus der Menschen? In ihrem vergesellschafteten Charakter oft nicht mehr kenntliche Institutionen und Prozeduren formen und füllen Menschen. Indem sie diese anerkennen: Geld, Positionen, Noten, Titel, Auszeichnungen. Indem sie positive und negative Sanktionen verteilen: durch ein Examen fallen lassen; aus der Arbeitsposition entlassen; mit kontrollierenden Auflagen disziplinieren; bestrafen; mit einer Fülle bürokratisch umgesetzter Gesetze in Form der Zangenbewegung *Fordern und Fördern* den Handlungsraum bis zur Depression und Apathie verengen; Lernen als Spießrutenlauf durch Notenpalisaden à la Bachelor-Master-Studiengänge usw. Eine Dialektik aus Attraktionen, Verteilung von Anerkennungen und Sanktionen, ein Zusammen- und Widerspiel aus Zuckerbroten und Peitschenschlägen machen das aus, was der französische Soziologe Emile Durkheim die „Physik der Sitten" genannt hat. Das, was „üblich" ist; wie ‚man' sich verhält; was den Kindern anerzogen wird; Anforderungen, Regeln und Gewohnheiten des Verhaltens in verschiedenen Lebensabschnitten und Organisationen – all das wird nicht durch abgehobene allgemeine Normen bestimmt. Die Geschwindigkeiten der menschenrechtlich gedrehten körnerlosen Gebetsmühle quietschen bestenfalls täuschend. Die täglichen Umgangsformen und ihre materiellen Bedingungen, die Formen des Wohnens, der Arbeit, des Einkommens, die gesamte fassbare „Materialität" bis zum Umgang mit Trauer und Tod geben die gültigen Verhaltensweisen wieder. Die Sitten! Sie sind heute fast alle rechtlich überformt. Das ist ein riesiges Feld. In ihm spielen sich sozialökologisch verschiedene Geschichten ab. Versucht man einzelne Abschnitte des Feldes sorgsamer zu begehen, wird man genauer herausfinden können, um zur Illustration in der jüngsten Gegenwart zu bleiben, warum junge Männer in Mecklenburg-Vorpommern mit der NPD liebäugeln und „national" strammstehen. Nur die NPD kümmert sich um diese sozial ortlos gelassenen Jungmänner und wenigen Frauen. Sie verteilt ihnen anerkennende Carepakete. Oder es wird einsichtig, warum an den Universitäten inmitten des einbahnstraßig durchfurchten individuellen Konkurrenz- und Leistungsverhaltens das „auszusterben“ scheint, was Kinder beflügelt: unersättliche Neugier. Oder, um im bildungspolitischen Terrain zu bleiben: es kann erklärt werden, warum der Nachhilfeunterricht schon in den Vorschulen anhebt; oder: wie es dazu kommt, dass intellektuell magersüchtige Fitnesscenter zu Fachschulen geadelt werden, zugleich jedoch ca. 30 % der Studienanfänger die perversen Universitäten ohne Examen verlassen. Psychotherapeutisch traktierte Verhaltensprobleme aber nehmen zu. Um in ein dem Anschein nach ganz anderes Gebiet zu springen. Analysiert man die gegenwärtige Situation im nahen, mit deutscher Geschichte und Gegenwart vielfach positiv und negativ verschlungenen Ungarn und lässt man den historisch genetischen Spaten nicht im Rucksack stecken, wird das plausibel, was jüngst Imre Kertész sagte. „Was hält er von der politischen Lage in seiner Heimat?“, fragte die Autorin Johanna Adorján.[21] Sie ist irritiert davon, dass Mahnmale geschändet werden, nationalistisch militaristische Garden aufmarschieren, antisemitische Töne offen artikuliert werden. „Viele Ungarn sehnen sich nach dem Kommunismus zurück. Diese Menschen sind völlig verzweifelt. Zwanzig Jahre herrschte Korruption ..., jeder im Volk wurde betrogen und belogen, und sie haben niemanden, der ihnen jetzt etwas sagen kann. Mit dem Begriff der Freiheit können sie nichts anfangen. Was bedeutet Freiheit, wenn man betrogen ist?“

Jeder Tag Zeitungslektüre, wenn eigene Erlebnisse nichts hergeben, platzt vor anschaulichen und zugleich peinigenden Belegen. Man darf nur Augen und Ohren nicht herrschaftsmystisch verschließen. Oder: weil man die stumm schreienden Widersprüche nicht aushalten kann. Das ist die Stunde des allseitigen „Goodspeak“. So bezeichnete George Orwell einst die herrschende politische Sprache nicht nur in der Sowjetunion. „1984“. Deren geheimdienstlich allpräsenter Verrats- und Abweichungsverdacht hob Privatheit und Öffentlichkeit zugunsten einer Dauerschule des Verdachts auf. Intime Beziehungen gab es nur noch als überall muffelnde Korruptionen.

---

[21] Vgl. http://www.faz.net/artikel/C30437/nobelpreistraeger-imre-kertesz-die-ungarn-werden-mich-nie-verstehen-30036616.html.

Goodspeak aber meint, dass alle Herrschafts- und Ausbeutungstaten euphemistisch süß gelogen werden. Am meisten fallen die Lügengespinste, die Euphemismen, aber auch ein allgemeines gesellschaftliches Hasenspiel auf angesichts der zentralen gesellschaftlichen, nur zum Teil institutionell ausdifferenzierten Einrichtung aller kapitalistischen Gesellschaften: dem sogenannten Arbeitsmarkt. Die wohl verpasste Täuschung beginnt mit dem Bild des freien Marktes allseitig gleicher Zugänglichkeit. Kurz: der Markt geht als abhängige Größe kapitalistischer Klassen im Kontext der ökonomischen, gesellschaftlich verallgemeinerten Struktur und Funktion kapitalistischer Produktion und ihrer Verhältnisse auf Tauchstation. Fortgesetzt wird die Täuschung als Struktur. Unterstellt wird, wenigstens im Klassenrahmen dominierend fehlgenannter „Arbeitgeber" herrsche so etwas wie eine schiefe Gleichheit der korrespondierend fehlgenannten „Arbeitnehmer". Die letztgenannten arbeiten jedoch im gleitenden, dauernd im Umfang oszillierenden Schatten der Arbeitslosen. Sie werden zusätzlich geprägt durch die feinen und groben Unterschiede zwischen und innerhalb der Arbeitsverhältnisse. Das hier nicht weiter auszubreitende Ensemble konzertierter Täuschungen endet im sogenannten öffentlich staatlichen Bereich. Über die allenfalls sozial wattierende staatliche Begrenzung von Konkurrenz und ihren negativen Konsequenzen für diejenigen, die „Arbeit haben", und diejenigen, bei denen das Nicht und voraussetzungsvolle Noch Nicht gilt, sind vor allem zwei Folgen im Bereich von Menschenrechte und Demokratie wahrzunehmen. Von Marx u. a. schon früh dargelegt: die Aufspaltung der Masse Mensch in einen untertänig abhängigen Arbeiter mitsamt und trotz aller Differenzierungen und eine Bürgerin/einen Bürger formeller Gleichberechtigung. Diese personell nicht aufhebbare Aufspaltung ist sozialstaatlich auch in den materiell und versicherungsrechtlich besten Fällen nicht überwunden worden, von ihren zusätzlichen Blockaden als Ausdruck verschärfter Konkurrenz im Zuge der Globalisierung nicht zu reden. Die andere damit verbundene Folge zeigt sich in der vom Anfang liberaler Demokratie an gegebenen Blockade auch nur ihres verfassten demokratischen Minimums. Wie sollen Bürgerin und Bürger ihre demokratisch (ad absurdum reduzierte) Wählerinnen-/Wählerrolle anders denn bestenfalls als Stimmvieh wahrnehmen können: zu muhen, zu brüllen, abseits zu stehen oder dem Herdentrieb zu folgen? Die Chance politisch eigensinnigen

Bewusstseins und Verhaltens wird ihnen angesichts ihrer begrenzten Zeitmittel und übrigen Ressourcen von vornherein versagt. Der „Arbeitsmarkt" als Knorpelschicht des kapitalistischen Rückgrats steht wie ein faltenreiches Gebirge quer zu allen Markt-, Bürgerrechts- und Demokratieannahmen. Die Letztgenannten suggerieren die Ebene der freien Gleichheit. Dort aber, wo politisch herrschaftliches Versagen aufzudecken wäre, um katastrophale Konsequenzen zu begrenzen, Opfer soweit wie möglich zu vermeiden, dort herrschen Geheimhaltung, Schweigen, Vertuschen. Diejenigen, die davon sprechen, weil sie vom Schrecklichen erfahren haben, werden nach einer alten Herrschaftsdevise bestraft. Der Bote verantwortet die Botschaft und wird kriminalisiert.

13. „Achill in Vietnam"

Wie im Abschnitt zuvor soll die Erkenntnis, dass Menschenrechte immer nur so viel bedeuten, wie die gesellschaftlichen Kontexte von ihnen durchdrungen sind, an einer besonderen Studie illustriert werden. Geschrieben wurde sie vom Psychiater Jonathan Shay. Wie er in der Einleitung sagt, arbeitet er „mit einer Gruppe amerikanischer Veteranen mit Kampferfahrung im Vietnamkrieg. Sie leiden an schweren posttraumatischen Persönlichkeitsstörungen (Posttraumatic Stress Disorder, abgekürzt: PTSD)"[22]. Lange übersehen, sind auch viele bundesdeutsche Soldaten davon betroffen, vom Krieg gegen Afghanistan und seinen Betreibern verschuldet.[23] Der Titel des 1994 in Englisch erschienenen Buches (in Deutsch 1998): „Achill in Vietnam. Kampftrauma und Persönlichkeitsverlust." Shays auf den ersten Blick unwahrscheinliche Leistung besteht in einem riskanten, überaus erhellenden Vergleich. Er bezieht den griechischen Kampf um Troja, in der Ilias Homers hexameterdicht und wortgirlandenreich geschildert, genauer die Endphase des Kriegs, in der sich der in seiner Ehre gekränkte Achill zornig be*leid*igt zurückzieht, auf Erfahrungen amerikanischer Soldaten ca. 3.000 Jahre später in Vietnam und den USA der endsechziger und Anfang siebzi-

---

[22] Jonathan Shay, Achill in Vietnam. Combat Trauma and the Undoing of Charakter, New York 1994, S. 16 ff.

[23] vgl. Katrin Hummel, Durch den Rost gefallen, in: FAZ Nr. 169, 24.7.2010, S. 3.

ger Jahre des 20. Jahrhunderts. Die „Akteure“ beider Kriege, vom Kriegsgeschehen und seinen quantitativ und qualitativ unterschiedenen Mächten beeinflusst, erhellen sich wechselseitig. Die Ilias liest sich aufregend aktuell. Die traumatischen Erlebnisse der GI's gewinnen Tiefenschärfe. Obwohl Achills Erfahrungen und anderer handelnd gehandelter Griechen und Trojaner zusammen mit den Erfahrungen amerikanischer Soldaten sich in extremen Kriegssituationen ereignen, gilt zum einen: Die 2011 nach wie vor bestehende Normalität von Kriegen bedeutet einen normalisierten Ausnahmezustand mit einer ungeheuerlichen Geschichte von Wiederholungen. Der Banalität des Kriegsbösen. Zum anderen wirkt dieser vorkriegerisch und nachkriegerisch vor- und weiterbereitete „Ausnahmezustand“ voraus- und nachgreifend auf die Art der kriegshaltigen Normalität zurück. Politik wird zur Voraussetzung und Fortsetzung des Krieges mit anderen Mitteln.

„Ich bin mir sicher, dass all dies zur Zeit des Jahres hochkommt“, berichtet ein posttraumatisch leidender Ex-Soldat, „da wir nach XXX eindrangen. Ich darf ihnen nicht erzählen, was wir dort getan haben. Das ist immer noch geheim. Ich werde mich wegen dieser heruntergezogenen Zimmerdecken hier in der Klinik nie behaglich fühlen. Hier lassen sich allzu einfach Mikrophone verstecken. Vielleicht werde ich eines Tages darüber berichten können. Hier aber kann man nie wissen, wer möglicherweise mithört, da ich darüber nichts erzählen darf. Ich hätte nicht einmal sagen dürfen, dass wir in XXX waren. Ich vermute, sie müssen uns abhören, weil wir immer noch unsere Leute drüben haben. Die wären auf der Stelle tot, wenn etwas ausgeplaudert würde. Es hat Zeiten gegeben, da trug ich jeden Einrichtungsgegenstand aus dem Haus, nahm alle Kappen von den Steckern in den Wänden, ersetzte alle Lichtarmaturen, ich ließ einen Spezialisten kommen, der mein Haus nach ‚Wanzen‘ absuchte. Das hat mich sechshundert Dollar gekostet, aber ich hatte immer noch das Gefühl, dass ich beobachtet wurde. Ich weiß nicht, ob von der NVA (der nordvietnamesischen Armee) oder der CIT (der Gegenspionage der Marine) vielleicht auch von beiden. Sie wissen ja, dass die NVA hier drüben ihre Leute hat, die sich als Flüchtlinge tarnen. Das mag nach Paranoia klingen, aber ich kann mir die Dinge nicht anders vorstellen. Drei verfluchte Kampfeinsätze habe ich für mein Land hinter mich gebracht, und immer noch habe ich das Gefühl, ein verdammter Flüchtling zu sein. Es macht mich verrückt, wenn keiner versteht, was wir drüben geleistet haben. Als ich das erste Mal wieder hierher kam, hatte ich das Gefühl, in einem Scheißhaus zu leben, wo alle fünf Minuten jemand seinen Dünnschiss über mir entleerte. Ich kann einfach nichts dagegen tun. Ich komme mir wie ein kompletter Spinner vor ... Außer den übrigen Vietnamveteranen kann mich keiner verstehen. Wenn ich nur heulen könnte wie an jenem Tag, da man XXX das Gesicht wegschoss. Seitdem habe ich niemals wieder geweint. Nun denke ich, das ist etwas, worüber ich sogar mit Ihnen auf diese Weise sprechen kann. Dabei sind Sie gar kein Vietnamveteran. Denken Sie daran, wie lange es gedauert hat, bis ich überhaupt irgendetwas sagen konnte! Ich musste einfach warten, bis ich XXX und YYY und Ihnen trauen konnte. Es dauerte fast drei Jahre, bis ich mich zu öffnen begann. ...“[24]

Die Aussagen, die Shay berichtet, „sind als Ausdruck des Fortwirkens zurückliegender traumatischer Erfahrungen in der Physis, der Psyche und den sozialen Beziehungen des Überlebenden zu verstehen. ... Alle der folgenden Symptome können gleichzeitig auftreten:

- Verlust der Kontrolle über mentale Funktionen – insbesondere das Gedächtnis und die zuverlässige Wahrnehmung.
- Ständige Mobilisierung von Körper und Geist angesichts einer vermeintlichen Lebensgefahr – mit der Möglichkeit von gewaltsamen Ausbrüchen.
- Weiterbestehen und Aktivierung von Überlebenstechniken in Kampfsituationen im zivilen Alltag.
- Chronische Gesundheitsprobleme, die sich aus der ständigen Mobilisierung des Körpers angesichts der vermeintlichen Gefahr ergeben.
- Ständige Erwartung, betrogen und ausgebeutet zu werden; Zerstörung der Fähigkeit, soziales Vertrauen aufzubauen.
- Ständiges Beschäftigtsein mit dem Feind und den militärischen und staatlichen Autoritäten, die über den Veteranen bestimmen.
- Alkohol- und Drogenmissbrauch.

---

[24] Jonathan Shay, a.a.O., S. 231.

- Selbstmordneigung, Verzweiflung. Isolation sowie ein Gefühl der Sinnleere und Bedeutungslosigkeit."[25]

Shay beschreibt seine Lesart der Ilias als Analytiker traumatisierter amerikanischer GI's in Vietnam: „... nachdem ich die Grenzen der Interpretationsmöglichkeiten anerkannt habe, ... kann ich versichern, dass mein Verständnis der *Ilias* als eine Darstellung von Menschen im Krieg keine ‚Vermittlung' ist, die im Text nur schwach verwurzelt wäre. Die ersten fünf Kapitel dieses Buches orientieren sich sehr dicht an Homers Schilderung der Geschichte des Achill. Agamemnon, der Befehlshaber des Achill, verrät ‚das, was recht ist', indem er unrechtmäßigerweise dessen Preis der Ehre an sich reißt; indignierter Zorn verengt den gesellschaftlichen und moralischen Horizont des Achill, bis er sich schließlich nur noch für die kleine Gruppe seiner bewährten Kampfgenossen interessiert; sein engster Freund in diesem Kreis, sein militärischer Stellvertreter und Adoptivbruder Patroklos, fällt im Kampf; tiefe Trauer und Selbstmordverlangen nehmen von Achill Besitz; er hat das Gefühl, bereits tot zu sein, er ist von Schuldgefühlen gequält und davon überzeugt, dass besser er anstelle seines Freundes hätte sterben sollen; er strebt nicht mehr danach, in die Heimat zurückzukehren; er wird zum Berserker und verübt Schandtaten gegen Lebende und Tote. Dies *ist* die wirkliche Geschichte des Achill in der *Ilias* und nicht eine metaphorische Übersetzung. Eben diese Geschichte", so fährt Shaw fort, „haben auch viele Frontveteranen erlebt, sei es in Vietnam, sei es in anderen lang währenden Kriegen."[26]

14. Die „ewige" Ilias. Krieg eine a-normale Normalität

Menschliches *Verrücktsein*. Wenn die Geschichte der Torheit sich nicht fortsetzen soll – was sie tut –, was lehren Ilias, was Peloponnesischer Krieg, von dem Thukydides unübertrefflich berichtet? Man denke nicht nur an den Melier-Dialog. Was lehren Erster und Zweiter Weltkrieg? Und schließlich: was lehrt der nach Vietnam genannte Krieg, gewiss kein Exempel des Lernens, vom gegenwärtigen Krieg gegen Afghanistan zu schweigen, deutsch wie erinnerungslos mitgeführt?

---

[25] ebenda, S. 25.

[26] ebenda, S. 251.

Eher von Kriegsinnen nach Politikaußen seien einige markante, bei aller Vorsicht verallgemeinerbare Merkmale in unserem Zusammenhang der Leiden an Staat, Ökonomie und Gesellschaft/Kultur herausgepickt, der verschlungenen Triade der hegemonialen Vergesellschaftungsformen. Die Merkmale stehen unter dem Motto, die Shay seinem 1. Kapitel voranstellt: „Verrat an dem, was recht ist." (S. 3) „Jeder Fall von traumatischer psychischer Verletzung stellt eine ständige Herausforderung an die Rechtschaffenheit der gesellschaftlichen Ordnung dar" (Judith Lewis Herman, Harvard-Trauma-Kongress, 1990).

Soweit es in historisch lückenüberfüllter Nachzeichnung und sorgfältiger Interpretation der Ilias und ihrer Kerngestalt Achilles möglich ist, hat die gelernte Altphilologin, Caroline Alexander, auf die Ilias allein bezogen, Jonathan Shays analogische Lektüre von Ilias und Vietnamkrieg bestätigt. Sie hat den traumatischen Charakter des Krieges insgesamt und die in ihm angelegten personalen Tragödien aus nicht gemeisterten Widersprüchen zwischen der Pflicht des einzelnen (Bürger-)Soldaten, der Pflichtverletzung der letztlich vergeblich streitenden Parteien und ihren Repräsentanten („Staaten") und der Verletzung dessen, was human recht ist, plastisch herausgearbeitet. Eine längere Passage ihres Schlusskapitels „Ewiger Ruhm" mag das Angedeutete illustrieren.[27]

„Strabo fasste Anfang des 1. Jahrhunderts v. Chr. die weitreichenden Konsequenzen dieses verheerenden Krieges um Troja zusammen: ‚Denn es begegnete den damaligen Hellenen so gut als den Barbaren, dass sie während des Feldzugs alles verloren, sowohl was sie zu Hause besaßen, als was sie durch den Feldzug erworben hatten; so dass nach der Zerstörung von Ilion teils die Sieger aus Mangel sich der Räuberei zuwandten, teils noch weit mehr die Besiegten und aus dem Krieg Übriggebliebenen.'" Caroline Alexander fährt fort: „Dass ausgerechnet die *Ilias,* deren Botschaft antike Dichter und Historiker so eindeutig verstanden, nach Jahrhunderten als ein martialisches Epos interpretiert wurde, das den Krieg verherrlicht, gehört zu den großen Ironien der Literaturgeschichte. Diese erstaunliche Wand-

[27] Caroline Alexander, The war that killed Achilles. The true story of Homer's Iliad and the Trojan war, 2009. Dt. Ausgabe: Der Krieg des Achill. Die Ilias und ihre Geschichte, Berlin 2009, hier: S. 240 f.

lung lässt sich zum Teil sicher auf den Rahmen zurückführen, in dem die *Ilias* gelesen wurde: an den Eliteschulen, deren klassische Bildung darauf abzielte, den angehenden Männern der Nation zu vermitteln, dass ein ‚ehrenhafter Tod' für König und Vaterland erstrebenswert sei. ... (man) umging geschickt Homers eindrückliche Darstellung des Krieges als sinnloser Katastrophe, die alles zerstört, womit sie in Berührung kommt."

Zum ersten: Krieg ist für alle Involvierten mitten im Getöse der Vernichtungsinstrumente ein emphatisch soziales Ereignis – entgegen, oder auch mitsamt seiner Vernichtungsabsichten. Es verhindert, den als Feind objektivierten und totalisierten Anderen als Gleichen im Anderen wahrzunehmen. Unverändert erlaubt das „Völkerrecht" Staaten insgesamt, to go for the kill. Soldaten werden außerhalb der Menschenrechte wahrgenommen und mordtraktiert (danach in Kriegerdenkmalen, staatlich betrauert, für den nächsten Krieg ausgeschlachtet).

Zum zweiten: Gerade weil die Todesdrohung unmittelbar zugegen ist, gerade weil das Kriegsgeschehen in seiner Komplexität alle Berechnungen zu Lügen macht – darum auch die Kontinuität des Irrtums großer Strategen –, gewinnen „normale" Tugenden und Umgangsformen wie Verlässlichkeit, Vertrauen, Kommunikation, Wahrhaftigkeit, Anerkennung und Legitimation durch gemeinsam für Recht erkannte Handlungen im mörderischen und listenreichen Vernichtungsdschungel einen aufs Äußerste gespannten Rang. Dass Absprachen nicht eingehalten werden, militärische und politische Führungen als Lügner enttarnt werden, Offiziere mangelhaft und falsch informieren, Soldaten ohne Wissen in vorhersehbare Hinterhalte geraten, Frauen und Kinder als Störelemente beseitigt werden müssen, ohne dass solche ‚Kollateralschäden' vorab und hinterher aufgearbeitet würden, das ganze humane Ensemble an der Grenze des Humanen und über diese hinaus ver-rückt die Welt der Soldaten, macht sie Verrücktes tun, unvorstellbar Grausames, innerlich wund rundum. Der Mangel an einem Kern verlässlicher Umgangsformen, transparenter Kommunikation und der Mangel an Anerkennung als ganze Personen, nicht als „Kriegsmaterial", erklärt auch, warum Viele – zurück in der „Normalität", im „Frieden" – nicht mehr normal sich verhalten können.

Zum dritten: Der persönliche Kontakt wird umso wichtiger, je mehr die Kriegsverhältnisse von abstrakten Faktoren und Führungen fern in Washington D.C. oder Berlin bestimmt werden. „Die Notwendigkeit eines intakten sittlichen Universums wächst mit jeder zusätzlichen Windung der Spirale existentieller Abhängigkeit des einzelnen Soldaten von anderen. Die Verwundbarkeit des sittlichen Universums des Soldaten ist im Laufe der letzten drei Jahrtausende gewaltig gewachsen."[28] Darum zerstören Formen des modernen Managements Vertrauen. Ihnen gemäß rotieren höhere Offiziere häufig. Potentiell verlässliche soziale Beziehungen werden zerstört. Als könne man „soziale und mentale Muster industrieller Verfahren auf militärische Menschenführung" übertragen (lassen wir einmal die „Muster" industrieller oder bürokratischer Verfahren ansonsten aus dem Spiel). Stellt doch die „extreme Abhängigkeit von anderen" „ein Grundelement der modernen Kriegführung" dar. „Moralische Verletzungen" machen deshalb „einen Kernbestandteil eines jeden Fronttraumas" aus, „das zu einer lebenslangen psychischen Schädigung" führt. Einzelne Facetten, Elemente einer Organisation und die Spezifika der Umgangsformen gewinnen eine ungewöhnliche Schwere – in der dauernd bruchnahen Spannung von (Teil-)Sieg und Niederlage, aufs Äußerste gesteigert durch die akute Todesgefahr. Sie bündeln sich im verletzten Rechtsgefühl schon bei Achill. Sie äußern sich im nicht nur vereinzelten, auf ein schlimmes Erlebnis beschränkten niederschmetternden Eindruck, in Troja oder in Vietnam verraten worden zu sein. Der Verrat wirkte als Riss der kollektiven Legitimation des Krieges. Er entzog den Soldaten den Boden des eigenen Selbstverständnisses, aufgehoben in der allgemeinen, nun zerrütteten Moral militärischer und politischer Kriegsführung.

Zum vierten: Von vielen, hier summarisch unterschlagenen Aspekten und Belegen abgesehen, endet Shay seine Untersuchung mit Überlegungen, was präventiv im Umgang mit soldatischen Tätern und Opfern gelernt werden könnte, so militärische Unternehmen anhalten. Über das Shay'sche Thema hinaus kann von seinem extremen Normalfall aus die politische Normalität heutiger Gesellschaften insgesamt beleuchtet werden. Die einschlägigen, in sozialpsychiatrischer Nacherfahrung längst vergangener Geschichte gewon-

[28] Jonathan Shay, a.a.O., S. 41.

nenen Einsichten, hier der Trojas und Achills, ergänzt und erweitert durch die Anamnese posttraumatischer Dickichtberichte amerikanischer Soldaten aus Vietnam in den USA im letzten Drittel des letzten Jahrhunderts, sind nicht auf Kriege, ihre Soldaten und Länder im Krieg beschränkt. Nur einige Hinweise:

In Zeiten zunehmender Abstraktion der hauptsächlichen Definitionsfaktoren, dessen, was wir vereinzelt und kollektiv als „wirklich" und wirksam erleben, käme es auf die Mikrophysik sozial naher verlässlicher Umgangsformen vor allem an. An dieser sozialpsychologischen Balance hapert es an allen institutionellen Orten. Sie ist durch Akzeptanzmanagement nicht zu haben. Sie erforderte an der sozialen Basis ihrerseits basale Verständnis-, Teilhabe- und Teilnahmechancen. Darum, um Shays Ausdruck deutsch zu übernehmen, all die zahlreichen Ausfälle und Verhaltensschwierigkeiten, kurzum der „Persönlichkeitsverlust". Darum sind die üblichen psychiatrischen und psychologischen Diagnosen und Therapien unzureichend, exemplarisch an der sich mehrenden Altersdemenz zu studieren. Sie werden allenfalls durch Zwangsmaßnahmen ersetzt. Bis hin zur künstlichen Ernährung und Lebensverlängerung! Im Englischen heißt es übrigens an Stelle des kompakten und dem Scheine nach nicht aufzulösenden substantivischen Kompositums „Persönlichkeitsverlust" aktiv korrekter: „the undoing of character". Das erhellt den Handlungszusammenhang. So wird schon in der Problembezeichnung kund, dass die dynamische Tätigkeit wenigstens auch von außen kommt, dem soziopolitischen und moralischen Herrschafts-Ensemble Krieg. „Charakter" in der griechischen Wortbedeutung als Eingegrabenes, Behauenes, Verwundetes, Verletztes kommt trefflich als dynamische Verflechtung von Außen/Innen zum Ausdruck. Das steht einem individuell innenbestimmten Verständnis entgegen. In deutscher, protestantisch geprägter, von Kant beeinflusster Moralvorstellung wird „Charakter" vor allem „gute" (!) „Gesinnung". An die Stelle „der Welt" und ihrer Charakter formierenden Faktoren tritt die „machtgeschützte Innerlichkeit" (Th. Mann) und kommt „rein" zum Ausdruck (man erinnere die jahrzehntelange altbundesdeutsche Praxis, Kriegsdienstverweigerer aus Gewissensgründen nur anzuerkennen, wenn die Antragssteller, statt rationale politisch-humane Gründe für ihre Verweigerung zu nennen, sich auf ein nachlutherisches „Ich-kann-nicht-anders" eines abgründigen Gewissens zurückzogen).

15. Normal, anormal: eine Ellipse

Am Eingang dieses Abschnittes wurde darauf aufmerksam gemacht, wie nachhaltig die sozial umringenden Kontextbedingungen den Ausschlag dafür geben, was als normal und anormal „gehandelt" wird. Sie verursachen primär, inwieweit die Gruppen einer Gesellschaft und ihre Mitglieder „an der Gesellschaft" leiden oder, umgekehrt, von ihren Einrichtungen darin befördert werden, ihre Bedürfnisse wahrzunehmen. Das, was Shay von der Ilias bis Vietnam beobachtet, trifft angesichts der Institutionen, Prozeduren und (Schein-)Handlungen gegenwärtiger nationalstaatlicher, global durchlöcherter und repräsentativ demokratisch in den Formen bürgerlicher Teilnahme magersüchtiger Politik ins Schwarze. Transparenz mangelt; der informationelle Wirrwarr ist von fast niemandem auf Verlässlichkeit hin im Ganzen und im Einzelnen zu durchschauen; Urteilsgründe und Maßverhältnisse sind nicht und niemandem zureichend gegeben. Daraus erhellt im Dunkel, dass etablierte Politik eine Mischung aus Geheimhaltung, Goodspeak, also mit Make-up versehenen Informationen, Täuschung im Sinne der symbolic uses of politics[29] und Lüge ist. Nicht umsonst wird weltweit nationalstaatlich an Vorurteilsteppichen schon in Kinderarbeit geknüpft und geknüpft. Nicht zufällig werden die Gesellschaften durch Hinnahme („Akzeptanz", „Compliance"), projizierte Vorurteile, Misstrauen in all das, was Politik im Sinne des gesellschaftlich Allgemeinen heißt, Apathie und den immer aktuellen Mechanismus von Brot und Spielen zusammengehalten. Dadurch werden die Mitglieder der diversen und zugleich ähnlich gerichteten Gesellschaften nicht nur eines ihrer vornehmsten Bedürfnisse beraubt: der Mitwirkung an der Politik samt der dafür nötigen Urteilsfähigkeit. Aristoteles' Annahme, dass Teilnahme am *Gemeinwesen* ein menschliches Bedürfnis sei (zoon politikon), ist voraussetzungsreich. Bürgerin und Bürger erreichten ihre in ihnen steckenden Ziele erst, wenn ihre Teilnahmefähigkeit und ihr Teilnahmebedarf individuell und kollektiv aktualisiert werden. Wird eine solche „active society" (Amitai Etzioni) nicht annähernd erreicht,

[29] Vgl. insgesamt am Beispiel von Wahlen, Recht u. ä. m. die methodisch material treffliche und anregende Analyse von Murray Edelman, Symbolic Uses of Politics, 1964; Deutsch zu trocken unter dem Titel: Politik als Ritual. Die symbolische Funktion staatlicher Institutionen und politischen Handelns, Frankfurt/M. 1976.

leidet das Rückgrat aller menschlichen, rechtlich geformten Bedürfnisse, erleidet Selbstbestimmung nicht zu behebenden Schaden. Verfasste Politik, einschließlich ihrer informellen Ersatzformen, ist nicht auf der Höhe der heutigen Umstände, Größenordnungen und Komplexitäten zu organisieren. Darum können die Bevölkerungen bestenfalls, durch Goodspeak und Lüge stillgestellt, durch Vorurteile gefüllt, zwischen kopfarmen Mobilisierungen und Apathie hin und her wogen.

16. Vierter Quellgrund: Ein wundersames Syndrom von Syndromen: Literatur, bildende Kunst, Musik und – über, unter und durch alles – Religion

Vermeer

So lange diese Frau im Rijksmuseum
In der gemalten stille und konzentration
tag für tag die milch
aus dem krug in die schüssel gießt,
verdient die welt nicht
das ende der welt.

Wisława Szymborska[30]

Nachrichten über das, was Menschen nottut, folgen aus Fertigkeiten, aus menschlicher Vorstellungs- und Gestaltungskraft; Nachrichten sind aus seiner Urteilskraft und den mit ihr gegebenen einsichtigen Grenzen zu gewinnen.

Drei umfangreiche Quellgründe menschenrechtlich sich schürzender Bedürfnisse wurden von uns seither genannt. Sie können in einer breiten Skala von ‚positiv' bis ‚negativ' in Form sozialer Ereignisse gefasst werden. In einem weiten Verständnis sind sie materiell zu greifen als schon erwähnte „Physik der Menschenrechte und ihrer bedürfniswelligen Unterströme". Aus den

[30] Zit. n.: Wisława Szymborska, Tutaj, Kraków 2009, S. 38. Das zugesandte Gedicht samt Übersetzung verdanke ich meinem germanistischen Kollegen und Freund Gerhard Bauer, Berlin.

drei Quellgründen werden Beweggründe, Bedingungen und Erfordernisse hergetrieben. Sie sammeln sich um das, was wir modern Menschenrechte nennen. Sie lassen wichtige Formelemente und Verfahrensweisen von ihnen erkennen. Menschenrechte sind nur, wenn Menschen gleichsam in ihnen gehen. ‚Man trägt Menschenrechte'. Sie sind nur, wenn sie den Habitus von Menschen ausmachen. Darum verkörpert der aufrechte Gang zugleich ein Bestreben aller Menschen, sich von der Krabbelphase aufrecht gehend zu verabschieden. Selbst wenn der aufrechte Gang nur noch metaphorisch möglich ist, spielt er als möglichst umfangreiche Selbst- und Mitbestimmung mitsamt seiner Voraussetzung, wissen, erkennen, begreifen, urteilen und entscheiden zu können, eine Lebensgefühl und Habitus füllende Rolle. Selbst dann, wenn die Alters- oder Krankheitsdemenz Selbstbewusstsein und Selbsttun verwirren, selbst dann, wenn krummer Rücken und starre Beine eigenes Gehen hindern oder zur fast unsäglichen Mühe werden, loht der ab und an oder dauerhaft zum Glühen zu bringende Docht und treibt. Selber denken, selber machen, für sich selber sorgen und sozial als eigenwillige Person erkannt und behandelt zu werden. Und sei es nur von außen erkennbar als sekundengeschwindes Leuchten der Augen oder die Altersstarre abwerfendes, tausendfältig runzelig lächelndes Gesicht.

Im ersten Quellgrund ist bis zu seiner Basis zu erkennen, dass Herrschaft aller Arten und Formen das Unselbstverständliche ist. Von anderen Menschen und ihren Mitteln verfügt zu werden, widerstrebt von früh an. „Selber laufen!" lallt der nach einem Fallen sich zum nächsten klammernd aufrichtende Fastnochsäugling. Gewiss: die menschengeschichtlich unendliche Herrschaftsgeschichte, voll der Zwangs- und Blutspuren, belegt ebenso die immergrüne „Begierde zum Haben und auch zum Herrschen". Das hat Kant, der Liberale, in seinem bilderreichen und Merksätze vollen Aufsatz als ‚Natur' des Menschen aus „krummem Holz" festgehalten: „Zu einer Geschichte der Menschheit in weltbürgerlicher Absicht." Menschen können sich – auch willfährig –, wie es scheint, Herrschaften aller legitimatorischen Spielarten unterwerfen, ja als Herrschaftsknechte krumm mit geradem Rückgrat gebrauchen lassen und selbst herrschaftliche Habitus annehmen. Dennoch gilt: der herrschaftskritische Stachel, so sehr er periodisch verwachsen scheint, bleibt als dauernde Möglichkeit. Und er sticht ebenso periodisch. Und sähe man Herrschaftsdiener und Menschen, die selbst- und mitbestimmen, neben einander. Keiner Tiefenhermeneutik bedürfte es, das, was den Menschen besser ziemte, in Bewusstsein, Habitus und Umgang mit Seinesgleichen am bewegenden Spaß herauszufinden. Mutmaßlich trifft zu – viele Beobachtungen und ihnen entnommenes Wissen sprechen dafür –, dass die herrschaftliche Potenz und ihre legitimatorisch versüßte Aktualität schon aus quantitativen Gründen und solchen der Ressourcenknappheit bleiben, ja eher zunehmen. Gleicher Weise gilt aber, dass die Vorstellung kollektiven Tanzens in der Ekstase des aufrechten Gangs Menschen beflügelt. Sie mag noch so oft im Dickicht mangelnden Tanzvermögens und der Gegenstrebungen nach Ungleichheit und Herrschaft stecken bleiben, sich sogar gegenteilig verkehren. Nicht Herrschaft, welcher Provenienz und Struktur auch immer, Selbst- und Mitbestimmung machen das Menschliche aus.

Dem strömen die Wasser zu, die aus dem zweiten Grund entspringen: der Emanzipationsgeschichte des Menschen, zugespitzt gesagt, vom Urschrei der ersten Menschen an. Organische Wesen, die die Menschenschwelle überschritten, bildeten eine Gruppe von Anfang an. So historisch genetisch belegbar, steht nicht das abstrakt nackte Individuum am Beginn. Vielmehr ist es die Gruppe und sind es deren Erfordernisse, ohne die es kein Menschsein gegeben hätte (und geben dürfte). Der aufrechte Gang des evolutionären Produkts homo sapiens bedurfte möglicherweise keiner gleichursprünglichen Herrschaft in rudimentären Formen. Um sogleich – siehe oben Patterson – erfahren werden zu können. In jedem Fall aber verlangte der Drang zu überleben Kampf mit der natürlichen Umgebung. Dementsprechend waren im weitesten Sinn organisatorische und technische Mittel vonnöten. Der Keimboden alles Politischen. Und also mussten sich früh Menschen selbst behaupten. An der Geschichte der vielfältigen Emanzipationen mit dem Beginn in familialen Zusammenhängen lässt sich Dreierlei beobachten. Zum einen, dass die Geschichte als Emanzipationsgeschichte gegenwärtig bleibt. So das, was mit noch ungewissem Ausgang in den afrikanischen Mittelmeerstaaten um die Wende von 2010/2011 geschah, irgend aussagekräftig ist, dann, dass emanzipatives Sichwehren, Opponieren, Drängen und Streiten Dauer hat. Halbblinde, akademisch erfahrene Westwissenschaftler haben sich infolge ihres mangelhaften begrifflichen und methodischen Instrumentatriums, nicht zuletzt aufgrund des Defizits hinreichender teilnehmender Beobachtung wenigstens dreifach getäuscht. Sie haben meist die andauernden polizeistaatlichen Repressionen in diesen Ländern verkannt, je näher westlichen Regierungen und ihrem Geld, umso mehr. Die aus diesen systematischen Repressionen freilich nicht laut öffentlich schreienden Aktivitäten verschiedenen Abweichungs- und Widerstandsprofils sind ihnen folgerichtig ebenso entgangen. Schließlich haben sie verkannt, wie sehr die europäisch-angelsächsischen Regierungen – und die touristischen „Zivilgesellschaften" – zur „Stabilität" der militär- und polizeistaatlich tätigen Regime beitrugen. Sie ließen relativ umfangreich ‚Marktfreiheit' zu; sie verfügten über diverse Ölvorräte; auch waren sie u. a. als „solidarische" Partner brauchbar, Flucht an europäische Gestade zu verlagern.

Damit kann, zum zweiten, festgestellt werden, wie leicht es insbesondere beim Blick zurück geschehen mag – gemäß der Quellengeschichte als einer primären Herrschaftsgeschichte –, dass Unruhen und humane Kosten des „untertänigen" Untergrunds den „historischen Tod" erleiden. Schließlich ist aus der trotzdem erklecklichen Geschichte herrschaftskritischer, auch vorübergehend umwälzender Aufstände einzusehen, das zum dritten, wie sehr sich Herrschafts- und Emanzipationsgeschichten verschlingen. Daraus erwächst die noch und noch wirklich gewordene Gefahr, dass sich Emanzipationsbewegungen herrschaftlich verkrümmen. Die Gewalt, deren Mittel sie bedürfen, um erfolgreich zu sein, kehrt sich gegen die auf Befreiung und Mitbestimmung aller gerichteten Ziele. Die Mittel entwickeln eine eigene, die Habitus der Aufständischen prägende Dynamik.

Dessen unbeschadet lautet die allgemeine Folgerung, die derjenigen der Herrschaftsgeschichte ähnelt und sie stärkt: Gesellschaften noch so verschiedener statischer und dynamischer Eigenarten sind immer unterwegs. Wie sehr Statik und Apathie auch dominieren mögen, Herrschaft ist nur durch erheblichen Gewaltmitteleinsatz vorübergehend zu garantieren. Und es bleibt und treibt das kollektiv sich vergesellschaftende Freiheitsstreben.

Dieses wird im dritten Quellgrund, den „Leiden an der Gesellschaft" fassbar, wenngleich eher als Folge des Mangels. Darum sind mehr noch als im verkrusteten Herrschafts-, mehr als im gewaltverdeckten Zusammenhang von Freiheitsbewegungen, die fast nie „nur" Brot-und-Butter-Fragen gelten, für die gesellschaftlichen Leidensgeschichten genaue Beobachtungen und tief grabende analytische Spaten notwendig. Erst, wenn man um die Freiheitsfähigkeit, ja um das Freiheitsglück der Menschen weiß, ihrer Freiheitsenergie mit dem griechischen Philosophen Aristoteles gesprochen, ist man in der Lage, ihre angebliche Apathie, ihr angeblich kriminelles oder psychisch abartiges Verhalten nicht zu individualisieren. Man kann und muss es, um der wahren Erkenntnis willen, genetisch und funktional mit raren Ausnahmen auf die jeweils herrschenden Umstände zurückführen. Schaut man genau hin, geht man in langfristig angelegten Untersuchungen Krankheits-, ja Ver*rückt*heitserscheinungen nach, dann lassen sich aus den selten direkt kausal entdeckbaren Entstehungsursachen vor allem gesellschaftspolitische Lehren für nötige organisatorische Bedingungen ziehen. Sie reichen von den Vorschulen über die Arbeitsformen bis hin zu den Altenpflegeheimen. Die Vorstellungs-, Gestaltungs- und Urteilsräume und Träume der Menschen stellen einen zusätzlichen Quellgrund der Erkenntnis dar. Allerdings unterscheiden sie sich von den erstgenannten dadurch, ohne in jeder Hinsicht trennscharf geschieden werden zu können, dass sie den sozialen und „natürlichen" Alltag der Menschen unalltäglich ergänzen. Sie bilden einen „zweiten, einen anderen Alltag". Er übersteigt den ersten vorstellungs- und gestaltungskräftig. Das materielle Moment, das „natürlich", das „körperlich" zu allem gehört, was Menschen betrifft, und sei es noch so entschwindend virtuell, tritt im Bereich der vorstellungsgeborenen und vorstellungsorientierten Gestaltungskraft in eigentümlich verminderter und eigentümlich kreativ ausufernder Weise in Erscheinung.

Schon die ersten drei Quellgründe führten an Grenzen verkürzter Darstellung. Diese Feststellung gilt ungleich mehr für alle Kunstwerke in ihren verschiedenen stofflichen und formalen Modalitäten. Sie trifft ebenso zu für die menschlich produzierten und Menschen produzierenden Religionen mit ihren qualitativ verschieden gearteten „Erden" und „Himmeln". Vor dem gemalten, mit Tönen versehenen oder plastisch gestalteten Hintergrund der künstlerisch handwerklichen Parallel-, Analog- und Gegengeschichte der Menschen wie ihren menschenvielfältigen religiösen Äußerungen einschließlich von deren eigener Welt voll der Artefakte sollen einige Aspekte angeritzt werden. Sie gehören fast unmittelbar zu einer Bedürfnisgeschichte der Menschen. Erst dann ist zu erkennen, dass eine nüchterne Beschreibung und Analyse von Menschenverhalten mehrdimensional ansetzen muss, soll sie „wirklichkeitswissenschaftlich" erfolgen.

17. Phantasie

Menschen als nicht festgestellte Tiere (Nietzsche) werden und sind zwischen Geburt und Tod. Sie sind verbunden mit einer Vorstellung dessen, was wirklich ist, was vor ihnen und nach ihnen kommt. Und sei das Empfinden noch so fötal, verleiht die vorstellende Bildkraft ihrem geselligen Dasein einen überschießenden Sinn. Simone Weil, die Kundige, spricht von der „täglichen Gymnastik der Einbildungskraft", der Lernübung schlechthin.

Wie wichtig es ist, die Einbildungskraft zu üben, wird dann bewusst, wenn wir dessen inne werden, dass unsere Fähigkeit zu urteilen und mit Anderem und anderen Menschen umzugehen, von ihr begründet werden. Menschen sind nur dann in der Lage den Berg ihrer Möglichkeiten zu erklimmen, wenn sie das, was sie vergangen und gegenwärtig vorgebend und umgebend bestimmt, erinnern, wahrnehmen und handelnd darin beurteilen können, wie es geworden ist und was es für sie und andere bedeutet. Alles, was wir unter dem Begriff „Bewusstsein" als zentrale Eigenschaft des Menschen hervorheben, alles, was eng verflochten, verantwortlich denken und handeln bedeuten, ist mit unserer Fähigkeit verbunden, uns Dinge und Personen in ihrem Werden, in ihren Zusammenhängen und Folgen vorzustellen. Um Anderes, andere Zeiten und die Schicksale anderer Menschen einschätzen zu können, müssen wir soweit irgend möglich lernen, uns geradezu in die Funktionsweise einer Sache hineinzuversetzen. Erst dann ahnen wir ihre Möglichkeiten, ihre Erfordernisse, ihre Gefahren. Ungleich wichtiger ist es noch, uns in andere Menschen und deren Situation hineinzuverwandeln. Das, was man im Deutschen einfühlen, im Englischen, aus dem Griechischen kommend, Empathie nennt. Hineinleidenschaft. Das erfordert meist erhebliche Anstrengungen. Man muss sich selbst, seine Ängste und Bedürfnisse ebenso schwierig selbstwahrhaftig vor den inneren Augen vorführen können, wie in der Lage sein, ins Gehäuse einer anderen Person und ihrer anderen Bedingungen und Zeiten hineinzukriechen. Sublimer und andere Form annehmend als in ein längst verlassenes Schneckenhaus.

„Du hörst, was spricht, vernimmst du auch, was fühlt", dichtete Gertrud Kolmar, vom nationalsozialistischen Deutschland ermordet.

Vorstellungskraft, Imagination, Phantasie in Menschen angelegt, verstehen sich nicht von selbst. Sie müssen gelernt, sie müssen wie Muskeln dauernd gebraucht werden. Darauf macht Simone Weil aufmerksam. Darauf richtete sie ihr pädagogisch politisches Tun. Nirgendwo ist Phantasie so grundlegend und zugleich so gefährdet wie im Bereich all dessen, was wir unter Politik verstehen. Kurzfristige, als eigen angesehene Interessen können sie verschütten. Sonst wäre der alles Politische durchziehende Gewalt- und Zwangsfaden nicht zu verstehen. Verschüttete, ausgelöschte Vorstellungen für sich und andere, nicht zuletzt dessen, was recht ist. Vorstellungsräume und ihre Erfahrungen sind hauptsächliche Quelle aller immer zugleich politischen Pädagogik. In ihnen finden sich die Maßelemente, sie zu beurteilen. Darum kommt es darauf an, dass pädagogische Anstrengungen in allen nicht nur schulischen Institutionen des lebenslangen Lernens, Entlernens, der Lernblockade darauf angelegt sind, vorstellungskräftig in den Graden und Grenzen praktizierter Menschenrechte und des Verlusts ihrer Bedingungen sich selbst und andere beurteilen zu können. Kolleginnen und Kollegen haben es meinem Freund Peter Grottian und mir übelgenommen, als wir vor langen Jahren – wenngleich unvermindert zutreffend – die in die Schulen und Hochschulen versetzten perversen Lehr-, Lern- und Prüfungsmuster, die sie willig übernahmen, mit dem von Hannah Arendt entlehnten Ausdruck einer „Banalität des Bösen" bezeichneten. Sie begriffen nicht, dass wir sie nicht als Eichmännchen etikettieren wollten. Welche Ungeheuerlichkeit und Augenmaßlosigkeit zugleich angesichts des Schreibtischtäters Eichmann und seiner mörderisch fasslich unfasslichen Wirksamkeit. Vor allem aber verstanden sie nicht, oder wollten, konnten es nicht verstehen, dass die Qualifizierung einer Lehr- und Lernpraxis mit dem Ausdruck „Banalität des Bösen" just das Lob einer Lehr-, Lern- und Prüfungsroutine bedeutet, darauf angelegt, die kognitiven, die emotionalen und die habituellen Bedingungen von Vorstellungskraft und Urteilsfähigkeit auszutrocknen.

Dass einer selbst, individuell und zusammen mit anderen immer in Gefahr ist, vorstellungsverstockt zu urteilen und zu handeln, wurde mir bei der nachdenklichen Lektüre von Yoram Kaniuks Erinnerungen an den zweiten Golfkrieg von 1991 erneut bewusst.[31] Dort, wo das Verhalten, genauer die

---

[31] Yoram Kaniuk, Der letzte Berliner, München 2002, S. 137 ff und passim.

Passivität und mitlaufendes Mittun der eigenen Eltern, der geschätzt vertrauten Angehörigen der Generation derjenigen, die erwachsen und „bewusst" die NS-Herrschaft mitgetragen haben, täglich an die weichfesten Wände des eigenen Gefühls- und Verständnisraums stoßen macht, als wäre das Verstehen wollende „Ich" ein hoffnungslos gefangen irrender Vogel, wird durch der vorausgehenden Generationen Vorstellungs- oder Phantasiemangel zuerst und erst in zweiter Linie durch ihren notorischen Urteilsmangel begründet. Er steckt in uns. Darüber wird später noch, immer unzureichend, zu reden sein. Ich selbst indes habe zusammen mit Freundinnen und Freunden auch im Zusammenhang des Komitees für Grundrechte und Demokratie – nachträglich noch besser zu begründen als seinerzeit – den zweiten, amerikanisch primär geführten Golfkrieg 1991 in unseren begrenzten Maßen bekämpft. Zwar wusste ich um die Ängste vieler Israelis und ihnen besonders verbundener Deutscher wie Wolf Biermann. Gemeinsam hatte er, andere und ich in der Opposition wider die Nachrüstung in Mutlagen amerikanische Fahrzeuge nebeneinander blockiert. Die elementar gegenwärtige Angst vieler Israelis und (Diaspora-)Juden aus dem Strudel der Erinnerungen an den Holocaust hatte ich mir aber offenkundig verborgen. Sonst hätte ich zwar nicht den Krieg der USA legitimiert. Saddam Hussein und sein Menschen und ihre Rechte systematisch grausam missachtendes Regime waren von ihnen im ersten Golfkrieg gegen den Iran opportunistisch gepäppelt worden. Außerdem sind kriegerische Mittel, gerade um die Menschen und ihre Lebensräume zu schützen, heute durchgehend kontraproduktiv. Hätte ich mir aber, was just ich hätte tun müssen, die im tiefen Vergangenheitsschacht gründenden und darum verständlichen Ängste von Israelis meinen psychischen Augen unverborgen vorgeführt, ich und andere hätten noch ungleich mehr als seinerzeit gegen die gaskriegerischen Absichten des Hussein-Regimes, nicht zu reden von ungeheuerlichen bundesdeutschen Gaswaffenlieferungen, agieren müssen. Wenn irgend möglich, und das wäre es wohl gewesen, hätten wir unsere existentielle Solidarität mit Israel nachweisen müssen, ohne, ein Unding, einen „gerechten Krieg" zu erfinden.

Vorstellungskraft, Phantasie, Imaginationen sind in uns selbst und unserem Tun ebenso dauernd erforderlich, wie sie stumm bleiben oder in die Irre führen können. Darum sind Vorstellungskraft und Urteilsvermögen vonnöten – ineins mit der Vorstellung der Folgen allen Tuns – in einem wechselweise kritischen Säurebad. Die menschlichen Fähigkeiten, vor und hinter sich zu denken, zu erinnern und über das, was ist, hinauszuphantasieren, behalten nicht nur eine ambivalente Qualität. Indem Vergangenes verdummt; indem Ängste, die immer ungewisse Zukunft verstellen oder suchen machen, sie zwangsweise hybridperfekt abzusichern. Diese Menschen machenden und gefährdenden Fähigkeiten werden im kapitalistisch technologischen Prozess zunehmender Vergrößerung und wachsender Beschleunigung, die mit Zeit- und Raumverlust einhergeht, mit insgesamt zunehmender Abstraktion menschlich geschaffener, eigendynamisch gewordener Einrichtungen, Fertigkeiten und Zusammenhänge ebenso zunehmend gefährdet. Surrogatformen unter anderem informationeller und bildlicher Art treten an ihre Stelle. Einer eigenen, nicht auf einmal möglichen Untersuchung wäre es wert – von Günther Anders wurden früh erste Schritte gegangen –, herauszufinden, wie viel eigener, naher Erfahrung Menschen bedürfen, um vorstellungskräftig und urteilsfähig werden zu können. Welche zeitlichen, räumlichen Distanzen und Größen sind personal zu fassen und sozial zu verantworten? Was heißt „sozial" und „politisch" facebook- und internetverlagert? Diese und andere Fragen sollen hier nicht einmal mehr mit ansatzweise möglichen Antworten versehen werden. Inmitten all der vielen Zwei- und Mehrdeutigkeiten, die freilich erfasst und folgenbewusst organisiert werden wollen, bleibt nur gewiss, dass Vergangenheits- und Zukunfts-‚Prophetie' in wachsenden Zeit- und Raumkreisen menschennötige Vorstellungs- und Urteilskraft bedingen. Gewiss bleibt auch – und alle nötigen Schritte sind in nicht primär ‚technologischer' „Sozialisation" dafür zu tun, dass Vorstellungs- und Urteilskraft zuerst und letztlich, prius und primär, in einer selbstbewussten, (mit)bestimmungsfähigen politischen Person gründen.

18. Mehrdimensionalität humaner Realität

Die Mehrdimensionalität enthält vergangen und zukünftig gerichtete Vorstellungen. Wir bezeichnen sie als utopisch. Von den Gruppen, die ihnen anhängen, werden sie als ‚real' angesehen und erfahren. Man denke an das Orakel- und Zauberwesen oder animistische Religionen. In religiösen oder säkularen Phantasien äußerten sich Wünsche und Projektionen. Sie kennzeichnen gegebene Gesellschaften, weisen jedoch über sie hinaus. Die Doppelung dessen, was wirklich erscheint, übersteigt das, was „normal" der Fall „ist". In allen artifiziellen wie religiösen Äußerungen äußert sie sich dicht. Diese Feststellung trifft auch für Kunstwerke und religiöse Äußerungen zu, die herrschaftliche Interessen artikulieren. Selbst noch begrenzte Kunst *überschießt* Gegebenes. Das gilt für Kunst im Zeitalter ihrer herrschaftlich kapitalistischen Manipulier- und Verwertbarkeit insgesamt. Vorstellungsverdoppelung drückt unterschiedliche Grade der Distanz zum jeweils „herrschend" „Wirklichen" aus. Die vielförmige Suche nach Wirklichkeit und die unterschiedlich begrenzten Versuche, Wirklichkeit, das „Eigentliche" zu begreifen, kennzeichnen Maß und Unmaß der Geschichte des Menschengeschlechts. In den künstlerischen und religiösen Nutzungen der „wirklichen" Doppelungen werden nicht nur herrschaftsabträgliche Vorstellungen kund, nie zufrieden mit dem, was brutal „ist". Es äußern sich vielmehr Bedürfnisse in der Ausdrucksfülle von Kunst und Religion bis an die Grenze des Menschen und, todverloren, des irdisch Möglichen. Selbst diese Grenzen werden überstiegen. Das, was Hölderlin fürs Gedicht in Anspruch nahm, trifft Kunst- und Religionserfahrung: „Ein Rätsel ist rein Entsprungenes." Darum auch: „Schöpft des Dichters reine Hand, Wasser wird sich ballen." Ein Rätsel sind Bilder von Raffael, Holzschnitte von Dürer, Gestaltungskräfte Picassos, feinziselierte Skizzen Paul Klees. Frei nach Goethe: Greift nur hinein in die unendliche Geschichte von Kunst und Religion. Wo ihr sie anpackt, schießt sie über begrenzte Gegenwarten hinaus. Und gibt Einsichten in das, was Menschen nottut. Nämlich qualitativ mehr, als was die Not ihm tut.

19. Künste und Religionen bilden orientierend Menschen und treiben sie über sich hinaus

„Das Hervorragende der Kunst (ist) ihre Intensität." Man kann es nicht prägnanter sagen als der Dichter John Keats (1795-1821). Der Absturz in die Hybris, die dem Hochgemuten droht, ist immer präsent. Konzentriert, geradezu monoman Unmögliches begehrend und darum vor dem abgründigen Fall nicht gefeit. Hybris prägte und spiegelte die griechische Tragödie wie keine andere Kunstform. „Viel Ungeheuerliches gibt es, das Ungeheuerlichste aber ist der Mensch." So hebt das 2. Chorlied der Antigone des Sophokles im 5. Jahrhundert vor unserer Zeitrechnung an. Unerschöpflich sind darum, heilsam entgegen allen Dogmatismen, die Nachrichten von Kunstwerken und religiösen Konzepten über die Vielfalt der vielfältigen Menschen. „Die absurdesten und unvorgesehenen Kombinationen", die Claude Lévi-Strauss im „Wilden Denken" zu den Surrealisten entdeckt. Auf diese Weise sind sie zugleich politisch. Sie gelten dem Zusammenleben der Menschen selbst in der Einsamkeit der Wüste. Sie sind aller Einfalt abhold. Und die Klänge der Selbstbestimmung, gegenseitiger Hilfe, geglückter konfliktfriedlicher Umgangsformen in sozial angeeigneten Zeiten und Räumen hallen allen Dissonanzen zum Trotz klar und anhaltend. Wir werden, indem wir „unabgegoltene", mehr noch: nie abzugeltende Möglichkeiten anstreben.

Statt einer unmöglichen Zusammenfassung der schier unendlichen Fülle der Aspekte und der über alle Beschreibung erhabenen Texte, Töne, Konturen, Farben, physischen und metaphysischen Dimensionen geben wir nachfolgend eine kurze Geschichte wieder – selbst ein dichtes Symptom. Der Autor Wassili Grossman (1905-1964) war Kriegsberichterstatter bei der Armeezeitung *Roter Stern* und lebte mit den Soldaten an vorderster Front. Er wird Zeuge der Befreiung der Konzentrationslager *Majdanek* und *Treblinka*. Seine in Tagebüchern notierten Erfahrungen fließen ein in seine literarischen Werke (u.a. in seinen Roman „Leben und Schicksal"). Seine dokumentierten Eindrücke bei der Befreiung des Konzentrationslagers *Treblinka* lagen dem Nürnberger Kriegsverbrechertribunal als Material der Anklage vor.

Wassili Grossman: „Die Sixtinische Madonna"

„Die siegreichen Truppen der sowjetischen Armee, die die Armee des faschistischen Deutschland zerschlagen und vernichtet hatte, brachten Bilder aus der Dresdener Gemäldegalerie nach Moskau mit. In Moskau wurden die Bilder ungefähr zehn Jahre unter Verschluss gehalten.

Im Frühjahr 1955 beschloss die sowjetische Regierung, Dresden die Bilder zurückzugeben. Bevor sie nach Deutschland geschickt wurden, so hatte man entschieden, sollten sie neunzig Tage gezeigt werden.

Und so ging ich an einem kühlen Morgen des 30. Mai 1955 die Wolchonka Straße entlang, an den Absperrungen der Moskauer Miliz vorbei, die die Bewegung der riesigen Menschenmassen lenkte, die die Bilder der großen Künstler sehen wollten, ins Puschkin-Museum, lief hoch in den ersten Stock und begab mich zur Sixtinischen Madonna.

Beim ersten Blick auf das Gemälde wird sofort eins offensichtlich – sie ist unsterblich.

Ich verstand, dass ich bis zu dem Moment, da ich die Sixtinische Madonna sah, das in seiner Stärke ungeheuerliche Wort ‚Unsterblichkeit' leichtfertig verwendet, das mächtige Leben einiger besonders großer menschlicher Werke mit Unsterblichkeit verwechselt hatte. Und voller Hochachtung für Rembrandt, Beethoven, Tolstoi verstand ich, was mit dem Pinsel, dem Meißel, der Feder geschaffen worden war und mein Herz, meinen Verstand erschüttert hatte – allein dieses Gemälde von Raffael nicht sterben würde, so lange Menschen leben. Aber es kann auch sein, dass, wenn die Menschen einmal aussterben, dann andere Lebewesen, die an ihrer statt auf Erden bleiben – Wölfe, Ratten und Bären, Schwalben –, angelaufen und angeflogen kommen und sich die Madonna ansehen werden . . .

Dieses Gemälde haben zwölf Generationen von Menschen gesehen – ein Fünftel des Menschengeschlechts, das von Anbeginn der Zeitrechnung bis in unsere Tage auf Erden gelebt hat.

Das Bild haben sich arme alte Weiblein angesehen, die Kaiser Europas und Studenten, transatlantische Milliardäre, Päpste und russische Fürsten, keusche Jungfrauen und Prostituierte haben es sich angesehen, Oberste des

Generalstabs, Diebe, Genies, Weber, Bomberpiloten, Schullehrer, böse und gute Menschen haben es sich angesehen.

Seit es das Bild gibt, sind die europäischen Imperien und Kolonialmächte entstanden und zerstört worden, ist das amerikanische Volk entstanden, die Werke von Pittsburgh und Detroit, haben Revolutionen stattgefunden, hat sich die Gesellschaftsordnung der Welt verändert ... Seitdem hat die Menschheit den Aberglauben der Alchemisten überwunden, hat Handspinnräder, Segelschiffe und Postkutschen, Musketen und Hellebarden hinter sich gelassen und ist in das Zeitalter der Atomreaktoren und der thermonuklearen Reaktionen eingetreten. Seitdem hat Galilei seinen ‚Dialog'[1] geschrieben, Newton die ‚Principia'[2], Einstein ‚Zur Elektrodynamik bewegter Körper', und sie haben damit unser Wissen vom Weltall geprägt. Seitdem haben Rembrandt, Goethe, Beethoven, Dostojewski und Tolstoi der Seele mehr Tiefe verliehen und das Leben verschönert.

Ich sah eine junge Mutter, die ein Kind auf dem Arm hält.

Wie lässt sich der Zauber eines zarten, schmächtigen Apfelbaums beschreiben, der den ersten schweren weißhäutigen Apfel hervorgebracht hat; des jungen Vogels, der die ersten Nestlinge ausgebrütet hat; der jungen Rehmutter ...; die Mutterschaft und die Schutzlosigkeit eines Mädchens, das fast noch ein Kind ist?

Nach der Sixtinischen Madonna kann dieser Zauber nicht mehr als ein nicht darstellbares Geheimnis bezeichnet werden.

Raffael hat mit seiner Madonna das Geheimnis der mütterlichen Schönheit zum Ausdruck gebracht. Aber nicht das macht das unversiegbare Leben von Raffaels Gemälde aus. Sondern dass der Körper und das Gesicht der jungen Frau ihre Seele sind – deshalb ist die Madonna so wunderschön. In dieser visuellen Darstellung der mütterlichen Seele liegt etwas, was dem Bewusstsein der Menschen nicht zugänglich ist.

Wir wissen von thermonuklearen Reaktionen, bei denen Materie in eine gewaltige Energiemenge umgewandelt wird, aber den anderen, den umgekehrten Prozess können wir uns bis heute nicht vorstellen – die Materialisierung von Energie; und hier haben wir eine Geisteskraft, die Mutterschaft, die in der sanftmütigen Madonna Gestalt annimmt.

Die Schönheit der Madonna ist eng mit dem irdischen Leben verknüpft. Sie ist demokratisch, menschlich; sie ist einer Vielzahl von Menschen eigen – Gelbhäutigen, Schlitzäugigen, Buckligen mit langen und bleichen Nasen, Dunkelhäutigen mit krausen Haaren und dicken Lippen, sie ist allgemeinmenschlich. Sie ist die Seele und der menschliche Spiegel, und jeder, der die Madonna betrachtet, sieht in ihr das Menschliche – sie ist ein Bild der mütterlichen Seele, und darum ist ihre Schönheit auf ewig mit jener Schönheit verknüpft und verschmolzen, die sich unzerstörbar und in tiefster Tiefe überall dort verbirgt, wo Leben geboren wird und existiert – in Kellern, auf Dachböden, in Palästen, in Gruben.

Mir scheint, dass diese Madonna der atheistischste Ausdruck des Lebens ist, des Menschlichen, ohne dass ein Gott daran Anteil hätte.

Bisweilen scheint mir, dass die Madonna nicht nur das Menschliche zum Ausdruck bringt, sondern etwas, was in allen Bereichen des irdischen Lebens existiert, in der Welt der Tiere, überall, wo man in den braunen Augen einer säugenden Stute, einer Kuh, einer Hündin das göttliche Abbild der Madonna erahnen und erblicken kann.

Noch irdischer erscheint mir das Kind auf ihrem Arm. Sein Gesicht wirkt erwachsener als das der Mutter. Jemand, der einen solchen traurigen und ernsthaften Blick hat, der gleichzeitig nach vorn und nach innen gerichtet ist, kann das Schicksal erkennen, es sehen.

Ihre Gesichter sind sanft und traurig. Vielleicht sehen sie den Berg Golgatha und den staubigen und steinigen Weg dorthin und das entsetzliche, kurze, schwere, grobe Kreuz, das auf dieser kleinen Schulter liegt, die jetzt die Wärme der mütterlichen Brust spürt …

Das Herz aber krampft sich nicht vor Unruhe und Schmerz zusammen. Es ist ein neues, noch nie verspürtes Gefühl – es ist menschlich und es ist neu, als sei es aus der salzigen und bitteren Meerestiefe emporgespült, es ist da, und das Herz hat ob seiner Ungewohntheit und Neuheit zu pochen begonnen.

Und daran liegt noch eine Besonderheit des Gemäldes.

Es erschafft Neues, fügt den sieben Spektralfarben gleichsam eine dem Auge unbekannte achte Farbe hinzu.

Warum gibt es keine Angst im Gesicht der Mutter, warum hat sie den Körper des Sohnes nicht mit solcher Kraft mit den Händen umschlossen, dass der Tod ihre Finger nicht öffnen kann, warum will sie den Sohn nicht dem Schicksal entreißen?

Sie streckt das Kind dem Schicksal entgegen, versteckt es nicht. Und der Sohn verbirgt sein Gesicht nicht am Busen der Mutter. Gleich befreit er sich aus ihren Armen und tritt mit seinen bloßen Füßen dem Schicksal entgegen.

Wie soll man das erklären, wie verstehen?

Sie sind eins, und sie sind jeder für sich allein. Sie sehen, fühlen und denken gemeinsam, sie sind vereint, aber alles zeugt davon, dass sie sich voneinander trennen werden – es geht nicht anders, als dass sie sich voneinander trennen, denn das Wesen ihrer Gemeinsamkeit, ihrer Verschmelzung besteht in ihrer Trennung.

Es gibt bittere und schwere Minuten, in denen es gerade die Kinder sind, die die Erwachsenen mit ihrer Vernunft, Ruhe, Versöhnlichkeit erstaunen. Eine solche Haltung legten sowohl Bauernkinder an den Tag, die in einem Jahr des Hungers und der Missernte starben, als auch jüdische Krämer- und Handwerkerkinder zu Zeiten des Pogroms von Kischinjow oder Kinder von Bergleuten, wenn das Geheule der Grubensirene eine unterirdische Explosion anzeigte und die Siedlung dabei war, den Verstand zu verlieren.

Das Menschliche am Menschen tritt seinem Schicksal entgegen, und in jeder Epoche ist dieses Schicksal anders, unterscheidet sich von dem der vorhergegangenen. Immer jedoch handelt es sich um ein schweres Schicksal...

Aber das Menschliche hörte nicht zu existieren auf, wenn ein Mensch gekreuzigt oder in Gefängnissen gefoltert wurde.

Das Menschliche am Menschen ließ sich in Steinbrüchen finden, bei der Holzgewinnung in der Taiga bei minus fünfzig Grad, in den wasserüberschwemmten Schützengräben bei Przemyśl und Verdun. Es fand sich im monotonen Angestelltendasein, im elenden Wäscherinnen- und Putzfrauenleben, in ihrem aufreibenden und vergeblichen Kampf gegen die Armut, in der freudlosen Tätigkeit der Fabrikarbeiterinnen.

Die Madonna mit dem Kind auf dem Arm steht für das Menschliche am Menschen, darin liegt ihre Unsterblichkeit.

Wenn unsere Epoche sich die Sixtinische Madonna ansieht, erkennt sie darin ihr Schicksal. Jede Epoche betrachtet diese Frau mit dem Kind auf dem Arm aufmerksam, und es entsteht eine zärtliche, bewegende und kummervolle Gemeinschaft zwischen Menschen verschiedener Generationen, Völker, Rassen, Jahrhunderte. Der Mensch erkennt sich selbst, sein Kreuz, und begreift plötzlich den erstaunlichen Lauf der Zeit, die Verbindung, die zwischen ihm und den heute Lebenden besteht, zwischen ihm und allem, was war und überholt ist, und dem, was sein wird.

2.

Später, als ich auf der Straße entlangging, erschüttert und bestürzt von der Stärke des unerwarteten Eindrucks, versuchte ich nicht, mir über das Durcheinander meiner Gefühle und Gedanken klarzuwerden.

Ich verglich dieses Wirrsal der Gefühle weder mit jenen Tagen voller Tränen und Glück, die ich als fünfzehnjähriger Junge durchlebte, als ich ‚Krieg und Frieden' las, noch mit dem, was ich empfand, als ich an den besonders düsteren, schweren Tagen meines Lebens die Musik von Beethoven hörte.

Und ich verstand, dass der Anblick der jungen Mutter mit dem Kind auf dem Arm sich für mich nicht mit einem Buch und nicht mit Musik verband, sondern mit ... Treblinka.

‚Auf diese Kiefern hier, auf diesen Sand, auf diesen alten Baumstumpf blickten Millionen von Menschenaugen aus dem langsam sich dem Bahnsteig nähernden Waggons ... Wir betreten das Lager, gehen über die Erde von Treblinka. Lupinenschoten platzen von der leichtesten Berührung auf, platzen auf mit einem leisen Geräusch ... Der Klang der fallenden Samen, das Geräusch der sich öffnenden Schoten verschmilzt zu einer unausgesetzten traurigen und leisen Melodie. Es ist, als erschalle aus dem Innersten der Erde, kaum zu hören, das kummervolle, getragene Totengeläut von kleinen Glöckchen ... Hier sind sie, die halbvermoderten Hemden der Ermordeten, die Schuhe, Armbanduhrrädchen, kleinen Taschenmesser, Kerzenhalter, Kinderschühchen mit roten Bommeln daran, die spitzenbesetzte Wäsche, die Handtücher mit ukrainischen Stickereien, Töpfchen, Blechkannen, Kindertässchen aus Plastik, mit Bleistift geschriebene Briefe von Kindern, Gedichtbände …

Wir gehen weiter über die bodenlose, schwankende Erde von Treblinka und bleiben plötzlich stehen. Strohblondes, glänzend kupferfarbenes, gewelltes, dichtes Haar, das feine, leichte, prächtige Haar eines Mädchens, das in den Boden getrampelt ist, und daneben genau solche hellblonden Locken, und dann schwarze, schwere Zöpfe im hellen Sand, und dann noch mehr und noch mehr …

Und die Lupinenschoten tönen und tönen, und ihre Samen fallen mit einem Pochen. Als erschalle tatsächlich aus dem Erdinnern das Totengeläut zahlloser kleiner Glöckchen.

Es ist, als bliebe einem gleich das Herz stehen, von einer solchen Trauer, einem solchen Kummer zusammengekrampft, dass ein Mensch es nicht zu ertragen vermag …'[3]

Die Erinnerung an Treblinka stieg in meinem Herzen auf, und ich hatte es nicht gleich begriffen …

Sie war es, die mit den leichten, nackten Füßen von der Entladungsrampe des Transportzugs bis zur Gaskammer über die schwankende Erde von Treblinka lief. Ich erkannte sie an ihrem Gesichtsausdruck und an ihrem Blick. Ich sah ihren Sohn und erkannte ihn an seinem wunderschönen, erwachsenen Gesicht. So waren die Mütter und Kinder, wenn sie vor dem dunklen Grün der Kiefern die weißen Mauern der Gaskammern von Treblinka erblickten, so waren ihre Seelen.

Wie oft schaute ich aufmerksam durch den dichten Nebel auf die aus dem Transportzug Steigenden, aber immer waren sie schlecht zu erkennen – entweder schienen die Gesichter von dem unermesslichen Schrecken verzerrt, und alles verhallte in einem entsetzlichen Schrei, oder die physische und seelische Erschöpfung, die Verzweiflung umflorten die Gesichter mit stumpfer, halsstarriger Indifferenz, oder das unbekümmerte Lächeln des Wahnsinns verhüllte die Gesichter der Menschen, die aus dem Transportzug stiegen und zur Gaskammer gingen.

Und nun sah ich die Wahrheit dieser Gesichter, Raffael hat sie vor vierhundert Jahren gemalt – so tritt der Mensch seinem Schicksal entgegen.

Die Sixtinische Kapelle … Die Gaskammer von Treblinka …

Eine junge Mutter hat in unserer Zeit ihr Kind geboren. Schrecklich, unter dem Herzen einen Sohn zu tragen und das Gebrüll des Volkes beim Hitlergruß zu hören. Aufmerksam betrachtet die Mutter das Gesicht des Neugeborenen und hört das Klirren und Knirschen der zerbrochenen Fensterscheiben, das Geheul der Autohupen, ein Chor von Wölfen stimmt auf Berlins Straßen das Horst-Wessel-Lied an. Und da ist das dumpfe Hacken des Beils von Moabit zu hören.

Die Mutter gibt dem Kind die Brust, und Tausende und Abertausende errichten Mauern, ziehen Stacheldraht, bauen Baracken … Und in friedlichen Amtsstuben werden Gaskammern entworfen, Vergasungswagen, Kremationsöfen …

Es ist eine wölfische Zeit gekommen, die Zeit des Faschismus. In dieser Zeit leben die Menschen ein wölfisches Leben, Wölfe führen das Leben von Menschen.

In dieser Zeit hat eine junge Mutter ihr Kind geboren und aufgezogen. Und der Maler Adolf Hitler stand vor ihr im Gebäude der Dresdener Gemäldegalerie – er entschied ihr Schicksal. Aber der Herr über Europa konnte ihr nicht in die Augen schauen, er konnte nicht dem Blick ihres Sohnes begegnen – denn sie waren Menschen.

Ihre menschliche Kraft trug den Sieg über seine Gewalt davon – die Madonna lief mit ihren leichten, nackten Füßen zur Gaskammer, trug den Sohn über die schwankende Erde von Treblinka.

Der deutsche Faschismus wurde niedergeschlagen – der Krieg brachte Dutzende Millionen Menschen ins Grab, riesige Städte wurden in Schutt und Asche gelegt.

Im Frühjahr 1945 sah die Madonna den nördlichen Himmel. Sie kam nicht als Gast, nicht als reisende Ausländerin zu uns, sondern zusammen mit den Soldaten und Fahrern auf den ausgefahrenen Wegen des Krieges, sie ist ein Teil unseres Lebens, unsere Zeitgenossin.

Alles ist ihr vertraut: unser Schnee, der kalte Herbstschlamm, das abgestoßene Kochgeschirr der Soldaten mit der trüben Suppe darin, das welke Zwiebelchen und die Schwarzbrotrinde.

Sie ging mit uns zusammen, fuhr eineinhalb Monate im knarrenden Militärzug, las Läuse aus dem weichen, ungewaschenen Haar ihres Sohnes.

Sie ist eine Zeitgenossin aus den Jahren der allgemeinen Kollektivierung.

Da geht sie mit ihrem kleinen Sohn, barfuß, um in den Transportzug zu steigen. Welch langer Weg liegt vor ihr, aus Obojan, aus der Gegend von Kursk, aus dem Woronescher Schwarzerdegebiet bis in die Taiga, die hinter dem Ural gelegenen sumpfigen Wälder, den Sand Kasachstans.

Und wo ist dein Vater – in welchem Bombentrichter, bei welchem Holzschlageinsatz in der Taiga, in welcher Ruhr-Baracke ist er gestorben?

Wanetschka, Wanja, warum hast du ein so trauriges Gesicht? Das Schicksal hat die Fenster eures Holzhauses hinter dir und deiner Mutter vernagelt. Welch langer Weg liegt vor euch? Werdet ihr ankommen? Oder werdet ihr entkräftet irgendwo unterwegs sterben, am Bahnhof einer Schmalspurbahn, im Wald, am sumpfigen Ufer eines Flüssleins hinter dem Ural?

Ja, es ist tatsächlich sie. Ich sah sie im Jahre 1930 am Bahnhof von Konotop, das Gesicht ganz dunkel von Qualen, sie trat an den Waggon des Schnellzuges heran, hob ihre wunderschönen Augen, sagte stimmlos, nur mit den Lippen: ‚Brot …'

Ich sah ihren Sohn – als Dreißigjährigen in abgetragenen Soldatenstiefeln, solchen, wie man sie Toten wegen völliger Unbrauchbarkeit nicht von den Füßen zieht, und einer Wattejacke, die an der milchig weißen Schulter zerrissen war, er ging einen Pfad entlang durch den Sumpf, eine Wolke von Insekten hing über ihm, aber er konnte den über ihm flimmernden lebendigen Heiligenschein aus Milliarden von Schnaken nicht vertreiben, weil seine Hände einen schweren, nassen Holzstamm auf den Schultern festhielten. Da hob er den gesenkten Kopf, und ich sah sein Gesicht, den gekräuselten blonden Bart, der ebenmäßig von Ohr zu Ohr reichte, die halbgeöffneten Lippen, sah seine Augen und erkannte sie sofort – es sind seine Augen, die einen von Raffaels Gemälde anschauen.

Wir begegneten ihr im Jahr 1937, als sie in ihrem Zimmer stand, zum letzten Mal den Sohn auf den Armen hielt, sich verabschiedete, eingehend sein Gesicht betrachtete und dann die leeren Treppen des stummen mehrstöckigen Hauses hinabstieg … Ihre Zimmertür wird versiegelt, unten wartet ein staatlicher Wagen auf sie … Was für eine sonderbare, beunruhigende Stille in dieser aschgrauen Stunde der Morgendämmerung, wie stumm sind die hohen Häuser!

Und aus dem Halbdunkel der Dämmerung schält sich ihr neues Dasein heraus – der Transportzug, die Etappen, Wachleute auf den hölzernen Lagertürmen, Stacheldraht, Nachtarbeit in den Werkstätten, heißes Wasser, Pritschen, Pritschen, Pritschen …

Stalin trat langsamen, leichten Schritts in Chevreaustiefeletten mit flachem Absatz an das Bild heran, betrachtete lange eingehend das Gesicht der Mutter und des Sohnes, strich sich über seinen grauen Schnurrbart.

Erkannte er sie? Er war ihr in den Jahren seiner Verbannung in Ostsibirien begegnet, in Nowoudinsk, Turuchansk und Kurejsk, er war ihr in den Etappen begegnet und während des Transports … Dachte er an sie in den Zeiten seiner Größe?

Aber wir, die Menschen, wie erkannten sie, erkannten ihren Sohn, denn sie – das sind wir; ihr Schicksal – sind wir; sie beide – sind das Menschliche am Menschen. Und wenn es in Zukunft die Madonna nach China oder in den Sudan verschlägt, werden die Menschen sie überall genauso erkennen, wie heute wir sie erkannt haben.

Die herrliche, ruhige Kraft dieses Gemäldes besteht darin, dass es von der Freude erzählt, ein lebendes Geschöpf auf Erden zu sein.

Die ganze Welt – das ganze gewaltige Universum – besteht aus der unterwürfigen Knechtschaft der unbelebten Materie, und nur das Leben ist das Wunder der Freiheit.

Und dieses Bild erzählt, wie wertvoll, wie wunderschön das Leben sein sollte und dass es keine Macht in der Welt gibt, die das Leben dazu zwingen könnte, Formen anzunehmen, die äußerlich Ähnlichkeit mit dem Leben haben, aber bereits nicht mehr das Leben sind.

Die Macht des Lebens, die Macht des Menschlichen am Menschen ist sehr groß, und sogar die stärkste, die vollkommenste Gewalt kann diese Macht nicht unterjochen, sie kann sie nur töten. Das ist der Grund, weshalb die Gesichter von Mutter und Sohn so ruhig sind – sie sind unbesiegbar.

In einer eisernen Epoche ist der Tod des Lebens nicht seine Niederlage.

Wir stehen vor ihr, Menschen, die in Russland leben, junge und grauhaarige. Wir stehen vor ihr in einer beunruhigenden Zeit. Die Wunden sind noch nicht verheilt, die Brandstätten heben sich noch schwarz ab, die Hügel über den Massengräbern von Millionen Soldaten, unseren Söhnen und Brüdern, haben sich noch nicht gesetzt. Es stehen noch die versengten toten Pappeln und Süßkirschbäume über den bei lebendigem Leibe verbrannten Dörfern, schwermütig wächst Unkraut über den in Partisanensiedlungen verbrannten Körpern der alten Männer, Mütter, Jungen und Mädchen. Über den Gruben, in denen die Leiber der ermordeten jüdischen Kinder und ihrer Mütter liegen, sackt die Erde noch, bewegt sich noch. Das nächtliche Weinen der Witwen in den unzähligen russischen Bauernhäusern, den weißrussischen und ukrainischen Holzhäusern ist noch nicht verklungen. Alles hat die Madonna zusammen mit uns durchgemacht, denn sie – das sind wir; denn ihr Sohn – das sind wir.

Es war schrecklich, schmählich, schmerzhaft – warum war das Leben so furchtbar, waren du und ich womöglich schuld daran? Warum sind wir am Leben? Eine furchtbare, schwere Frage, die den Lebenden nur die Toten stellen können. Aber die Toten schweigen, stellen keine Fragen.

Die Nachkriegsstille aber wird von Zeit zu Zeit durch das Donnern von Explosionen unterbrochen, und radioaktiver Nebel breitet sich am Himmel aus.

Die Erde, auf der wir leben, hat gebebt – die thermonukleare Waffe tritt an die Stelle der Atomwaffe.

Bald verabschieden wir die Sixtinische Madonna.

Sie hat mit uns zusammen unser Leben gelebt. Richtet uns – alle Menschen einschließlich der Madonna und ihres Sohnes. Wir scheiden bald aus dem Leben, unsere Häupter sind schon weiß. Sie aber, die junge Mutter, die ihren Sohn auf dem Arm trägt, tritt ihrem Schicksal entgegen und sieht mit einer neuen Generation von Menschen ein gleißendes, blendendes Licht am Himmel – die erste Explosion der überaus gewaltigen Wasserstoffbombe, die vom Beginn eines neuen, weltumspannenden Krieges kündet.

Was können wir, die Menschen aus der Epoche des Faschismus, vor dem Gericht der Vergangenheit und der Zukunft sagen? Es gibt für uns keine Rechtfertigung.

Wir sagen, dass keine Zeit schwerer als die unsere gewesen ist, aber wir haben das Menschliche im Menschen nicht sterben lassen.

Wir sehen der Sixtinischen Madonna hinterher und bewahren den Glauben, dass Leben und Freiheit eins sind, dass es nichts Größeres gibt als das Menschliche im Menschen.

Möge es ewig leben, siegen. 1955"[32]

Fußnoten in der Erzählung Wassili Grossmans:

1) Dialog über die beiden hauptsächlichen Weltsysteme, das ptolemäische und das kopernikanische (1632)

2) „Philosophia Naturalis Principia Mathematica" (1686)

3) Aus Wassily Grossman, „Die Hölle von Treblinka", Moskau 1946

C. Die Begründung der Menschenrechte – radikal fragwürdig

20. Historische Anthropologie in Perspektive

In unseren seitherigen Versuchen, Menschenrechte als zugespitzte moderne Form menschlicher Strebungen und Bedürfnisse zu erklären, haben wir historisch menschliches Treiben beobachtet. Genauer: wir haben ausgewählte Beobachtungen anderer, vom Besonderen ausgehend, verallgemeinert. Indem wir Verhaltensweisen und Verhaltenseffekte beachteten und abwogen, haben wir alle „Wesensaussagen" vermieden. Solche sind allemal in Gefahr, die uralte, zwischen Erasmus und Luther aufgebrochene Kontroverse über den freien Willen aufzubrühen, und sie je nach Lust und (zweifelhafter)

---

32 Wassili Grossman, Die Sixtinische Madnonna, aus: Wassili Grossman: Tiergarten. Erzählungen. Aus dem Russischen von Katharina Narbutovič, Berlin 2008, S.119-130. © 2009 Claassen Verlag in der Ullstein Buchverlage GmbH, Berlin.

Kompetenz mit szientifischer, neuerdings vor allem aus der Hirnforschung gewonnener Glasur zu versehen. Über die gutartig oder die bösartig begründete *Natur des Menschen*. Evidenzen für die eine oder andere Position gibt es zuhauf. Die Annahme des freien oder des knechtischen Willens führt, konsequent gesellschaftlich übersetzt, beide Male im Zirkelschluss zu Konsequenzen, die nicht eingehalten werden können. Unsere Verfahrensweise hat dagegen eine Reihe von Vorzügen:

(1) Sie vermeidet Wesensschauen, die Menschen nicht vermögen – perspektivisch an irdischen Raum und irdische Zeit gebunden. Außerdem erfordern Wesensaussagen, dass wir – und habe der Erkennende die schärfsten Augen – im Schlamm grundeln, den auch technische Geräte immer nur im Rahmen unseres Horizonts aufhellen. Als projizierten wir von uns aufs angeblich Allgemeine. Wir verkennten dann Kants bleibende Einsicht ins hermetische „Ding an sich". Um's mit Claude Lévi-Strauss zu sagen: „Was ich von den Physikern und Biologen lerne, fesselt mich; es gibt nichts, das meine Reflexion mehr stimulierte. Gleichzeitig aber hat es für mich den Anschein, dass jedes gelöste Problem oder jedes, das wir für gelöst erachten, wiederum neue hervorbringt und so fort bis ins Unendliche, so dass wir von Tag zu Tag tiefer mit der Gewissheit vertraut werden, dass unsere Denkfähigkeit dem Realen unangemessen ist und bleiben wird, dass dessen Wesen sich jedem Zugriff der Vorstellung entzieht. Es war Kant, der uns das als erster gelehrt hat. Kant aber, der sich mit einer aufgrund ihrer Antinomien unrettbar schwachen menschlichen Erkenntnisfähigkeit abfand, hoffte eine absolute Grundlage für das Sittenleben zu finden. Als Über-Kantianer, wenn ich so sagen darf, schließe ich auch das Sittenleben in die Problematik der reinen Vernunft ein, auch sie hat ihre Antinomien, die nicht zu beheben sind. Mehr noch, denn wenn die naturwissenschaftliche Erkenntnis uns Einsichten in das unendlich Große und das unendlich Kleine eröffnet, die noch schwindelerregender sind, als Pascal vermutete, dann zeigen sie unsere Bedeutungslosigkeit. Ob nun die Menschheit verschwindet und die Erde untergeht, nichts wird sich am Lauf des Weltalls ändern. Und daraus ergibt sich ein letztes Paradoxon: Wir sind nicht einmal sicher, dass diese Erkenntnis, die unsere Bedeutungslosigkeit offenbart, irgendeine Gültigkeit besitzt. Wir wissen, dass wir nichts oder nicht viel sind,

und in diesem Wissen wissen wir nicht einmal mehr, ob es eines ist. Das Universum als dem Denken inkommensurabel vorzustellen, nötigt einen, das Denken selbst in Zweifel zu ziehen. Aus diesem Kreis tritt man nicht heraus."[33]

(2) Indem sie emphatisch historisch und sozial ansetzt, vermag historische Anthropologie katastrophisch gespaltene Erfahrungen der Menschen unter heutiger Perspektive zusammenzufügen und zu keltern, ohne ontologisch („seinsgründig") in dunkle Tiefen steigen zu müssen. Grund und Abgrund scheinen immer gleich-ursprünglich. Darum bestehen nur Chancen, den Abgründen soweit irgend menschenmöglich zu entgehen, ihre Präsenz in den Gründen selbst zu ahnen.

(3) An Stelle von statischen Wesensschauen erlauben historische Umstände die Einsicht in soziale Faktoren. Sie werden nicht sprunghaft behauptet – in einem Wesenssprung sozusagen. Sie werden in ihrer Entwicklung und ihrem Stellenwert in gegebenen Kontexten ermittelt. Dadurch werden sie historisch relativiert. Sie können eher den soziogenetischen Nöten und Möglichkeiten der Menschen nähernd entsprechen. Zugleich werden widersprüchliche Geschichtsphilosopheme des Als-Ob taufrischen Anfangs ebenso vermieden wie die folgenreichen Halluzinationen von Oasen, die stetig wachsen und Wüsten aufheben. Vor allem werden schreckliche Verkürzungen vermeidbar, die Mittel und Wege verachten. Solche neigen dazu – vielmehr machen ihre Vertreterinnen und Vertreter dazu geneigt –, dem aufgewühlten Anfang und/oder dem erschauten Ende Grenzen zu opfern, indem sie Menschenopfer zur Disposition stellen (Th. W. Adorno hat die Gefahr, im Anfang endlich zu versinken, an der Grundelei Martin Heideggers am besten erkannt).[34]

(4) Die eher losen Ausdrücke wie „Bedürfnisse", „Strebungen", „Motive" sind zum einen zu beobachten, zu erfragen. Sie sind an Handlungen und Befindlichkeiten der Menschen „festzumachen". Zum anderen wird mit ihrem Gebrauch vermieden, substantielle Wesensaussagen zu

[33] Claude Lévi-Strauss/Didier Eribon, Das Nahe und das Ferne. Eine Autobiographie in Gesprächen, Frankfurt/M. 1996, S. 235 f.

[34] Vgl. Theodor W. Adorno, Vorlesung über Negative Dialektik, Frankfurt/M. 2003.

erschleichen. Sie machen erkennen, dass kausale Simplifizierungen und Verkürzungen in die Irre führen.

(5) Weil Bedürfnisse, ohne den zeitweise üblichen psychologischen Zusatz „Grund", mitten aus dem gesellschaftlichen Leben der Menschen in ihren besonderen Zeiten und Räumen gesammelt und gesichtet werden, wird vermieden, eine feste Anzahl von (Grund-)Bedürfnissen zu terminieren. Zugleich wird eines der vornehmsten Ziele erreicht, die Entstehung und soziale Übersetzung von menschlichen Strebungen in ihren Graden und Grenzen im Hin und Her zwischen Einzelnen und sozialen Kontexten nachzuvollziehen. Die Dialektik zwischen den Einzelnen und der Art der Vereinzelung und dem jeweiligen sozialen Kollektiv und seinen vor allem heute sich abstrakt entfernenden Eigenarten kann durchsichtig rekonstruiert werden.

(6) Vermieden wird außerdem, Bedürfnisse krude materialistisch zu reduzieren (genauer: materialistische Analyse krud im Sinne eines Kraftstoff-Materialismus zu betreiben) oder in luftiges Wunschdenken „ätherisch" zu verdünnen. In der Moderne verführt vor allem die Pseudorationalisierung auf einen schmalen Begriff des Menschen und seiner Interessen in eine Sequenz jäh absteigender schiefer Ebenen. An der Wippe zur Moderne haben Menschen wie Johann Wolfgang von Goethe das in einem kontinuierlichen „Natur"- und „Kultur"-Verständnis schonsam ganzheitlich praktiziert. Goethe war mitnichten analytischer Aufdröselung abhold. In Richtung auf die Menschenrechte und den Versuch, sie breiter zu fundieren, mag noch einmal „der Strukturalist" Lévi-Strauss das Wort haben. „Ein wohlverstandener Humanismus (beginnt) nicht bei sich selbst. Indem er den Menschen vom Rest der Schöpfung isolierte, hat der westliche Humanismus ihn einer Schutzwehr beraubt. Von dem Augenblick an, da der Mensch keine Grenze seiner Macht mehr kennt, neigt er zur Selbstzerstörung. Nehmen Sie die Konzentrationslager und, auf anderem Gebiet, schleichend, aber diesmal mit tragischen Folgen für die gesamte Menschheit, die Umweltverschmutzung." „Ohne eine Philosophie des Subjekts", formuliert Lévi-Strauss wenig später, „ja sogar ohne überhaupt eine Philosophie zu sein, kann der Strukturalismus sich dieser Art von Problemen durchaus annehmen; vielleicht ist

er sogar fähig, ausgetretene Pfade zu vermeiden und eigene Antworten zu geben. Was hatte ich vorgeschlagen? Die Menschenrechte nicht, wie man das seit der amerikanischen Unabhängigkeitserklärung und der Französischen Revolution tut, auf den einzigartigen und privilegierten Charakter einer Gattung von Lebewesen zu gründen, sondern darin vielmehr einen Sonderfall von Rechten zu sehen, die allen Gattungen zukommen. Orientierte man sich in dieser Richtung, sagte ich, so versicherte man sich eines breiteren Konsensus, als ihn eine eingeschränkte Konzeption der Menschenrechte zu verbürgen vermag, wie man damit zeitlich an die stoische Philosophie und räumlich an den Fernen Osten anschlösse. Man stünde damit auf der gleichen Höhe mit der praktischen Einstellung, welche die sogenannten primitiven, von Ethnologen untersuchten Völker zur Natur unterhalten: manchmal ohne explizite Theorie, aber unter Beachtung von Geboten, die dasselbe Resultat ergeben. … Was mir an dieser Auseinandersetzung um das ‚Subjekt' unerträglich erscheint, ist die Intoleranz der Gläubigen im Banne einer philosophischen Tradition, die von Descartes ausgeht. Alles beginnt mit dem Subjekt, ergibt nur das Subjekt usw. …".[35]

(7) Auf genetische und funktionale Art ist es auch möglich – ohne einem Grundzug der Moderne folgend, utopisch Menschen (homunculi) zu konstruieren –, Bedürfnisse, die im individuellen Verhalten sozial relevant werden, zu kritisieren oder analytisch vergleichend missachtete oder verkehrte Strebungen zu entdecken. Genetisch meint, dass man – immer erneut – die Entstehungsgründe der ins Auge gefassten Probleme aufknüpft. Somit werden Motive und Interessen erkennbar, soweit zurückliegende oder unmittelbare menschliche Umstände und Handlungen dazu beitrugen, dass sie sich schürten. Die Funktionen, Aufgaben, Ziele, Interessen, Zusammenhänge, denen Verhaltensweisen, institutionalisierte Prozeduren u.ä.m. dienen, analytisch hinter „den Dingen" erkannt, können die Eigenart von Bedürfnissen/Interessen erst erkennen lassen, um nötigenfalls angemessen auf sie einzuwirken. Als ob beispielsweise die immer erneut diagnostizierte „Gier" „der Menschen" eine natürliche Gegebenheit darstelle oder die mangelhafte Neugier in die Notenrüstung eingezwängter junger Studierender.

---

[35] Claude Lévi-Strauss/Didier Eribon, a.a.O., S. 237 f.

(8) Martha Nussbaum hat ihrem bedeutsamen Buch über „luck and ethics in Greek tragedy and philosophy" (Untertitel) den Haupttitel gegeben: „The fragility of goodness" (1986/2001). Die Zerbrechlichkeit und das Prekariat des Guten. Dieser Titel und die am Beispiel von Tragödien wie den Troerinnen des Euripides oder vor allem der aristotelischen Philosophie gemachten Beobachtungen stehen einer abstrakt allgemeinen Ethik entgegen. Sie lassen ihrerseits erkennen, wie sehr ethische oder moralische Normen, der jeweiligen Gesellschaft innig, wenngleich kontrovers verbunden, mit den gegebenen gesellschaftlichen Bedingungen und dem Verhalten einer Gesellschaft mit oder gegen einzelne zusammenhängen. Aus diesem Komplex erklären sich gegebenenfalls tragische Konflikte wie zwischen der monoman die „ungeschriebenen Gesetze" verfolgende Antigone und Kreon mit seinen herrschaftlichen Scheuklappen. Die Gebrechlichkeit des jeweils Guten ist darum alles andere als willkürlich oder zufällig bestimmt. Das gesellschaftlich und – modern ausgedrückt – individuell Gute ist durchgehend vom Verhalten der unterschiedlichen Parteien und dem gesellschaftlich Ganzen abhängig. Es besteht nicht statisch. Es verlangt keine abstrakten Moralanwendungen à la Menschenrechte, die das je Besondere mit ihrem enteigneten Maß missachten. Das gesellschaftlich und individuell ‚Gute' ist konkret in der Situation zu praktizieren, weil die allgemeinen Umgangsformen erst dann lebendig werden.

21. Grabenbrüche und Erdschübe

Die gebrauchten Naturausdrücke sind gefährlich – „Grabenbrüche", „Erdschübe". Sie könnten die soziale Verfertigung verkennen lassen. Die natürlichen Metaphern sind insofern begründet, als gesellschaftsgeschaffene Akte extremer Herrschaft an den Rand jeder Grund- und Sinnsuche gelangen lassen. Achtlos werden nicht konforme Menschen kollektiv gemordet, obgleich jede alte Frau, jedes Kind, auch jeder feindverhüllte Soldat einzeln und mit nicht auskündbarem Leid krepieren. Menschen entmenschen andere und damit im Zirkelschluss sich selbst. Der Zirkel hebt ihre Ungleichheit nicht auf. Die Vermittlung um Vermittlung nachzuerfahrende dialektische Ent- und Verwicklung versagt trotz notwendiger Anstrengung. Das Schloss menschlichen Verhaltens in Akten systematischer Unmenschlichkeit öffnet kein Schlüssel. Kein professioneller Dietrich ist zuhanden. Eine Projektion jedoch substantiell Bösen, die Menschen Bedrohliches vor-, unter- oder übermenschlich ausgrenzte, entlastet unverantwortlich. Man wendete gesellschaftliche, von Menschen gemachte Interna nach außen. Das, was durch Menschen gemacht, unmenschlich in Erscheinung tritt, ortete man ortlos außerhalb physischer und sogar metaphysischer Bedingungen. Diese Bedingungen heischen statt solchen Verleugnens immer erneute Versuche, sie menschengerecht zu gestalten. Eine fundamentale, nicht auflösbare Aporie, eine fundamentale Verlegenheit bleibt in allen Anstrengungen. Ihnen zum Trotz. Also treibt eine Unruhe des Versäumens menschliches Tun: Dass Menschen, dass ganze Gesellschaften mit menschlichem Antlitz andere, andersartige Menschen systematisch missachten und mit Hilfe einer grausamen Skala von Grausamkeiten ausrotten. Oder im Nazijargon: ausmerzen.

Sechster Einschub: *Persönliche Vorbemerkung: Ich Nazijunge*

Georges Devereux hat es formuliert, der Ethnologe und Psychoanalytiker. Man kann im weiten Bereich des Sozialen, wozu prinzipiell die Natur- und Technikwissenschaften und ihre Erfindungen gehören, „Objektives" außerhalb der eigenen Person, wie in notwendiger Distanz die eigene Person, nur erkennen und einordnen, indem man der eigenen Perspektive und Subjektivität bewusst wird. Diese gilt es anderen in ihrer Andersartigkeit und Eigenart bewusst zu machen, weit über das gefällig apostrophierte „Erkenntnisinteresse" hinaus (vgl. Georges Devereux, Angst und Methode in den Verhaltenswissenschaften, München 1973). Das, was in Sachen Erkenntnis und Urteilen allgemein zutrifft, ist im Umkreis des Versuchs besonders angezeigt, Menschenrechte zu profilieren.

Am meisten erforderlich ist es, sich über die eigene Perspektive im Kontext der Zeit aufzuklären, in die man gestellt ist, wenn und indem man darauf ausgeht, ungeheuerliche Taten anderer Menschen wahrzunehmen. Erkennendes „Subjekt", das „ich erkenne", und zu erkennendes „Objekt", das, was ich erkennen will, verschlingen sich bis zur Ununterscheidbarkeit. Aus dem „Subjekt" wird ein „Objekt". Das „Objekt" verkehrt sich zum „Subjekt". Und beides kehrt sich erneut um. Die Neugier, zu erkennen, und die Skrupel, nicht nur die Spiegelungen der eigenen Vorurteile zu sehen, geben der neu und neu irritierenden Dialektik zwischen Subjekt und Objekt Dauer. Sie bleibt auf möglichst klare „objektive" Erkenntnis ausgerichtet. Sie kann darum zu eigen gemacht und anderen durchsichtig vermittelt werden.

Wenn man das eigene Subjekt als gewordenes Objekt ausspart und das Objekt aus dem historisch genetischen Kontext löst, dann liegt es nahe, die nazistischen Täter-Menschen als Ungeheuer zu betrachten. Sie haben Böses vollbracht. Sie sind ein Ausdruck des Bösen. Schluss. Un-, vor-, nach- oder untermenschlich. Angesichts der Ungeheuerlichkeiten der Taten und in sich eitel-borniert verkapselten Tätern ist es verständlich, so zu sehen und so zu qualifizieren. Seit Menschengedenken zeitigt der Umgang mit Bösen und Bösem nicht zu bewältigende Hindernisse. Wie sollte man sichtlichen Sadismus anders fassen? Angesichts von Handlungen, vor denen Worte scheuen, wirken Qualifizierungen in Superlativen des Schrecklichen wie Verharmlosungen. „Böses", „Böse". Das legt „die Täterperspektive" nahe. Sie hat beispielsweise Raul Hilberg in erdrückender Dokumentation verfolgt.[36] Abgründe sind nicht zu überbrücken. Relativiert nicht derjenige verantwortungslos, der Hängebrücken konstruiert, die gespenstische A-Normalität mit der Normalität zu verbinden, in der wir zu leben meinen? Er öffnet die

[36] Vgl. Raul Hilberg, Unerbetene Erinnerung. Der Weg eines Holocaust-Forschers, Frankfurt/M 1994, S. 54: „Die Judenvernichtung war ein deutsches Werk, ausgedacht in deutschen Amtsstuben, in einer deutschen Kultur. Für mich stand von Anfang an fest, dass man diese Geschichte nicht in allen ihren Ausmaßen begreifen konnte, ohne die Maßnahmen der Täter nachzuvollziehen: Der Täter hatte den Überblick. Er allein spielte die Schlüsselrolle. Durch seine Augen musste ich die Vorgänge betrachten, von der Planung bis zum Höhepunkt. Dass ich vor allem der Täterperspektive folgen musste, wurde für mich zu einer ehernen Faustregel."

Menschenrechte abgründigen Zweifelns – unbeschadet aller sonstigen Begründungs- und Praxismängel. Er gerät außerdem in Gefahr, und das ist am schlimmsten, noch posthum die Ehre und Integrität der Opfer zu riskieren. Mit Sophokles' Antigone gesprochen, „ungeschriebene Gesetze" menschlichen Umgangs würden gebrochen, die noch für „Feinde" gelten, nicht aber für Ungeheuer.

In den folgenden Abschnitten über die deutschen Untaten im Umkreis nationalsozialistischer Herrschaft, ihres Zweiten Weltkrieges und der in beide eingebetteten „Endlösung der Judenfrage" (Nazijargon) versuche ich nicht zu vertuschen. Wort und Wirklichkeit klaffen freilich unvermeidlich auseinander. Jedes Wort ist immer zugleich auch Interpretation und droht die Brutalität des Faktischen zu dämpfen. Die systematische Grausamkeit und die grauenvollen Handlungen von deutschen oder deutsch missbrauchten Tätern übersteigen menschliche Vorstellungs- und Ausdruckskraft – mit raren Ausnahmen. Gleicher Weise drängen Varianten und Techniken der Rationalisierung im psychoanalytischen Verständnis des Worts. In ermüdend skandalöser Litanei übten Täter solche nach ihren Taten und der bedingungslosen Niederlage der NS-Herrschaft. Solch' Litanei ist dazu ausersehen, ihr Verbrechensgesicht vor sich selbst und anderen zu verschleiern. Keine menschlich akzeptablen Gründe legitimieren den Mangel an Mut, hinterher die eigene Wahrheit preiszugeben, um ein Minimum zu tatschlimm bleibender „Trauerarbeit" beizutragen. Der Sprung ist nicht zu vermitteln. Zu den systematischen, auch persönlich menschlich entgrenzten Nazitätern und ihrer Missachtung der lagergezwängten Juden, bevor sie, an Rampen selektiert, vergast worden sind. Zwischen Tätern und Opfern besteht eine Differenz ums Ganze. Der „Kreis" der Täter ist weit zu ziehen. Über die unmittelbaren Handlanger und Schreibtischtäter hinaus. Er war, wenngleich nicht ausnahmslos, im „deutschen Volk" der Zeit eingezeichnet.

Dennoch spreche ich von einem kataraktartig unterbrochenem Kontinuum menschlicher Verhaltensweisen zwischen dem einen Extrem, den Naziherrschern und ihren Täter-Funktionären auf der einen Seite, und dem anderen Extrem, den wie lebende Kadaver misshandelten

Juden aller Alter und jeden Geschlechts. Eine ungeheuerliche Annahme?! Ein eher systematischer Grund, meine bestreitbare sozialwissenschaftlich-historische Kompetenz, mein Verständnis der Menschenrechte und eine persönliche Erfahrung begründen sie. Wenn wir das vielfach gestörte, unterbrochene, auch unheilbar zerstörte Kontinuum zwischen Menschen aller Lebenswirklichkeiten nicht annähmen, müssten wir den normativ geltenden, zugleich aber notwendig empirisch historischen Begriff alle Menschen aller Zeiten und Räume umfassender Menschen und ihrer menschlichen Eigenarten aufgeben. Nicht nur das. Relativiert und punktuell aufgegeben, wären wir unfähig, Menschen, uns selbst, und ihre oft schlimmen Geschichten, in ihrer gesamten Fallhöhe zu verstehen. Wir verstünden nicht die wundersamen Chancen *und* die schrecklichen Verwerfungen, in denen und durch die solche Chancen – vorübergehend oder definitiv zunichte gemacht – ungeheuerlich und unmenschlich erscheinen. Damit entzögen wir uns der ebenso beflügelnden, wie Angst stauenden menschlichen Aufgabe, in die wir geboren, genötigt und befreit wurden. Unser Leben im Tun und Lassen neu und neu so einzurichten suchen, dass humane Chancen personal und kollektiv nicht vor dem Tod in Untaten verwirkt werden. Das gehört zum Teil unserer Phantasie, die uns selbst vor unseren Abgründen schrecken macht. Sie sind nicht betulich zu sublimieren. Sie sind in der Arbeit an uns, wie die tägliche Körperpflege, und vor allem in unseren auf Andere, auf politischökonomische Strukturen und Verhaltenseffekte bezogenen Handlungen im lebenslangen Bau von Haltegeländern humorvoll, sanft und bestimmt zu umgeben.

Zuerst: Im Kontext von Herrschaftsformen und ihren Mitteln ist nicht zu behaupten, sozialwissenschaftlich-historisch ließe sich jegliches menschliche Verhalten erklären. Die Grenzen der Klärung sind rasch erreicht. Dies gilt insbesondere dann, wenn man die Motiv- und Ursachengerinnsel durchschauen und ursächlich verbinden möchte. Sie ergeben das Syndrom eines konkreten Ereignisses. Erst so aber ließen sich die Taten und Untaten, eine Folge von Herrschaftsakten im System à la NS, und lassen sich die brutalen Taten einzelner Personen in Konzentrations- und Todeslagern annähernd durchschauen. Auch wenn man ohne soziohistorische Arroganz die gegebenen Grenzen der Erklärung einräumt, verzichtete man vorweg darauf, den Bedingungen schrecklicher Taten auf die Spur zu kommen, kapselte man sie ab in rational nicht untersuchbares, „irgendwie" gegebenes „Böses". Als ereignete sich „Böses" erklärungsfern in seinen konkreten Äußerungen von Bürokratie. Als ließen sich die „Rationalitäten" der NS-Herrschaft nicht weitgehend herausfinden: ihre kalkulierten Herrschaftsmechanismen; ihre Herrschaftsinstrumente; die Maßnahmen mitsamt dem Fundament in Vorurteilen. Indem man Täterverhalten in eine andere menschgewordene, aber menschenabseitige Kategorie – „das Böse" – abschiebt, versagte man im wichtigsten Auftrag der Ermordeten und Überlebenden. Ihrer vor allem dadurch und darin zu gedenken, nicht Ruhe zu geben, die Bedingungen der mörderischen Tatsächlichkeit herauszufinden und zu überwinden. Nur deren vorbehaltlose, in jeder Gegenwart riskante Entdeckung erlaubte einen nötigen Neuanfang. Dieser ist darauf ausgerichtet, den gegenwärtigen und zukünftigen Bedingungen der Möglichkeit von Mörderischem zu wehren. Dem naheliegenden Motiv, das Äußerste nationalsozialistischer Herrschaft im Vor- und Nachmenschlichen als „Böses" abzukapseln, gilt es darum zu opponieren. „Das Böse", wie immer man es fasse, droht als Abstraktum, als Abgehobenes aus „normalen" menschlichen Kontexten herausgelöst zu werden. Damit würde das jeweils „Normale" entproblematisiert und wir, die wir ein geborgtes Leben nachkatastrophisch führen. Gerade das, was nicht erklärt werden kann, sorgt, paradox recht verstanden, für die dauernde Unruhe und für die sorgsame, indes meist nicht ausreichende Reflexion eigenen Verhaltens individuell und kollektiv. Sokrates sprichwörtlich gewordene Feststellung, ich weiß, dass ich nichts weiß, ist keine altklug betuliche Sentenz. Sie heischte bis zu seinem darin begründeten Tod mit verordnetem Giftbecher, die gesprächswitzige, indes unerbittliche Dauerfrage, die noch an die Frage selbst zu richten ist: ti estin (τί ἐστιν), wie verhält es sich mit dem Begriff, der Sache, dem Wert, dem Ziel, dem „Guten", das du zu behaupten und zu tun ausgehst? Ganz einfach! Schier unendlich kompliziert! Eine Problem-Entspannung fände ebenso statt, wenn „Böses" erkannt würde, als habe es „nur" in einzelnen Tätern konkrete Gestalt gewonnen. Solche Täter werden dann ihrerseits nicht in ihrem allgemeineren gesellschaftlichen Bedingtsein diagnostiziert. Zwar belegen Täterstudien entfesselte Brutalitäten und personal zuschreibbare Grausamkeiten. Den Tätern ist ihr brutales Verhalten nicht durchgehend abgezwungen worden. Sie wären nicht unmittelbar in Gefahr geraten, hätten sie sich anders verhalten. Sie mussten nicht durchgehend befürchten, negativ von höheren Befehlshabern sanktioniert zu werden. Täterstudien zeigen aber auch – oder unterstellen dies zu Recht als Prämisse –, dass die konkurrenz- und misstrauensvolle Polyarchie im Rahmen nicht infrage gestellter nationalsozialistischer Herrschaft den enthemmenden Kontext nach- und vorauseilenden Gehorsams einzelner angemaßter und darum besonders maßloser Herren bildete (samt rarer Frauen). In schier grenzenlosem und zugleich herrschaftsfestem Rahmen handelte ein grausames Kollektiv. Das grausam Besondere wäre „wenig" gewesen, vereinzelte Taten, ohne das grausam Allgemeine. Das hatte die Naziherrschaft erkenntlich schon vor 1933 zu installieren, zu propagieren und in ihrem Umkreis zu privilegieren begonnen. Die enthemmende Grausamkeit wurde inmitten der zwölfjährigen Herrschaftsbeschleunigung zum System erhoben. Goebbels berüchtigte demagogische Frage im Frühjahr 1943 in seiner Sportpalastrede – nach Stalingrad und angesichts der sichtlichen Neige zur Niederlage – „Wollt Ihr den totalen Krieg?" hätte anders phrasiert werden können: „Wollt Ihr die totale Enthemmung?" Wenn man die Kontextfaktoren in den Vordergrund rückt – ohne die Täter im Mindesten als Personen entschulden zu wollen –, dann wird es analytisch umso dringlicher: Normalitäten und A-Normalitäten in nicht routinierter Wiederholung nach Verhaltensweisen zu durchleuchten, die von ihnen lizensiert und angezogen werden. Persönliche Anomien bzw. Verrücktheiten sind selbst beim Spitzenpersonal selten zuerst und primär. Oder sie blieben ohne Resonanz, gäbe es nicht schaffende gesellschaftliche Spiegel. Das war ein anderer Aspekt, der Hannah Arendt dazu veranlasste, im Zusammenhang Adolf Eichmanns auf die „Banalität des Bösen" aufmerksam zu machen. Verführe man aber kontextbewusst, dann endete analytisch karätige Kritik nicht im Jahr 1945. Sie wäre dann auch nicht in deutschen Grenzen zu halten. Der Mangel an Konsequenzen kollektiver und individueller Politik hier und heute und morgen ist die schlimmste Erfahrung eines mit und in der Bundesrepublik Deutschland aufgewachsenen und erwachsen gewordenen „Bundesbürgers". Der ist darum ein solcher nur staatsbürgerrechtlich. Gewiss nicht „verfassungspatriotisch"! Aus sozialwissenschaftlich erklärbaren, habituell durchsichtigen Gründen ließ der „restaurative Geist der Epoche" dringliche Veränderungen vor allem während der Gründerzeit der Republik bis Anfang der 1960er Jahre nicht zu.[37] Erst als das sozioinstitutionelle Verkehrsnetz einschließlich einer seichten liberaldemokratischen Verfassung installiert waren, wurde der „Holocaust" zur allgemein getauschten Gedenkmünze. Er heischte dann nur, vornehmlich zur Legitimierung nach außen, Gedenkstätten und Tabus, einen umzäunten Schreckenspark zu errichten. Der blieb gegenwärtig folgenlos. Noch im Ausdruck „Holocaust", der einer ehemaligen Täterbevölkerung nicht angemessen ist, wird die Flucht vor gravierenderen Konsequenzen kund. Die herrschaftskonsensuale Sonne „westlicher Wertegemeinschaft" vertreibt die Schatten, die anderes Verhalten und andere Institutionen heute verlangten.

Zweiter Grund: Ich wurde am 13.3.1937 geboren, dem Jahr der Hoßbach-Protokolle und weiteren praktizierten und sich wie der Zweite Weltkrieg anbahnenden nationalsozialistischen Machenschaften. Als Sieben- und Achtjähriger begann ich, mich an der bevorstehenden Hitlerjugend zu orientieren (obwohl mein älterer Bruder sich mir kaum verständlich „lasch" verhielt. Aber welch ein von den Straßen tönender, kindnaiv lockender Marschschall, der den Jungerwachsenen später erschauern machte: „Fähnlein sechs marschiert, von der Jungbann-Fahne geführt"). Die „NAPOLA", eine nationalsozialistische Trimm-Anstalt für Jungen, in der angeblich Sport und Intelligenz zählten, zog meine Hoffnungen auf sich. „Wehrbauer im Schwarzerdegebiet" war mein Berufswunsch. So deutschexpansiv, vorweg eingenommen, nannte man seinerzeit die Ukraine. Genug der nur als Symptome disparat ausgewählten Indizien. Hier wurde ein kleiner Nationalsozialist in seinen Erwartungen geformt. Nach Kriegsende war es für den „endsieggläubigen", auf die „V 2" setzenden Knaben ein Leichtes, mit amerikanischen

[37] Vgl. Walter Dirks, Der restaurative Charakter der Epoche, in Frankfurter Hefte 5. Jg. (1950), S. 942-954; vgl. als einen kurzen, von der heute üblichen Sichtweise abweichenden geschichtlichen Anriss W.-D. Narr, Der CDU-Staat, in: Roland Roth, Dieter Rucht (Hg.), Die sozialen Bewegungen in Deutschland seit 1945. Ein Handbuch, Frankfurt/M. 2007, S. 51-70.

GI's zu „kollaborieren". Mitessend, granatengeangelte Fische aus der Jagst holend, angetan mit einer roten Badehose, aus der das Hakenkreuz geschnitten war, mit anderen Jungen Pulverberge entzündend. Wie es vor Mitte der 1950er Jahre mit welchen Argumenten beim kindlichen Nazi dazu kam, ohne zu zaudern Zögling der Reeducation geworden, den eigenen Vater über seine Teilnahme an der nationalsozialistischen Herrschaft in kritisch harten Gesprächen zu fordern, entzieht sich heutiger Erinnerung an den Spätpubertierenden. Wichtig war, so scheint es gegenwärtig dem alten Mann – vom qualitativ veränderten Kontext zu schweigen –, dass der Sohn den Vater wie ein rechthaberischer Staatsanwalt attackierte. So die berechtigte Klage meines Vaters seinerzeit. Der 16- oder 17-Jährige wusste sich „grenzenlos" „im Recht". Er befand sich auf Seiten des geltenden Rechts trotz der in der junguralten Bundesrepublik Deutschland noch weiter wirkenden braunen Vergangenheiten. Die Teppiche waren bundesdeutschweit ausgelegt, um nazistisch jüngst Vergangenes großzügig unter sie kehren zu können. Ansonsten wurden, bis auf rare Ausnahmen, ‚die' „Ehemaligen" – und wer roch nicht „ehemalig"? – im Sinne einer in die Gegenwart eingemeindenden „Vergangenheitspolitik" kooptiert. Den persönlichen Ausschlag im mehrfach ungleichen Vater-Sohn-Dialog gab das Verhalten des Dieter Narr. Er war um die 50 Jahre alt. Seit 1940/1941 war er Angehöriger des Sicherheitsdienstes (SD) des Reichsführers SS. 1937/1938 war er nach dem Pfarramt in den Schulungsdienst der NSDAP eingetreten. Während der letzten Kriegsjahre „amtete" er im Reichssicherheitshaupt zu Berlin, zuletzt in Berlin-Bernau im Rang eines Obersturmbannführers (ranggleich wie Adolf Eichmann, in entscheidend anderer, aber gleicher Weise nazistischer Funktion: im nach innen gerichteten nazistischen Verfassungsschutz).

Vor allem redete mein Vater, ohne sein knapp 10 Jahre früher noch geübtes Verhalten darzustellen, als wäre es nicht gerade noch seines gewesen. Kein Sohnesopportunismus. Von der Warte eines „Ehemaligen" hat er schon seinerzeit nicht mehr gesprochen. Darunter verstand man die mehr oder minder pauschale, unvermeidlich „veredelte" Verteidigung der NS-Herrschaft und des eigenen Tuns im Rahmen derselben. Ein allmählicher Prozess zu begreifen, woran er gerade noch beteiligt gewesen war, hatte eingesetzt. Allerdings ohne radikale Kehre. „Die deutsche Katastrophe“ (Friedrich Meinecke) und die Mühen, zu überleben, herrschten vor. Gegen Ende seines Lebens hörte ich die hilflose, darum verhaltensplausible Aussage: Er verstünde selbst nicht mehr, wie sich seine Bewusstseins- und Verhaltensfäden nazistisch zusammengewirkt hätten.

Wichtig war für mich und bleibt es bis heute, dass die sechsköpfig aufs Land gezogene Familie bis tief in die 1950er Jahre selbst zur damaligen Zeit von relativer Armut gezeichnet war. Sie war am 16.3.1945 in Würzburg „total ausgebombt“ worden. Der späte, dann aber SD-hohe Nazifunktionär war innerlich und äußerlich nicht in der Lage, im Sinne des bundesdeutsch allgemein dominierenden „Wieder“ Karriere zu machen. Im Unterschied zu Frau, Pfarrerstochter, und Kindern, die teils nachgetauft neu oder wieder in die Kirche eintraten, nutzte Dieter Narr den Wiedereintritt in die Kirche nicht. Die „Verkirchlichung“ nach 1945 ereignete sich vielfach, um eines wohlfeilen Persilscheins im Zuge der Entnazifizierung willen. Er unterließ auch den Versuch, im Kirchendienst Brot und Stellung zu gewinnen. Das hätte spätestens Anfang der 1950er Jahre erfolgreich sein können. Ohne diese Zurückhaltung, relative Armut, Resignation und eigenen Stolz in einem, hätte es der Drittgeborene zuhause in den bald folgenden studentischen Tagen nicht mehr ausgehalten.

Diese nur in zwei Aspekten geschilderte Situation hatte innerhalb der „shadow line“ (Joseph Conrad) vom Jugendlichen zum Erwachsenen einschneidende Lernfolgen:

1. Jeden Streittag beendete der Vater mit einem, dem Sohn peinlichen Gutenachtgang zum Bett des Sohnes. Um mit ihm den Tag in „Frieden“ zu beschließen – die Auseinandersetzung mit dem mit sich und seinem Sohn ringenden Vater führte beim gefühlten jungen Demokraten zu einer dämmernden Einsicht. Das mitlaufende, mittuende, nazigesinnte Tätersein des Älteren blieb schlimm. Ein täglich mitgehender Sinn, Storms moorige Verse metaphorisch ungleich lastender. „Über die Heide hallet mein Schritt; Dumpf aus der der Erde wandert es mit.“ Es ist indes kein einseitig nur dem Älteren zuzurechnender Personenver-

halt. Er hat zwei Seiten. Er gilt auch dem Nachgeborenen. Der blieb aus Zeitgründen „unschuldig". Die seinerzeit flügge, meist oberflächlich abgewiesene These von der Kollektivschuld aller Deutschen im Herrschaftskessel hätte zur Folge, dass die Nachgeborenen über die schwindende entnazifizierend strafrechtliche Mitverhaftung hinaus weiter leben im Sinne einer lebenslangen Mithaftung. Aus Zeitgründen sind sie „unschuldig" davon gekommen. Das nationalsozialistische Ereignis mit seinen historisch tief ins Kaiserreich und seine Entstehung geworfenen Schatten bleibt ein Menetekel. Es hat „nicht-arische" Menschen zwölf Jahre verletzt, entwürdigt und gemordet, getragen und ausgeführt von Millionen Deutscher und deutsch Beauftragter. Ob man „dabei" war oder ob man fast nicht berührt wurde. Ein bekannter Nachkriegstitel lautete: „Auch du warst dabei". So behutsam mit dem Begriff des französischen Soziologen umzugehen ist, weil es leicht wolkig missbraucht werden kann, hier ist er angezeigt: „Kollektives Gedächtnis."[38] Will man herausfinden, wie es zustande kommt und wirkt, wird einsichtig, wie sehr das, was „kollektives Gedächtnis" sein könnte, seinerseits gesellschaftlich produziert und inszeniert wird. Oder im vergangenen Dunkel verschwindet. Mir entschwand jedenfalls das Gefühl eines nachgeborenen „Gerechten." Ich begriff ein tiefer greifendes Politikum der Schuld, das unvermeidlich im „falschen Leben" entsteht und zu bekämpfen ist – und sei's „erfolglos".[39] Infolge der Lernchancen, die mir mein Vater durch sein Reden und „So-Sein" eröffnete, war mir der Weg verstellt, den viele Gleichaltrigen oder wenig Jüngeren habituell gegangen zu sein scheinen. Der stumme, gar rationalisierende Vater, bald wieder (!) auf derselben oder einer anderen Karrierebahn („Wiederaufbau"! vgl. den Film „Wir Wunderkinder"), trieb die fahndenden Kinder, die Söhne vor allem, zum Vatermord, psychoanalytisch mit Freud gesprochen (vgl. Sigmund Freuds „Unbehagen an der Kultur"). Daraus erklärt sich die Lernblockade. Die Kritik der eigenen Gegenwart, die Ansprüche eige-

[38] Ein Begriff, den der französische Soziologe Maurice Halbwachs formuliert und begründet hat. Er wurde in Buchenwald umgebracht. Vgl. Jorge Semprun, Schreiben oder Leben, Frankfurt/M. 1995, S. 19 ff.

[39] Die Assoziation an Theodor W. Adorno ist, wie sich versteht, nicht zufällig (s. „Minima Moralia").

nen Verhaltens, die Vorstellungen und Maßstäbe blieben weithin abstrakt. Sie fielen gegenüber den Vätern, die von vielen „Wiederstrebungen“ getrieben wurden, unverbunden zweigeteilt aus. Vätern, die nun das „Brot der frühen Jahre“ der Bundesrepublik buken. „Ihr“, „Wir“. Darum kam es in den sechziger und siebziger Jahren zu einigen „Aufständen“ gegen das bundesdeutsche Neo-Biedermeier. Die Anstrengung anderer Politik in der Ein- und der Mehrzahl des Personalpronomens, „ich“ und „wir“, von der Frauenbewegung in den 70er Jahren zum Thema gemacht, wurde weithin versäumt. Um den morschen Baum teils importierter liberaler Demokratie und ihre kapitalistisch profitable expansive Grundlage vereinten sich bald alle von der nachnationalsozialistischen Periode mitten im Kalten Krieg geradezu unverschämt privilegierten Generationen. In der DDR, 1990 BRD-vereinigt, war Lernen weithin blockiert worden: durch die ungleich schlechteren Lebensbedingungen, eine anders fortgesetzte (Un-)Politik der Repression und den scheinradikalen Antifaschismus. Insgesamt ließe sich analytisch und verhaltensspezifisch Nützliches aus Kaniuks triftiger Bobachtung gewinnen: „In dem Vakuum, das die Vergangenheit in Deutschland geschaffen hat, fühlt man sich verloren, man klammert sich an das, was vorhanden ist, nicht an das, was man eigentlich möchte. Man beraubt sich der Möglichkeit, sich mit der Geschichte über die Geschichte auseinander zu setzen.“[40]

2. Der kommunikative Vater wurde in seinem eigenen nationalsozialistischen Verhängnis zum mehr als biographischen und familialen Problem. Nichts leichter, als ihn abzutun, wäre er rechthaberisch, aggressiv und ein „Brutalo“ gewesen, wie man später schnoddrig zu formulieren pflegte. Das Gegenteil war der Fall. Ein blasser, immer eher kränklicher Intellektueller, einer, der statt Theologie auf der kostenlosen altwürttembergischen Internats- und Tübinger-Stifts-Laufbahn hätte Griechisch und Latein studieren und lehren sollen, altphilologisch fasziniert, wie er sein Leben lang gewesen ist. Wie konnte dieser sprachversessene Mann, ein Zögerer, ein Differenzierer, ein Hin- und Herwäger, bar aller dezisionistischen Attitüden zum Nazi werden und dazuhin Mitglied

[40] Vgl. Yoram Kaniuk, a.a.O., S. 220.

einer Organisation der „Generation des Unbedingten"?[41] Viel stärker wissenschafts- als karriereversessen wurde er – schon SD-Mitglied, eingebranntmit der Blutgruppe der auf Tod oder Sieg, der auf Entweder-Oder gerichteten engeren Herrschaftsfunktionäre –, 1941 an der Uni Würzburg zum Dr. phil. promoviert. Der Titel der Dissertation, kaum nazistisch zu nennen, das „Volksgeraune" war schon zuvor üblich geworden. Er zeigte eher ein nazi-abartiges Thema an: „Der deutsche Humanismus als volksgeschichtliches Problem." Die Arbeit, hier nicht zu besprechen, belegt das, was Heinrich Weinstock in einem nachnationalsozialistisch typischen Buch 1947„die Tragödie des Humanismus" genannt hat (der Terminus *Tragödie*, in griechischem Verständnis wie als bürgerliches Trauerspiel, bedeutete in jedem Fall eine Verharmlosung dessen, was „humanistische Bildung" nationalstaats- und kriegstrunken angerichtet hatte). Die Rezeption antiker Klassik, der „Geist der Goethezeit" und Deutscher Idealismus haben als autoritäre, nationalstaatlich fixierte Schulung in ihren Nachwirkungen den Nationalsozialismus nicht nur nicht verhindert. Vielmehr haben Adepten solcher Traditionen idealistischer, winkelmann'scher Humanität „bewegungsgetragen" nicht nur die „Blut- und Boden-Politik" mitvertreten. Sie haben ebenso die genozidale Ausrottung akzeptiert oder mit „durchgeführt". Die Dissertation selbst ist ein peinigendes Gemisch aus dem Geist des Rund-um-Pazifisten Erasmus von Rotterdam und zugleich bespickt mit diesen konträren zeitgemäßen, vor allem antisemitischen Diskriminierungen.

Dadurch kompliziert sich böses Tun und böse Politik. Der Abgrund wird tiefer, die Erklärungsnöte größer. Zu den Tätern gehörten nicht nur Leute, von denen man hofft, sie einfach disqualifizieren zu können. Indem man sie in die Uniform des Unmenschen steckt. Das Unmenschliche, an dem sie wie mein Vater in Haupt- und Nebenrollen mitwirkten – im gleitenden Übergang zur vorher schon wundenvollen Normalität –, steckt vielmehr mitten in ihrer Menschlichkeit. So führt der Weg mit ungenügender, Dunkel ausleuchtender Antwort zurück zu Hannah Arendts jeweils den Umständen einer Zeit gemäß zu ergänzender „Ba-

[41] Vgl. Michael Wildt, Generation des Unbedingten. Das Führungskorps des Reichssicherheitshauptamtes, Hamburg 2002.

nalität des Bösen“ (im aktuellen Zusammenhang meiner Argumentation ist hierbei die Frage weithin vernachlässigbar, ob Hannah Arendt Eichmanns antisemitisch sprühende Person getroffen habe, indem sie ihn gemäß ihres Prozesseindrucks zu sehr als blutlosen Funktionär geschildert hat[42]). Ihr Wort – und ihre Ausführungen – dürfen, wie oben gestreift, nicht als eine Verharmlosung „des Bösen“ verstanden werden. Das „Böse“ ist vielmehr historisch, also primär soziopolitisch und institutionell zu fassen. Am erschreckendsten bei meinem ansonsten sensiblen Vater war der Mangel eines politisch reflektierten, einigermaßen soliden Fundaments, politisch zu urteilen. Wie bei allen überwiegend bürgerlichen Verwandten oder vätermütterlich befreundeten Onkeln zuerst und Tanten, stand vor der Klammer von Denken und Sinnen die emotional gefüllte Hohl- und Zielform: „Deutscher Nationalstaat“. Wer das nationale Alpha und Omega bestimmte, hatte schon lange vor der nationalsozialistischen „Machtergreifung“ alle Argumente für sich. Das lässt sich im berühmten Vortrag des größten deutschen Sozialwissenschaftlers, Max Weber, symptomatisch entdecken: „Politik als Beruf“. Ihn hat er im Frühjahr 1919 vor freideutscher Studentenschaft etwas mehr als ein Jahr vor seinem Tode gehalten. Dort wird der politisch pädagogischen Intention Webers gemäß während der revolutionären Wirren in München am Ende zwischen „Gesinnungs- und Verantwortungsethik“ unterschieden. Weber versucht seine studentischen Zuhörer auf das hin zu orientieren, was er „Verantwortungsethik“ genannt hat. Versucht man herauszufinden, worin diese Ethik sich äußere, wird die ansonsten nur personal adressierte Verantwortung nationalstaatlich qualifiziert. Dem deutschen Nationalstaat und seiner weltpolitischen Rolle gälte die Verantwortung von Politikern. Das nationale, staatlich expansiv übersetzte Ziel wird vorausgesetzt. Ohne weitere Kriterien haben ihm die Mittel zu dienen, die ein „verantwortlicher“ Politiker aus Beruf in seinem moralisch kriterienlosen Brustgewölbe austarieren muss. Substantiell ungleich urteilsärmer, identifikatorisch deutsch gesinnt, national bezogen und borniert, hochgebildet, aber politisch

---

[42] Vgl. Irmtrud Wojak, Eichmanns Memoiren. Ein kritischer Essay, Frankfurt/M. 2001; s. neuerdings Deborah E. Lipstadt, The Eichmann Trial, Schocken 2011 (dazu die Rezension von Lawrence R. Douglas, Bigger Fish, in: Times Literary Supplement June 24, 2011.

bürgerlich knochenlos wurde meine Väter-Generation (und auch die meiner Mutter) willig gläubige Beute einer „Bewegung“. Deren Mobilisateure vermochten mit vorurteilsprallen dezisionistischen Habitus und hektisch folgenden Ausnahmezuständen, vielmehr einem Ausnahmezustand in Permanenz die (Pseudo-)Volksgenossen zu hetzen und zu verhetzen. Gerade weil ihnen, insbesondere just unter den ‚Intellektuellen‘, eigenes Urteilsvermögen gebrach, hatte in ohnehin unmittelbaren Krisenzeiten der skrupellose Dezisionismus kopf- und verhalten mitreißenden Mobilisierungserfolg. Der Ausnahmezustand wurde zur Norm. Carl Schmitt, das ewige Stehaufmännchen ästhetisierender Politik und ihrer glatt entgleitenden Begriffe wusste es. Nach dem 30. Juni 1934 erklärte er, vielen gültig: „Der Führer schafft das Recht.“

Die Phantasie für andere Menschen, national lange ausgegrenzt, mangelte. Konsequent gebrach es an selbstbestimmter Vorstellungs- und Urteilskraft. Im bürgerlichen Milieu wären biographisch von der Person des Dieter Narr her und auf sie zu eine Reihe von Treppen vermittelnd hinauf- und hinabzusteigen. Dann könnte es vielleicht gelingen, feinsinniger herauszufinden, wie es dazu kam, dass dieser „eigene“ Mensch sich für radikal antihumane und antihumanistische Zwecke eines schließlich wahnwitzigen, bürokratisch exzessiven, Mord produzierenden Apparats hat einspannen und zum mitziehenden Spannpferd hat zügeln lassen. Ausschlaggebend aber ist – oder scheint mir nach all dem, was mir ein Leben lang zu erfahren war –, dass das gesellschaftlich und politisch Allgemeine des nazistischen Deutschlands bis auf einen geringen, glücklicherweise anders sich verhaltenden Rest, die Fülle der Eigenarten und Eigensinne in „Masse und (nazistische) Macht“ gleichgeschaltet hat, um Elias Canettis Titel verändert zu benutzen.

Das erleichtert die Bürde auf den Schultern meines Vaters nicht. Wer will eingestehen, dass er sich selbst zur Unperson kopfüber hat machen lassen? Wort- und Handlanger einer herrschaftlichen Todesmaschine. Noch mehr erregt die Einsicht, wie dünn der Firnis ist, den der einseitig „westlich“, d.h. liberaldemokratisch und kapitalistisch, verstandene „Prozess der Zivilisation“ deutsch abgewandelt, aber eben nicht nur deutsch, auf die modernen Staaten und ihre Bevölkerungen strukturfunktionell und habituell gestrichen hat.

Ich Nazijunge. Hätte das „Dritte Reich“ einige nicht auszumalende Jahre länger gedauert oder wäre ich ein Jahrzehnt früher geboren worden, wäre der Nazijunge jungkräftig die nazistische Karriereleiter hochgeklettert. Sie war für tüchtige Jungen weiter und offener als in herkömmlichen Apparaten. Darum auch die im Durchschnitt „hochgebildete“ „Generation des Unbedingten“. Und hätte sich der junge Nazi je aus dem selbst- und fremdgesponnenen Kokon befreien können, selbst wenn ihm dessen Herrschaftsmief und nicht tragsame humane Kosten bewusst geworden wären, er, der selbst schon zum Täter nazikorrumpiert geworden wäre? Unwahrscheinlich! Von der „Gnade der späten Geburt“ hat vor Jahrzehnten Günther Gaus gesprochen. Das Wort ist später Helmut Kohl zugeschrieben worden. Das ist wenig bedeutsam. Erheblicheres Gewicht hat die religiös-christliche Prägung des Ausdrucks. Sie könnte „Begnadete“ dazu verführen, sich in ihrem Begnadetsein indolent zu sonnen. Auch dies mag aktuell dahingestellt sein. Das Wort bezeichnete jedenfalls das Glück der Deutschen „ohn’ all Verdienst und Würdigkeit“, die noch von nationalsozialistischer Herrschaft und ihrem Tun lebensgeschichtlich gestreift, jedoch nicht mehr von ihm eingenommen worden sind. Insoweit überschneidet sich der Adressat mit Bert Brechts „Nachgeborenen“. Brechts Gedicht „An die Nachgeborenen“ wirbt im Gegensatz dazu Jüngere um Verständnis für Ältere, die inmitten „des Zeitalters der Extreme“ (Eric Hobsbawm) zu Displaced Persons geworden sind, von Land zu Land wie von Klippe zu Klippe geworfen jahrelang in verräterische und tatenschlimme oder ausgesetzt ortlose Zeiten hinab. Über sie werden die „Nachgeborenen“ informiert. Auf dass sie nachsichtig Verständnis walten lassen. Wie immer man jedoch die „Gnade der späten Geburt“ auslegen mag, die Folgerung gilt: diejenigen, die mit dieser „Gnade“ nicht wuchern im Sinne eines politischen Denkens und Handelns im weiten Verständnis, das noch den Bedürftigsten unter den Menschen dient, diejenigen haben die Gnade vergebens erhalten.[43]

[43] Siehe Theodor W. Adorno, Was bedeutet Aufarbeitung der Vergangenheit, 1957. Wie kann man, diesen – einmal? – grundlegenden Aufsatz heute im Kontext der enormen Veränderungen interpretieren? Veränderungen, und seien es nur im banalen Sinne sich ablösender Generationen, die Erinnerung bis zur Unkenntlichkeit bleichen, gelten sowohl hinsichtlich (fast) aller nach 1945 Geborenen, für die der NS 1933-1945 verdämmert ist. Sie treffen auch

Methodisch materiale Nachbemerkung aus dem Kreis einer Täterfamilie.

„Die Unbegreiflichkeit des Ereignisses wird durch die Betrachtung der Täter genau so wenig aufgehoben“, schrieb Siegfried Kracauer unter dem Pseudonym ‚Observer‘ 1933 in der Zeitschrift ‚Cahiers Juifs‘[44], „wie durch die ihrer Opfer“. Mache ich es mir aber durch diesen variantenreich, über Jahrzehnte hinweg wiederkehrenden Topos nicht zu einfach? Und gilt er für den Anfang der NS-Herrschaft und ihre „Machtergreifung“ am 30.1.1933 wie ihr Ende in den Todesmärschen und der „Bedingungslosen Niederlage“ am 8. Mai 1945? Den genannten Topos leichtfingrig aufzugreifen, nachdem das Ausmaß maßloser Herrschaft generationslang bekannt ist, wäre, als wiese ich darauf hin, der nationalsozialistische Herrschaftskomplex habe fast alle Personen zu abhängigen Größen degradiert. Da könnten sich Mitläufer und Mittäter trefflich verstecken. Nein, Entschuldung steht nicht zur Debatte. Die zäh erreichte Einsicht fordert zuerst, einzusehen, dass es keine irgend angemessene und keine je abschließbare Re-Aktion gibt. Die abgründige Unruhe bleibt, muss bleiben. Der kollektiv individuelle Tat- und Täterzusammenhang macht nahezu alle Formen der grotesk genannten „Wiedergutmachungen“ zu Fluchtgesten vor einschneidenden Folgen. So hat sich die frühe Bundesrepublik Deutschland, vom Kalten Krieg als Frontstaat und Frontgesellschaft geformt, vor allen Konsequenzen drücken können, die über ihre ‚Ankunft im Westen‘ hinausgegangen wären. Was wäre aber von den Mittätern und Mitläufern zu verlangen, wenn schon der Kalte Krieg und seine Feindbedürfnisse den phänomenalen Neu- und Wiederaufstieg des westzonalen Kollektivs und seiner

---

hinsichtlich veränderter Definitionen und Gefahren dessen zu, was wirklich ist und treibt. Die „objektiven Konstellationen“, von denen Adorno spricht, haben global quantitativ und qualitativ zugenommen. Deshalb schnappen die Fallen noch leichter zu, das eigene „Unvermögen (zu) subjektivieren“ und sich im Kontext herrschender Verhältnisse als einem abstrakten Geschick zur Rettung der eigenen Ruhe phantasielos unempfindlich zu verhalten.

[44] Siehe im Original wiedergegeben und insofern vorabgedruckt in FAZ Nr. 160, 13. Juli 2011; zu Kracauer vergleiche den Brief eines nachgeborenen Freundes: Jerry Zaslove: „Open Letter“ to Siegfried Kracauer, in: Detlev Garz und David Kettler (Hg.): Nach dem Krieg! Nach dem Exil? Erste Briefe/ First Letters, München 2012.

eigenen Institutionen möglich machten? Das Minimum der Verhaltensfolgen des Dieter Narr war keine Strafe im üblichen Verständnis, keine Sühne. Er führte sein Nach-1945-Leben samt dem von ihm verantworteten Leben seiner Familie ohne öffentliche Tätigkeit randständig. Das war´s dann schon! Und das ist in jeder Hinsicht zu wenig. Die Dilemmata, die in diesen beiden kurzen Sätzen stecken, haben, so will es scheinen, nur einen Ausgang in Gegenwart und Zukunft. Die nationalsozialistischen Vernichteten und Vernichtungen sind Geschichte. Ebenso sind es die daran Beteiligten einschließlich meines Vaters. Geschichte, gelebtes Leben, getane Taten und Untaten sind nicht mehr zum Leben zu erwecken oder rückwärts zu korrigieren. Die posttraumatischen Leiden und Handlungsfolgen nahezu exklusiv der Opferkinder und der Enkel und der Enkel der Enkel bestehen allerdings fort. Auch bleibt die Schuld, solange sich Menschen daran erinnern. So die Mitschuld meiner Eltern. Über nötige, aber mit Bedacht zu übende Riten der Erinnerung und historisch in jeder Epoche auszugrabende Gründe hinaus, kommt es auf die Nachgeborenen an. Ihnen sollte die kollektive und die individuelle Geschichte dienen. Darum allein sind meine Familie und ich von Interesse, der ich hier schreibe und mich urteilend einmische. Die individuellen und kollektiven Geschichten sind doppelt akzentuiert so herauszufinden und zu erzählen, dass sie den Toten als Lebenden, den Opfern zuerst, danach den Über- und Nach-Lebenden berichtet werden könnten. Diejenigen, die gerettet worden sind, vor allem diejenigen, deren Leben herrschaftswillkürlich verneint worden ist, zeugen für die Wahrheit dessen, was über die Ursachen und Umstände des Geschehenen gesagt wird. Eine schier ungeheuerliche Historikeraufgabe nachwachsender Generationen. Die gefundenen Antworten müssten der Totalität kollektiv und individuell preisgegebenen Lebens entsprechen. Dann gälte Milan Kunderas Wort (als Motto von Jorge Sempruns Bericht über Buchenwald: „Was für ein schöner Sonntag", 1981 auf Deutsch erschienen): „… der Kampf des Menschen gegen die Macht ist der Kampf der Erinnerung gegen das Vergessen." Über die Historikeraufgabe hinaus, richtiger in ihrer gegenwärtigen Fortsetzung, käme es darauf an, die aktuelle Totalität menschlichen Lebens, seine befördernden und seine hindernden, Menschen gleich/ungleich und frei/unfrei spaltenden Bedingungen bis an die Wurzelgründe aufzudecken, um in den eigenen Lebenskreisen Menschen gleich fördernde Bedingungen mit zu schaffen. Hinsichtlich von „Endlösung", „Holocaust", „Shoah" müssten alle Menschen Historiker werden oder in anderen Kontinenten im Blick auf homologe genozidale Ereignisse. Träfe die Kennzeichnung nationalsozialistischer Herrschaft als „Menschheitskatastrophe" zu, dann wären die Folgerungen daraus klar. Ein umfassender Politik- oder Gesellschaftsbegriff heischte im dauernd wahrnehmenden, analysierenden und konsequenzreich urteilenden Hin und Her von speziellen, gar individuellen Ereignissen zu kollektiven, ja weltweiten, im Kleinen und Großen darauf zu achten, die Bedingungen, derer Menschen bedürfen, schleunigst zu schaffen. Insofern ist es folgerichtig, dass die Erklärung der Menschenrechte im Kontext der Schaffung der Vereinten Nationen (1945) am 10.12.1948 in San Francisco erfolgt ist. Allerdings hapert es der seinerzeitigen Erklärung nicht nur an der nötigen Weite und Tiefe. Die Menschenrechte sind vor allem nicht zum programmatisch praktischen Kanon von Politik und Ökonomie der Staaten geworden. Weder einzeln, noch vereint. Die Erinnerung an die nicht wieder gut zu machenden Verfehlungen meines Vaters im deutschen Kontext der ersten Hälfte des 20. Jahrhunderts gemahnen aber nicht nur daran, die Kritik am Verhalten des Dieter Narr doppelt zu lesen. Auf ihn bezogen, auf die Nachgeborenen! Dann vermöchte man herauszufinden, wie es zur projektiven Identifikation mit Deutschland kam, einem eigenem Urteilen entzogenen Abstraktum konkreter Gewalt. Dann würde einsichtig, warum die „Vitalität" einer vermassenden, herrschaftsgestriegelten, vom „dauernden Appell an den inneren Schweinehund des Menschen" getriebenen „Bewegung" (Kurt Schumacher am 23. Februar 1932 im Reichstag) samt der von ihr gebotenen Aufstiegs- und erhofften Wissenschaftschancen, einen Menschen existentiell irren machten. Indem ich meinen Vater, den Obersturmbannführer des SD, karg beschrieb, um meine eigene Perspektive und mein Verständnis durchsichtig zu machen, wollte ich nicht zu seiner Entschuldigung beitragen (und meiner eigenen Beruhigung). Ich wollte stattdessen andeuten, wie gefährlich eine Politik für alle werden kann, die nach dem Ende ihres Unwesens wie eine Horror- und Chaplin'sche Lachgeschichte erscheint.

Vor allem: wie früh und wie umfassend man auf gesellschaftliche, individuell angeeignete Diskriminierungen achten muss, will man Diskriminierungsprozesse mit tödlichem Ausgang verhindern. Und darin besteht das Maß, an dem nazistisch Nachgeborene wie ich, gerade noch Entronnene zu messen sind: ob sie alles ihnen Mögliche getan haben, freie, gleiche und geschwisterliche Umgangsformen zu ermöglichen. Insofern haben die Nachgeborenen die erheblicheren Aufgaben. Das Maß überragt um Haupteslängen. Menschenrechtlich verallgemeinert gilt: lieber trotz allen Irrungen und Wirrungen am unverkürzten, am nicht verschobenen Maß und seinen hohen Markierungen festhalten, als um eigener Zufriedenheit willen opportunistische zentrale Maßverhältnisse niedriger oder vager zu markieren.

22. Todeslager

Fast ein Verbrechen von Menschenrechten mit dem Zusatz „universell" zu säuseln. Abraham Sutzkevers 1944 aufgezeichnetes Wort gilt auch mit den nötigen anderen Akzenten für uns Fliegengewichte der Nachlebenden.

„Es war schwer, Material zusammenzutragen. Mit welchem Wort kann man vor das Publikum treten, um die Trauer eines Volkes nicht zu entweihen? Wie kann man das Bild der Gräber vor Augen nehmen? Und durch welche Kraft kann man den Gettomenschen inspirieren, aufs Neue die Heroik seiner Geschichte zu begreifen, Schönheit zu empfinden und an die Zukunft zu glauben?"[45]

23. Vergebliche Spurensuche: Durch Jahrtausende Menschenrechte formende Bedürfnisse

Wer darauf ausgeht, Menschenrechte historisch anthropologisch als Grundbedürfnisse der Menschen zu begründen, von der Physik der Sitten ermöglicht oder verhindert, darf nicht nur ihre Spurenelemente durch die Jahrtausende der Menschengeschichte wahrnehmen. Einzuräumen ist, dass wir Jahrhunderte kennen, durch starke Nebel des Nichtwissens verschleiert, in

[45] Abraham Sutzkever, Wilner Getto 1941-1944, Zürich 2009, S. 110.

deren Verlauf nur Herren, Knechte und Mägde einander geburtsklassenstarr ohne bedrohliche Kritik entgegengestanden haben. Was geschah in diesen Zeiten der Ungleichheitsstarre, der „Erbuntertänigkeit“ ohne aufklärende Kritik und abweichende Handlungsfunken? Welche sozialen Motive haben sie aufgebrochen? Waren es nur natürliche Katastrophen oder überlagerten von außen eindringende Herrschaften und sprossen Neuerungen aus nicht ruhig zu zwingenden Konflikten? Die kenntnisarme Beobachtung einer Als-Ob-Geschichte von Gesellschaften der homines sapientes, einer unbewegten Dauerstarre wird noch peinsamer. Selbst Zeiten der „Aufklärung“ und nicht zu bestreitende Einsichten begründeten noch keine Menschenrechte. Zum einen gab es einen allgemeinen Begriff „des Menschen“ in vielen Perioden und in Ländern nicht, in denen Menschen lebten. Weder gruppenintern, noch gruppenübersteigend. Zum zweiten: Selbst allgemeine Begriffe hinderten Naturannahmen und ihre sklavenhalterischen und kriegerischen Konsequenzen nicht. Es fällt schwer, sich selbst im klassischen Griechenland Überlegungen oder wenigstens vereinzelte Reflexionen vorzustellen, die den „Barbaren“ (oder umgekehrt: den Griechen) galten und Bedenken gegen kollektive Mörderei hätten erheben lassen. Zum dritten: Das liberal-kapitalistische Konzept der Menschenrechte als „individuelle Abwehrrechte“ war nicht nur lange auf die männlichen, weißen und besitzenden Bürger beschränkt. Auch als es quer durchs 19. und 20. Jahrhundert ausgedehnt worden ist, hat es seinen Klassencharakter und Akzent auf und von der „westlichen“ Hemisphäre behalten. Bis heute ist die „Todsünde des Westens“, wie es Lévi-Strauss formulierte, der Kolonialismus, nicht einmal inmitten des Begriffs der Menschenrechte auch nur begriffsbewältigt worden. Im Sinne eines einseitigen „modernen“ Universalismus werden die Menschenrechte vielmehr kapital- und staatsuniversell weiter zum „fortschrittlichen“ Raubbau benutzt. Darüber hinaus werden Menschenrechte exklusiv nur dort und insoweit beachtet, als die herrschenden Besitz- und Vermögensverhältnisse nicht angerührt werden. Anders gesagt: Unbeschadet der allgemein üblichen „Menschenrechtslüge“, als gälten sie universell, ist festzustellen – das ist gegenwärtig der am weitesten verbreitete und schlimmste Verrat der Intellektuellen –, dass unsere Unterstellung, bei Menschenrechten handele es sich um lebenswichtige Bedürfnisse aller Menschen, beträchtlich abgehoben segelt. Wo bleibt die „Masse Mensch“

und fordert „ihre Rechte“ ein, noch bevor es zu kriegerischen Katastrophen kommt? Oder handelt es sich bei den behaupteten „Bedürfnissen“ vielleicht doch nur um kindliche Muster, die wir nostalgisch erinnern? Sollten Menschenrechte für all ihre Vertreterinnen und Vertreter nur Galionsnormen darstellen, während uns und anderen bewusst ist, dass sie nun einmal hart an ihre sozialen Raumgrenzen stoßen und scheitern? Ein allgemeiner Goodspeak der kosmopolitischen Selbst- und Fremdtäuschung?!

24. Majdanek, Treblinka, Sobibor, Auschwitz, Ravensbrück und mehr Orte der Auslöschung von je besonderen Menschen im namenlosen Kollektiv, das nur Erinnern qualitativ und vereinzelt korrigieren kann

„Erst langsam beginnt eine Besinnung darauf“, schreibt der Theologe Friedrich-Wilhelm Marquardt 1988, „wie tief die Christen durch antijüdische Elemente der neutestamentlichen Christusverkündung – durch ihre Auslegung in Dogmen und Theologien der Kirche – durch den praktischen Gebrauch, den die Kirche während anderthalb Jahrtausenden im Abendland davon machte, und schließlich: durch ihre Widerstandslosigkeit gegen die Verbrechen, die darauf fußten, verflochten sind in Schuld. In Schulderklärungen ökumenischer Kirchen ist sie – von wenigen Ausnahmen abgesehen – bisher nicht genügend in ihrem niederdrückenden Ernst angesprochen worden, eine Herausforderung an die inhaltliche Substanz und die methodische Problematik christlicher Theologie wurde weder erkannt noch aufgenommen. Keinem Prediger oder Theologen scheint diese Verstrickung die Sprache verschlagen zu haben. Aus dem Bereich des Christentums sind nur wenige Zeugnisse eines jüdischen Erklärungen vergleichbaren Zweifels, gar einer Verzweiflung an der Möglichkeit, von Gott zu reden, bekannt geworden. Nicht einmal die christliche Tod-Gottes-Theologie ist eine Reaktion auf Auschwitz, sondern nur auf die nach Auschwitz ungebrochen fortgeführte Bemühung um ‚Anpassungsprobleme‘ (D. Schellong), die die bürgerliche Theologie im bürgerlichen Zeitalter seit 200 Jahren plagen.“[46]

[46] Friedrich-Wilhelm Marquardt, Von Elend und Heimsuchung der Theologie. Prolegomena der Dogmatik, München 1988, siehe insbesondere den 4. Abschnitt „Die Situation radikaler Fraglichkeit von Theologie“, S. 74 ff.

Das Wort, das ausbleibt oder blöde wird, hatte Theodor W. Adorno im Sinn, als er feststellte, später von ihm revidiert, nach Auschwitz sei es nicht mehr möglich, „Gedichte zu schreiben". Darüber ist nicht erneut zu befinden. Ebenso wenig darüber, dass Gedichte in der kurzen Zeit, wo sie unter Todgeweihten gesprochen wurden, als Tränen- und Verzweiflungs-, insgesamt als Humankristalle ihren Sinn bewahren.[47] Wer nennte Dichterinnen und Dichter, berichtete ihre verdichteten Erfahrungen, und seien es Schreie, die aus den Konzentrations- und Vernichtungslagern, die aus der lähmenden schockstarren Nachzeit zu uns heute und morgen und übermorgen tot im Tod und gerade darin lebendig sprechen? Da alle menschenachtende Sprache zuerst gemordet wird. Und dort, wo die Sprachlosigkeit des Geschehens Gedicht wird, erinnern uns die sprachverkrampften Verse an das auf Todesmärschen gehauchte Versprechen, „Nie Wieder!", den

[47] Vgl. Władysław Szlengel, Was ich den Toten las. Texte und Gedichte aus dem Warschauer Getto, Neumünster 2003. Von Władysław Szlengel, 1914-1943, noch selbst formuliert und der Ausgabe der Gedichte als eine Art Einleitung zur historisch existentiellen Basis der Gedichte im verlorenen Überlebenskampf der verbliebenen Warschauer Ghettogejagten zugefügt: „Was ich den Toten las". Darin heißt es u.a.: „Diese Gedichte wollte ich dereinst denen vorlesen, die an ein Überleben geglaubt haben, gemeinsam mit ihnen wollte ich dieses Bändchen wie ein Tagebuch aus einer glücklich überstandenen schrecklichen Zeit durchblättern, wie Erinnerungen aus der Hölle – meine Weggefährten gibt es nicht mehr, meine Gedichte verwandelten sich binnen einer Stunde in Gedichte, die ich den Toten las." (S. 10) Die Einleitung endet mit den Worten: „Ich sichte und sortiere meine Gedichte, die ich für Menschen schrieb, die es nicht mehr gibt. Die ich Menschen vorlas, die, warm und lebendig, an das Überleben glaubten, an das Ende, an den Morgen. An die Rache, an die Freude und an den Aufbau. Lest sie. Das ist unsere Geschichte. Das, was ich den Toten las ..." (S. 23). In der Zusatzbemerkung an die „polnischen Leser" weist Szlengel auf den Weg ins nahe Treblinka hin. Er erhellt ihn dann in einigen Schlaglichtern. „Die Tiefe und die erschreckende Traurigkeit einiger Worte und Pointen sind erst nach einer Vorbereitung zu begreifen, wie sie nur das Leben hinter der Mauer und unter der Peitsche der SS-Männer zu geben vermag." (S. 26) „Rufen im Dunkel // (Gedichte Juli – September 1942) // Diese Verse, zwischen der einen und der andern // Erschütterung geschrieben, in den Tagen des Sterbens // Der größten jüdischen Gemeinde Europas // Zwischen Ende Juli und September 1942. // Widme ich den Menschen, an die ich // Mich anlehnen konnte im Sturm, im völligen Chaos. // Den Wenigen, die im Sog der Geschehnisse, // Im Reigen des Todes und der Begünstigung // Nicht vergaßen, nicht nur ihre Familie ... // Nicht nur ihre Verwandtschaft ... nicht nur das Geld, // Sondern auch diese letzten der Mohikaner // Zu retten, deren Kapital und einzige Waffe // Das Wort ist. // Für sie, die es erreicht hat, mein // RUFEN IM DUNKEL ..." Siehe auch: Samuel D. Kassow, Ringelblums Vermächtnis. Das geheime Archiv des Warschauer Ghettos, Reinbek bei Hamburg 2010. Zu W. Szlengel und anderen Dichtern besonders S. 495 ff. „Individualisierung der Katastrophe".

Nachgeborenen als täglicher Auftrag auf die Stirn geschrieben. Das, was und wie es geschah, umfassender und nazistisch nicht exklusiv, weist auf einen Acheron, einen human abgründigen Todesfluss mitten im Leben mit einem unübersehbaren Flussverlauf.

25. Menschenrechtliche Substanz, aufgezehrt oder den Gezeiten überlassen?

Den Jüngeren die Geschichte der nationalsozialistischen Konzentrationslager zu erzählen, ist hier nicht, einem Antimärchen gleich, beabsichtigt: die Geschichte der Arbeits- und Hungerlager, der Vernichtungs- und Todeslager. Sie wäre mit den Stimmen derjenigen zu versehen, deren Stimme erdrosselt, erstickt, vergast und verbrannt worden ist. Sie ist hilfsweise mit den Zeugnissen von Überlebenden zu dokumentieren, die teilweise erst Jahre, Jahrzehnte später wagen konnten, in die Höllenschlünde menschlicher Praktiken und ihrer eigenen leidenden Objekthaftigkeit zurückzublicken. Ohne erneut zu erstarren. Es wäre zu versuchen, die vielen Dokumente aufzuarbeiten und ohne nachwissende Arroganz das, was geschehen ist, auf Verläufe und Ursachen auszuleuchten und auszuloten. Die Namen und Namenlosen wären nicht zu vergessen, so sie noch zu ermitteln sind. Sie sind als Stolpersteine der Erinnerung zu bewahren. Auch sonstige Zeugnisse der Menschengeschichte als Geschichte verständliche Grenzen überschreitender Grausamkeiten, im Kern und Kontext von Kriegen, sind nicht durch untunlich knappen Bericht auf Botschaften für Lebende zu reduzieren und zu verfremden. Damit machte man sich's zu leicht. Man muss sich selbst in den Schlund der Geschichte als menschlicher Gegenwart begeben. Achilles in Vietnam. Vietnam in Achilles. Und all die Vietnams danach. Das hält an. Erst wenn man in Ereignisse ohne sinnfindenden Sinn getaucht und sich zurückgekämpft hat, ohne je einen festen Stand zu erreichen, mag man versuchen, Einsichten nachzuformulieren. Sie bestünden darin, der uns meist nicht voraussehbaren Gefahren stets gewärtig zu sein, wie andere und mit ihnen inhuman auszugleiten. Das Glatteis ist eine Menschen gegebene Spiegel- und Rutschfläche. Gefahren, zu entgleiten, ereignen sich vor allem dann, wenn Menschen und ihre Organisierung sich nicht wechselseitig begrenzen. Kollektive Enthemmungsmaschinen wie der Krieg vermögen eigendynamisch das Verhalten zu entsichern. Auch ungebremstes Fortschritts- und Wachstumsstreben. Darum ist die gegenwärtig fortgesetzte Geschichte der Kriege so schrecklich. Täuscherisch werden Kriege in sich verwandelnd rationalisierender Bezeichnung – „modern", „neu", „gerecht" – mit der Maske „humanitärer Intervention" versehen. Vergessen gehört wie Erinnern zum Menschen. Das Kriegsschreckenvergessen gerade der penetrant moralbäuchigen Siegerländer ist aber und bleibt unmittelbare und anhaltende Schuld. Ihr wird durch die permanenten Fettkuren der inneren und äußeren Hochrüstung mitten „im Frieden" zugearbeitet.

26. Sind „Täter" Menschen? (1)

Wassili Grossman, ein außerordentlicher sowjetischer Kriegsberichterstatter, war einer der ersten, der beim Vormarsch der Roten Armee 1944 Treblinka ‚entdeckte'. Sein Artikel „The Hell Called Treblinka" wurde vom Nürnberger Internationalen Kriegstribunal herangezogen.[48] Dort heißt es unter anderem: „Wir wissen von den wilden Orgien, die die Deutschen inszenierten. Die Mädchen vergewaltigten sie zuerst. Dann erschossen sie ihre Zwangsgeliebten. Wir wissen, dass ein betrunkener Deutscher einer Frau mit dem Messer die Brüste abschnitt, dass sie Menschen von einem Wachturm in sechs Meter Höhe aus dem Fenster warfen, und wir wissen, dass ein betrunkener Haufen zehn, fünfzehn Häftlinge nachts aus der Baracke holte und an ihnen in aller Ruhe die verschiedenen Tötungsmethoden demonstrierte – den Schuss ins Herz, ins Genick, in die Augen, in die Schläfe. ... (S. 350) Sie alle hatten nichts Menschliches an sich. Ihre kranken Hirne, Herzen und Seelen, ihre Worte und Taten waren ... eine schreckliche Karikatur der Charakterzüge, Gedanken, Gefühle, Gewohnheiten und Handlungen normaler Deutscher. ... – all das zeugt davon, dass wir es hier mit wahren Ungeheuern, mit Drachen und Reptilien zu tun haben, die sich aus

[48] Der Artikel „The hell called Treblinka" ist bis auf wenige Passagen wiederabgedruckt in dem Band von Antony Beevor/Luba Vinogradova, Ein Schriftsteller im Krieg – Wassili Grossmann und die Rote Armee 1941-1945, München 2007. Die nachfolgenden Zitate sind dem Band entnommen und im Text in Klammern nachgestellt angezeigt. Vgl. insgesamt den außergewöhnlichen, Leben und Sterben an der Ostfront beschreibenden Roman von Wassili Grossman, Leben und Schicksal, Berlin 2007.

den Keimen des traditionellen deutschen Chauvinismus entwickelten. Als seien diese Arroganz, dieser Egoismus, diese selbstverliebte Überheblichkeit, die pedantische Sorge um das eigene Nest und die eiskalte Gleichgültigkeit gegenüber dem Schicksal alles Lebenden, aus dem fanatischen Glauben daran gerechtfertigt, deutsche Wissenschaft, Musik, Poesie, Sprache, deutscher Rasen und deutsche Toiletten, deutsche Häuser und der Himmel darüber seien das Höchste und Größte im ganzen Universum ... (S. 351) Erstaunlich – diese Unmenschen (swine) konnten alles gebrauchen: Papier, Stoff, alles, was dem Menschen dient, war auch für sie von Nutzen. Nur das Kostbarste auf dieser Welt zertrampelten sie – das Leben." (S. 361). Grossman folgert, nachdem er den brutalen Fließbandbetrieb des Mordens beschrieben hatte: „Dies alles nur zu lesen, ist ungeheuer schwer. Der Leser möge mir glauben, darüber zu schreiben ist nicht minder schwer. Jemand könnte die Frage stellen: ‚Warum über all das schreiben, warum sich an all das erinnern?' Es ist die Pflicht des Schriftstellers, die schreckliche Wahrheit zu berichten, die des Lesers, sie zu erfahren. Jeder, der sich abwendet, der die Augen verschließt und vorbeigeht, verletzt das Andenken der Toten." (S. 371)

„... had nothing human in them" (... hatten nichts Menschliches an sich) – diese Feststellung Grossmans, die Täter zu kennzeichnen, gilt. Und doch ist die Sache mit solcher entlastender Feststellung nicht beendet. Wie wurden diejenigen, die an der Rampe „selektierten", zu „Tätern"? Waren die Täter isoliert von den „normalen" Deutschen oder dazu herangezogenen Vertretern anderer Nationen? Waren die Nazi-Funktionäre „nur" verlängerte, extrem zugespitzte Instrumente einer human extraterritorialen Herrschaft? Und was, wenn letzteres zuträfe? Wäre dann die deutsche Normalität *verrückt* gewesen, eine Bevölkerung der „willigen Vollstrecker" (willing executioners), wie Daniel Goldhagen es nannte?[49] Kann man Goldhagens belegreicher Studie folgen? Sie schildert die Todesmärsche im Frühling 1945 bis zur „bedingungslosen Kapitulation". Einem unerklärt gelösten Rätsel gleich, zieht Goldhagen, den meisten Deutschen und ihren Historikern ähnlich, am 8. Mai 1945 einen Strich. Danach betrat vorsichtig, aber mit immer festerem

---

[49] Vgl. Daniel Jonah Goldhagen, Hitlers willige Vollstrecker. Ganz gewöhnliche Deutsche und der Holocaust, München 2000.

Schritt das „neue Deutschland“ massenhaft „den weiten Weg nach Westen“? Vor allem die Lektüre der Geschichten bundesdeutscher Historiker erweckt den Anschein, als habe das nachnationalsozialistische Deutschland – es wird ohnehin immer nur vom „Nachkriegsdeutschland“ gesprochen – wundersam erfolgreich den Weg in den moralisch politisch rundum stimmigen ‚westlichen Wertkonsens‘ zurückgelegt. Oder ist der Menschen- und Unmenschenverhalt vertrackter? Verhielten sich die Täter, eingehüllt in ihre deutsch habituell gewirkten Mäntel, „allgemein“ menschlich? Weil Menschen sich unter enthemmten Bedingungen des Krieges und eines kriegskonformen Regimes mehrheitlich human haltlos verhalten?[50] Wäre dem so, dann wäre es umso wichtiger, die historisch genetische Frage so genau wie möglich zu beantworten: Wie hat dieses Täterverhalten bar aller Phantasie und allen Mitgefühls für den Anderen entstehen können? Und wann kann es „ausbrechen“? Zusätzlich zu klären wäre, wie es sich hat mordnormal zuspitzen können? In der doppelten Vernichtungsphase des Kriegs, der Vernichtung des erklärten Feindes, der Sowjetsoldaten, und in der Vernichtung der europäischen Juden und Bevölkerungen wie der Sinti und Roma. Einem Argument von Albert Camus zufolge hieße es, den allgemeinen Begriff dessen zu verneinen, was Menschen ausmacht, und, paradox, den Nazitätern entgegenzukommen, fasste man „das Böse“ human substantiell im Sinn bestimmter Menschen und ihrer Kennzeichen. Dann begriffe man Menschen, jedenfalls zu einem Teil und je nach Situation herausgepickt, als fixierte, individuell und kollektiv nicht mehr änderbar lernunfähige Wesen. Stattdessen steht das mühsame, nicht abschließbare Geschäft an, im historischen Kontext die Bedingungen der Möglichkeit inhumanen Handelns wie der Nazitäter ausfindig zu machen. Damit wäre es möglich, Menschen so zu verdrehen, dass sie menschengerade nicht mehr handeln können. Das Fremdwort pervertieren klingt genauer. Menschen in ausgesetzten Situationen mit den körperlichen Eigenschaften von Menschen überschreiten, in dem, was sie tun, und durch die Art, wie sie es tun, das weite Spektrum dessen, was menschlich genannt werden kann. Das ist jenseits von begriffsfester Vernunft, von Urteils-, Vorstellungskraft und Sprache. Zugleich lässt

[50] Vgl. nur ein gegenwärtiges Beispiel aus der bedrückenden Fülle von Geschichte und Gegenwart nach 1945: Mark Danner, After September 11: Our State of Exception, in: The New York Review of Books, October 13, 2011, pp 44-48.

es dessen innewerden, dass wir ein Stück Wert- und Wesensvorstellung bewahren, wenn wir von „Menschen“ reden. Das geht hinaus über das, was sie aktuell tun bzw. taten. Der eigenen Beruhigung mag die Annahme dienen, man habe es mit „Monstern“ zu tun. Dann aber gilt: selbst Monströses ist menschenmöglich. Die Erfahrungen des 20. Jahrhunderts erlauben gesicherte menschliche Harmlosigkeiten und entsprechende Verharmlosungen nicht mehr. Aus dem, was nazistisch nicht nur möglich, sondern tatsächlich war, erhellt Adornos Verlangen der „Unnaivität“. So sehr Veränderungen, Lernen, neue Aspekte und Fertigkeiten menschenmöglich und menschennötig sind, so wenig ist es zulässig, immer erneut „schockiert“ zu sein, wenn in entgrenzten Situationen wie Kriegen sich entgrenztes Verhalten ereignet. In diesem Sinne ist der Titel des mehrbändigen Werks von Margret Boveri beachtenswert trotz seiner Vertäuung in die langen kalten und heißen Kriege des 20. Jahrhunderts: „Der Verrat im 20. Jahrhundert“. Der Verrat des „Menschenwerten“ an den Menschen blitzt durch die fadenscheinigen Kleider unterdrückungsreicher Zivilisation(en).

27. Sind „Täter“ Menschen? (2)

Eine schwer einschätzbare Zahl von Menschen scheint es zu geben, die nach human entgrenzten Taten sich, als zögen sie eine Jacke aus, wieder „normal“ verhalten. Sie leiden nicht – erkenntlich – an posttraumatischen Persönlichkeitsstörungen. Das ist ein Zeichen für eine nicht mehr auflösbare Humanstarre. Die „Unfähigkeit zu trauern“, und gälte Trauern nur der eigenen, von den Umständen mitgenommenen Person, ist ein anderes Indiz. Wenn das, was „Humanstarre“ genannt worden ist, von den Tätern in ihrem „normalen“ Alltag nach ihrem Täter-Sein wie ungeschehen aufgehoben scheint, wenn Täter diversen Status und verschiedener Tatgesichter nicht bewusst/vorbewusst rationalisieren, also eine Kakophonie von Ausreden komponieren, dann erhellt eine prekäre Kontinuität zwischen den Normalitäten das Prekariat des jeweils Normalen. Vom Dienst in Konzentrationslagern sind viele Deutsche in die nachfolgende „Normalität“ der BRD oder der DDR gewechselt. Sie haben sich – kontextentsprechend – „normal“ verhalten. Sie haben sie an führender Stelle mitgestaltet.[51] Der Wechsel der Normalitäten in der Kontinuität des Normalitätsgehorsams erklärte den Bericht Bruno Bettelheims. Jüdische Psychoanalytiker seien nach dem Ende des NS-Regimes schier verrückt geworden. Bei den von ihnen untersuchten Nazitätern seien keine unterdrückten Probleme, keine Traumata zu erkennen gewesen. Sie muteten alles andere als verrückt an.[52] Dazu passt Peter Weiss' zusammenfassende ‚Ermittlung', gewonnen aus dem Auschwitzprozess 1963 bis 1965. Stufen „der Normalität", die hinauf- und hinab- und wieder hinaufgegangen wurden.

Variationen der Unschuld im Herz der Todeslager – am Fall von Angeklagten im Auschwitz-Prozess:[53]

„ANGEKLAGTER 12

Herr Vorsitzender
ich möchte das einmal erklären
Jedes dritte Wort in unserer Schulzeit
handelte doch von denen
die an allem schuld waren
und die ausgemerzt werden mussten
Es wurde uns eingehämmert
daß dies nur zum besten
des eigenen Volkes sei
In den Führerschulen lernten wir vor allem
alles stillschweigend entgegenzunehmen
Wenn einer noch etwas fragte
dann wurde gesagt

---

[51] Vgl. u.a. Götz Aly/Susanne Heim, Vordenker der Vernichtung. Auschwitz und die deutschen Pläne für eine neue europäische Ordnung, Hamburg 1991. Von Susanne Heim und Götz Aly gibt es gemeinsam und getrennt zahlreiche in der apostrophierten Hinsicht einschlägige, die veränderte Kontinuität von Planern, Wissenschaftlern u.a.m. betreffende Untersuchungen.

[52] Vgl. Bruno Bettelheim, The Informed Heart. Autonomy in a Mass Age, New York 1971, S. 5; S. 175 ff. Behaviour in Extrem Situations: Defenses; s. auch Robert Jay Lifton, The Nazi Doctors: Medical Killing and the Psychology of Genocide, New York 1986.

[53] Peter Weiss, Die Ermittlung. Oratorium in 11 Gesängen, Frankfurt/M. 1991. Die Seitenangaben der wiedergegebenen Passagen befinden sich jeweils am Ende des Zitates in Klammern.

Was getan wird geschieht nach dem Gesetz
Da hilft es nichts
daß heute die Gesetze anders sind
Man sagte uns
Ihr habt zu lernen
ihr habt die Schulung nötiger als Brot
Herr Vorsitzender
Uns wurde das Denken abgenommen
Das taten ja andere für uns
Zustimmendes Lachen der Angeklagten" (S. 119/120)

„VERTEIDIGER

Strafrechtlich ist ein Untergebener
nur verantwortlich
wenn ihm bekannt gewesen ist
daß der Befehl seines Vorgesetzten
eine Handlung betrifft
welche ein bürgerliches oder militärisches
Verbrechen bezweckt
Unsere Mandanten handelten im besten Glauben
und nach dem Grundsatz der unbedingten
Gehorsamspflicht
Mit ihrem Treueeid bis in den Tod
haben sie sich alle der Zielsetzung
der damaligen Staatsführung gebeugt
so wie es die Verwaltung Justiz und Wehrmacht
getan hat" (S. 146/147)

„ANGEKLAGTER 1

Wir waren davon überzeugt
daß es bei diesen Befehlen
um die Erreichung eines versteckten
Kriegsziels ging

Herr Präsident
Ich bin darunter fast seelisch zerbrochen
Ich wurde krank davon
daß ich ins Lazarett
eingeliefert werden mußte
Aber das muß ich hier betonen
daß ich alles nur von außen sah
und daß ich meine Finger
aus der Sache hielt
Hohes Gericht
Ich war gegen diese ganze Angelegenheit
Ich wurde selbst
ein Verfolgter des Systems“ (S. 197/198)

„ANGEKLAGTER 8

Also
von kleinen Übeln abgesehen
wie sie solch ein Leben von vielen
auf engem Raum
nun einmal mit sich bringt
und abgesehen von den Vergasungen
die natürlich furchtbar waren
hatte durchaus jeder die Chance
zu überleben
Ich persönlich
habe mich immer anständig benommen
Was sollte ich denn machen
Befehle mußten ausgeführt werden
Und dafür habe ich jetzt
dieses Verfahren am Hals
Herr Staatsanwalt
ich habe ruhig gelebt
wie alle anderen auch
und da holt man mich plötzlich raus

und schreit nach Hofmann
Das ist der Hofmann
sagt man
Ich weiß überhaupt nicht
was man von mir will“ (S. 21/22)

Das ist ein anderer Aspekt der „Banalität des Bösen“. Auf diesen unvermeidlich missverständlichen Begriff brachte Hannah Arendt das Verhalten und die Äußerungen Eichmanns. Die Unerkenntlichkeit einer Schuld bei Menschen und durch Menschen, die unter Schuld stehen wie unter Wasser. Aber gehen und atmen und reden und essen. Banalität des Bösen meint nie und nimmer, jedenfalls in einem Hannah Arendt folgenden Verständnis, das, was mörderisch quälend geschehen ist, sei „banal“ gewesen. Im Sinne von nicht des Aufhebens wert. Der Ausdruck „Banalität des Bösen“ soll vielmehr darauf aufmerksam machen, dass es keiner besonderen „untermenschlichen“ Eigenarten von Menschen bedarf, im Kontext auf Enthemmung, auf Funktionieren, auf Befehl und Gehorsam angelegter Umstände human Böses zu tun. Die Banalität des Bösen hat weniger mit den besonderen Eigenarten Böses verrichtender Menschen zu tun. Es steckt in den Umständen und der Formierung darauf abgerichteter Funktionäre. „Ordinary Men“[54], „Normale Männer“, hat darum Christopher Browning die Angehörigen eines Reserve-Polizeibataillons genannt, die Massaker an Juden verrichteten. Primo Levi versucht den Stillstand von Verstehen und Fühlen bei Tätern so zu erklären und kommt an die Grenze humaner Möglichkeiten, das schiere „an sich“ des Verhaltens zu differenzieren: Die Täter ohne Erinnerungsschatten. „Ein Grenzfall der Verformung einer Erinnerung an eine begangene Schuld ist ihre Unterdrückung. Auch hier kann die Abgrenzung zwischen ‚Treu-und-Glauben‘ einerseits und ‚Wider-besseres-Wissen‘ andererseits ungenau sein. Hinter dem ‚Ich weiß nicht‘ und dem ‚Ich erinnere mich nicht‘, das man in den Gerichtssälen zu hören bekommt, steht manchmal der entschiedene Vorsatz zu lügen, aber andere Male handelt es sich um versteinerte, zur Formel erstarrte Lüge. Das Erinnern hat

[54] Vgl. Christopher Browning, Ordinary Men. Reserve Police Battalion 101 and the Final Solution in Poland, New York 1993.

zum Nichterinnern werden wollen, und es ist ihm gelungen. So sehr hat es die eigene Existenz verleugnet, daß schließlich die schädliche Erinnerung ausgeschieden wurde ...“[55] Ein winziger Riss in der Ich-weiß-nicht, Ich-erinnere-mich-nicht Lügenperfektion von Tätern bleibt. Müssen sie nicht hautglatt lügen und ihr Lügen sogleich und dann dauernd vergessen, wenn sie nicht Hand an sich legen, wenn sie weiterleben wollen. Um diesen Riss mit potentiell humaner Sprengkraft wusste der kundige Physio-Psychologe Friedrich Nietzsche, nachzulesen im 68. Aphorismus von „Jenseits von Gut und Böse“ und anderwärts: „‚Das habe ich gethan‘, sagt mein Gedächtnis. ‚Das kann ich nicht gethan haben‘ – sagt mein Stolz und bleibt unerbittlich. Endlich – giebt das Gedächtnis nach.“

28. Menschenopfer unerhört (1)

Bei Opfern am anderen Extrempunkt menschlichen Erlebens scheint sich die Frage Primo Levis „Ist das ein Mensch?“ nicht zu stellen. Leidensfähigkeit kennzeichnet Menschen. Mitleiden mit leidenden Menschen und Versuche, ihr Leiden irgend zu vermeiden, sind menschliche Eigenschaften. Darum übersteigt die Indolenz der Täter unsere Vorstellungskraft ebenso wie ihr Verhalten, Leiden absichtsvoll zu schaffen und zu mehren. Und doch berühren sich die Extreme. Zuerst gilt Jean Amérys Feststellung: „Man schaut nicht dem entmenschten Menschen bei seiner Tat und Untat zu, ohne dass alle Vorstellungen von eingeborener Menschenwürde in Frage gestellt würden.“[56]

Die Folter als persönlich erfahrene Tatsache geht über den Schrecken teilnehmender Beobachtung hinaus. Sie negiert die Person selbst als leidende. Sie wird oft in Form eines terroristischen Arrangements und einer Kaskade von Forderungen, Drohungen und eingesetzten Folterinstrumenten ausgeübt.

---

[55] Primo Levi, Das Erinnern der Wunde, in: Ist das ein Mensch? Die Atempause. Mit einem Nachwort von Cordelia Edvardson, München 1988, S. 11.

[56] Jean Améry, Jenseits von Schuld und Sühne. Bewältigungsversuche eines Überwältigten, München 1977, S. 44.

„Die Tortur" – „Essenz" des Naziverfahrens – „ist das fürchterlichste Ereignis, das ein Mensch in sich bewahren kann."[57] „Der Mitmensch wird verfleischlicht und in der Verfleischlichung schon an den Rand des Todes geführt; allenfalls wird er schließlich über die Todesgrenze hinausgetrieben ins Nichts. Damit realisiert der Peiniger und Mörder seine eigene zerstörerische Fleischlichkeit, ohne dass er sich aber darin, wie der Gemarterte ganz verlieren müsste: er kann ja mit der Folter einhalten, wenn es ihm paßt. Der Schmerzens- und Todesschrei des anderen ist in seine Hand gegeben, er ist Herr über Fleisch und Geist, Leben und Tod. Solcherart wird denn die Folter zur totalen Umstülpung der Sozialwelt: in dieser können wir nur leben, wenn wir auch dem Mitmenschen das Leben gewähren, die Ausdehnungslust unseres Ichs zügeln, sein Leiden lindern."[58] Daraus folgt: „Man wird die Folter so wenig los wie die Frage nach den Möglichkeiten und Grenzen der Widerstandskraft."[59]

So kommt es bei Gefolterten nicht von ungefähr, dass sie über diesen inneren Tod nicht reden können. Sie konnten nur überleben, indem sie ihn abkapselten. Erklärlich wird, wenn's nicht mehr geht, wenn spätere Umstände sich nicht radikal änderten, wenn gepeinigte, allen Selbst- und Fremdschutzes menschlicher Integrität entledigte Menschen, deren abgezogene Haut sich nie mehr schloss, ihr Nachleben irgendwann nicht mehr fortzusetzen vermochten. Jean Améry. Primo Levi.[60]

---

[57] Ebenda, S. 48.

[58] Ebenda, S. 66.

[59] Ebenda, S. 68.

[60] Vgl. insgesamt das nicht genugsam wahrzunehmende Buch von Elaine Scarry und seine darin kondensierten Erfahrungen: The Body In Pain. The Making and Unmaking of the World, New York Oxford 1985.

29. Menschenopfer unerhört (2)

In Schichten die Haut abziehen. „KB (der Krankenbau, d.Verf.) ist Lager ohne physische Drangsal. Darum erlangt derjenige, der noch eine Spur von Bewusstsein hat, dort sein Bewusstsein wieder; darum redet man dort, während der langen, leeren Tage von anderem als von Hunger und Arbeit; und es kann vorkommen, dass wir uns vergegenwärtigen, was man aus uns gemacht hat, was man uns alles fortgenommen hat, was dieses Leben hier ist. In diesem KB, in dieser Parenthese relativen Friedens, haben wir gelernt, dass unsere Persönlichkeit zerbrechlich ist, dass sie weit mehr in Gefahr ist als unser Leben. Statt uns zu mahnen: ‚Bedenke, dass du sterben musst', hätten die alten Weisen besser daran getan, uns an diese größere Gefahr zu erinnern, die uns bedroht. Und könnte aus unserem Lager eine Botschaft hinausgehen zu den freien Menschen, so lautete sie: Sorget, dass euch in eurem Heim nicht geschehe, was uns hier geschieht! ... Hier, vorübergehend fern von Flüchen und Schlägen, haben wir die Möglichkeit, wieder zu uns selbst zu finden und nachzudenken, und da wird uns klar, dass wir nie mehr zurückkehren werden. Wir sind in plombierten Wagen hierhergekommen; wir haben gesehen, wie unsere Frauen und unsere Kinder weggegangen sind ins Nichts; wir, die Versklavten sind hundertmal hin und her marschiert in stummer Fron, mit erloschenen Seelen schon vor dem anonymen Tod. Wir werden nicht zurückkehren. Von hier aus darf keiner fort, denn er könnte mit dem ins Fleisch geprägten Mal auch die böse Kunde in die Welt tragen, was in Auschwitz Menschen aus Menschen zu machen gewagt haben."[61]

„Nie wurde mir so bewusst, wie mühsam des Menschen Tod ist. ... Alle sagten einander, dass die Russen sofort eintreffen würden; alle proklamierten sie, alle waren sich dessen gewiß, aber keiner war fähig, es klaren Sinnes zu fassen. Denn in Lagern kommt einem die Gewohnheit des Hoffens abhanden und das Vertrauen in die eigene Vernunft. Im Lager ist das Denken unnütz, denn die Geschehnisse treten in unvorhergesehener Weise ein; und zudem ist es schädlich, denn es erhält eine Sensibilität, die ein Quell des Schmerzes ist und die irgendein vorsorgliches Naturgesetz stumpf macht, sobald die Leiden ein bestimmtes Maß überschreiten."[62]

---

[61] Primo Levi, a.a.O., S. 63.

[62] Ebenda, S. 173.

„Wir lagen in einer Welt der Toten und Larven. Um uns und in uns war die letzte Spur von Zivilisation geschwunden. Das Werk der Vertierung, von den triumphierenden Deutschen begonnen, war von den geschlagenen Deutschen vollbracht worden. Mensch ist, wer tötet, Mensch ist, wer Unrecht zufügt oder erleidet; kein Mensch ist, wer jede Zurückhaltung verloren hat und sein Bett mit einem Leichnam teilt. Und wer darauf gewartet hat, bis sein Nachbar mit Sterben zu Ende ist, damit er ihm ein Viertel Brot abnehmen kann, der ist, wenngleich ohne Schuld, vom Vorbild des denkenden Menschen weiter entfernt als der roheste Pygmäe und der grausamste Sadist. Ein Teil unseres Seins wohnt in den Seelen der uns Nahestehenden: darum ist das Erleben dessen ein nicht-menschliches, der Tage gekannt hat, da der Mensch in den Augen des Menschen ein Ding gewesen ist. ...“[63]

Cordelia Edvardson, die den Todesmarsch aus Auschwitz überlebt hat und heute in Schweden lebt („Gebranntes Kind sucht das Feuer“), fasst im Nachwort zu Primo Levi „Ist das ein Mensch?“ ihre Erinnerungen zusammen: „Ist das ein Mensch? Fragst Du. Nur keine Täuschung, diese Frage ist zunächst vor allem an uns selber gerichtet. Immer wieder schilderst Du uns so, wie die Henker, aber auch die deutschen, polnischen, italienischen und andere Zivilarbeiter uns gesehen haben müssen, siehst uns mit ihren Augen, siehst diese jeder Spur menschlicher Würde, jeglicher Menschlichkeit beraubten Wesen, die man Tiere nicht nennen kann, da ihnen die Unschuld der Tiere fehlt. Ist das ein Mensch? Fragst Du und gibst selbst die Antwort. Nein, kein Mensch ist das und kein Tier. Eine ganz besondere Kategorie ist das: ein graues Nichts aus Hunger, Durst und Eiseskälte, heimgesucht von jeder erdenklichen physischen Qual und – meistens – mit dem verzweifelten Willen zu überleben. Wie absurd doch dieser Lebenswille war, wenn die bei der Selektion Aussortierten wissend, dass sie am nächsten Tag vergast werden, am Vorabend gierig die ihnen zustehende Extraportion Suppe schluckten! Ist das ein Mensch? Nein, das ist der Lagerhäftling in Auschwitz.“[64]

Noch unter der Haut oder nur noch als Haut. „Homo sacer“ nennt ihn Giorgio Agamben, ein in seiner Nacktheit noch beraubter Mensch. Schon

---

[63] Ebenda, S. 174.

[64] Ebenda, S. 399 ff. (hier S. 370), Nachwort der ersten deutschen Ausgabe 1988.

befreit, werden die von den flüchtenden Nazis zurückgelassenen Kranken in Buna-Monowitz von sowjetischen Schwestern gebadet. Nur ein ‚Vorfall' sei mit Primo Levi wiedergegeben. Trotz Krankheit und Schwäche „gelang es mir und meinem Bettnachbarn nur selten, unsere Aufmerksamkeit abzuwenden von der beklemmenden Gegenwart, dem wilden Lebenswillen des Kleinsten und Hilflosesten unter uns, des Unschuldigsten, dem Kind Hurbinek. Hurbinek war ein Nichts, ein Kind des Todes, ein Kind von Auschwitz. Ungefähr drei Jahre alt, niemand wusste etwas von ihm, es konnte nicht sprechen und hatte keinen Namen: den merkwürdigen Namen Hurbinek haben wir ihm gegeben. Eine der Frauen hatte mit diesen Silben vielleicht die unartikulierten Laute gedeutet, die der Kleine manchmal von sich gab. Er war von den Hüften abwärts gelähmt, und seine Beine, dünn wie Stöckchen, waren verkümmert; aber seine Augen, eingesunken in dem ausgezehrten dreieckigen Gesicht, funkelten erschreckend lebendig, fordernd und voller Lebensanspruch, erfüllt von dem Willen, sich zu befreien, das Gefängnis der Stummheit aufzubrechen. Die Sehnsucht nach dem Wort, das ihm fehlte, das ihn zu lehren, niemand die Mühe gemacht hatte, das Bedürfnis nach dem Wort sprach mit explosiver Dringlichkeit aus seinem Blick, einem wilden und zugleich menschlichen Blick, mehr noch, einem reifen und urteilenden Blick, den niemand von uns ertragen konnte, so sehr war er durchdrungen von Kraft und Leid. ... Hurbinek, drei Jahre alt und vielleicht in Auschwitz geboren, Hurbinek, der nie einen Baum gesehen hatte, um Zutritt in die Welt der Menschen zu erhalten, aus der ihn eine bestialische Macht verbannt hatte; Hurbinek, der Namenlose, dessen winziges Ärmchen doch mit der Tätowierung von Auschwitz gezeichnet war – Hurbinek starb in den ersten Tagen des März 1945, frei, aber unerlöst. Nichts bleibt von ihm: er legt Zeugnis ab durch diese meine Worte."[65]

---

[65] Primo Levi, a.a.O., S. 190-192.

30. Täter und Opfer – ist da ein anderer als menschlich unmenschlich negierender Zusammenhang?

Primo Levi hat von „einer paradoxen Analogie von Opfer und Unterdrücker" gesprochen. Im Zusammenhang beider in der einseitigen Todesfalle scheinen insbesondere drei Aspekte erwähnenswert. Zum ersten: Täter und Opfer markieren Extreme menschlicher Verhaltensweisen. Sie können nur phänomenal wahrgenommen werden. An beiden Enden hören Menschen auf. In der antiken Mythologie unbekannte Kentauerngestalten aus Elementen menschlicher Gestalten und einem ihnen wie äußerlich zurechenbaren Verhalten. Kein Sprachband mehr, das unser Begreifen hielt. Zwischen beiden Enden dehnt sich ein vielfältiges Kontinuum menschlichen Verhaltens. Das bedeutet, trotz des qualitativen Bruchs: die Gefahr ist nie gebannt, dass sich Menschen ins extreme Aus bewegen. Und zwischen den Extremen gibt es viele Rutschpartien in Richtung der Extreme. Der extreme Täter, seinerseits eine ungenaue Metapher angesichts nie und nimmer genau zu ortender und zu qualifizierender „Normalität", verdinglicht den anderen. Er nimmt ihn gleichzeitig als sinn- und schmerzbegabtes Wesen wahr. Über ihn kann darum exzessiv herrschaftlich verfügt werden. Der andere kann sadistisch sexuell und strafend tödlich missbraucht, mit ihm kann medizinisch und ökonomisch experimentiert werden. Dem, was die Täter treibt, mag man analytisch durch zweifelhafte Metaphern oder Schreiwörter näher kommen. Unsere erkennenden Sinne können nicht restlos von einer in ihnen enthaltenen moralisch sozialen Vorstellung vom Menschen absehen. Auch weil sonst Ängste sie verstellen. Fürchte den anderen wie dich selbst. Darum stürmen psychoanalytisch meist vergebliche Untergrundbilder an. Darum benutzen wir überdehnte Worte, um schreckendes Verhalten sprachlich auszugrenzen und einzugemeinden in einem. Und Erklärungsversuche sind immer erneut geboten. Anders wären abschüssige Wege in nicht mehr fassbaren Abgrund nicht einmal mit Warnschildern zu verstellen. Sie könnten nicht geahnt werden. Versuche, zu verhindern, dass sie politisch begangen werden, verfügten über keine sozialen Kennzeichen. Auffällt, dass nach Zeiten hemmungslosen, perversen Verneinens anderer Menschen, Täter wieder unauffällig in der veränderten „Normalität" verschwinden können. Posttraumatische Persönlichkeitsstörungen von Tätern wurden jedenfalls in der

Bundesrepublik Deutschland nach 1949 nicht zu einem auffälligen Problem. Im Gegenteil. Die „Vergangenheitspolitik" nach 1945, insbesondere nach 1949 erlaubte es, der bunt komponierten Generation der Täter (und mancher Täterinnen) in die neue „Normalität" alt-herkömmlich „wieder" einzutauchen, in ihr unterzutauchen und mitgestaltend aufzutauchen.[66]

Daran irritiert nicht nur, was Menschen als Täter aushalten können, ohne an sich selbst irre zu werden. Dass ihr doppeltes Selbstbewusstsein, rationalisierend armiert (vgl. Peter Weiss, Die Ermittlung, 1965), möglich macht, einen habituell runderneuerten Beruf wieder ‚unauffällig' aufzunehmen. Daran irritiert vor allem die neue, in vielen Zügen altgebliebene gesellschaftliche Normalität. Sie vermag kürzlich außer humanem „Rand und Band" geratene Täter zu „integrieren". Was bedeutet eine solche „Integration" für die betreffende, hier – beispielhaft – die bundesdeutsche Gesellschaft? Welche politisch moralischen Kosten hat sie gezeitigt und zeitigt sie noch?

Am entgegengesetzten Ende, dem der Opfer, überfordern die tödlichen Traumata selbst die Erinnerung. Die aber, die überlebten, haben im Gegensatz zu den „Ex"-Tätern, soweit wir wissen, die gezielte Zerstörung ihrer Person im Prozess ihrer Vernichtung nicht heil(bar) an Leib und Seele überdauert. Dyslog, also nicht derselben ‚Logik' folgend, aber doch damit im Zusammenhang, irritieren die Opfer unbeschadet aller gebotenen, aber begrenzten Empathie, weil ihr Persönlichkeitsverlust allem Begreifen sich entzieht (Begriff und Subjektivität gehören erkenntnistheoretisch eng zusammen wie Erkenntnis und Emotion). Und der Verlust oder die nah erlebte Gefahr, die eigene Würde zu verlieren, nur noch vegetativ auf Überleben orientiertes *Fleisch* zu sein, lässt sich in keiner Normalität mehr ganz aufheben. Annäherungen an eine solche sind möglich. Ein Teil des vergangen Erlittenen wird abgespalten. Das bleibt gegenwärtig. Jede normale Qualifizierung à la „glücklich" löge. Sie lässt sich jedenfalls stellvertretend nicht vornehmen.

[66] Siehe vor allem Norbert Freis einschlägige Veröffentlichungen. Unter anderen sein Buch: Vergangenheitspolitik. Die Anfänge der Bundesrepublik und die NS-Vergangenheit, München 1996. Leider wurde die unmittelbare Nachkriegsphase 1945 -1949 ausgespart, die schon erheblich deutsch eigenbestimmt worden ist. Frei macht auch Ende der 50er Jahre zu viel Morgenluft wehen, die den folgenreichen Vergangenheitsmief weggeblasen habe. In dieser Hinsicht ähnlich die lesenswerte Biographie eines NS-Intellektuellen durch Ulrich Herbert, Best. Biographische Studien über Radikalismus, Weltanschauung und Vernunft. 1903 - 1989, Bonn ^{2}1996. Je näher Autor und Lesende rücken, desto lichter wird es.

31. Täter und Opfer überpointieren das Ausmaß, in dem Menschen von ihren umgebenden Bedingungen und Möglichkeiten abhängig sind

Erneut dokumentieren Täter und Opfer, wenn diese undifferenzierte Zweiteilung so benutzt werden darf, entgegengesetzt die riesige Spannweite des von sozialen Faktoren durchdrungenen menschlichen Verhaltens. Wodurch die einzelnen Täter geformt gewesen und wozu sie imstande gewesen sein mögen – Herkunft, individuelle Sozialisation u.ä.m. Die doppelte Enthemmung durch nationalsozialistische Herrschaft, ihre sozioökonomischen Untergründe und Krieg gaben den Ausschlag. Sie eröffneten gegebenen Potenzen die Chance, sich zu aktualisieren. Mehr noch: sie reizten Möglichkeiten an, sich zu Potenzen zu entwickeln und aktuell zu äußern. In einer durch den Krieg und in ihm verstärkten Zerstörung der Halterungen sozialen Verhaltens verkörperten die Täterpersonen den Herrschaftszweck tödlicher Ex- und personal vernichtender Inklusion. Nach längeren Vorläufen nationalistisch-chauvinistischer und autoritärer Art konnte organisierter Mord zur Vorstellung und zum Ausdruck vieler Gernegroßen unter dem Riesen-Führerfetisch werden. Allgemein galt das, was Shay in „Achill in Vietnam" über die Kriegserfahrungen und das Verhalten von Soldaten beobachtet. Die Vorstellung dessen, was gesellschaftlich „recht" ist, kehrte sich von Anfang an um. Eine vage Vorstellung dessen, was „recht" ist, hält in all ihrer Pluralität Bürgerinnen und Bürger einer Gesellschaft zusammen und mäßigt sie. Spätestens mit dem „Ermächtigungsgesetz" nach dem nationalsozialistisch inszenierten Reichstagsbrand von Ende Februar 1933 wurde der Schritt in die Maßlosigkeit getan. Der Würfel war gefallen. Der 7. April 1933, das Gesetz „zur Wiederherstellung des Berufsbeamtentums", dazu verabschiedet, deutsche Juden, genauer, diejenigen, die als solche nationalsozialistisch fixiert wurden, aus dem Beamtendienst zu entfernen, sorgte mit wenigen Ausnahmen dafür, den gesamten Beamtenapparat und insbesondere die Hochschullehrer nationalsozialistisch gleichzuschalten. Indem jeder ‚arisch'-deutsch geduldete Beamte korrumpiert wurde. Die frühe, nie wieder gut gemachte, in jedem hinnehmenden Professor sich äußernde Niederlage der Humboldtschen Universität, ihr professoral mitgesetztes

Ende.[67] Der 30. Juni 1934 bewies, dass alle Sicherungen durchgebrannt waren. „Der Führer schafft das Recht" (Carl Schmitt) (so früh Hermann Mau in den Vierteljahresheften für Zeitgeschichte). Das Täterverhalten, so wenig es personal entschuldet werden kann, ist darum vor allem ein unselbstständiges Verhalten makropolitisch dynamischer Bedingungen. Diese entsichern bis ins Einzelne und reichen zum Einzelnen. Sie wirkten totalitär. Damit sollte nicht die Vorstellung einer perfekt herrschaftsvermittelten Gesellschaft verbunden werden. Dass es sich um ganz gewöhnliche Männer handelte, passt in den Rahmen einer ver-rückten Normalität. Das peinigt mehr, als verhielte es sich umgekehrt.

Die Opfer wurden dadurch vor allem Opfer, weil alle verlässlichen und mitbestimmbaren sozialen Bezüge zerschlagen wurden und selbst die Nischen nahezu restlos verschwanden. Zu ihrer Entwürdigung trug bei, dass sie über exzessive materielle Mängel und physische Grausamkeiten hinaus einem bis ins Detail reichenden Willkürregime ausgesetzt waren. Das eigene Selbst und seine Selbstbestimmung wurden vernichtet. Der erzwungene Selbstverlust hat die oft vergebliche Mühe zur Folge, das zertretene Selbst wiederzufinden oder in anderen Umständen zu erfinden. Es äußert sich in der Unfähigkeit am peinvollsten, wenigstens die eigenen Kinder zu schützen,

32. Und doch knüpfen die Opfer der nationalsozialistischen Menschenvernichtung dichter und haltbarer als neuerliche Zeugnisse das menschenrechtlich strapazierte und strapazierbare Band

Zusätzliche Vorbemerkung:

„Demokratie", so formulierte Kurt Schumacher einmal, nach 1945 der erste Vorsitzende der westdeutschen SPD, selbst zeitweise im Konzentrationslager, „Demokratie ist eine Sache des guten Gedächtnisses". Das gilt

[67] Vgl. zu einem Fall: Hugo Ott, Laubhüttenfest 1940 – Warum Therese Loewy einsam sterben mußte. Freiburg i. Br. 1994. Als einer der ganz Raren hat 1933/34 der Naturwissenschaftler Hans Spemann sich für seinen Mathematik-Kollegen Alfred Loewy, Heideggers zeitweiser Lehrer, beim seinerzeitigen Dekan Heidegger engagiert. Vergebens.

für ihren lenkenden Tandempartner Menschenrechte gleichermaßen. Und wann wäre gutes Gedächtnis mehr geboten, als wenn es darum geht, auf Menschen zu hören, ihre Zeugnisse sprechen zu machen, die, von anderen Menschen verschuldet, jämmerlich zugrunde gerichtet worden sind. Sie, ihre noch fassbare persönliche Eigenart, sie, ihre Lebensbedingungen, sie und ihr essentieller Beitrag zu Gegenwart und Zukunft von Menschen und ihren gesellschaftlichen Formen weithin.

Darum gilt es zu hören und wieder zu hören, Quellen zu finden, um Stimmen vernehmen zu können, die unterdrückt, erstickt und vergast worden sind. Aus „subjektiven“ und „objektiven“ Quellen, menschentümlich ineinander verschlungen, Menschen konstituieren sich zuerst dadurch – und sie halten an, auf diese Art Menschen zu bleiben –, dass sie miteinander sich auf vielfältige Weise austauschen, nicht zuletzt mit dem Wort. Darum ist es an uns, ist es unser ungeheures Privileg, so viele der Stimmen, voll der Worte und der Nachrichten, zu vernehmen. Sie kommen von Menschen, die tot sind und doch leben, sie geben Kunde von Menschen, die nationalsozialistisch – auch stalinistisch oder auf andere Weise – zum Schweigen gebracht worden sind.

Dieses ungeheuer genannte Privileg der Nachgeborenen, korrespondiert in traurigem Glück, wenn dieses Oxymoron erlaubt ist, dem noch in den Todesstunden wachen Drang ermordeter Menschen, von ihrem Unheil Kenntnis zu geben, das ihnen geschieht, Kunde von den Tätern zurückzulassen, Zeichen auch von ihren Hoffnungen und Zielen.

Zeugnis, Zeugnis geben bis zuletzt – so lautet der Leitimpuls nicht zu zählender Menschen, die in die Vernichtungsfänge nationalsozialistischer Herrschaft und ihres exterministischen Antisemitismus geraten sind. Welch ein Humanum, welcher Berg humaner Essenzen. Selbst dann, als noch lange gehegte Hoffnungen nicht mehr aufrechtzuerhalten waren, blieb der Wille, Zeugnis zu geben, bis zuletzt. Und darin und darum trotz aller Erniedrigungen, aller Enteignungen eigenes Menschsein zu beweisen und es für Kommende zu bewahren.

Die zahllosen Zeugnisse sind nicht gegeneinander aufzurechnen. Unabhängig davon ragt „Ringelblums Vermächtnis“ in Umfang, Stimmenvielfalt und eigener Absicht hervor. Den Titel „Ringelblums Vermächtnis“

trägt das Buch; informationsdicht, spannend, voll der Charakterzüge von Menschen, ihrer Klüfte, ihrer Niederungen und, alles überstrahlend, voll der Menschlichkeit am Menschen – Wassili Grossmans sagbar unsägliches Menschenkürzel. Herausgegeben, Gerettetes gesammelt, beschrieben und vereint, wurde es von Samuel D. Kassow. Er hat „Das geheime Archiv des Warschauer Ghettos", so der Untertitel von „Ringelblums Vermächtnis", gegenwärtig, in seiner Fülle wie ein verlorenes Menschengedicht für uns erschlossen. Erfahrungen Ringelblums und seiner Gruppe werden für uns nacherfahrbar und sind in seinem Sinne in anderer Welt zu benutzen.[68] In der Einleitung von Kassows Buch wird geschildert, wie das Untergrundarchiv „Oyneg Shabes" (Freude am Sabbat) 1946, in Metallkästen und großen Milchkannen weitgehend erhalten, ausgegraben worden ist. Und dieses Archiv, vom Historiker Emmanuel Ringelblum initiiert, bis zu seiner Ermordung geleitet und angereichert, berichtet über das Warschauer Ghetto 1940 bis 1943, seine Ghettobewohner. Das Leben der Ghettobewohner, ihre von den Nazis massakrierte Kultur, wie die nationalsozialistischen Herren den Lebensstrang immer enger zogen, den Ghettoaufstand und viele Formen des Widerstehens zuvor, Leben und Tod ungewöhnlicher Menschen unter widrigsten Bedingungen, und schließlich das unfassliche und doch zu fassen suchende Erbe, ein lebendiges, durch und durch menschenpolitisches Archiv, wenn es denn eines gibt. Und Ringelblum und die Seinen demonstrieren menschliche Widerstandskraft noch im Untergang und also weit darüber hinaus. Das aber, was dem Archiv Leben gab und es bis heute am Leben erhält, ist das Motiv, im Wandel konstant: Zeugnis zu geben, den Nachlebenden Erfahrungen mitzuteilen und mit ihnen sich in der lebendigen Sprache der Toten auszutauschen. Von Ringelblums Bestreben, Zeugnisse der polnisch-jüdischen Kultur zu erhalten, auf dass sie von den Nachfolgenden neu beatmet und fortgesetzt werden könnten, bis zum Zeugnis der Vernichtung einer darum untergegangenen Kultur und

[68] Vgl. Samuel D. Kassow, Ringelblums Vermächtnis. Das geheime Archiv des Warschauer Ghettos, Reinbek bei Hamburg 2010. Dort leitet Abraham Sutzkevers Gedicht „Weizenkörner", in Jiddisch aus dem anderen Ghetto zu Wilna 1943 geschrieben, den stimmen- und Aspekte fülligen Band an (S. 7): Auch in unseren Wäldern / geht das Licht seinen Lauf, / und zu guter Stunde / blüht Vergrabenes wieder auf // Wie es uraltem Weizen / wieder zu blühen gelang, / als nähren die Wörter, / also gehören die Wörter / dem Volk bei seinem ewigen Gang. (Übersetzt von Hubert Witt)

ihrer eigenartigen Menschen, reichen die ausgedünnten und doch plastisch lebendig bleibenden Absichten, einen mehrfachen Vernichtungsvorgang zu dokumentieren und ihn noch in seinem Erfolg zu widerlegen. „Beide Männer", so lautet nur ein Hinweis, der den starken, den zusammenhaltenden Zeugnis-Faden des Archivs (und von Kassows Buch) bekundet, „der glühende Dichter und der leidenschaftliche Historiker, verbrachten ihre letzten Lebenswochen damit, ihr literarisches Testament aufzusetzen. Für Katzenelson war es der *Große Gesang vom ausgerotteten jüdischen Volk*, für Ringelblum sein bedeutender historischer Essay ‚Die polnisch-jüdischen Beziehungen während des Zweiten Weltkrieges' und sein ebenso wichtiges Werk über die jüdische Intelligenz. Ringelblum und Katzenelson, zwei in so vielerlei Hinsicht unterschiedliche Männer, rangen jetzt darum, ihre jeweils letzte Mission zu erfüllen, die sich erstaunlich ähnlich waren: ein letztes Vermächtnis zu hinterlassen, das die Erinnerung an ein ermordetes Volk bewahren und ihm Ehre erweisen würde."[69] Als hätte er ein Menschenrechtsbuch im Sinn, formuliert Ringelblum: „Ich verstehe unsere Arbeit nicht als ein Projekt, das nur Juden einschließt, nur Juden betrifft und nur Juden interessiert. In mir wehrt sich alles gegen diese Auffassung. Ich kann mich als Jude, als Sozialist oder als Historiker mit einem solchen Verständnis nicht anfreunden. Bedenkt man, wie beängstigend komplex soziale Prozesse sind, bei denen alles mit allem interagiert, würde es keinen Sinn ergeben, wenn wir nur isoliert betrachten würden ... Jüdisches Leiden, jüdische Befreiung und Erlösung sind integrale Bestandteile des allgemeinen Unglücks und des universellen Bemühens, das verhasste Joch [der Naziherrschaft] abzustreifen. Wir müssen uns als Teilnehmer an einem universellen Versuch sehen, ein solides Gebäude objektiver Geschichtsschreibung zu errichten, das der Menschheit zum Wohl gereichen wird. Hoffen wir, dass die Backsteine und der Mörtel unserer Erfahrung und unseres Wissens ein tragfähiges Fundament bilden können."[70]

Im Folgenden werden wir Zeugnisse aus vier Quellen wiedergeben. Die Zeugnisse unterscheiden sich durch die Zeugnisgebenden. Sie sind vor allem dadurch verschieden, dass ihre Orte und Zeiten anders sind, die sie im „Pro-

[69] Ebenda, S. 525.

[70] Ebenda, S. 603 f.

zess der Endlösung" bezeugen, ein Ausdruck des ungeheuren Vorgangs. Wir beschränken uns auf Zitate. Wir interpretieren und gliedern nicht zusätzlich über unsere Auswahl hinaus. Die Beobachtungen und Aussagen sollten so unverstellt wahrgenommen werden. Sie entstammen vier Abschnitten des genannten „Prozesses": der Phase der systematischen Diskriminierung; dem Todeslager; dem Ghetto, das in sich in seinen zunehmenden tödlichen Verengungen wiederzugeben wäre; der in öffentlicher und privater Zusammenarbeit organisierten Zwangsarbeit. An ihr ist nicht nur die allseits geltende Verbindung (‚Totalität') zu bemerken. Zusätzlich fällt das ins Gewicht, was sich die beiden Deutschlands nach 1949 und dann nach ihrer Vereinigung an staatlicher und gesellschaftlicher Indolenz leisteten. Ein bedrückendes Zeichen dafür, dass verweigert, vielfach blockiert und umgangen werden kann, Zeugnisse zur Kenntnis zu nehmen und damit anstrengendes Lernen. Gleiches gilt für die kaum mehr als trauerfestlich symbolischen Bekundungen an Stelle von Folgen, die die offizielle Politik der Bundesrepublik Deutschland und ihre westlichen Wertepathetiker inszenieren.

Die Erfahrungen im Zuge der systematischen Diskriminierung der jüdischen Bevölkerungen sind aussagekräftig dafür, wie unter derartigen Umständen Menschen selbstbewusst und handlungsfähig mit sich und anderen umgehen können. Kann man im Umkreis der Täter nur eine erkleckliche Zahl personal verkörperter Mängel und Abgründe feststellen, verhält es sich im Umkreis der Opfer qualitativ anders. Ihre Leiden sprechen über Bedingungen und Notwendigkeiten für alle Menschen.

An vier verallgemeinerbaren Zeugnissen mag diese Einsicht fündig werden. Der Lebensatem war stärker als der des Todes. Die Todesschwadronen der Nazis blieben nicht Sieger. Die NS-Elite hat sich selbst nicht zufällig mit Totenköpfen versehen. Über den „Gewinn" für unser Menschenverständnis darf freilich das riesige Leichen- und Trauertuch nicht momentan vergessen werden, unter dem Millionen jüdische Kinder, Frauen, Männer, Greisinnen und Greise mit ihrem eigenen Leben und ihren Lebensmöglichkeiten verdeckt sind. Denkmale vermögen es nur erhabener erscheinen lassen.

Warum diskriminatorisch zwangserkannte und zwangsgebannte jüdische Bevölkerungsteile individuell und kollektiv der nazistischen Mordlawine wenig widerstanden haben, diese Frage scheint uns sekundär. Schon ihre tatsächliche Voraussetzung ist zu bestreiten. Das gilt insbesondere dann, wenn man im Begriff des Widerstands differenziert und den allgemeinen Misserfolg nicht als simplen Beleg auslegt. Als sprächen Niederlagen für die „Sieger" – und das nicht nur in Kriegen und gegen Kriege. Die Kontroverse über den angeblich nicht vorhandenen jüdischen Widerstand, der Massaker und „Endlösung" nicht verhinderte, wurde vor allem durch Hannah Arendts Buch über den Eichmann-Prozess 1961/62 aufgeworfen. Wollte man den Streitgegenstand dieser Kontroverse ausloten, das allzu pauschal gefasste Verhalten der Opfer, müssten über längere Zeit die Herrschaftsformen zur Disposition gestellt werden samt ihren Mitteln, Personen zu vereinzeln und zu zwingen. Das Opferverhalten müsste in den gesamtgesellschaftlichen Kontext und seine legitimierende „Normalität" gestellt werden. Hinzuzunehmen wären vergleichende Studien zum Verhalten von Herrschenden, ihren Mitteln und zu den Verhaltensoptionen der Beherrschten. Diese Postulate gelten nicht nur im Zusammenhang eines systematisch diskriminierten Bevölkerungsteils während einer vergleichsweise kurzen Periode. Der lange, nicht in gleicher Weise systematische Diskriminierungen vorausgingen. Entsprechend auszukundschaften wäre jeder human kostenreiche Herrschaftstag heute. Dieser schließt viele Verschweigungen und Anpassungen ein. Hierbei sind die Grenzen, die dem vorauseilenden oder nachhetzenden Erkennen gesetzt sind, zu bedenken. Keiner, der hinterher untersucht und urteilt, weiß über sich in Extremsituationen Bescheid. Es gibt ihn nicht, den jederzeit verlässlichen, allen Zumutungen, auch den schlimmsten unter ihnen, widerstehenden Menschen.

Im Zusammenhang unseres Interesses, wesentliche Bedingungen und Ausdrucksformen menschlichen Verhaltens herauszufinden, sind uns die Zeugnisse von primärem Interesse, die mitten in tödlichen Repressionen Bedürfnisse und Verhaltensformen von Menschen bekunden. Sie waren selbst in tiefster Not nicht zu unterdrücken. Und diese Zeugnisse sind aussagekräftig über Menschen, nicht über die Herrschaftszwänge und ihre bornierten Zwangsmittel.

Erstes Zeugnis: Exklusion – vom gelben Stern in den Tod

Hélène Berr, Pariser Tagebuch 1942-1944.[71] Fast der erste Protest, den die 21-jährige französische Studentin in ihrem Tagebuch notiert, signalisiert, wie Diskriminierung ins Leben greift, wie sie es verändert:

11. April 1942: „Heute Abend habe ich unbändige Lust, alles hinzuschmeißen. Ich habe es *satt*, nicht normal zu sein; ich habe es satt, mich nicht mehr frei zu fühlen ...; ich habe es satt zu spüren, dass ich nicht das Recht habe, so zu sein wie früher. ..." (S. 19/20)

1. Juni 1942: „Am Vormittag noch einmal den Ancien Rivoli durchgegangen. Mama kam und brachte mir die Nachricht vom gelben Stern, ich habe sie verdrängt und gesagt: ‚Darum kümmere ich mich später.' Doch ich wusste, etwas Unangenehmes war *at the back of my mind.*

Ich bin völlig verstört von der Sorbonne nach Hause gekommen. ..." (S. 50)

4. Juni 1942: „... wir redeten über die Abzeichen-Frage. In diesem Augenblick war ich entschlossen, es nicht zu tragen. Ich betrachtete es als eine Schande und als Beweis der Unterwerfung unter die deutschen Gesetze.

Heute Abend hat sich alles wieder geändert. Ich finde, es ist Feigheit, es nicht zu tun, gegenüber jenen, die es tun werden. ... Ich will das tun, was am mutigsten ist. Heute Abend glaube ich, es zu tragen, ist am mutigsten. ..." (S. 52)

8. Juni 1942: „... Die Vögel zwitschern, ein Morgen wie der bei Paul Valéry. Auch der erste Tag, an dem ich den gelben Stern tragen werde. Das sind die beiden Seiten des gegenwärtigen Lebens: die Frische, die Schönheit, die Anfänge des Lebens, verkörpert in diesem klaren Morgen; die Barbarei und das Böse, dargestellt durch diesen gelben Stern. ..." (S. 53)

9. Juni 1942: „... Ich wollte den Stern nicht tragen, schließlich habe ich es doch getan, weil ich meinen Widerstand feige fand. ... Und dann in der

[71] Auszüge der Tagebucheintragungen aus: Hélène Berr, Pariser Tagebuch 1942-1944, München 2011. Die Seitenangaben der wiedergegebenen Passagen befinden sich jeweils am Ende des Zitates in Klammern.

Metro, ... sagte mir der Kontrolleur: ‚Letzter Wagen'. Das Gerücht, das sich gestern verbreitet hatte, stimmte also. ... Um Punkt zwei kam ich in den großen Hof der Sorbonne, ich glaubte, Molinié in der Mitte zu erblicken ... Er redete sehr freundlich mit mir, doch sein Blick mied meinen Stern. Wenn er mich ansah, schaute er weiter nach oben, ... Wir sprachen über die Prüfung, aber ich spürte, dass alle Gedanken um dieses Abzeichen kreisten. ..." (S. 57/58)

24. Juni 1942: „... Papa verhaftet ... Der Inspektor behauptete, Papa wäre wieder freigelassen worden, wenn der Stern richtig angenäht gewesen wäre ..." (S. 74)

3. Juli 1942: „Ich wache mit einem einzigen klaren Gedanken auf: Wir sollen uns einer erbärmlichen Feigheit schuldig machen. Was war von den Deutschen auch anderes zu erwarten? Im Austausch gegen Papa nehmen sie uns, was wir am meisten schätzen: unseren Stolz, unsere Würde, unseren Widerstandsgeist. Keine Feigheit. Die anderen Leute glauben, dass wir uns bei dieser Feigheit auch noch freuen. Freuen! Mein Gott. ... Sie wollen uns verachtenswert machen, sie wollen keine Bewunderung für ihre Opfer hervorrufen. Aber wenn das so ist, dann gelobe ich, ihnen weiterhin mit all meinen Kräften im Wege zu stehen. In mir gibt es zwei Gefühle, die mehr oder weniger auf dasselbe hinauslaufen, auch wenn sie unterschiedlicher Art sind: das erste ist das Gefühl von Feigheit, der man sich durch Fortgehen schuldig macht, eine Feigheit, zu der wir gezwungen werden, Feigheit gegenüber den anderen Internierten und den hilflosen Armen; und dann das Gefühl, die Freude am Kämpfen zu opfern, und das heißt, ein Glück zu opfern, weil es außer der Freude an diesem Heldenmut noch den Lohn der Freundschaft, der Gemeinschaft im Widerstand gibt." (S. 91/92)

5. Juli 1942: „... Man kann die Ungeheuerlichkeit dieses Unrechts, die Niedertracht dieser Behandlung nicht begreifen, weil sie zu groß ist, auch weil wir gewohnt sind, auf alles gefasst zu sein. ..." (S. 96)

10. Juli 1942: „... Neue Verordnung heute, für die Metro. Heute Morgen übrigens wollte ich in der Station École Militaire gerade in den ersten Wagen steigen, als ich plötzlich begriff, dass die brutalen Worte des Kontrolleurs mir galten: ‚Sie da drüben, in den anderen Wagen.' Ich bin wie eine Verrückte gelaufen, um sie nicht zu verpassen, und als ich im vorletzten Wa-

gen saß, schossen mir Tränen in die Augen, Tränen der Wut, als Reaktion auf diese Brutalität.

Die Juden dürfen die Champs-Élysées nicht mehr überqueren. Theater und Restaurants sind ihnen verschlossen. Die Nachricht ist in einem natürlichen und scheinheiligen Ton abgefasst, als wäre es eine vollendete Tatsache, dass in Frankreich Juden verfolgt werden ..." (S. 100/101)

19. Juli 1942: „... Eine Frau, die verrückt geworden ist, hat ihre vier Kinder aus dem Fenster geworfen. Die Polizisten gingen in Sechsergruppen vor, mit Stablampen. ..." (S. 108)

7. September 1942: „...Wir haben heute Vormittag eine ganz junge Frau dagehabt, deren Vater vor sechs Monaten deportiert wurde, die Mutter vor vier Wochen, und ihr 7 Monate altes Baby ist soeben gestorben. Sie hat sich geweigert, für die Deutschen zu arbeiten, obwohl sie dadurch die Freilassung ihrer Mutter erwirkt hätte. Ich habe das bewundert, und doch zweifle ich in manchen Augenblicken beinahe am absoluten Wert moralischer Grundsätze, denn alle verbiegen sie oder bezahlen dafür mit dem Tod." (S. 131)

10. Oktober 1943 „... Ich habe eine Pflicht zu erfüllen beim Schreiben, denn die anderen müssen Bescheid wissen. In jeder Stunde des Tages wiederholt sich die schmerzliche Erfahrung zu merken, dass *die anderen* nichts wissen, dass sie nicht einmal etwas ahnen von dem Leiden anderer Menschen und dem Bösen, das manche Menschen anderen zufügen. ...

Denn wie soll man die Menschheit anders heilen, als indem man ihr zuerst ihre ganze Fäulnis zeigt, wie soll man die Welt anders läutern, als indem man ihr das Ausmaß des Bösen, das sie begeht, begreiflich macht? Alles ist eine Frage des Begreifens. Diese Wahrheit ist es, was mich ängstigt und quält. Nicht durch den Krieg wird man das Leid rächen: Blut schreit nach Blut, die Menschen verwurzeln sich in ihrer Bösartigkeit und in ihrer Blindheit. Könnte man den schlechten Menschen das Böse, das sie tun, *begreiflich* machen, könnte man ihnen ein unparteiisches und vollständiges Bild dessen geben, was den Ruhm des Menschen ausmachen sollte! ..." (S. 169/170)

15. Februar 1944: „... Dreizehn, Kinder und Eltern, was werden sie mit den Kleinen tun? Wenn sie die Leute zum Arbeiten deportieren, wozu dann die Kleinen? Stimmt es, dass sie der deutschen Fürsorge übergeben werden? Bei den anderen Arbeitern, die nach Deutschland geschickt werden, nimmt man die Frauen und Kinder nicht mit. Die grauenvolle Unbegreiflichkeit, die entsetzliche Unlogik von all dem zermartert einem das Gehirn. Wahrscheinlich braucht man gar nicht nachzudenken, denn die Deutschen suchen nicht einmal nach einem Grund oder einem Nutzen. Sie haben ein Ziel, die Vernichtung.

Warum ohrfeigt mich der deutsche Soldat, dem ich auf der Straße begegne, dann nicht, warum beschimpft er mich nicht? Warum hält er mir in der Metro oft sogar die Tür auf oder entschuldigt sich, wenn er vor mir durchgeht? Warum? Weil diese Leute nichts wissen, oder eher weil sie nicht mehr *denken;* sie sind für die unmittelbare Tat, die man ihnen befiehlt. Aber sie sehen die unbegreifliche Unlogik nicht, die darin besteht, mir in der Metro die Tür aufzuhalten und mich vielleicht morgen zu deportieren ...

Würden sie etwas fühlen, wenn sie Bescheid wüssten? ... Dafür sind sie zu abgestumpft.

Und dann denken sie nicht, ich komme immer wieder darauf zurück, ich glaube, das ist die Grundlage des Bösen; und die Macht, auf die sich das Regime stützt. Das eigene Denken, die Reaktion des individuellen Gewissens zerstören, das ist der erste Schritt des Nazismus. ...

Wer wird einmal sagen, was jeder Einzelne gelitten hat. ..." (S. 277-279)

Hélène Berr wird im März 1944 mit ihren Eltern deportiert. Sie stirbt im April 1945 im Konzentrationslager Bergen-Belsen. Fünf Tage bevor das Lager aufgelöst wird.

Zweites Zeugnis: Todeslager

Primo Levi wurde 1944 als Mitglied des antifaschistischen Widerstands, der Resistenza, verhaftet und nach Auschwitz deportiert. Die Zwischenüberschriften entsprechen denen seines Berichtes.[72]

---

[72] Primo Levi, Ist das ein Mensch? Die Atempause, München 1988. Die Seitenangaben der

„Die Fahrt"

„Mit der absurden Präzision, an die wir uns später gewöhnen sollten, nahmen die Deutschen den Appell vor. ‚Wieviel Stück?' fragte der Oberscharführer zum Schluß; und der Rottenführer stand stramm und meldete, es seien sechshundertundfünfzig ‚Stück', und alles stimmte. Sodann verlud man uns auf Autobusse und brachte uns zum Bahnhof Capri. Dort erwarteten uns Zug und Bewachung. Und dort bekamen wir die ersten Schläge. Das war so neu für uns und so unsinnig, daß wir keinen Schmerz empfanden, weder körperlichen, noch seelischen. Nur tiefe Verwunderung: Wie kann man einen Menschen schlagen, ohne zornig zu sein?" (S. 24)

„Alle erfahren früher oder später in ihrem Leben, daß ein vollkommenes Glück nicht zu verwirklichen ist, doch nur wenige stellen auch die umgekehrte Überlegung an: daß es sich mit dem vollkommenen Unglück geradeso verhält. ... Gerade die Entbehrungen, die Schläge, die Kälte und der Durst haben uns während der Fahrt und auch nachher vor der Leere einer abgrundlosen Verzweiflung bewahrt." (S. 25)

„Mit einmal löste sich dann alles auf. Die Tür wurde krachend aufgerissen, das Dunkel hallte wider von fremden Befehlen, jenem barbarischen Gebell kommandierender Deutscher, die sich eines jahrhundertealten Ingrimms zu entledigen scheinen." (S. 27)

„Abseits standen breitbeinig und teilnahmslos ein Dutzend SS-Leute. Aber dann drängten sie sich zwischen uns und begannen mit leiser Stimme und steinernen Gesichtern, uns rasch nacheinander in schlechtem Italienisch auszufragen. Nicht alle, nur einige wenige: ‚Wie alt? Gesund oder krank?'. Und sie wiesen je nach der Antwort in zwei verschiedene Richtungen." (S. 27)

„In der Tiefe"

„Wir müssen uns in Fünferreihen aufstellen und untereinander zwei Meter Abstand halten; dann müssen wir uns ausziehen, ...

Ich habe noch nie nackte alte Männer gesehen. ...

---

nachfolgend wiedergegebenen Passagen befinden sich jeweils am Ende des Zitates in Klammern.

Die Tür führt ins Freie, ein eiskalter Wind fegt herein, und wir sind nackt und legen die Arme über den Leib. Der Wind schlägt die Tür zu; der Deutsche öffnet sie wieder und weidet sich an dem Anblick, wie wir uns einer hinter den andern krümmen, um Schutz vor dem Wind zu finden. Dann geht er und macht die Tür wieder zu.“ (S. 30/31)

„Als wir fertig sind, bleibt jeder in seinem Winkel, und wir wagen es nicht, uns anzublicken. Es gibt nichts, worin wir uns spiegeln könnten, und doch haben wir unser Ebenbild vor Augen, es bietet sich uns in hundert leichenblassen Gesichtern dar, in hundert elenden und schmierigen Gliederpuppen. So sind wir nun in ebensolche Gespenster verwandelt...

Da merken wir zum erstenmal, dass unsere Sprache keine Worte hat, diese Schmach zu äußern, dies Vernichten eines Menschen. In einem einzigen Augenblick und fast mit prophetischer Schau enthüllt sich uns die Wahrheit. Wir sind in der Tiefe angekommen. Noch tiefer geht es nicht; ein noch erbärmlicheres Menschendasein gibt es nicht, ist nicht mehr denkbar. Und nichts ist mehr unser: Man hat uns die Kleidung, die Schuhe und selbst die Haare genommen ... Auch den Namen wird man uns nehmen; wollen wir ihn bewahren, so müssen wir in uns selbst die Kraft dazu finden, müssen dafür Sorge tragen, dass über den Namen hinaus etwas von uns verbleibe, von dem, wie wir einmal gewesen.“ (S. 34/35)

„Nun denke man sich einen Menschen, dem man, zusammen mit seinen Lieben, auch sein Heim, seine Gewohnheiten, seine Kleidung und schließlich alles, buchstäblich alles nimmt, was er besitzt: Er wird leer sein, beschränkt auf Leid und Notdurft und verlustig seiner Würde und seines Urteilsvermögens, denn wer alles verloren hat, verliert auch leicht sich selbst; so sehr, dass man leichthin und ohne jede Regung verbindenden Menschentums, bestenfalls aber auf Grund reiner Zweckmäßigkeit über sein Leben und seinen Tod wird entscheiden können. So wird man denn die zweifache Bedeutung des Wortes ‚Vernichtungslager‘ verstehen und ebenso, was ich mit der Definition ‚in der Tiefe liegen‘ zum Ausdruck bringen möchte.“ (S. 35)

„Mein Name ist 174 517 ...“ (S. 35)

„Wir kennen jetzt schon zum guten Teil die maßlos komplizierte Lagerordnung. Unzählbar sind die Verbote: auf weniger als zwei Meter an den Stacheldraht heranzugehen; mit der Jacke, ohne Unterhosen oder mit der Kopfbedeckung zu schlafen; besondere Waschräume oder Latrinen zu benutzen, die ‚nur für Kapos' oder ‚nur für Reichsdeutsche' sind; an den vorgeschriebenen Tagen nicht zum Duschen zu gehen und dies an den nicht vorgeschriebenen Tagen zu tun; die Baracke mit aufgeknöpfter Jacke oder mit hochgestelltem Kragen zu verlassen; unter der Kleidung Papier oder Stroh als Schutz gegen die Kälte zu tragen; sich anders als mit entblößtem Oberkörper zu waschen.

Endlos und unergründlich sind die zu befolgenden Riten ..." (S. 41/42)

„Nun bin ich also in der Tiefe. Vergangenheit und Zukunft auszulöschen, lernt man rasch, wenn die Not drängt." (S. 45)

„Die Einführung"

„Eben darum, weil das Lager ein großer Mechanismus ist, der uns zu Tieren herabwürdigen soll, dürfen wir keine Tiere werden; auch an diesem Ort kann man am Leben bleiben und muß deshalb auch den Willen dazu haben, schon um später zu berichten, Zeugnis abzulegen; und für unser Leben ist es wichtig, alles zu tun, um wenigstens das Gerippe, den Rohbau, die Form der Zivilisation zu bewahren. Wenn wir auch Sklaven sind, bar allen Rechts... so ist uns doch eine Möglichkeit geblieben, und die müssen wir, weil es die letzte ist, mit unserer ganzen Energie verteidigen: die Möglichkeit nämlich, unser Einverständnis zu versagen. Wir müssen uns also selbstverständlich das Gesicht ohne Seife waschen ... nicht, weil es so vorgeschrieben ist, sondern aus Selbstachtung und Sauberkeit ..." (S. 48/49)

„Die Untergegangenen und die Geretteten"[73]

„Bemerkenswert scheint mir allerdings dies zu sein: Es erweist sich, daß es zwei besonders klar geschiedene Kategorien von Menschen gibt, Gerettete und Untergegangene. Andere gegensätzliche Arten (Gute und Böse, Weise und Törichte, Feige und Tapfere, Unglückliche und Glückliche) sind bei

---

[73] Vgl. dazu auch Primo Levis letztes, zu seinen Lebenszeiten von ihm veröffentlichtes Buch gleichlautenden Titels: Die Untergegangenen und die Geretteten, München 1990.

weitem nicht so klar voneinander geschieden, machen nicht den Eindruck, so angeboren zu sein, und lassen vor allen Dingen zahlreiche und komplexere Zwischenwertungen zu.

Diese Unterscheidung ist im normalen Leben nicht so augenfällig; hier kommt es nicht oft vor, daß ein Mensch sich verliert, denn für gewöhnlich ist er nicht allein, und sein Aufstieg wie sein Abstieg ist mit dem Schicksal seiner Mitmenschen verknüpft. So stellt es eine Ausnahme dar, wenn jemand grenzenlos an Macht zunimmt oder in einem fort von Niederlage zu Niederlage bis zum Ruin hinabsinkt. Auch verfügt jeder für gewöhnlich über so viel geistige, körperliche und auch finanzielle Reserven, daß ein Schiffbruch, ein Versagen vor dem Leben noch weniger wahrscheinlich ist. Dazu kommt noch, daß durch Gesetz und moralisches Bewusstsein, durch das innere Gesetz also, ein merklicher Ausgleich geschaffen wird; in der Tat gilt ein Land für umso zivilisierter, je umsichtiger und wirksamer seine Gesetze sind, die den Elenden daran hindern, allzu elend zu sein, und die Mächtigen, allzu mächtig.

Doch hier im Lager verhält sich das anders: Hier wird der Kampf um das Überleben ohne Erbarmen geführt, denn jeder ist verzweifelt und grausam allein. Wenn irgendeine Null Achtzehn strauchelt, findet er keinen, der ihm die Hand reicht; wohl aber findet er einen, der ihn aus dem Weg schafft, weil niemand daran interessiert ist, daß sich noch ein ‚Muselmann' mehr jeden Tag zur Arbeit schleppt." (S. 94/95)

„Das Resultat aus diesem erbarmungslosen, natürlichen Selektionsprozess hätte man den Lagerstatistiken entnehmen können. 1944 lebten in Auschwitz von den alten jüdischen Häftlingen (von den übrigen Häftlingen spreche ich hier nicht, denn ihre Bedingungen waren andere), von den ‚kleinen Nummern' unter Hundertfünfzigtausend nur noch ein paar hundert; *keiner* von diesen war ein gewöhnlicher Häftling in einem gewöhnlichen Kommando und mit gewöhnlicher Ration. Es blieben nur die Ärzte übrig, die Schneider, Flickschuster, Musiker und Köche, attraktive junge Homosexuelle und Freunde oder Landsleute irgendwelcher Lagerautoritäten; darüber hinaus besonders rücksichtslose, kräftige und unmenschliche Individuen, die sich (vom SS-Kommando dazu ausersehen, das in dieser Wahl eine satanische Menschenkenntnis an den Tag legte) als Kapos, Blockälteste und noch in anderen Ämtern behaupteten; und endlich diejenigen, die zwar keine besonderen Ämter bekleideten, aber vermöge ihrer Durchtriebenheit und Tatkraft stets imstande waren, mit Erfolg zu organisieren und demzufolge außer dem materiellen Nutzen und dem Ansehen auch noch Nachsicht und Achtung der Lagergewaltigen für sich buchen konnten. Wer es nicht fertigbringt, Organisator, Kombinator, Prominenter zu werden (welch grauenvolle Beredsamkeit der Ausdrücke!), der endet bald als Muselmann. Einen dritten Weg gibt es im Leben, und da ist er sogar die Regel; aber im Konzentrationslager gibt es ihn nicht.

Unterliegen ist am leichtesten: dazu braucht man nur alles auszufüllen, was befohlen wird, nichts zu essen als die Ration und die Arbeits- und Lagerdisziplin zu befolgen. Die Erfahrung hat gezeigt, dass man solcherart nur in Ausnahmefällen länger als drei Monate durchhalten kann. Alle Muselmänner, die im Gas endeten, haben die gleiche Geschichte, besser gesagt, sie haben gar keine Geschichte; sie sind dem Gefälle gefolgt bis in die Tiefe, ganz natürlich, wie die Bäche, die schließlich im Meer enden. …

Sie, die Muselmänner, die Untergegangenen, sind der Kern des Lagers: sie, die anonyme, die stets erneuerte und immer identische Masse schweigend marschierender und sich abschuftender Nichtmenschen, in denen der göttliche Funken erloschen ist und die schon zu ausgehöhlt sind, um wirklich zu leiden …

Sie bevölkern meine Erinnerung mit ihrer Gegenwart ohne Antlitz; und könnte ich in einem einzigen Bild das ganze Leid unserer Zeit einschließen, würde ich dieses nehmen, das mir vertraut ist: ein verhärmter Mann mit gebeugter Stirn und gekrümmten Schultern, von dessen Gesicht und Augen man nicht die Spur eines Gedankens zu lesen vermag.

Haben die Untergegangenen keine Geschichte, und gibt es nur einen einzigen, breiten Weg des Verderbens, so gibt es doch auch viele mühselige und unvermutete Wege der Rettung.

Der wichtigste Weg geht ... über die Prominenz. ‚Prominente' heißen die Lagerfunktionäre ...

Sie sind das typische Ergebnis der Struktur des deutschen Lagers: Man biete einigen Individuen, die ein Sklavendasein führen, eine privilegierte

Stellung, Annehmlichkeiten und die Aussicht, zu überleben, man fordere dafür den Verrat an der natürlichen Solidarität mit ihren Kameraden, und einer von ihnen wird sich gewiss dazu bereit finden." (S. 96/97)

Viele Wege haben wir ersonnen und befolgt, um nicht sterben zu müssen, so viele, wie es menschliche Charaktere gibt. Jeder von ihnen war ein aufreibender Kampf des einzelnen gegen alle, und sie stellten oft eine nicht geringe Summe von Verirrungen und Kompromissen dar. Denn überleben zu können, ohne etwas von seiner eigenen, moralischen Welt aufzugeben oder ohne ein machtvolles und unmittelbares Eingreifen des Glücks, ist nur ganz wenigen Überragenden vorbehalten ..." (S. 99)

Primo Levi starb am 11. April 1987 durch einen Sturz in den Treppenschacht seines Wohnhauses.

Keine vorwitzige oder nachkluge Summe ist zu ziehen. Sie müsste sich den dichten Beschreibungen noch länger und intensiver aussetzen. Sie sind von Imre Kertész, Cordelia Edvardson und vielen anderen, vergleichbar und ergänzend, hinterlassen worden. Die möglichst unverstellte, vorstellungskräftige Erfahrung der Beschreibungen Primo Levis aber ist nicht stumm und feierlich zu beschweigen, so sehr nachfühlende und nachdenkende Pausen erforderlich sind. Nein, feierliches Stummbleiben oder gedenkstättenhaftes Beschauen missachtete die Botschaften, um dererwillen Primo Levi und andere sprachfähig aus dem Lager aufgetaucht sind – durch das Glück rechtzeitiger Befreiung –, an Leib und Seele und menschlichem Vertrauen versehrt.

Im eigenen Leben, der eigenen Umgebung, in Beobachtungen der Umgangsformen samt ihrer analytischen Vertiefung zu erfahren und zu lernen ist:

- Wie die „großen" Menschenrechte in allen Verhältnissen und Institutionen in den Formen gegenseitiger Achtung als Gleichwertige, der materiellen und symbolischen Anerkennung, der anreizenden und abwehrend strafenden Sanktionen kleingeschrieben und täglich einzeln buchstabiert werden müssen. Die Art und Weise, in der das, was Menschen nottut, in den Konzentrationslagern entkleidet, enthäutet und beraubt worden ist, tötete die Menschen schon, bevor sie physisch vernichtet wurden.

- Das, was in der frühen Neuzeit als „Naturzustand“ beschrieben worden ist, Thomas Hobbes dichterische Konstruktion in seinem „Leviathan“ am bekanntesten, ist eine Herrschaftserfindung, wie die Konzentrationslager Herrschaftserfindungen waren. Bei Hobbes diente die Konstruktion dazu, in Natur vereinzelt projizierte Menschen – in Dauerkonkurrenz des anderen Menschen Feind – dem Gewalt hortenden Leviathan, dem ‚großen Menschen‘ *Staat*, „legitim“ zu unterwerfen. Dadurch sollte der monopolistische Gewalthaber in die Lage versetzt werden, nach innen und nach außen staatsgewalterzwungenen Frieden zu gewährleisten. Die Bedingungen friedlicher Gesellungsformen zwischen den Menschen wurden nicht bedacht. Trotz erheblicher Änderungen des sozial angereicherten und liberaldemokratisch oberflächlich legitimierten („westlichen“) Staats der Gegenwart hat die genetisch einseitige Staatsbegründung bis heute erhebliche funktionale und institutionelle Konsequenzen. Die „ungesellige Geselligkeit“ (Kant) wird normativ überhöht und globalisierend verstärkt. Sie verlangt nicht den systematischen Abbau Gewalt heckender Umstände, sondern deren gewaltförmige Hegung.
- Die Konzentrationslager belegen, indem sie Menschen mindern, zerstören und vernichten – bis zur tückischen Kenntnis darum, wie Menschen zu zerstören sind –, wie man Menschen zu ihrer eigenen Entleerung und Vernichtung kooptieren kann. Dadurch machen sie in verkehrtem Pathos fassbar, worauf es positiv ankommt, wenn es gelingen soll, dass Menschen des anderen Freund, in jedem Fall dessen mitmenschliche Partner sein können. Das Ausmaß, in dem Menschen gebeugt und in ihrem Eigensinn ausgehöhlt werden können, welchen vernichtenden Aufwand es im dauernden Kontrollwahn auf der Täterseite bedarf, belegt im kalten Herz der Unterdrückung mehr als alle anderen Argumente das menschliche Freiheitsmaß: Die Ekstase des aufrechten Gangs mit all ihren damit gesellschaftlich verbundenen Elementen.
- Der Ausnahmezustand, der Herrschaft profiliert, ist entsetzlich langweilig. Der Ausnahmezustand der Konzentrationslager führt, gegen die Absichten seiner Konstrukteure und Anwender, Einsichten mit sich, welche Bedingungen normaler Umgangsformen unter den Menschen vonnöten sind, bzw. wären. Darum sind die Nachrichten von Primo Levi und an-

deren so entscheidend wichtig. Sie könnten es im Rahmen nicht konstruierter menschlicher Möglichkeiten hier und heute sein, empfinge man sie und verhielte sich ihnen entsprechend.

- In diesem entdeckenden und reicher machenden Sinne lässt das von Primo Levi durchlittene Todeslager Auschwitz lernen, wie die gesellschaftlich-individuellen Alltage zu installieren wären. Auf dass keine Menschen mehr ihrer Seelen und Sinne, ihrer Vorstellungskräfte und ihres Verstandes beraubt werden. Weil's schmalen Herrschaftsmenschen und ihren Apparaten dient. Und darum das „Nie Wieder!" Nicht als abgegriffenes Postulat, sondern mit den nötigen Konsequenzen. Sie bewähren sich zuerst in der frei machenden Anstrengung des eigenen Verhaltens.

Drittes Zeugnis: Ghettoleben mitten in nationalsozialistischer Herrschaft

Hélène Berr beschreibt pointilistisch in ihrem fast mädchenhaft jugendtau- und leidfrischem Tagebuch 1942/1944 die ab-, dann ausgrenzenden Alltagserfahrungen, bevor sie und andere französische Jüdinnen, Kinder und Juden *ver*lagert in den frühen Tod deportiert worden sind. In „Ist das ein Mensch?" beschreibt Primo Levi 1958 „seine" Zeit in Auschwitz von seiner Verhaftung in Italien im Dezember 1943 bis zur Auflösung des Todeslagers angesichts der heranrückenden sowjetischen Armee Ende Januar 1945. Er analysiert Erlebnisse/Ereignisse und hebt sie reflektierend auf zur verallgemeinerbaren Erfahrung. Abraham Sutzkever beleuchtet dunkel, was an Entsetzlichem im Wilnaer (Vilnius) Ghetto 1941-1944 von den Nazis betrieben wurde.[74] Und er macht das Dunkel hell nicht allein in der Art, wie er das Grauen in Gedichten übers Grauen hinaustreibt. Vielmehr dokumentiert er, wie die Juden des Ghettos *ihr* Leben retteten – auch dort, wo es der Vernichtung nicht entging. Indem sie ihr Verständnis von Mensch und Gesellschaft in einer Fülle staunenswerter kultureller Aktivitäten bewahrten, unwahrscheinliche Nischen fanden und schufen. In widerständigem Eigensinn. Sutzkever selbst gelang die Flucht. Er schloss sich den Partisanen an.

[74] Abraham Sutzkever, Wilner Getto 1941-1944. Aus dem Jiddischen übertragen von Hubert Witt, Zürich 2009.

1947 wanderte er nach Palästina aus. Er lebte in Tel-Aviv. Dort ist er am 19. Januar 2010 nach schwerer Krankheit im Alter von 96 Jahren gestorben.

Zum Kind

Ob vor Hunger,
ob aus lauter Liebe
– als Zeugin war nur deine Mutter da –,
verschlingen wollt ich dich, mein Kind,
fühlend, wie dein kleiner Leib erkaltete
in meinen Fingern,
als hielte ich in ihnen fest umschlossen
ein warmes Glas mit Tee
und fühlte dessen Übergang zu Kälte.

Denn du bist nicht bloß Fremdling, nicht bloß Gast,
in unsrer Welt gebiert man niemals jemand anderen –,
sich selbst gebiert man, gleichsam einen Ring,
und diese Ringe schließen sich zu Ketten.

Kind meines,
der du heißt, in Worten, Liebe,
und ohne Worte bist du diese selbst,
du – die Mitte eines jeden meiner Träume,
verborgener Dritter,
der du von den Enden dieser Erde
im Wunder eines unsichtbaren Sturmes
zusammenführtest und zusammengossest zwei,
auf dass sie Schöpfung dir und Freude schenken:

Warum hast du verdunkelt diese Schöpfung,
indem du deine Augen zugemacht
und mich zurückgelassen, bettelarm, hier draußen,
mit einer Welt zusammen, einer eingeschneiten,
die du verworfen hast, zurückgeworfen?

Niemals hat eine Wiege Freude dir bereitet,
die immer, wenn sie sich bewegt,
in sich verborgen trägt den Rhythmus der Gestirne.
Die Sonne mag in Stücke brechen, so wie Glas,
denn niemals hast du ihren hellen Glanz erblickt,
Ein Tropfen Gift hat deinen Glauben ausgebrannt,
geglaubt hast du:
Es ist warm-süße Milch.

– – –

Verschlingen wollt ich dich, mein Kind.
Und so zu fühlen den Geschmack
von meiner Hoffnung Zukunft.
Vielleicht wirst blühen du dereinst
in meinem Blut.

Doch bin ich es nicht wert, dein Grab zu sein.
So will ich dich verschenken
an den Schnee, der ruft,
an den Schnee, der mir der erste Festtag war,
und du wirst sinken
wie ein Splitter Sonnenuntergang
in seine stillen Tiefen
und überbringen einen Gruß von mir
den erfrorenen Gräsern – – –

Wilnaer Ghetto, 18. Januar 1943[75]

[75] Abraham Sutzkever, Geh über Wörter wie über ein Minenfeld. Lyrik und Prosa, Auswahl, Übersetzung und Anmerkungen von Peter Comans, Frankfurt/M. 2009, S. 117 f. 1941 wurden im Wilner Getto Sutzkevers Mutter und sein erstgeborener Sohn ermordet.

Wilner Getto 1941-1944[76]

„Erster Teil: In den Klauen der Deutschen"

„Einmal – etwa zwei Wochen, bevor man die Juden ins Getto trieb – kam am Drahtzaun unserer neuen Arbeitsstätte in Burbischok eine Bäuerin vorbei und wies mich hin:

Hier, wo gelber Sand ist, liegen 50 Juden begraben, die Deutschen haben ihnen die Köpfe abgeschlagen. Sie hat es zufällig selber gesehen, nicht weit von da hat sie ihre Ziege gehütet, dieselbe Ziege, die sie auch jetzt weidet. Die Deutschen hätten gefesselte junge Juden gebracht und hätten ihnen mit einer Axt die Köpfe abgehackt.

Ich erzählte unserem Brigadier Kaplan-Kaplanski von dieser Geschichte, und er glaubte sie nicht. Die Bäuerinnen schwätzen gern – machte er mit der Hand eine abwehrende Geste.

Zur Mittagszeit, als die Wächter den Platz verlassen hatten, nahm ich einen Spaten und fing im Sand zu graben an. Ich hatte noch keinen halben Meter gegraben, als der Spaten auf etwas Hartes stieß. Ich schaufelte den Sand beiseite, und der Spaten wurde sehr kalt in meinen Händen. Ein Körper ohne Kopf lag über einem zweiten hingeworfen. Die Hälse sahen noch rosa und frisch aus. Wie ein blindes Auge blickte vom Rücken des einen ein gelber Flicken.

Ich habe nicht mehr weitergegraben. Tiefer bis zur Wahrheit werde ich nicht graben. Ich nahm den gelben Flicken des Opfers und zerdrückte ihn in meiner Faust." (S. 26/27)

„Am nächsten Tag ganz früh, als ich aus dem Sarg hervorkroch, war der Hof schon voller Menschen. Juden versammelten sich, stellten sich in Kolonnen auf ...

Zum ersten Mal nach über zwei Monaten sah ich bekannte Gesichter. Da ist Jakow Bergolski, der Schauspieler aus Baku, der kurz vor dem Krieg nach

[76] Abraham Sutzkever, Wilner Getto 1941-1944. Aus dem Jiddischen übertragen von Hubert Witt, Zürich 2009. Die Seitenangaben der wiedergegebenen Passagen befinden sich jeweils nachgestellt am Ende des Zitates in Klammern. Wir folgen Sutzkevers Kapiteleinteilungen.

Wilne gekommen war, um hier Theater zu spielen. Der gelbe Flicken auf seinem Herzen ist etwas größer als bei allen anderen ... Bergolski verkündet mir die frohe Botschaft, daß seine Frau einen Jungen geboren hat. ...

Ich begegne der kranken, verweinten Ehefrau Nojech Priluzkis, Frau Paule. Sie unternimmt alles, ihren verhafteten Mann zu retten. Sogar in die Gestapo zu Neugebauer persönlich war sie vorgedrungen. Der hat ihr versprochen – und es dreimal wiederholt: Die Deutschen achten Gelehrte. Paule hofft, und hat keine Kraft, die Hoffnung aufzugeben.“ (S. 28/29)

„Man führte die Juden nach einem genauen Plan ins Getto. Viele Straßen und Gassen ... wurden wirklich gleich, statt ins Getto, in den Tod geführt. Folgende Straßen haben das Getto nicht erreicht: Mickiewicz-Straße ... Kalwarjer (die Bewohner von Nummer 50 bis Nummer 1 haben es erreicht), ... Antokol und andere. Zusammen etwa 10.000 Menschen.“ (S. 46)

„Zweiter Teil: Hinter dem Tor“

„Ein Bündel Gesetze ...

- Juden dürfen nicht durch die Fenster sehen, die aus dem Getto hinausgehen. Dehalb müssen die Fenster gut zugenagelt ... sein. ...

- Es ist verboten, Blumen ins Getto zu bringen.

- Jüdische Frauen dürfen nicht gebären; wenn eine Frau gebiert, wird sie gemeinsam mit ihrem Kind getötet.

Als die Gestapo dem Direktor des Gettospitals Dr. Sedlis offiziell meldete, dass von Berlin ein Gesetz gekommen war, welches jüdischen Frauen verbot, Kinder zu gebären, entstand im Getto eine große Verstörung. ...

Wenn die jüdische Frau darum kämpfte, im Getto ein Kind zu gebären, war es auch Trost für die umgekommenen Eltern, den ermordeten Mann. Es sollte das Weiterleben des Volkes und seine Zukunft stützen. ...“ (S. 56/57)

„Das System mit den farbigen Scheinen, Nummern und Büchlein hat sich Neugebauers Kabinett ausgedacht. Die vielen Farben waren kein Zufall: Ziel war es, Verwirrung zu stiften. Die Resultate der farbigen Papiere ähnelten denen bei psychischen Luftangriffen ...“ (S. 60)

„Es war am Vorabend des Jom Kipur 1941. ...

Aus einem der Höfe hörte ich Gesang. ...

In einem langen, schmalen, fensterlosen Zimmerchen saß der Lehrer Gerschtejn in einem Kreis von Kindern und sang ihnen das Lied des Dichters Perez: ‚Hoff! der Frühling ist nicht fern'.

Ich bin gekommen, um Euren Chor zu hören', antwortete ich. ... Er nahm die Kinder näher zusammen ... und durch den Dachboden, über das Getto hin, über die ganze Welt erklang:

un sol wi wajt
noch sajn die zajt
fun libe un fun scholem, –
doch kumen wet
zi fri, zi schpet
do zajt, ess is kejn cholem.

Und wäre die Zeit des Friedens und der Liebe auch noch fern – sie wird kommen, früher oder später, diese Zeit ist nicht nur ein Traum." (S. 62-64)

„Die Hetze der Deutschen vermochte nicht, die Grundbevölkerung Wilnes in ihrer Beziehung zu den Juden zu beeinflussen. Damit meine ich natürlich nicht die Ypatinga, die litauische Gestapo und die Schaulisten. Den einheimischen Intellektuellen zugute muss erinnert werden: Die Traditionen des Humanismus und der Menschlichkeit waren bei ihnen zu sehr gefestigt, als daß der deutsche Gestank sie hätte betrunken machen können." (S. 80)

„Der Arzt Dr. med. Aksen, ein Pole, hielt Hochzeit mit einem jüdischen Mädchen aus Michalischok. Die Gestapo nahm seine Frau und die Kinder gefangen und warf sie später ins Getto. Dr. Aksen kam zu seiner Frau, lernte im Getto Jiddisch und erlitt mit ihnen das Schicksal der Gettojuden.

Im Getto wohnte auch ein Donkosak. Seine Frau war eine Jüdin.

Stasja, eine alte Dienstmagd bei der Familie Lipkowitsch, kam zusammen mit der Herrin ins Getto. Als man die jüdische Frau ermordet hatte, wurde Stasja zur Mutter für die verwaisten Kinder." (S. 81)

„Bei den 29.000, die in das erste Getto kamen, haben die Lehrer gleich die vorhandenen Kinder registriert. Die Zahl betrug 2.712. Sogleich renovierte man die beschädigten Gebäude und richtete Schulen ein. ... Der ‚schulhygienische Punkt' sorgte für die Gesundheit. ...

Die Kinder halfen selber mit, die geheimen Schulen auszubauen. Man schmückte die Zimmer mit Schriftstellerporträts, mit Wandzeitungen und Grünpflanzen. Man zeichnete Landkarten und hielt Referate.“ (S. 107)

„Zur Schulabteilung gehörten 70 Lehrer. Sie gründeten einen Verein. ...

Die Lehrer strebten danach, den Kindern die Illusion eines normalen Lebens zu schaffen. Sie glaubten, daß die Rettung schon nahe sei, und pflanzten diesen Glauben in die Herzen der Kinder ein. Sie bemühten sich nach Kräften, daß die Kinder aus dem Getto nicht als verkrüppelte Menschen hervorgehen sollten, sondern als stolze, bewusste, gesunde, fähig zu weiterer Arbeit.“ (S. 109)

„Etwa einen Tag, nachdem meine Mutter erschossen worden war, kam der junge Regisseur Wiskind zu einem Beileidsbesuch. Er bat mich zu einer Zusammenkunft mit jüdischen Schauspielern. Man hegte den Gedanken, ein Theater zu gründen. Ich sah ihn verwundert an:

‚Ein Theater im Getto?‘ – ‚Ja‘, bestätigte mir Wiskind, ‚wir müssen das Unsere tun. Uns auch mit dem Gewehr dem Feind entgegenstellen. Wir dürfen uns nicht aufgeben, keine einzige Minute. Laßt uns auch ein Theater gründen – um das Getto zu erfreuen und zu ermutigen. Wir sind vielleicht der Anfang für ein neues jiddisches Theater in der befreiten Welt.‘ ...

Es war schwer, Material zusammenzutragen. Mit welchem Wort kann man vor das Publikum treten, um die Trauer eines Volkes nicht zu entweihen? Wie kann man das Bild der Gräber von den Augen nehmen? Und durch welche Kraft kann man den Gettomenschen inspirieren, aufs neue die Heroik der Geschichte zu begreifen, Schönheit zu empfinden und an die Zukunft zu glauben?“ (S. 110)

„Beim Verstecken der Kulturschätze halfen: Selig Kalmanowitsch, Herman Kruk, Schmerke Katscherginski, Rochel Krinski, Ume Olkenitzki, Nume Markels und Dr. Daniel Fajnschtejn. Auch die Dozenten der Wilner Universität Maria Abamowitsch und der bekannte litauische Poet Kazys Boruta.

Die wichtigsten Manuskripte des jiddischen Klassikers Perez übergab ich im März 1942 der litauischen Journalistin Schimaite. Sie kam viele Male in die deutsche Einrichtung, wo ich gearbeitet habe, und trug von dort meine vorbereiteten Pakete hinaus.

Schimaite ist nicht bei uns. Weil sie den Juden half, haben die Deutschen sie gefoltert.

Im Gettoarchiv fand ich einen Brief von ihr. Den Brief schickte sie an die Lehrerin Nine Gerschtejn am Tag nach der Theateraufführung im Getto, wo Schimaite dabei war. Ich zitiere einen Teil des Briefes, zum Gedenken an diesen außergewöhnlichen Menschen: ,Teure Nine, nehmt es mir nicht übel, daß ich mich an Euch wende, obwohl ich Euch persönlich nicht kenne. Eure plastische Aufführung im Jugendclub (des Gettos, A.S.), Bialiks ,A frejlechs' (Fröhlicher Tanz), Rejsns ,Die Wand' und die Inszenierung der jiddischen Volkslieder haben mich bezaubert und erwärmt. Ja, man muss ein Volk von Gaons (Genies) sein, um in diesen Alpträumen solche künstlerischen Sachen erschaffen zu können. Gemeinsam mit der hervorragenden jiddischen Jugend bleibe ich bei der Hoffnung, daß letztendlich die Wand zerfallen und daß auf der ganzen Welt die Brüderlichkeit aller Völker herrschen wird.'" (S. 123/124)

„Der neunjährige Künstler

Meine Freundin Rochel Sarabski, eine Lehrerin im Getto, kam an einem kalten Winterabend des Januars 1943 zu mir – mit einem neuen Schüler, dem neunjährigen Samuel Bak. Sie will mir seine Zeichnungen zeigen. Ich vergaß, daß ich mich im Getto befand, daß vor einer Stunde eine schreckliche Nachricht eingetroffen war – die von Massakern in der Provinz, in den letzten noch verbliebenen jüdischen Siedlungen. Ich betrachtete die Zeichnungen, und noch mehr das bleiche seidenhäutige Jüngelchen mit den großen hellblauen Augen, sah seine durchsichtigen Äderchen, seine zarten Schläfen, sein leichtes, geheimnisvolles Lächeln, das an das Leben einer Madonna erinnerte, und spürte, daß in dem Jüngelchen etwas vorhanden war, was stärker ist als alle, die es unternehmen, unser Volk auszurotten. ...

Im Getto befand er sich insgesamt einen Monat lang. Anderthalb Jahre hatte er gemeinsam mit seiner Mutter in einem Kloster auf dem Dachboden gelegen ...

Samuel verstand die Lage nicht weniger als ein Erwachsener. ...

Die Künstler im Wilner Getto waren von Samuel begeistert. ... Zu Pejssech 1943 hat man im Foyer des Getto-Theaters eine Bilderausstellung eröffnet. Eine halbe Wand gehörte Samuel. Außer den Zeichnungen, die er vom Kloster-Dachboden mitgebracht hatte, waren hier auch neue zu sehen. Ein Bild, erinnere ich mich, zeigte: wie man von der Arbeit kommt, und die Deutschen kontrollieren am Tor. Ein anderes: das nächtliche Getto. Gezeichnet mit Tinte. Ein drittes Bild nannte der Künstler ‚Ich in der Mordaktion': wie bewaffnete Polizisten ihn in einem Versteck finden und ihn fortschleppen, zum Tode. ... Und er bekam den Gettopreis zugesprochen." (S. 124-126)

„Die unterirdische Stadt

Einst hatte sich in einer Maline (Begriff aus der Gangstersprache, bedeutet Versteck, d. Verf.) ein Dieb versteckt, ‚Man hat den Dieb in seiner Höhle geschnappt' – konnte man öfters hören. Jetzt mußte sich jeder Bürger des Gettos, außer dem Ort, wo er auf der Erde wohnen konnte, auch um ein sicheres Versteck in der Erde kümmern. Das Wort Maline wurde so populär, daß man es in verschiedenen Formen beugte: ‚man muss sich malinen ... bist ein guter Malinist ...' Und als die Frau des Lehrers Stolizki in einer Maline des zweiten Gettos ein Mädchen zur Welt brachte, bekam es den Namen Maline." (S. 138)

„Auch die Kunst gedieh unter der Erde. In den Röhren der Kanalisation wohnte ein halbes Jahr lang die Komponistin Bernschtejn. ... Die Künstlerin hörte Tag und Nacht, wie die Mäuse mit ihren Füßchen im Wasser plantschten, und durch das Gewölbe widerhallten ihre wunderlichen Klänge; zugleich wurden in den Wassern allerlei Glas- und Blechstückchen, auch Steinchen mitgeschwemmt, und das alles mitsamt den Mäuseklängen erzeugte für die Künstlerin solche Harmonien, daß sie in den Kanalröhren eine Komposition schrieb." (S. 150)

„Dritter Teil: Die ‚Vereinigte Partisanenorganisation im Wilner Getto' (FPO)"

„Der erste Aufruf

Laßt uns nicht wie die Schafe zur Schlachtbank gehen! ... Brüder! Besser als freie Kämpfer fallen, statt in der Gnade der Mörder leben. Sich wehren bis zum letzten Atemzug!

1. Januar 1942. Wilne. Im Getto"

„Vierter Teil: Auf der heißen Asche“

(Wird hier nicht dokumentiert, da zu viele Erläuterungen nötig wären.)

„Ein Wagen Schuhe

Die Räder jagen, jagen
was tragen sie mir zu?
Es wimmelt auf dem Wagen
von einer Ladung Schuh.

Ach käm ein Hochzeitsbaldachin
im abendlichen Glanz,
so rollt der Karren Schuh dahin
wie Menschen, froh beim Tanz

Ist wirklich Hochzeit heute?
Was täuscht nur meinen Blick?
Das Schuhwerk ruft vertraute
Gestalten mir zurück.

Ich hör die Absätz klappern:
Wohin, wohin, wohin?
Aus alten Wilner Gassen
treibt man uns nach Berlin.

Wer wohl die Schuh getragen ...
Mir läuft durchs Herz ein Riss.
Ihr Schuh, ihr müsst mir sagen:
Wo sind sie, eure Füß?

Die Füß zu den Pantoffeln
mit Knöpfen hell wie Tau.
Mein Blick sucht ohne Hoffen
Den Säugling, sucht die Frau.

Und Schühchen, winzig kleine,
warum seh ich kein Kind?
Zieht keine Braut sich, keine
die Brautschuh an geschwind?

Ich find bei all dem Leder
der Mutter Schuh, die besten,
die trug sie hin und wieder
an Sabbat nur und Festen.

Und wie die Absätz klappern:
Wohin, wohin, wohin?
Aus alten Wilner Gassen
treibt man uns nach Berlin.

Wilnaer Ghetto, Januar 1943"[77]

---

[77] Abraham Sutzkever, Geh über Wörter wie über ein Minenfeld. Lyrik und Prosa, Auswahl, Übersetzung und Anmerkungen von Peter Comans, Frankfurt/M. 2009, S. 115 f.

Viertes Zeugnis: Arbeitslager Daimler-Benz Genshagen

In der Bundesrepublik Deutschland wurde nach 1949 „Vergangenheitspolitik" vor allem in dreierlei verwandten Weisen betrieben. Durch „Beschweigen", wie es der Philosoph Hermann Lübbe in den 1980er Jahren in vornehm rechtfertigender Entschuldigung nannte. Durch Unter-den-Teppich-kehren. Durch pauschale Entschuldigungen und Kooptationen ehemaliger Täter und Tätergehilfen in staatlichen und privaten Bereichen, pauschal der gesamten Beamtenschaft. Der Deutsche Bundestag begann 1949 damit seine schon grundgesetzlich vorgeprägte Arbeit. Das war nach der ‚bedingungslosen Niederlage' von 1945 bis 1949 schon der Fall. Die drei westlichen Besatzungsmächte ließen es bald und weiträumig zu. Vom Kalten Krieg motiviert, lockerten sie restriktive Vorschriften und übertrugen die Vergangenheit, wie es bald verräterisch hieß, „zu bewältigen", den sich rasch installierenden deutschen Behörden. In der vierten, der Sowjetischen Besatzungszone wurden einerseits ungleich drastischere Konsequenzen der Enteignung und des Umbaus vollzogen. Freilich die Doktrin des „Antifaschismus" wirkte früh als eine „Lebenslüge" der eigenen Politik und unlautere Waffe im Kalten Krieg. Sie wurde dann in der DDR verdickt. In der BRD (bis 1990), die wir allein kurz beleuchten, veränderte sich die Situation erst im Laufe der 1970er und ‚aufhaltsam' in und nach den 1980er Jahren. Jetzt wurde die nationalsozialistische „Endlösung der Judenfrage" allgemein als „Holocaust" begriffen (und als bundesdeutsches Lehnwort vom deutschen Bezug befreit. Der Ausdruck „Holocaust" wurde nach einer populären Fernsehserie Ende der 1970er Jahre inflationär). Gedenkstätten, Mahnmale u.ä.m. verbreiteten sich. Erst in den 1990er Jahren und im ersten Jahrzehnt des neuen Jahrhunderts gingen, von wenigen Ausnahmen abgesehen, die deutschen Historiker als Zunft und eine Reihe einschlägiger Institutionen daran, sich ihrer „braunen, geradezu tiefbraunen" jüngsten, aber weit und weiter entfernenden Vergangenheit zu stellen (Konrad Adenauer über seinen Staatssekretär Dr. Hans Globke in den 1950er Jahren). Vom Verband Deutscher Historiker übers Bundeskriminalamt bis zum Außenministerium. Institutionen wie der BND (Bundesnachrichtendienst) stehen noch spärlich Schlange. Die nationalsozialistische Periode war zwischenzeitlich als „Unfall" „historisiert" worden. Die nach 1949 runderneuerten Institutionen einschließlich zentraler Rechts-Kodifikationen hatten sich zeitgemäß gehäutet (oder waren zur neuen Normalität geworden). Mitläufer und Täter hatten längst die Altersgrenze erreicht.

Im Zuge der verzögerten und lückenreichen Beschäftigung mit dem Nationalsozialismus und seinen versteckten Überbleibseln wurden eine Reihe nazistischer Misshandlungen und ihrer formell privaten Mitträger und Mitnutzer lange, wenn nicht übersehen, so doch in der sumpfig abgedunkelten Vergangenheit belassen. Von verzögerten Fahndungen nach ehemaligen Tätern und Verfahren abgesehen – s. beispielhaft die faule Verfolgung Adolf Eichmanns während der 1950er Jahre oder den zähen, primär Fritz Bauer zu verdankenden Beginn des Auschwitz-Prozesses 1964/65 –, hatten unter der bundesrepublikweit allgemeinen Indolenz nicht zuletzt Überlebende der kriegsgefangenen „Fremdarbeiter" (Naziausdruck) zu leiden, Überlebende der bis zum Tod ausgebeuteten Arbeiterinnen und Arbeiter in deutschen Rüstungsbetrieben.

Nur eine Illustration von fast Verschüttetem, das erst neuerlich entdeckt und erinnerungsplastisch zugänglich ist. Für sie gilt, was Hans Keilson (gestorben am 31. Mai 2011) 1982 seiner „Vorbemerkung" zur Neuauflage seines im Versteck vor nationalsozialistischen Häschern in den Niederlanden geschriebenen wahren Geschichte (roman vrai), „Der Tod des Widersachers", notiert hat. Er habe in der neuen Ausgabe, „kein Wort, keinen Satz" verändert. „Und dies scheint mir auch in Ordnung so. Es hat sich nichts geändert: die vergangene Zeit bleibt die erlittene Zeit. Auch heute. Kein Zögern vermag das zu leugnen."[78]

Genshagen/Ravensbrück

Von ihrer die Weimarer Republik vollends einreißenden „Bewegung" bis zur „Machtergreifung" am 30. Januar 1933 war die nationalsozialistische Herrschaft von Beginn an durch eine dauernde „Mobilmachung" gekennzeichnet. Nach Innen zunächst primär und zunehmend nach „außen", „innen" zur aufrüstenden, dann zur expandierenden Rennstrecke umbauend. Als „alle Räder" seit Mitte der dreißiger Jahre für den Krieg, später für den Sieg zu „rollen" begannen und durch den „totalen Krieg" die „totale Mo-

---

[78] Hans Keilson, Der Tod des Widersachers, Frankfurt/M. 2010, S. 7.

bilmachung“ ausgeweitet und intensiviert wurde, spielten selbstverständlich deutsche Unternehmen eine mitmachende, eine zusätzlich mobilisierende Rolle. Dazu gehörte von Anfang an und in wachsendem Maße der Mercedes-Benz-Konzern. Nur der bis heute reichenden, geradezu strategischen Naivität des Wiederaufbau- und Wieder-wer-sein-wollens vom Kalten Krieg entwicklungsschnell gehätschelter „Wunderkinder“ ist es zu verdanken, dass u.a. Mercedes-Benz jahrzehntelang den sympathisch vertrottelten Chemielehrer (Lutz Götz) aus der „Feuerzangenbowle“ mimen konnte. Es stellte sich einfach „ganz dumm“. Gab's das, kapitalistische, nationalsozialistisch bis zum Tode verschärfte Ausbeutung versklavter Menschen? Trotz der mehrfach profitablen, symbolisch realen Koppelung von Hakenkreuz und (Mercedes-)Stern als führendem Firmenzeichen, gelang es dem Konzernmanagement so zu tun – über sein anhaltenden Erfolg strahlendes hundertjähriges Jubiläum 1986 hinweg –, als habe sich Mercedes-Benz unpolitisch auf technisch genial beschleunigte Geschwindigkeiten konzentriert. Vor allem nachbohrenden amerikanischen Wissenschaftlern und am meisten Helmuth Bauer ist es in den 1990er Jahren nach langen Vorarbeiten gelungen, den wohl am meisten bedrückenden Teil der braunen Firmenpolitik des Silberpfeilproduzenten aufzudecken. Davon soll im Folgenden kurz die Rede sein. Dies geschieht an Hand des Buches von Helmuth Bauer, das jüngst erschienen ist.[79]

Hierbei wird hauptsächlich ein eher summarischer Blick auf eine Gruppe geworfen werden: die zur Zwangsarbeit quer über Europa zwangsselektierten Frauen mit Schwerpunkten in Frankreich, Polen und Ungarn. Das Häuflein der Genshagener Frauen, das überlebt hat, soll in einigen Charakteristika wiedergegeben werden. Helmuth Bauer und ihn auf der Suche hilfreich unterstützende Personen haben diese Frauen an ihren (Über-) Lebensorten meist noch rechtzeitig auffinden, sprechen und miteinander zusammenbringen können. Deren von Helmuth Bauer müh- und zugleich wundersam berichtete, mit Bildern, wo immer möglich mit eigenen Äußerungen versehenen Lebens- und vor allem Genshagener Schicksale werden hier punktuell vorgestellt. Den vorhergehenden drei Beispielen ähnlich,

---

[79] Helmuth Bauer, Innere Bilder wird man nicht los. Die Frauen im KZ-Außenlager Daimler-Benz Genshagen, Berlin 2011.

Hélène Berr, Primo Levi, Abraham Sutzkever, werden nur Facetten sparsam nachgezeichnet. Sie unterfüttern menschenrechtliche Nöte und Notwendigkeiten durch die Frauen in Genshagen/Ravensbrück und ihr Leben nach dem nicht überbrückbaren Katarakt 1944/1945. Das vierte Exempel unterscheidet sich von den vorhergehenden drei vor allem dadurch, dass von den Frauen nicht nur Berichte über ihre Arbeits- und Kontrollinstitution Genshagen vorliegen. Vielmehr werden Bedürfnisse geäußert, die nicht zufriedengestellt worden sind, obwohl eine „neue", eine nicht-, ja antinationalsozialistische Zeit angebrochen war und dauert.[80]

Bevor die Frauen von Genshagen mehr vermittelt als unvermittelt das Wort erhalten sollen, ist noch auf eine Skandalsequenz aufmerksam zu machen. In dieser stellt Mercedes-Benz ein konzernmächtiges, formell privates, aber repräsentatives Exempel der BRD insgesamt dar. Es unterstreicht, wie schwer es Institutionen und ihren Vertretern fällt, die Diskontinuität ihrer Organisation und ihres Tuns anders als vergangenheitspolitisch unverbindlich und pathetisch zu schminken. Das in Worten und Handeln zu tun, was sich, und lernte man nur ein wenig, gegenwärtig von selbst verstehen sollte, zeichnet sich durch einen Schrecken der Leere, wenn nicht schleimig widerliche Rationalisierungen aus.

---

[80] Helmuth Bauer, a.a.O. Das großformatige Buch umfasst auf 704 Seiten neun zum Teil reich mit Bildern ausgestattete Kapitel und einen Anhang. Der Anhang ist nicht ein Anhang nur. Er enthält zum einen die Tausend Namen der Frauen von Genshagen. Dieser Anhang, der die missachteten Personen zunächst nominell erinnert, enthält 1000 Stolpernamen im Druck. Um den Namen so viel lebendig machende Anschauung wie möglich zu geben, sind sie zusammen zu lesen mit den Kapiteln 1 bis 3. Diese sind drei Genshagener Frauen gewidmet: Edit Bán Kiss, Ágnes Galambos Bartha und Friedel Franz Malter. Heranzuziehen sind außerdem die Kapitel 6, 7 und 8. Kapitel 6: „Die Frauen von Genshagen"; Kapitel 7 „Erinnerungen an Genshagen"; Kapitel 8 „Wiederbegegnungen mit Genshagen". Der zweite Anhang „Im Geist von Genshagen" belegt, dass das Werk in Genshagen so lange eine der propagandistischen und unternehmensorganisatorischen Herzkammern von Mercedes-Benz gewesen ist, wie lange seine Existenz mit dem Geist des „Großdeutschen Reiches" und seiner militärisch technischen Dynamik übereinstimmte oder kurze Zeit nach 1990 wieder mit einem neu-alten, regierungsamtlich aufgepumpten Innovationsgeist übereinzustimmen schien. Spitzenpolitisch war und blieb es beste repräsentative Politik, sich neben den „Stern" zu stellen. Dazu passen die Kapitel 4 und 5. Das vierte gilt „Aspekten von Selbstbild und Selbstdarstellung"; Kapitel 5 konzentriert sich auf den Betrieb, als es aufs letzte „Lederpäckchen" ankam (Metapher aus einem nazistischen Kriegslied, gemeint sind die Lederjacken der U-Bootbesatzungen): das „Werk Genshagen – ‚Das neue gigantische Projekt' (1940)".

Erster Skandal: bis es nicht mehr anders ging, vor allem bis alle Personen und institutionellen Muster ausgeschieden oder vom Staub der Gegenwart unsichtbar geworden sind, hat Mercedes-Benz in Sachen Informationen zur eigenen Vergangenheit geheimdienstgleich dicht gehalten. Die „Verschlusssachen" wurden so zögerlich zugänglich gemacht, dass die Sonne der Stern-Zukunft nicht einmal momentan von vergangenem Tun beschattet werden konnte (oder Firmen-Lernen eine Chance erhalten hätte). Was kümmern im dritten Jahrtausend primär technisch umhäkelte Taten aus vergangener Zeit, zumal in China heute der „Mercedes-Stern" global expansiv vermarktet wird?! Mercedes-Benz hat insbesondere sein kriegnährendes Tun in Rüstung und Flugzeugbau in Genshagen (und anderwärts) so in systemübergreifendes bundesdeutsches automobiles Wohlgefallen transpirieren können, dass vor allem von den beiden letzten Kriegsjahren einer endsiegenden Durchhalteproduktion auf Kosten von „Fremdarbeitern" und im KZ vergasten, als arbeitsuntauglich erkannten Frauen erst in den 1990er Jahren erinnerungsornamental die Rede sein konnte.

Fast erscheint es nur wie ein Tüpfelchen auf dem „I". Dennoch belegt die bis zum Tod aller „Fremdarbeiter/Fremdarbeiterinnen" durchgehaltene Verweigerung des Konzerns, wie sehr er gleich der herrschenden Mehrheit der doppelmoralischen Republik die Ungeheuerlichkeit ihres kollektiv vergangenen Tuns nicht an sich hat herankommen lassen. Und also zeitgemäße Elemente davon heute fortbetreibt. Darum verstärkt sich das Misstrauen, unternehmensorganisatorisch, ökonomisch und allgemeiner politisch seien auch nur Minima nötigen und möglichen Lernens erfolgt. Hartnäckig verweigerten sich Konzern und herrschende Politik der individuellen Entschädigungen für todesblutig geraubte Arbeit. Um Jahrzehnte zu spät genötigt, wäre sie nur für eine kleine Minderheit in Frage gekommen. Das bürokratische Ur- und allpräsente Argumentationsmuster entschied: der „Präzedenzfall". Wenn man einige der lebenslang Leiden gemachten Frauen individuell um ein symbolisch Geringes entschädigte, könnte, angesichts nicht in perfekter Exaktheit identifizierbarer Ansprüche, eine Welle solcher Ansprüche auf Mercedes-Benz tsunamigleich hereinbrechen. Das antinazistische – oder nur postnazistische – Minimum Morale, dass es darum gehe, den überlebenden Menschen, hier den Frauen von Genshagen, endlich ihr fundamentales Menschenrecht, eine Person zu sein, nachtäglich marginal zuzugestehen, das wurde, das wollte, das konnte nicht begriffen werden. In Bauers Buch ist der brutale Verweigerungsverhalt, reich belegt, nicht im Einzelnen analysiert worden.

Einige Facetten dessen, was die Frauen von Genshagen heute noch umtreibt oder umgetrieben hat.

Was für ein Glück in dem herrschaftsstärkeren Unglück. Dass Helmuth Bauer sich als eine Art existentieller Archäologe der Gegenwart jahrzehntelang daran gemacht hat, die Frauen lebend zu finden oder personenfüllig zu erinnern. Nie vergaß er, dass es Verletzungen gibt, die nicht heilen. Den Frauen ihre Würde zurückzugeben, die im Eigenen Substanz und Form gewinnt, vermag niemand. Sie haben sie, wenn sie die Chance hatten, selbst und zwar in Genshagen und noch auf dem Todesmarsch behalten und verteidigt. Ihre persönliche Würde aber anzuerkennen, im Sinne einer Würdigung der Würde dieser Frauen, das ist möglich, auch derjenigen, die schon in Genshagen oder Ravensbrück ermordet worden sind. Das hat Bauer vermocht. Indem er die Suche nach den geschichtsverlorenen Frauen nicht aufgegeben hat.[81]

[81] Ein New Yorker Altphilologe und Literaturwissenschaftler, nach dem Krieg geboren und aufgewachsen, Daniel Mendelsohn, erweckte bei älteren Verwandten Zeichen trauriger Erinnerung, sahen sie ihn. Sein Gesicht ähnelte einem ihm unbekannten Großonkel, der mit seiner Familie Opfer der nationalsozialistischen Politik in Polen geworden war. Mendelsohn machte sich auf die Suche ihrer Spuren kontinenteweit. Das Ergebnis: ein umfänglicher Bericht, ein faszinierendes Buch: The Lost. A search for six of six millions, New York 2006 (Dt. Die Verlorenen. Eine Suche nach sechs von sechs Millionen, Köln 2010). Die Rettung von Personen und ihres Lebenskontextes, die nur noch von Älteren sentimental erinnert wurden, untergegangen in den Schlünden nationalsozialistischer Expansionen und Exterminationen, die Daniel Mendelsohn in einer extensiven, feinsinnigen und fundreichen (Teil-)Familienbiographie gelungen ist, ist nicht hoch genug zu veranschlagen. In vielen Aspekten und Verfahren nicht zu vergleichen, ist das, was Helmuth Bauer über die Frauen und zu einem Teil noch mit den Frauen von Genshagen herausgefunden und gerettet hat, Mendelsohns Versuch analog. Darin, was oben existentielle Archäologie menschengemachter Verhängnisse genannt worden ist. Bauer und Mendelsohn belegen nicht nur den immensen Aufwand, verstockte Gegenwart auszugraben. Sie lassen nicht nur Herrschaftsverhalte in ihrer persönlichen Spiegelung begreifen. Sie werfen, wenn so zu formulieren gestattet ist, immensen Gewinn für diejenigen ab, die den Autoren lesend zu folgen mögen. Ja mehr und Ausschlag gebend: sie zeigen, dass und wie Personen, die „nur“ als Opfer erscheinen, „nur“ mit Mitleid/Mitschmerz wahrgenommen werden können, physisch, metaphysisch ungleich mehr sind. Sie haben sich als Personen bewährt, indem und während ihnen ihre Person aberkannt worden ist. Sie haben in diesem Sinne überlebt und können weiterleben.

Edit Bán Kiss, die im Oktober 1966 nicht mehr weiterleben konnte, verdeutlicht exemplarisch, wie die brutale Verdinglichung der Genshagener Arbeitsverhältnisse die Frauen sozial bodenlos machte. Ein nachträglich gefundenes Gedichtfragment tut diesen Ortsverlust kund.

„Du lebst nicht, Du existierst nicht. Du kommst nicht, Du gehst
Du ruhest nicht, Du bleibst nur stehn,
Deine Augen sind nicht blind – aber sie sehen nicht, sie schauen nur,
Auf Deine Frage gibt es keine Antwort
So verfliegen Deine Jahre
Du überquerst viele Grenzen
Du hasst, liebst, wen interessiert das,
Du bleibst fremd, mein Freund. –“[82]

Edit Kiss ist dort auch am ausdruckstärksten – so viel wir wissen –, wo es darum geht, das, was man in Worten nicht greifen kann, in Bildern zu fassen. Unmittelbar nach ihrer Rückkehr nach Ungarn hielt sie den auf sie und ihre Mitfrauen ausgeübten Zwang durch Arbeit, durch Schläge, durch Tempo, durch Hunger, durch Kontrolle in 30 Gouachen fest. Eigensinn und Eigentun wurden zerschlagen. Lang verloren, ist das ‚Album Déportation‘ von H.B. gerettet worden. Zu diesen unmittelbar nach der „Totalen Institution“ Genshagen gemalten Gouachen traten schon in Genshagen immer erneute, im weitesten Sinne ästhetische Unterbrechungen bis hin zu einem aus Brotkrumen gefertigten Rosenkranz. Sie waren gegen den schlimmsten Raub gerichtet: „alles Persönliche (ist) fortgenommen“ worden.

Obwohl das Lager darauf ausgerichtet war, die Frauen zu isolieren – und dies klappte auch zu Teilen –, wäre das unterdrückte Leben und Überleben in und nach Genshagen nicht zu verstehen ohne die täglichen Momente gegenseitiger Hilfe. Ágnes Galambos Bartha, in Genshagen und danach Edit Kiss freundschaftlich verbunden, veranlasst durch eine Deckenteilung, formulierte es später allgemein – eine Reihe von Exempeln sind über H.B.'s Wiedergabe von Gesprächen verteilt: „Solidarität gab es im Lager. Aber manche, die schon längere Zeit drinnen waren, hatten ihre Nerven und ihre

[82] Helmuth Bauer, Innere Bilder wird man nicht los. Die Frauen im KZ-Außenlager Daimler-Benz Genshagen, Berlin 2011, S. 137. Die Seitenangaben der wiedergegebenen Passagen befinden sich nachfolgend jeweils am Ende des Zitates in Klammern nachgestellt.

ganze Würde verloren, und es gab zwischen den Häftlingen auch Kampf und Streit. Ist traurig, aber doch wahr. Das Schwerste in dieser Hölle war, Mensch zu bleiben.“ (S. 166) Marina Pallisen berichtet sogar: „Wir waren gut organisiert.“ „Die große Milena hat eine schwere Arbeit bei der Motoren-Waschanlage gehabt. Sie stand neben einem großen Bassin, in dem heißes Wasser war. Dort haben wir unsere Kleider gewaschen. Wir haben uns ausgezogen, und Milena hat das Kleid zu den Motorblöcken in die Waschanlage getan. Wir waren so gut organisiert, dass danach eine andere Frau das Kleid in die Trockenanlage geben konnte. In der Abteilung, wo getrocknet wurde, haben wir einen sehr guten Meister gehabt. Der hat immer weggeschaut. Das war eine große Hilfe. Wir haben ein frisches Kleid gehabt.“ (S. 497)

Wie das in wohl jeder totalen Institution der Fall ist – deren überwiegend schlimmes und nur im Kontrollzwang berechenbares Funktionieren darf deshalb nicht einen Moment vergessen werden –, gab es in Genshagen unter Arbeitern und Meistern einzelne, kaum bei den zusätzlichen Partei-Kontrolleuren, die sich nicht nur mit den Duckern duckten. Frieda Franz Malter berichtet einen Vorfall um den Kommandoführer Friedrich Mantzel, SS-Unterscharführer. „Eines Tages fiel die Brotversorgung aus. Die dünne Grützesuppe konnte nicht annähernd als Ersatz dienen. Vielen Kameradinnen wurde übel und sie mussten sich hinlegen. Trotzdem hieß es: ‚Antreten zum Zählappell‘. Mantzel ließ lange auf sich warten, was für uns ausgehungerte Frauen noch eine zusätzliche Belastung war. Als er erschien, lagen schon sechs Frauen ohnmächtig auf dem Platz, an dem sie zu stehen hatten. Während des Zählens fielen immer neue Häftlinge zusammen. Wir durften ihnen keine Hilfe leisten. Mantzel tobte, stürzte von einer Frau zur anderen, stieß sie mit den Stiefeln in die Seiten, trat ihnen auf die Kniescheiben, auf die Schienbeine und brüllte immer, dass sie nur simulieren. ‚Aufstehen‘, ‚los‘, ‚los‘. Plötzlich kamen laute Rufe aus der Waschhalle, in der sich die Arbeiter zum Feierabend wuschen. Hinter künstlichem Blattwerk, dem Tarnnetz des Werks, hatten sie an den Fenstern alles mit angesehen und gehört. Nun riefen sie: ‚Du, Strolch, hör bloß auf, warte nur, bald werden wir Dir die Stiefeltritte heimzahlen.‘ Ganz entsetzt und feuerrot starrte Mantzel zu den Fenstern. Plötzlich gab er den Befehl zum Einrücken, und wir trugen

14 ohnmächtige Kameradinnen in unseren Keller. Das war das einzige Mal in den sechs Jahren meiner Haft, wo wir ohne Zählung vom Appellplatz gingen." (S. 217)

„Alicja Protasiewicz: *Zuckerstückchen*

Es gab unter den Deutschen Menschen, die sich trauten, etwas Gutes zu tun, die etwas riskierten. Mein Meister beispielsweise hat mich manchmal in die Kantine geschickt. Ich sollte Bier für ihn holen. Ich nahm die leeren Flaschen mit und ging in die Kantine. Dort waren viele Soldaten und ich musste warten, denn ich durfte mich da nicht einfach anstellen, und ich hatte Angst. Ich wartete also an der Seite, bis die Soldaten weg waren. Dann trat ich an die Theke und gab die Flaschen ab, stellte mich wieder ganz ruhig an die Seite, legte die Hände bescheiden auf den Rücken und wartete auf das Bier. Plötzlich merkte ich, wie jemand was in meine Hände legte. Oh Gott, wie erschrocken ich war! Ich hatte Angst, dass das jemand sehen könnte. Es ging mir gar nicht um mich, sondern darum, dass sich jemand meinetwegen verantworten müsste. Ich versteckte dieses Etwas ganz diskret unter meinem Kleid, nahm das Bier, brachte es schnell zum Meister und hatte nur noch einen Gedanken: Was ist das? Wo kann ich mir dieses Etwas anschauen? Nirgendwo, denn nicht einmal auf den Toiletten gab es Türen, alles war offen. Und ich war so gespannt, dass ich mich hinter einem Schrank versteckte, um endlich zu erfahren, was ich bekommen hatte. Es stellte sich heraus, dass der Wirt der Kantine mir Zuckerstückchen gegeben hatte. Das war eine fantastische Sache!" (S. 502) Sogleich danach berichtet Eugenia Goldberg, dass sich im Kochgeschirr eines Meisters, das sie zum Abwaschen erhielt, zuweilen „etwas zum Essen für uns übrig gelassen" befand. Sie schließt den Bericht mit einem Satz, dessen Inhalt das Verhalten aller bestimmte, ihre riesigen Unterschiede nicht zu vergessen: „Das alles fand heimlich statt, weil sich jeder vor jedem fürchtete." (ebenda)

Wo durch Arbeit die letzte Energie aus Menschen getrieben wird, Hungern zum organisierten Zustand gehört, Kontrollen möglichst keine Lücke lassen, ist Maria Walachowskas Feststellung nicht verwunderlich: „... und ich möchte auch keine Deutschen sehen ... Überhaupt hasse ich Deutsche". Eher verwundert, wie Helmuth Bauer schreibt, dass eine solche Feststellung singulär in den Aussagen der Frauen zu finden ist, die überlebt haben, Jahrzehnte später, altersmilde und erschöpft, da sie sich artikulierten. Die mutmaßlich schlimmste Erfahrung war, so noch über Hunger und ähnliche versagte Bedürfnisse hinaus Denkfühlen möglich war, wie auf einem „Viehmarkt" gemustert, nackt ohne Schutz, bar der Minimalbedingungen menschlicher Integrität nicht einmal als Instrument schonsam behandelt zu werden. Allein die Tür zur Gaskammer in Ravensbrück stand offen. Umso verständlicher und kaum ermesslich bescheiden das Verlangen der an Zahl immer mehr todgelichteten Frauen, deren Existenz Jahrzehnte zu spät überhaupt zur Kenntnis genommen worden ist: „Einen Lohn, ein Äquivalent für unsere Arbeit" zu erhalten. Doch das, was die Bundesrepublik Deutschland als rechtlich nachfolgender Staat den „Fremdarbeitern" und vollends den „Sowjetischen Kriegsgefangenen" verweigerte[83] oder nur auf Druck spät und vorbehaltsvoll ausgewählt minimal hergab, tat der arme Weltkonzern nicht anders. „An die Verantwortlichen für den großen Hunger gerichtet, wird Zenona (Ceglińska Różańska) ... bei der Versammlung der Genshagenerinnen in einer heißen Phase der sogenannten Entschädigungsverhandlungen in Warschau, einen Satz sprechen, der zum Schlusswort des Films ‚Für Lohn und Würde' werden sollte. Die Frauen waren sich darüber einig, dass es keinen Preis gibt, der das entschädigen oder gar wiedergutmachen könnte, was sie bei Daimler-Benz in Genshagen erleiden mussten. Doch stünde ihnen ohne Zweifel der Lohn für geleistete Arbeit zu. Mit einer Anerkennung dieser Forderung könnte zudem das Gefühl der Missachtung gemildert werden. ‚Wir wollen am Ende unseres Lebens ein Gefühl der Erleichterung verspüren, dass endlich etwas in Ordnung gebracht worden ist: für uns, für unsere Kinder und Enkelkinder. Das könnte auf eine schöne Weise erledigt werden, wenn es bald geschähe, noch in diesem Jahr. Ich denke, dass das Lächeln in Richtung unserer Westgrenze dann noch herzlicher werden würde.'" (S. 430)

So lässt sich auch im Zusammenhang Genshagener Frauen, Mercedes-Benz der Gegenwart und Bundesrepublik Deutschland der Eindruck nicht vertreiben: von den Frauen, wie sie Genshagen durchlitten, wie sie nach-

---

[83] Vgl. „Ich werde es nie vergessen". Briefe sowjetischer Kriegsgefangener 2004-2006, herausgegeben von KONTAKTE-KOHTAKTbl e. V. – Verein für Kontakte zu Ländern der ehemaligen Sowjetunion in Kooperation mit dem Deutsch-Russischen Museum Berlin-Karlshorst, Berlin 2007.

träglich darüber berichten konnten, kann gar nicht genug gelernt werden. Über das, was Menschen in extremen Umständen peinigt, über das, was manchen einzeln und gemeinsam die Chance gab, zu überleben, so diese von ihnen überhaupt noch abhing. Gelernt werden kann, was die Frauen hinterher als ihr größtes Leid, ihre tiefste Not, aber auch als Glück versteckter, punktuell wohltätiger Handlungen selbst auf der Täterseite erfahren haben. Und was als Glück immer wieder schier absolute Trostlosigkeit durchdrang: wechselseitige, schwesterliche Solidarität. Die Täterseite bleibt weithin grausam und stumm, in neu-alter Karriere gerade nach 1945 in Sachen eigenem Tun vergesslich und psychisch taubstumm. In den Schichten zwischen nacktem Befehl und erzwungenem Gehorsam trifft man immer wieder einzelne, meist Namenlose, die – mit Schiller formuliert – ein „menschlich Fühlen“ abweichend vom strikten aufgeherrscht verinnerlichten Weg brosamenhaft streuen macht. Solches fehlt bei den Institutionen und ihren führenden Vertretern, hier Mercedes-Benz, die die Terrorisierung der Frauen verantworteten. Sie bleiben im Korsett dessen, was sie als Unternehmensinteressen angezogen haben und sich haben anziehen lassen – oder auch ein Korsett des Staates. Darum bestätigen sie – ihren in ihnen verkörperten Absichten entgegen – ein von Helmuth Bauer zitiertes Wort Richard Glazars, Überlebender des Aufstandes in Treblinka, und verlängern seine Geltung: „In Deutschland werden sich 50 Jahre lang nur Schatten bewegen.“ Auch wenn die Kontexte und die Formen des Tuns sich teilweise erheblich verändert haben.

Mireille Mallets früher Epilog öffnet dürre Chancen.

„Da bin ich wieder in meiner kleinen Schule. Ganz nah bei mir sind die jungen braunen und blonden Köpfe über die Schulhefte gebeugt. Die heiteren und unschuldigen Stirnen wissen noch nichts um die Stürme der Zukunft. In diesem schönen Herbst, wo alles wie ein Zauberbild aus Gold- und Feuerfarben ist, rufen in der Ferne Ackersleute bei ihrem Pflug ihren Gespannen die gleichen Befehle wie früher zu, und wie in der Vergangenheit graben sich die Furchen ein für kommende Ernten. Ernten der Felder, die Ihr unendlich wiederkehrt, könntet Ihr in Eurem Zyklus eine ebenso stete Reifung der Menschen bewirken? Oder verhindert dies ein Schicksal, das auf uns kommt aus der Tiefe der Zeitalter unserer Vorfahren, gegen welches sich die Apostel aller Sekten vergeblich gestemmt haben. Das goldene Zeitalter von Friede und Liebe ist ein Mythos, der nur in der Vorstellung der Dichter besteht. Aus kleinen und kleinlichen Menschen gebildet, kann auch die Menschlichkeit nur eine kümmerliche sein. Muss es also immer übermenschliche Leiden geben, um die Menschen zu überfordern und sie aus ihrer Mittelmäßigkeit herauszureißen? Muss es wieder Konzentrationslager geben, damit das Beste in uns erblühen kann? – La Loyère, septembre 1948" (S. 571)

33. Menschenrechte – töricht Wort

„So nahm langsamerhand", schreibt Jean Améry, „in Auschwitz alles Geistige eine zwiefach neue Gestalt an: Es wurde einerseits, psychologisch, zu etwas ganz und gar Irrealem und andererseits, sofern man es in sozialen Begriffen definiert, zu einer Art von unerlaubtem Luxus. Manchmal erlebte man diese neuen Tatsachen in tieferen Schichten, als jene sind, in die man beim Schlafstrohgespräch gelangen kann: dann verlor der Geist urplötzlich seine Grundqualität, die Transzendenz."[84]

An späterer Stelle heißt es: „Alle jene Probleme, die man einem Sprachübereinkommen gemäß die ‚metaphysischen' nennt, wurden gegenstandslos. ... Mit Worten hinauszulangen über die Realexistenz wurde vor unserern Augen nicht nur zu einem wertlosen und luxuriös-unerlaubten, sondern auch zu einem höhnischen und bösen Spiel. Die Erscheinungswelt sorgte stündlich für den Nachweis, daß ihrer Unerträglichkeit nur mit den ihr immanenten Mitteln beizukommen war."[85]

Herrschaft im Extrem formiert ihre Täter und ihre Opfer konträr. Der homo sapiens, seine Chance zur Vernunft wird entkernt: seine Fähigkeit zu urteilen. Die Vorstellungskraft nämlich, sich selbst, andere Menschen und andere Dinge, sich Innenwelt und Umwelt vorzustellen und sie als Fernvertrautes erkennen zu können. Der Verlust beider miteinander verwachsener Fähigkeiten hätte zur Konsequenz, dass alles töricht würde, was man unter

---

[84] Jean Améry, a.a.O., S. 24.

[85] Ebenda, S. 42 f.

Menschenrechten verstehen kann. Wie immer man sie im Einzelnen begründe, sie blieben haltlos, versuchte man, sie nur empirisch historisch zu untermauern. Wichtig ist es gewiss, durch die Geschichte und die Geschichten der Menschen hindurch, verfolgen zu können, wie sich menschenrechtlich gewirkte Fäden hindurchziehen. Bevor sie dann eigenartig und einseitig zur Kordel der modernen Menschenrechte verzwirnt werden. So zu verfahren, wäre indes schon bei vereinzelten Fäden nicht möglich. Die Korruption der Tätermenschen ist nicht zu rationalisieren, indem man ihr ein Minimum an Vernunft unterschöbe. In jedem Fall gilt es, einer Bemerkung Saul Friedländers zufolge, das „anfängliche Gefühl der Fassungslosigkeit" frisch zu halten. Adornos Forderung der „Unnaivität" nach dem, was in der ersten Hälfte des 20. Jahrhunderts geschehen ist und dauernd anders und ähnlich möglich bleibt, würde zynisch, wäre nicht ihre andere Seite, die kindliche Arglosigkeit, ebenso präsent. Um wie viel weniger wäre der explizite Begriff „Menschenrechte" zu retten, reduzierte man die menschliche Mehrdimensionalität eindimensional. Solche Eindimensionalität herrschte gewaltsam im Tun und vorweg im Sprachmord der Nationalsozialisten. Tödliche Eindeutigkeiten. Ambivalenzfreies vernichtendes Tun. Darum wurde Karl Kraus sprachlos.[86] Existieren; wahrnehmen; sich vorstellen; schaffen im Sinne von Finden, Erfinden, Planen; und schließlich, alles Handeln in Statik und Dynamik verbindend. Das und mehr meint urteilen können. Das ist es, was Menschen zu Menschen von der Wiege bis zur Bahre entwickeln lässt. Der Potenz nach; wenn die Chance im Kontext der Zeit wahrgenommen werden kann. Mit dem nationalsozialistischen humanen Grabenbruch, anders dem sowjetischen, anders dem nach Pol Pot genannten und anders zu nennenden mehr, müssen die Menschen in ihren Gesellungen zurechtkommen. Grabenbrüche und ihre Verwerfungen gab es schon früher. Geschichtslang. Die Griechische Tragödie drückt es dramatisch aus. Die Troerinnen des Euripides beispielhaft. Der Bruch inmitten der menschlichen Entwicklung, ja der Bruch in der Humanität, den die nationalsozialistische Herrschaft,

---

[86] Vgl. Karl Kraus, Die dritte Walpurgisnacht. (Die dünnste Fackel, die Kraus je herausgab – vier Seiten: „ich bleibe stumm", heißt es in seinem Gedicht.) Sprachgewaltig sprachlos wird sie schon durch „Die letzten Tage der Menschheit", 1919-1922, präludiert, einer Tragödie über den Ersten Weltkrieg, genauer über den Ersten Weltkrieg als ersten, in seinen Folgen kaum überschätzbaren tragischen Akt des 20. Jahrhunderts.

ihr Begriff und ihre Realität in den Todeslagern darstell(t)en – erscheint als dauerndes Menetekel auf allen Wänden der global gekoppelt hintreibenden Gesellschaften. Man kann es jedoch mühelos übersehen. Dass die Mehrdimensionalität jedes Menschen und jeder seiner Gesellungen schrecklich reduziert, also simplifiziert worden ist. Und im Wandel der Geschichte als Möglichkeit nie und nimmer auszuschließen ist. Dann wird es geschehen können ohne nationalsozialistische Folterpeitschen. Dann wird es sich ereignen, ohne ihren Müttern entrissene Säuglinge mit den Knobelbechern zu zertreten. Die Gefahr der Wiederholung liegt im dauernden Gestalt-, Stimmen-, Sprach- und Instrumentenwandel. Zu hoffen ist toll, dass sich das 20. Jahrhundert, von Goya'schen Ungeheuern träumend-schlafender Vernunft voll, nicht im 21. Jahrhundert wieder belebe und neu konstituiere. Diese Hoffnung kann freilich inmitten der Tollerei einseitiger technologischer, kapitalistisch verwertbarer Innovationen nur als der bekannte Hoffnungs-Krampf geäußert werden: der spes contra spem, des Hoffens wider das Hoffen. Wenn es aber mehr geben sollte, als diesen Widerspruch ohne eigene Basis, dann hätte das Verhalten der Menschen den humanen Zusatz erbracht. Er ginge qualitativ über die nationalsozialistische und andere Vernichtungsherrschaften hinaus. Diejenigen, die ab- und ausgegrenzt worden sind; diejenigen, die gefoltert wurden, bevor die meisten von ihnen ermordet worden sind: Sie haben die Fackel des Humanen als eines Überflusses über schiere Existenz gerettet und weitergegeben.

Siebter Einschub: *Zur gefährlichen Universalität der okzidentalen Menschenrechte*

Universell oder schlechterdings menschenallgemein ohne Ausnahme und Differenzierung sollen die Menschenrechte sein. Das ist ihr kategorischer katholischer Anspruch (katholisch, griechischen Ursprungs, meint über die ganze Erde hinweg). Über die gesamte irdische Geschichte der Menschen zu gelten, statt vom päpstlichen Stuhl ex cathedra als allgemeine Menschenrechte von den Vereinten Nationen abgesegnet. Dem ist menschengut so. Wie in allen menschlichen Normen und Formen stecken auch im Guten ambivalente Momente. Gleich den kategorischen Imperativen Immanuel Kants – im Zeichen der Vernunft-Aufklärung und des Deutschen Idealismus formuliert – drohen Behauptungen des Allgemeinen von Besonderheiten abzusehen. Das macht, nach einem trefflichen Wort Ernst Blochs, ihren „Abstraktionsglauben“ aus. Und damit missachten sie Menschen als immer historisch besonders lebende, in ihrer konkreten Individualität allein lebendige Wesen. Da die *allgemeinen* Menschenrechte sich auf *besondere* Personen beziehen, wann, wo und wie immer sie leben, ergibt sich im Begriff der Menschenrechte eine Spannung. Normativ nicht zu lockern, reißt sie zwischen allgemeinem Anspruch ausnahmsloser Geltung – alle Menschen jenseits aller Unterschiede – und konkreter Geltung für besondere Menschen. Allein im Verfahren, Menschenrechte maßstäblich anzuwenden und praktisch zu verwenden, ist die Zerreißprobe von Fall zu Fall zu mildern. Dann können aktuelle Konflikte entschieden werden, ohne die Menschenrechte zu hälften: einer abstrakt allgemeinen, mit kategorischem Horn geblasener Hälfte, und einer konkret Besonderen, versehen mit authentischer persönlicher Stimme. Die Gefahren liegen auf ereignisvoller Hand.

Abstrakte Normen sind konkret zu vermitteln. Da keine vermittelnden Zwischennormen und Zwischenschritte vorgesehen sind, wird der allgemeine Anspruch behauptet, aber kasuistisch, das heißt nach Maßgabe konkreter Fälle beliebig konkretisiert. Das menschenrechtlich Allgemeine dient der normativen Verklärung konkreter Entscheidungen. Die Gelegenheiten definieren. Sie werden von der Höhensonne menschenrechtlich erhellt. Abstrakte Normen verdinglichen ob ihrer „Metaphysik der Sicherheit“. Drei berühmte Fälle illustrieren die Spannweite. Sie kommt immer erneut zum Tragen.

Prokrustes zuerst. Diese Figur der griechischen Mythologie besaß das schlechterdings richtige Bettlängenmuster. Menschen, deren er ab und an habhaft wurde, wurden aufs Normalbett gelegt. Beinkurze wurden gelängt. Beinlange wurden gekürzt. Eine Normalität des Schreckens mit ‚normal‘ tödlichem Ausgang. In allen Rassismen und anderen apodiktischen Vorurteilen wachsen Prokrustes’ Kinder gespenstisch nach.

Die Jakobiner wie andere Revolutionäre nachfolgend – oder „Fundamentalisten" ihrer Normalität – waren sich ihres Tugendanspruchs sicher (der größten Gefahr der auf Rousseau zurückgehenden Vorstellung einer nicht spezifisch begründeten volonté générale). Georg Büchner legt deshalb historisch getreu Robespierre den Satz in den Mund: „Die Tugend muss durch den Schrecken herrschen!" In Form einer angewandten Abstraktion wird das Allgemeine direkt am konkreten Menschen maßstäblich angelegt. Bei solchem Verfahren wird es terroristisch. Es rechtfertigt sich durch seine tödliche Anwendung: Die Guillotine.

In den 90er Jahren des letzten Jahrhunderts wurde eine neue Lehre des Chamäleons „Gerechter Krieg" mit dem Etikett „Humanitäre Intervention" verkündet. Das als dritte Illustration. Dieses staatlich verpasste Markenzeichen rechtfertigt Kriege, systematische Mord- und Zerstörungsunternehmen, im Namen menschenrechtlicher Kümmernis. Schrecklichen Ereignissen wird durch kriegerischen Schrecken ein vermeintliches Ende gesetzt. Menschen werden auf dem hohen Altar der Menschenrechte geopfert. Mit Staaten als ihren Priesterseminaren und weihräuchernden, machtmoralischen Intellektuellen.

Die Allgemeinheit der Menschenrechte kann auch als Mittel der Emanzipation schrecklich wirken. Jean Paul Sartre hat in seinen „Überlegungen zur Judenfrage", 1944, darauf hingewiesen.[87] „Die Juden haben jedoch einen Freund", so führt er nach längeren Kennzeichnungen zur „synkretistischen Totalität" des Antisemitismus aus, „den Demokraten. Aber er ist ein erbärmlicher Verteidiger. Gewiss erklärt er, alle Menschen hätten die gleichen Rechte, sicher hat er die Liga für Menschenrechte gegründet. Er hat sich im 18. Jahrhundert ein für alle Mal für das analytische Denken entschieden. Er ist blind für die konkreten Synthesen, die ihm die Geschichte bietet. Er kennt weder die Juden, noch die Araber, noch die Neger, noch den Bourgeois, noch den Arbeiter: er kennt nur den Menschen, der zu allen Zeiten und überall sich

[87] Jean Paul Sartre, Überlegungen zur Judenfrage, in: ders.: Überlegungen zur Judenfrage, 1994, S. 9-92.

selbst gleich ist. … So verfehlt der Demokrat, wie der Wissenschaftler, das Einzelne: das Individuum ist für ihn nur eine Summe allgemeiner Züge. Daraus folgt, dass seine Verteidigung des Juden den Juden als Menschen rettet und als Juden auslöscht. … Seine Vorstellung besteht darin, die Individuen davon zu überzeugen, dass sie in isoliertem Zustand existieren."

Sartre legt seine Argumentationshände in die Wunde des abgehoben Allgemeinen der Menschenrechte von ihrem verkündeten Anfang an bis zur unvermittelten Praktizierung heute. Menschenrechte gelten einem körper- und geschichtsfreien Abstraktum: dem Individuum. Freilich: die Abstraktion ist nicht absolut leer. Das kann bei Begriffen nicht anders sein, die von Menschen konstruiert werden. Sie sieht von allen Besonderheiten ab, die staatlichen und kapitalistischen Identifikationen und Funktionen im Wege stehen. Darum die unerträgliche Leichtigkeit des Menschenrechtsgriffs fast ohne Eigenschaften. Er wird schwer nur und zugleich wieder abstrakt dort, wo es um die Freiheit und Integrität des besitzindividualistischen Strebens und die funktionalen Erfordernisse der in Form von Personen auftretenden Ware Arbeitskraft zu tun ist.

Über der Kritik der einseitig zielenden abstrakten Allgemeinheit der okzidental gekürten Menschenrechte darf ihre kritisch detektivische Kraft gegen die terroristische Kraft irrational fixierter „Blut-und-Boden"-Besonderheiten der Nationalismen, Ethnizismen und der Kreationen von „Identity-Politics" u.ä.m. nicht vergessen werden. Menschenrechtsmethodisch zählt das analytische und praktische Verfahren. Als allgemeine Merkregel gilt zuletzt immer das Besondere. Die einzelne Person in ihrem historisch materiellen Kontext. Darum heißt Menschenrechte ernst zu nehmen, auf die Formen und Prozeduren achten, in denen ihre mangelhafte Geltung kontext- und bedingungengenau erkannt und unter spezifischen Umständen immer auch *mit* den besonderen Adressaten angewandt werden, denen sie verletzt gelten. Menschenrechte (und Demokratie) verlangen, methodisch um- und durchsichtig herauszufinden, woran es und warum es hapert. Allgemeine und besondere Umstände sind so genau wie möglich miteinander zu vermitteln. Das, was methodisch verlangt wird – man könnte eine eigene menschenrechtliche Erkenntnistheorie und Methodologie entwickeln –, nämlich Genauigkeit im Detail, das sich immer nur im allgemeineren Kontext erschließt, ist umso mehr geboten, je mehr widrige Bedingungen und widriges Verhalten verändert werden sollen. Dann kommt es darauf an, Menschenrechte nicht von außen und abstrakt aufzuherrschen. Vielmehr gilt es, mit denen zusammen, denen die menschenrechtsgemäßen Bedingungen fehlen und die meist konsequenterweise in ihrem Verhalten fehlen, veränderte soziale Orte und Prozeduren zu schaffen. Das geht nur, übt man eilig und konzentriert die nötige Kunst der Langsamkeit. Das zeitigt allmähliche Erfolge in der Regel dann, wenn keine Hauruck-Effizienzen angestrebt werden. Wenn vor allem erkannt wird, wie schwer sich Verhaltensformen – Habitus – verändern, geprägte Formen, selbst wenn die Menschen „eigentlich" an den Mängeln leiden müssten. Weil sie den erkenntnistheoretisch methodologischen Anforderungen nicht genügend folgen, sie auch nicht durchsichtig erläutern, wird von vielen Institutionen und Gruppen ihr menschrechtlich beschriftetes Plakat fehllautend vor ihnen hergetragen. Die Praxis der Menschenrechte ist nur radikaldemokratisch möglich. Sonst verdichtete sie den Herrschaftsnebel. Die fundamentale Täuschung dessen, was westwärts, auch ‚wissenschaftlich', die BRD voll dabei, unter „nation-building" als speziellem Ausdruck „humanitärer Intervention" propagiert wird, hier, in der gewaltunterstützten Stellvertreterpolitik und ihren aufgenötigten Surrogatinteressen, wird's klaffend kund.

D. Die Begründbarkeit der Menschenrechte – eine Zusammenfassung

34. ‚Heilige Nüchternheit' um der Menschenrechte willen

(Der Ausdruck „heilige Nüchternheit" wurde von Hölderlin geborgt). Euphemismen verletzen und verzerren. Sie schaden Begriff und Praxis der Menschenrechte. Mutmaßlich war nie so viel von Menschenrechten die Rede wie heute. Dazu beigetragen haben die nationalsozialistische Katastrophe, hintergründig vermittelnd die andersartige sowjetische, die Gründung der UNO 1945 und in ihrem Namen die Allgemeine Erklärung der Menschenrechte durch die seinerzeit in der UNO vertretenen Staaten am 10. Dezember 1948 in San Fransisco. Zwischenzeitlich sind in den Vereinten Nationen 200 Staaten Mitglied. Sie alle haben formell die „Allgemeine Erklärung der Menschenrechte" und eine Reihe von Zusatzerklärungen bis zu den Rechten der Indigenous Peoples, der Behinderten und der Kinder unterzeichnet. Wer an den Menschenrechten ernsthaft interessiert ist, sollte ihren Entstehungsgrund beachten. Menschenrechte sind im Wandel der Zeiten und Kontexte zu interpretieren. Verführe man so, dann erkennte man: den Menschenrechten schadet ihre festliche Kostümierung fast mehr als weltweite Praktiken, die ihnen Tag für Tag widersprechen. Nationalstaatliche Realpolitik, kapitalistisches Ziel sichernd, und globale Konkurrenz werden menschenrechtlich übersonnt, während den Menschenrechten zuwider gehandelt wird. Die Erinnerung an die Leugnung der Lebensrechte anderer durch die nationalsozialistische Herrschaft und ihren Rassismus, an vergangene Herrschaften und herrschaftstrunkene Gegenwarten fordert nichts so sehr, wie nüchterne Begriffe und nüchternes Engagement. Erst solcher Ernst schafft Verbindlichkeit. Lawrence Langers Bemerkungen gelten allgemein, will man Menschenrechte nicht dazu missbrauchen, zu verdecken, in welchem Ausmaß sie versäumt und instrumentalisiert werden. „Lehrbuchtheorien über Selbstverwirklichung, die innere Güte des menschlichen Geistes, moralisches Wachstum, sozialen Fortschritt und die wertvollen Lektionen der Geschichte taugen nichts, wenn sie die grauenvollen Vermächtnisse anspruchsvoll verschweigen, die uns die Wirklichkeit des 20. Jahrhunderts hinterlassen hat: Den Holocaust vor allem als ein herausragendes Beispiel inmitten begleitender Formen des Massensterbens durch Krieg, Revolution, Hunger, Unterdrückung und Völkermord. Unsere Herausforderung besteht darin, das Drehbuch unseres Lebens so umzuschreiben, dass es den Tod anderer bewusst aufnimmt – die Opfer unserer gewalttätigen Zeit. Durch die Art und Weise, wie die Überlebenden sich mit dem Holocaust auseinandersetzen mussten, halten sie uns dazu an. Ihr Zeugnis kann ein Muster für unsere eigenen Bemühungen werden. Indem der Akzent sich vom Erinnern des persönlichen und kollektiven Todes zum Erwarten zukünftiger Ereignisse verschiebt, können die Chancen, die das Leben bietet, begrenzter, aber zuverlässiger wahrgenommen werden." (Lawrence L. Langer, Admitting the Holocaust, 1995).

35. Menschenrechtlicher Grund prekär

Das, was von den Zeugnissen der „Endlösung" erinnert worden ist, belegt, wie menschliche Bedürfnisse sich widrigen Umständen zum Trotz äußern. In den Staaten wird ihnen bestenfalls unzureichend und einseitig interessiert entsprochen. Ob Menschenrechte anders als formell und nominell ernstgenommen werden, ergibt sich verlässlich aus dem, was Menschen äußern: in ihren Leiden und Freuden, in ihrem Widerstehen, ihren eigenen Aktivitäten, ihren Schöpfungen und ihrem Versagen. Insofern trägt der Grund. Keine andere Norm außer Selbstbestimmung und die mit ihr verbundenen soziopolitischen Erfordernisse können für sich in Anspruch nehmen, den Menschen in ihren menscheneigenen Bedürfnissen so zu entsprechen. Das belegen alle Herrschaftsopfer. Das bestätigen die Menschen, die nationalsozialistisch in Lagern gemartert und vergast wurden. Mehr als bekannt ist, wahrten sie in den äußersten Situationen ihrer menschlichen Reduktion Reste ihrer Würde über unvorstellbare Grenzen hinaus. Das taten sie selbst in dem, was wir – abständig und nicht ausgesetzt – hinterher als Illusionen bezeichnen können. Und sie widerstanden passiv und aktiv, wenn dazu Gelegenheit gegeben war. Das bezeugen Abraham Sutzkever, Emanuel Ringelblum und viele, viele andere. Das bestätigen im Widerschein gerettete Gedichte, Skizzen, Kompositionen. Das belegen Artikulationen von Menschen aus tiefer Not über die Not hinaus. Jede Nische wurde genutzt, das zu retten, was mit Jean Améry „metaphysische Dimension" genannt worden ist. Und sei's am äußersten Rande. Schulen im Ghetto. Theatergruppen, Kunst, die das Ghetto-Leben widerspiegelte und überstieg. Dennoch stoppen überall Grenzen und gähnen Brüche. Lawrence Langer mag noch einmal das Wort haben. Er fasst viele Zeugnisse unvermeidlich roh zusammen, indes notwendig, weil den Nachlesenden noch Jahrzehnte später, da sie mehrheitlich ungleich gesicherter leben, Else Lasker-Schülers Verszeilen wie aus der Seele gesprochen wirken. Die Verse hat Else Lasker-Schüler Jahrzehnte vor der „Endlösung" gedichtet:

Weltende[88]

„Es ist ein Weinen in der Welt,
Als ob der liebe Gott gestorben wär'
Und der bleierne Schatten, der niederfällt
Lastet grabesschwer.
(...)"

Nüchternheit ist angezeigt. Wenn's darum geht, dem nackten Postulat der KZ-Überlebenden annähernd gerecht zu werden: „Nie Wieder!" Denn das erfordert täglich klein gewechselte praktische Arbeit ohne hehre Worthülsen. Noch „ehrlich" gefühlte, rückwärts gewandte Sentimentalität kann zur Fluchtbewegung werden. „Erinnerungsarbeit", wie sie bibliothekendick ohne Schweiß niedergeschrieben wird, kann verführerisch täuschen. Lawrence L. Langer: „Die Ereignisse, die in diesen Protokollheften und Tagebüchern beschrieben werden (gemeint sind Aufzeichnungen aus den Ghettos; d. Verf.), verpflichten uns dazu, die Annahme aufzugeben, wie grausam immer die Umstände seien, zivilisierte Männer und Frauen behielten ihre Würde. Indem sie moralische Entscheidungen fällten und den daraus folgenden Resultaten treu blieben, unabhängig davon, ob sie von Vorteil seien oder nicht. Wenn die Herausforderung des Daseins in dem minimalen Anspruch besteht, zu überleben, dann hat die menschliche Natur keinen unkörperlichen Charakter. Die Texte lassen uns unsere Vorstellung von dem revidieren, zu was vernünftige Wesen unter Zwang in der Lage sind. Die bereits zitierte, junge anonyme Tagebuchschreiberin zeichnete auf, wie sie sich graute, als sie eines Tages ihren Vater dabei überraschte, wie er heimlich einen Teil der mütterlichen Brotration aufaß. Sie ist bestürzt. Seit sie aber weiß, wie unaufhörlicher Hunger ihren eigenen Willen zu leben infiziert hat, zögert sie, ihn zu verurteilen. Fortwährend lagen die Pflichten gegenüber Familie und Gemeinschaft mit den eigenen Bedürfnissen im Konflikt. Letztlich waren sie unvereinbar. Die kalte Gefräßigkeit der Deutschen Todesmaschine nach weiteren Opfern aus den Ghettos war unstillbar. Die Glücklichen starben vor der Deportation. Wir kennen das Schicksal der anderen. Ihr Los ließ ihnen keine Wahl. Sie waren auf die eigenen moralischen Anstrengungen zurückgeworfen." Über Lawrence Langer hinaus ist

[88] Else Lasker-Schüler: Gedichte 1902-1943, München 1993, S. 147.

einzuräumen, Menschen, und seien sie noch so zivilisiert, benötigen der küchenlateinisch Minima Physicalia ineins mit den Minima Moralia. Die Umstände und ihre Menschentreiber allein sind schuld, wenn nur noch rudimentäre Erfordernisse zählen. Dass sogar die Menschen, die dazu gezwungen worden sind, ihre Reduktion aufs krude Überleben nicht haben zugeben können, erklärt vielleicht am meisten, warum so viele Misshandelten sich selbst und ihren Nahen gegenüber nicht über ihr misshandeltes Dasein sprechen konnten. Daraus erwächst die Aufgabe an erster Stelle, immer und überall darauf zu achten, dass rohen Naturnöten zuerst genügt werde, fälschlich diskriminierend tierisch genannt. Der Mensch lebt nicht vom Brot allein, heißt wissend auch: er lebt vom Brot zuerst. Daraus erwächst die Selbsterkenntnis des Menschen. Elementares Verlangen ist durch kulturelle Sublimationen nicht zu ersetzen. Katalin Láng Antal von den Genshagener Frauen hat das Wort für die Wortlosigkeit gefunden. Über die Reproduktionen der Bilder von Edit Kiss hinweg, die auf dem Tisch ausgebreitet lagen, hat Kati zu Lena gesprochen (Lena Bauer, der Tochter Helmuth Bauers): „Meine Schwestern waren mit katholischen Männern verheiratet, also christlich und so mussten sie damals nicht weggehen, nur ich. Als ich nach Hause kam, sagten sie, Kati erzähl uns, was war? Und ich habe angefangen zu erzählen, und da haben sie auf mich so ungläubig geschaut, in den Gesichtern war das drinnen: Na, du hast ein wenig dazugegeben. Und ich weiß und ich wusste, dass ich nichts dazugegeben habe. Noch zu wenig gesagt habe von der Wahrheit. Aber wer nicht drinnen ist, der kann sich das nicht vorstellen. Da muss man darin leben, dass man weiß, wie es ist. Meine Schwester, nicht wahr, sie hat mich gern und sie hat Gutes wollen und sie hat mir doch nicht geglaubt. Sie hat mich so angeschaut: Kati, du hast doch dazugegeben. Da habe ich aufgehört, nicht weiter erzählt. Ich sehe, dass du verstehst. Weißt, man muss sehr hart dabei sein. Weißt, wer ein wenig Herz hat, nicht nur zu sich selbst, sondern zu anderen auch, für den ist das nicht so einfach. Diese Bilder sind wundervoll, wundervoll, nur das ist eigentlich idealisiert (gemeint sind die Gouachen von Edit Kiss. Hier werden die Grade und Grenzen jeder sprachlich ästhetischen Transformation erahnbar; d. Verf.). Die Tragödie ist, ein schlechter Mensch, der glaubt das nicht, dass alles wahr ist, es ist ein Bild, und in Wahrheit war es viel strenger und viel drastischer sogar wie ein Bild davon." [89]

So Lernen möglich sein sollte, gälten die alten Einsichten menschenrechtlich mehr denn je zuvor. Dem Anscheine nach eher minimale Verletzungen menschlichen Verhaltens erfrischten die alte Weisheit: Wehre den Anfängen! Hoffnungen sind dort unangebracht, wo die Forderungen des Tages übersehen werden, indem man in eine vage Zukunft hinein phantasiert. Verhindern, Vermeiden, Verhindern, Vermeiden – so tönt der tägliche Refrain. Der lässt keine Ruhe, hat man Ohren zum Hören. Vielleicht gelingt es, Sonnenflecken des Verhaltens zu mehren. Nicht umsonst heißt es in Hölderlins Hyperion: „Nicht das Größte zu zwingen, das Kleinste zu halten, ist göttlich" (freie Übersetzung d. Verf.: Non coerceri maximo sed contineri minimo, divinum est).

36. Vonnöten: Eine Radikalität des Bedingten

Irdisches Leben, seine nötigen Faktoren und Erfordernisse, werden durch Menschen bestimmt. Sie sind nicht klar und eindeutig zu berechnen. (Fast) alles ist bedingt, was wir wahrnehmen, zu kennen meinen und uns vorstellen. Die Skizzen seither handelten von Lebensbedingungen von Menschen und Gesellschaften, die Sozialisation und Verhalten maßgeblich prägten und noch prägen. Dazu sind wir in Geschichte und Gegenwart der Menschen spazieren gegangen, um Erfahrungen über sie zu sammeln. Wir gingen in von Menschen gerodeten, aufgeforsteten, sie bedrohlich traulich umgebenden Wäldern so für uns hin, um menschliches Verhalten, seine Lichtungen und ihm dräuende Gefahren zu finden, das war unser Sinn. Sich um Menschenrechte zu kümmern, besagt darum, auf diese Bedingtheiten zu achten. Sorgsam sind sie in ihrem jeweils prekären Zusammenhang in Richtung menschenrechtsgemäßem Leben zu beeinflussen.

Zwischen einer Menschenrechtspolitik in weitem Verständnis und einer herrschaftsverkehrten Pseudopolitik gähnt eine Differenz ums Ganze. Herrschaft sucht möglichst bedingungslos unbedingte Ziele zu erreichen. Indem

---

[89] Helmuth Bauer, a.a.O., S. 446.

sie ihren Interessen gemäße ‚Frei'-Räume herrschaftsutopischer Bestellung schafft. Beispiele quer durch die Geschichte bieten exzessive Experimente in ideologisch-praktischer Verschlingung. Traditionale Gesellschaften kannten schon Versuche, prätentiös Menschenunmögliches zu erzwingen. Mythen, Sagen, Tragödien, Geschichten handeln von vereinzelten oder kollektiven Formen der Hybris. Solche Vorhaben „versuchten" „die Götter", sprengten also menschliche Maße.[90] Warnungen vor Unmaßen verkünden die Seher, die Orakel, die Chöre in den Griechischen Tragödien. Das Lob „goldener" Mittelwege tönt bei Platon, vor allem bei Aristoteles. Das ist eher statischen Gesellschaften gemäß. In ihnen sind die Instrumente der Herstellung anderer Zustände begrenzt. Die von Daidalos mit Wachs geklebten Flügel seines himmelan fliegenden Sohnes Ikaros werden von der Sonne im Nu geschmolzen. Mythische Erzählungen haben zu Zeiten globalen Flugverkehrs bestenfalls verdämmernde metaphorische Bedeutung. Als konservative Mahnung, Maß zu halten, taugen sie nicht mehr. Die moderne, dynamisch zunehmende Tendenz, natürliche und soziale Hemmungen zu überwinden und prometheischen Neuerungen keine Grenze zu setzen, ist im Verlauf der Moderne zuerst im experimentell angelegten Wissenschafts- und Technikverständnis nachzulesen. Prototypisch bei Bacon, Hobbes, Descartes u.v.a. Vergleichbares gilt für die Frühgeschichte moderner Utopien. Werden sie wissenschaftlich begründet, werden die Wissenschaften utopisch. Die utopische Qualität hat mit der „Verwissenschaftlichung der Welt" und der überragenden Bedeutung der dominanten (Natur-) Wissenschaften zugenommen. Auffällt, dass der utopische Glaube Element der ‚Wirklichkeitsgesinnten' geworden ist (ein eigenartiger Reflex moderner „Wissenschaftlichkeit"). Die modernen Utopien signalisieren die Gefahr, perfekte Konstruktionen von Mensch und Gesellschaft zu repräsentieren. Neue Menschen! Neue Erde! Zu praktischen Vorhaben geworden, haben sie enorme soziale Energie frei gesetzt, Menschen zu mobilisieren, zu organisieren und ‚realistisch' nicht erreichbare Ziele erreichbar zu machen. Zugleich hat der kollektive Wille eine Pathologie der Machbarkeit und des aktuellen Machens entfesselt. Ohne Rücksicht auf Mensch und Material. An entgegengesetzten „Revolutionen" werden die Warnzeichen menschlicher Hybris

---

[90] Vgl. Schillers antiquierte und doch sprechende Ballade „Der Taucher".

zur humanen und natürlichen Katastrophe. Fast harmlos wirkt die Französische Revolution mit ihrem faszinierenden und schreckenden Versuch der Jakobiner, Robespierre und St. Just, seine bekanntesten Vertreter, die „Tugend durch den Schrecken" herrschen zu machen. Das hatte die Inthronisation der Guillotine zur Folge. Ihr folgten Napoleon und die französische Restauration als Erblasser. Man machte es sich zu leicht, wiese man auf die terroristischen Schecken ohne zureichende Kenntnis der französischen Umstände im 18. Jahrhundert. Nur in Sachen Robespierre ein literarischer, Vorsicht heischender Hinweis: „Gerade Jean-Jacques' Zartheit hatte ihn in seine Strenge getrieben (gemeint ist J.-J. Rousseau; d. Verf.); es war die Logik seiner Menschlichkeit, die ihn so grimmig stark machte. Und diese aus Menschlichkeit geborene Härte lebte weiter in ihm, Maximillien. Ja, er handelte aus dem Geist des zarten Meisters heraus, wenn er jetzt, nachdem der tausendjährige Thron Frankreichs gestürzt war, denjenigen, der auf ihm saß, ihm nachstürzte, ins Leere! ... Für den einzelnen mit seinen privaten Sorgen hatte Jean-Jacques die Milde seines ‚Pfarrers von Savoyen', für den Staat und seine Bürger die Strenge des ‚Gesellschaftsvertrags'. Er scheute sich nicht, hier zu bejahen, was er dort verneinte." (Lion Feuchtwanger: Narrenweisheit oder Tod und Verklärung des Jean-Jacques Rousseau).

Durch langen Graben getrennt, kann die Sowjetische Oktoberrevolution 1917 zur Illustration herhalten. Sensible Intellektuelle, 1937 übrigens auch Lion Feuchtwanger, rechtfertigten zunächst den millionenfachen Kulakenmord – freilich ohne dessen Ausmaß zu kennen. Sie versäumten es, sich rechtzeitig und zureichend kenntnisreich zu machen. Stattdessen „glaubten" sie an falscher Stelle. Dann übersahen sie jahrzehntelang die „Moskauer Prozesse" Ende der dreißiger Jahre des vorigen Jahrhunderts (1935-1938). Wie es Maurice Merleau-Ponty formulierte, verkannten sie den Terror als teures, aber notwendiges Sprungbrett in eine wahre humane Gesellschaft.[91] Vollends grenzenlos wurde eine regressive Ideologie mitsamt schrankenlosem Einsatz der schrankenlosen Mittel unter der NS-Herrschaft. Die Elite orientierte sich am „Volk ohne Raum"– nach der unbefragten Prämisse einer absolut geltenden „deutschen Nation" und ihres Staates. Das „Volk" sei von Gefahren und Feinden umstellt. Ein von stö-

---

[91] Maurice Merleau-Ponty, Humanismus und Terror, Frankfurt/M. 1990.

renden Menschen ‚gesäuberter' „Großraum" sollte dazu benutzt werden, die arische Herrschaftsästhetik zu perfektionieren. Verbrannte Menschen. Verbrannte Erde. Durch Arier allein und neu genutzte Erde. Der Historiker Michael Wildt hat die wichtigste Gruppe der intellektuellen Täter die „Generation des Unbedingten" genannt. Er beschrieb das „Führungskorps des Reichssicherheitshauptamtes" zu Berlin. Entgrenzungen machten den systematischen Massenmord zum Weg und Ziel in einem. Der Totenkopf als Herrschaftszeichen. „Härte" wurde darum von Himmler nicht erst in seiner Posener Rede von 1943 zum repräsentativen Schlüsselwort. Ihm korrespondiert: „dieses Konsequent-sein-müssen, Kompromisslos-sein-müssen" (Himmler 1940). Wildt summiert im 7. Kapitel seines Buches, die „Verfolgung, Vertreibung, Vernichtung 1940/41": „Dennoch hielt das RSHA (Reichssicherheitshauptamt, d. Verf.) an den von ihm gesteckten Zielen fest … Schwierigkeiten, Engpässe, Unwägbarkeiten, Hindernisse … provozierten noch radikalere ‚Lösungen'. In dieser ideologisch geprägten Praxis liegt die Erklärung für die Radikalisierung der Politik bis zum Genozid. Die Ideologie strukturierte eine spezifische Praxis, deren Aporien in der Realität nicht zur Revision der ideologischen Annahmen führten, sondern die Praxis wiederum radikalisierten. Entgrenzung als Charakteristikum des RSHA umfasst daher nicht nur die Ausweitung des Herrschaftsraums und die immense Ausdehnung der Zahl der ‚Gegner' (richtiger zu lesen: der Feinde, d. Verf.), sondern auch die Entgrenzung der Praxis, die von der Verfolgung und Vertreibung zur Vernichtung führte."[92] Ulrich Herbert hat in einer Monographie über Werner Best, zeitweise Heydrichs Stellvertreter, ein Stück Hintergrund ausgeleuchtet. Er zitiert W. Best 1936: „Der politische Totalitätsgrundsatz des Nationalsozialismus, der dem weltanschaulichen Grundsatz der organischen und unteilbaren Volkseinheit entspricht, duldet keine Willensbildung in seinem Bereiche, die sich nicht der Gesamtwillensbildung einfügt. Jeder Versuch, eine andere Auffassung durchzusetzen … wird als Krankheitserscheinung, die die generelle Einheit des unteilbaren Volksorganismus bedroht, ohne Rücksicht auf das subjektive Wollen seiner Träger ausgemerzt. ... Eine Einrichtung, die den politischen Gesundheitszustand des deutschen Volkskörpers sorgfältig überwacht, jedes Krankheits-

[92] Vgl. Michael Wildt, Generation des Unbedingten. Das Führungskorps des Reichssicherheitshauptamtes, Hamburg 2002, S. 604.

symptom rechtzeitig erkennt und ‚Zerstörungskeime' … feststellt und mit jedem geeigneten Mittel beseitigt. Das ist die Idee und das Ethos der Politischen Polizei im völkischen Führerstaat unserer Zeit."[93]

Entgrenzung in Zielen und Mitteln verengt und sprengt in einem ein „Volk", das als Köperobjekt verdinglicht und „selektiv" formiert wird. In jeder Faser musste es kontrolliert und gedanklich diszipliniert werden. Der Perspektive nach innen, die Abweichung als Krankheit und Krankheit als Giftwuchs bekämpft, korrespondiert die Perspektive nach außen. Sie erkennt Andere und Andersartigkeiten nicht an. Es sei denn als Übel, die es zu beseitigen gilt. Darum heißt die andere Seite der Entgrenzung prinzipiell unbegrenzter Zwang. Für die Nationalsozialisten und die ihren trifft Paul Parins u.a. in einem anderen Zusammenhang zitierte Forderung zu: „Fürchte den Nächsten wie dich selbst."

Fortschrittlich und/oder rückschrittlich immunisierte Grenzenlosigkeiten, die humane Sinne ausgebrannt haben, sind in nachrevolutionären Zeiten als maßlos fast zu leicht zu kritisieren. Ob die betreffenden Nachkriegs-, Nachnationalsozialismus- und Nachkommunismus-Gesellschaften geeignete Konsequenzen gezogen haben, lässt sich bezweifeln. Die Devise: „Zurück zur Normalität" macht deren Abgründe vergessen, die zu den Ausnahmezuständen von Herrschaft geführt haben. Sie klaffen in den „Wonnen der Gewöhnlichkeit". Erinnerung und Aufarbeitung der Vergangenheiten heischten, tiefer in die Gründe entgrenzter Herrschaft zu steigen, um die normalen Entgrenzungen zu beheben. Vor allem können die nachgeboren Erinnernden das Alte in neuen Gewändern und Konstellationen nicht mehr wahrnehmen. Extreme Herrschaftsformen, wie ungeheuerlich sie anmuten mögen, steckten in vormaligen Normalitäten und erneuern sich „normal". Zwischen den Extremen gibt es schier kontinuierliche Übergänge. Abschüssig zu herrschaftlich verschärften Inklusionen der „eigenen" Bevölkerung und zur Exklusion der anderen, gar wenn sie unerwünscht migrieren (müssen), neigen sich die Tage der Gegenwart. Am Beispiel liberal demokratische Verfassungsstaaten unserer Tage: „FRONTEX" ein Fanal! Gerade *wir Heutigen* leben mitten in kapitalistisch weltwirtschaftlich, politisch organisato-

[93] Ulrich Herbert, Best. Biographische Studien über Radikalismus, Weltanschauung und Vernunft 1903 -1989, Bonn, 1996, S. 164.

risch in der Regel „staatlich" und wissenschaftlich-technologisch von der innovationsmündigen Furie gehetzten Zeiten. Quantitativ und qualitativ überborden die meisten Probleme. Sie tun es derart, dass sie nur noch mit Hilfe riesiger, den sozialen und ‚natürlichen' Kontexten gegenüber rücksichtslosen Großprojekten bewältigt werden können. Dafür ist unaufhaltsames Wachstum vonnöten. Das verwirklicht heute schon und verspricht weitere grotesk wachsende Ungleichheiten. Entgrenzte Wissenschaften und Innovationen ersetzen gesellschaftliche „Lösungen". Das ist keine Zeit, da Augenmaß Chancen hätte: die Fähigkeit, Proportionen abzuschätzen und aufeinander urteilskräftig zu beziehen. Das ist mit ein Grund, warum die nicht zeitgemäß neu formulierten Menschenrechte als abstrakt allgemeine und zugleich individualistische Tupfer ohne zureichende Physik der Sitten global ohne Wirklichkeitsecho verklingen. Das Bewusstsein Allgemeiner Menschenrechte über mir und das aktuelle Interesse in mir sorgen für ein gutes Gewissen. Unverbindlichkeit als Menschenrecht!

„Eine Radikalität des Bedingten!" lautete das Ausrufezeichen am Beginn dieses Abschnitts. Gegenwärtige Umstände und Entwicklungen widersprechen diesem Postulat. Dazu gehört die ungebremste Hybris der Gegenwart mäßigendem Gerede zum Trotz (à la „Grenzen des Wachstums"). Wirtschaftswachstum wird von globalen Konkurrenzen und von niemandem mehr verantwortlich steuerbaren Macht- und Mittelaggregaten getrieben. Umso mehr wird ‚Evaluieren' Mode, mit dem einzigen Mangel: einem verlässlichen Bezugswert. Andere Wege haben nicht einmal thematischen Wert. Wissenschaftlich-technologische Innovationen ersetzen politische Gestaltung und soziale Problemlösungen. Der Verfassungsstaat der Neuzeit mit seiner hauptsächlichen Qualität – verantwortliches Regieren – war mitten im sich etablierenden Kapitalismus eine vergebliche bürgerliche Hoffnung. Heute aber ist sie weithin nichts anders als eine legitimatorisch zirzensisch verpasste Illusion. Selten waren einzelne Menschen, vor allem die Menschen, die „unten wohnen", so irrelevant wie heute.[94] Diese Beobachtung gilt, obwohl in den Monaten und Wochen, da dieser Text geschrieben

[94] Als Überblick über die Zunahme von Müll und der Entwertung ganzer Schichten von Menschen s. Zygmunt Bauman, Verworfenes Leben. Die Ausgegrenzten der Moderne, Hamburg 2005; vgl. auch Mike Davis, A Planet of Slums, Berlin/Hamburg 2008.

worden ist, in nordafrikanischen Staaten, dem „Orientgürtel" Nordafrikas bis zu Syrien und dem Jemen, Bevölkerungen wider die polizeistaatlichen Fesseln aufgestanden sind. Weil Revolten von unten sich menschenrechtsglücklich ereignen, aber nicht in dauernder (Real-)Verfassung durchschlagen, sind Menschenrechte schwieriger denn je in vereinzelten Revolten zu „retten". Im Kampf um ihren Begriff, damit sie nicht als abstrakte Normen enteignet werden, und im Kampf gegen ihren Missbrauch. Indem sie „humanitär" ausgeschlachtet werden. Die Radikalität aber, die den Bedingungen des Menschen gilt, ist mehrfach geboten. Damit man es nicht damit genug sein lasse, wenn menschenrechtlich nötigen Bedingungen nur deklamatorisch entsprochen werden. À la „Grundrechtscharta" der Europäischen Union. Wie mit den Ärmsten der Armen, den Randgruppen, den „Illegalen" und „A-Normalen" umgegangen wird, das ist das menschenrechtliche Indiz. So wie die Bildungsstandards eines Landes daran erkenntlich werden, ob und wie alle Kinder und Jugendlichen geschult werden und welche ausbildenden und beruflichen Fortsetzungen ihrer Selbstständigkeit damit verbunden sind. Die Täuschung liegt nahe, dass Menschenrechte doppelt umgangen werden. Zum einen lassen es die zuständigen Staaten dabei sein Bewenden haben, edle Normen legislativ und verfassungsfestlich festzuklopfen. „Die Würde des Menschen ist unantastbar." (Art. 1 Satz 1 GG) Welche Fetischformel! Hohl. Parfümiert. An den Formen aber, den materiellen Bedingungen und Verfahrensregelungen hapert es. Zum anderen drohen Menschenrechte, individualistisch abstrakt konzipiert, den Gebildeten und den Besitzenden zugute zu kommen. Die Arbeitslosen, die „Ungebildeten", die ausländischen Bürgerinnen und Bürger – sie fallen durch alle haltenden Roste. Schließlich sind die menschenrechtlichen Bedingtheiten ernst zu nehmen. Dann aber wird einsichtig, dass Menschenrechte nur so „gut" sind, wie es strukturell, funktionell, in Beteiligung und Verteilung mit den Makro- und Mikroinstitutionen von Politik, Ökonomie und Gesellschaft bestellt ist. Kurzum: Menschenrechte werden falsch begriffen und zu verwirklichen gesucht, begreift man sie als Sahnehäubchen anders präparierten Kaffees. Sie müssten Gesellschaft und Staat ebenso zugrunde liegen wie deren Urteilsmarge darstellen. Wenn's denn menschenrechtlich zuginge. Nicht eine Revolution maßloser Hybris, eine menschenrechtliche Revolutionierung aller Institutionen, die Menschen und Gesellschaften prägen, stünde in der Kunst gezielter, aber standfest beharrlicher Langsamkeit darum auf der Tagesordnung. Dann begänne eine menschenrechtliche Zukunft mit ihren ungleich begrenzteren Konflikten.

37. Physik und Metaphysik der Menschenrechte

Im herrschaftlichen Extremismus, beispielhaft nationalsozialistischer und sowjetischer Provenienz, entmenschen Menschen herrschaftsnackt. Als bliebe, schon bevor der Tod eintritt, nichts mehr übrig. Die Menschen nötige Mehrdimensionalität, Vergangenheit, Gegenwart und Zukunft, Körper mit Verstand, Leidens-, Lernfähigkeit und facettenreiche Vorstellungskraft sind so reduziert, dass Menschen leben und nicht mehr menschlich leben. Indem Herrschaft ihr ausgesetzte und unterworfene Menschen beseitigt und sie nur noch geringfügig als einen ihr nützlichen Rest bewahrt, verliert sie jeden Schein der Legitimation. Sie wird vergangenheits- und zukunftslos. Umso mehr nimmt die Zirkuslegitimation zu. „Events", „Events", „Events". Sie maßt sich maßlos an, Wirklichkeit in toto zu erfassen, zu schaffen, zu beherrschen. Das macht ihre Totalität aus. Eine Gegenwart ohne Schatten. Ein bloßes „An sich" ohne den Spalt eines „An - und Für sich", das man noch verstehen könnte. Allenfalls Ekel ist zu äußern (vgl. Jean-Paul Sartre: La Nausée/Der Ekel,1938). Das ist eine unmögliche, das ist die unwirklich wirkliche Situation. Jean Améry hat sie in Sachen NS-Herrschaft benannt: „Alle jene Probleme, die man einem Sprachübereinkommen gemäß die ‚metaphysischen' nennt, wurden gegenstandslos." „Metaphysisch" bezeichnet die Mehrdimensionalität, die dialektische Spannung alles Menschlichen von Leben im Tod und Tod im Leben; von Erkenntnisgewinn und Erkenntnisgrenzen, analog dazu entgrenzten und zugleich begrenzten Handelns; die den Menschen geradezu angeborene, jedenfalls nötige Fähigkeit, über sich hinaus zu denken, ja fast sich wegzudenken; projizierend mit anderen Größen bis hin zu Göttern und Gott über sich hinaus zu identifizieren und zugleich jämmerlich bei sich und in sich versessen und verstockt zu sein. In diesem Sinne ist die Fähigkeit zur Metaphysik irdisch, physisch begrenzt. Und ist sie doch einen entscheidenden Spalt weit offen, der Menschenspalt des homo sapiens, ein Wesenselement des Menschen und seiner Strebungen (so der Ausdruck „Wesen" eher als Bezeichnung einer Aporie verstanden und nicht mit unerklärten Substanzen wortraunend gefüllt wird). Und diese Fähigkeit zur Metaphysik begründet Menschenrechte, weil nur sie die Allgemeintheit der u.a. in der Trikolore gefassten Triade Freiheit, Gleichheit, Geschwisterlichkeit rechtfertigen lässt. Das hat niemand so klarsichtig formuliert wie Simone Weil. Mit ihrer ungewöhnlichen Empathie konnte sie die nationalsozialistische Brutalität 1943 nicht mehr ertragen.[95] Der Allgemeinheitsanspruch ist empirisch historisch, also durch die Physik der Sitten, noch und noch zu belegen. Um ihn aber als *allgemeinen* zu behaupten und darauf die Menschenrechte zu bauen, bedarf es des Rekurses auf ein qualitatives Mehr. Das ist aus den versammelten Einzelheiten vom uns bekannten Anbeginn an bis heute und morgen ohne „qualitativen Sprung“ nicht herzuleiten. Die Synthesis der Menschenrechte aus der Fülle der menschlichen Äußerungen ist als wirksame und tragfähige Hypothese nur möglich, weil im menschlich Physischen – dialektisch – ein metaphysisches Korn enthalten ist. Darin besteht das Fundament menschenrechtlichen Urteilens und urteilsbegründeter Praxis: die dauernde Dialektik von Allgemeinem und Besonderen. Sie endet mit dem Besonderen als *dem* Bestimmungselement.

---

[95] vgl. Simone Weil: Studie für eine Erklärung der Pflichten gegen das menschliche Wesen, in: dies., Zeugnis für das Gute. Traktate, Briefe, Aufzeichnungen, hrsg. von Friedhelm Kemp, München 1990, darin schreibt Simone Weil: „Es gibt nichts anderes, das uns zu einer allgemeinen Ehrfurcht vor dem menschlichen Wesen veranlassen könnte. Welche Formel des Glaubens oder Unglaubens ein Mensch auch gewählt haben mag, der, dessen Herz bereit ist, diese Ehrfurcht zu bekunden, anerkennt tatsächlich eine andere Wirklichkeit als die dieser Welt. Der, dem diese Ehrfurcht tatsächlich fremd ist, dem ist auch die andere Wirklichkeit fremd.“ Wenig später fährt S.W. fort: „Inmitten der tatsächlichen Ungleichheiten kann die Ehrfurcht nur dann eine gleiche gegen alle sein, wenn sie auf ein in uns allen Gleiches gerichtet ist. Die Menschen sind verschieden in ausnahmslos allen Verhältnissen, die sie mit Dingen verknüpfen, die dieser Welt angehören. Identisch ist in ihnen allen einzig das Vorhandensein einer Verbindung zu einer anderen Wirklichkeit.“ (S. 64) Siehe Simone Weils folgende Erwägungen! „Für die Ehrfurcht vor dem Menschenwesen gibt es eine einzige Möglichkeit des mittelbaren Ausdrucks, die ihr die Bedürfnisse der Menschen in dieser Welt liefern, die irdischen Bedürfnisse des Leibes und der Seele. Sie beruht auf einer Verknüpfung, die in der menschlichen Natur zwischen der Forderung nach dem Guten, die das Wesen des Menschen ausmacht, und dem Empfindungsvermögen besteht. Nichts berechtigt uns je, von irgendeinem Menschen zu glauben, dass diese Verknüpfung in ihm je nicht vorhanden sei. Sie bewirkt, dass, wenn das Leben eines Menschen, durch eine Verletzung oder Beraubung der Seele oder des Leibes zerstört oder verstümmelt wird, in ihm nicht allein das Empfindungsvermögen diesen Schlag empfängt, sondern ebenso das Verlangen nach dem Guten. Es ist dann ein Sakrileg begangen worden an dem, was der Mensch Heiliges in sich hat.“

So sehr der „metaphysische Bezug" von-Menschen-nöten ist, so wenig kann er ontologisierend, tieftauchenden Enten gleich ergrundelt werden. Es sei denn im Sinne eines „Jargon der Eigentlichkeit".[96]

Achter Einschub: *Zur Dialektik von Allgemeinem und Besonderen*

Im vorausgehenden „Einschub" sind Gefahren angeritzt worden, die im modern menschenrechtlich versachlichten Anspruch bestehen, allgemein oder universell zu gelten. An dessen Ende wurde daran erinnert, dass auf die detektivische Hebelkraft allgemeiner Normen nicht verzichtet werden kann, werden sie ihres Raubs an Besonderheiten bewusst gewonnen und vor hybridem Gebrauch durch bewusste Grenzen bewahrt.

Wie also lässt sich die kritisch messende und entdeckende Kraft universellen Anspruchs der Menschenrechte retten, ohne einem Terrorismus der Abstraktion zu erliegen? Eine abschließende Antwort gibt es nicht analog einer mathematischen Lösung. Es gibt allerdings Kautelen, die – werden sie sorgsam beachtet – Missverständnisse und Missbräuche vermeiden lassen.

Zum ersten: In Sachen Menschenrechte sind allgemeine Normen immer strikt mit den besonderen Umständen von menschlichen Gruppen und Einzelnen zusammenzudenken. Es bedarf der wechselseitigen Übersetzungen vom Allgemeinen zum Besonderen; umgekehrt ebenso: vom Besonderen zum Allgemeinen. Diese Übersetzungen sind in ihren vermittelnden Ebenen durchsichtig zu machen. Das betrifft ebenso die meist unvermeidlichen Sprünge zwischen den Vermittlungen. Restlose Vermittlungen gibt es nicht – außer im unvermittelten Reduktionismus.

---

[96] Vgl. Theodor W. Adorno, Jargon der Eigentlichkeit. Zur deutschen Ideologie, Frankfurt/M. 1964; zur erweiterten philosophischen Begründung über Adornos „Negative Dialektik" hinaus siehe: Theodor W. Adorno, Vorlesung über Negative Dialektik, Frankfurt/M. 2003.

Zum zweiten: Reisen, Probleme zu entdecken, sie zu enthüllen, sie auszugraben, Vordergründe mit Hintergründen und umgekehrt zu versehen, sind sowohl von allgemeinen Normen aus zu tun, wie von sozial konkreten Anlässen aus. Vom Allgemeinen gilt es das Konkrete als etwas zu erkennen, das aus anderen Faktoren zusammengewachsen ist; oder ein Syndrom geworden ist, ein Gerinnsel. Indem verschiedene Rinnsale zusammengeronnen sind. Ohne die Hebelkraft des Allgemeinen könnte die Oberfläche des Konkreten problemlos glatt erscheinen oder die Zahl seiner Wirkfaktoren vermöchten unentdeckt zu bleiben. Umgekehrt sind die allgemeinen Normen und Menschenrechtsbegriffe erst in dem zu erkennen, was sie auslassen, wovon sie absehen oder was sie – angewandt – schrecklich vereinfachen. Dafür ist unablässig zu fragen, o sancte Sokrate: was bedeutet beispielsweise „Würde des Menschen" für eine Hartz-IV-Empfängerin aus Berlin-Kreuzberg mit diesen und diesen Eigenschaften und der bürokratischen Anwendung des Gesetzes durch die örtliche Arbeitsagentur und ihre Vertreter? Oder: Was bedeutet Integrität in Haftanstalten, was Meinungsfreiheit für einen Schulabbrecher und Arbeitslosen?

Zum dritten: Darum müssen die allgemeinen Menschenrechte mit den allgemeinen und besonderen materiellen Bedingungen korrespondieren. Eine Person ist nie als abstrakt isoliertes Individuum vorzustellen (griechisch: atom). Sie wird, bleibt und altert dahin in ihrem sozialen Kontext. Also sind individuelle und kollektive Faktoren zusammen zu sehen. Deswegen dürfen die lokalen, regionalen und überregionalen politisch sozialen Organisationsformen nicht außer Acht gelassen werden. Wie wird mit Frauen auf dem akademischen Arbeitsmarkt umgegangen? Welchem Habitus oder, mit Max Weber gesprochen, welchem Menschentyp korrespondieren die Leistungserfordernisse schulischer und nachschulischer Institutionen?

Zum vierten: So wichtig allgemeine Normen sind, so menschenrechtlich eindeutig gelten zwei Verfahrensregeln. Alles Allgemeine spiegelt sich „positiv" und „negativ" in den Personen, die ihm ausgesetzt sind, den „schwächsten" Personen an erster Stelle. Personen spiegeln aber allgemeine Umstände und angewandte Normen nur, wenn in ihre

Spiegel ineins mit den Spiegeln ihrer sozialen Kontexte geschaut wird. Änderungen, die erforderlich erscheinen, weil die entdeckende Produktivkraft des Allgemeinen wirksam war, dürfen nur Schritt für Schritt mit den Personen als primär Bestimmenden und in ihrem Kontext erfolgen. Gerade, wenn sie dringlich sind.

Zum fünften: es gibt nichts Allgemeines, auch keine allgemeinen/universellen Menschenrechte, das nicht die Allgemeinheit von etwas Besonderem, eines besonderen Interesses ist. Anders wäre das Allgemeine schlechterdings leer und nicht zu denken (außer im Schrecken der Leere als Angst zu erfahren, Ausdruck der „Schule der Möglichkeiten", wie sie Sören Kierkegaard im „Begriff der Angst" kennzeichnet). Darum ist es angezeigt, allgemeine Feststellungen, Normen, Funktionen immer auch historisch genetisch in ihrem Entstehen, ihrer Fabrikation, Funktion u.ä.m. zu untersuchen. So gilt Hegels Satz: Eine Sache begreifen, heißt sie in ihrer Entwicklung zu verstehen.

E. Was sind und worin bestehen (die) „Menschenrechte"?

38. Verwirrender Rechtsbegriff

Strebungen, Bedürfnisse sind Menschen eigen, wie immer sie mit mehrdeutigen Begriffen benannt werden. Sie ‚machen' sie zu Menschen. Niemand außerhalb, es sei denn Menschen, definierten sie. Keine andere Instanz als die Menschen selber. Daraus erwachsen Gewissheit und Unsicherheit.

39. Menschen machen Menschenrechte

Weil der Vorrang der Menschen kollektiv und individuell gegeben ist, ist der entfremdenden Stellvertretung ein Riegel vorgeschoben. Das gilt in gleicher Weise für ihren Missbrauch. Von Menschen begründete, aber abgehoben eigendynamisch gewordene Instanzen sind nicht in der Lage, das, was Menschenrechte sein sollen, aus ihrer ‚spontanen Apperzeption' zu deduzieren. „Auch Konzilien können irren." Es gibt nur in (pseudo-) demokratischer Abstraktion eine kriterienlose Mehrheitsregel. Die Fragwürdigkeit aller menschenrechtlichen Stellvertreterpolitik macht Kritik an menschenrechtlichen Surrogaten mit propagandistischem Placebo-Effekt zur Daueraufgabe. Nur ein herrschaftshoher, mit der Aura des Menschen- und Völkerrechts und ihrer Spitzeninstanz, den United Nations, versehener Hinweis: 13 Jahre lang, 1990 bis 2003, haben die USA und Großbritannien unter dem Schirmdach der UN und der Hilfe von ihr formell dirigierter Kommissionen den Waren- und Güterverkehr mit dem Irak blockiert. Um das dortige, gerade besiegte Terrorregime und seine weiter vermuteten Versuche, Massenvernichtungswaffen herzustellen, zu konformem Verhalten zu zwingen. Dass die Blockade ihr auch ansonsten zweifelhaftes Ziel nicht erreichen würde, wurde bald kund. Sie stärkte das Regime des Saddam Hussein. Was die Blockade jedoch schaffte, war die Bevölkerung des Irak in all ihren Schichten zu verelenden. Indem keine Trockenmilch, keine Medizin und Spritzen für Kinder eingeführt werden durften, wurden deren Krankheit und Tod bewirkt. Andrew Cockburn fasst Argumente und Belege eines eindringlichen, mit dichten Informationen versehenen Buches von Joy Gordon zusammen (Invisible War: The United States And The Iraq Sanctions, Cambridge 2010):

„1991 argumentierte der Vertreter Washingtons sogar gegen den Import von Milchpulver – mit der Behauptung, er erfülle keine ‚humanitären Bedürfnisse'. Ein anderes Mal forderten die US-Diplomaten, das Komitee zur Überwachung der irakischen Importe nach der UN-Embargo-Resolution 661 solle einen Importantrag für Kinderimpfstoffe ablehnen. Diese wurden von den Waffenexperten in Washington als ‚verdächtig' eingestuft." Andrew Cockburn fährt fort: „Während der gesamten Geltungsdauer der Sanktionen verhinderten die USA auch den Import von Pumpen, die das Wasser aus dem Tigris aufbereiten sollten. Der Fluss war durch die Zerstörung der Kläranlagen zu einer offenen Kloake geworden. Auch Chlor, ohne das verseuchtes Wasser nicht gereinigt werden kann, fiel unter das Embargo. Angeblich kann es als chemische Waffe eingesetzt werden. Die Folgen waren unter anderem an den Statistiken der irakischen Kinderkrankenhäuser abzulesen. Jahr für Jahr stieg die Zahl der Säuglinge, die innerhalb des ersten Lebensjahres starben. Von 1990 bis 1997 stieg der Anteil von 3,3 auf 12,5 Prozent des Geburtsjahrgangs. Den Grund sahen die Gesundheitsexperten im verschmutzten Wasser. Das verursacht Cholera und andere Magen-Darm-Infektionen, für die Kinder besonders anfällig sind."[97]

Schwierig gestaltet sich die Selbstbestimmung ihrer *Rechte*, weil die „eigenen" Bedürfnisse der Menschen in erheblichem Maße von den gesellschaftlichen Umständen abhängig sind. Das ist ein zusätzliches Argument dafür, auf die „Physik der Sitten" sorgsam zu achten. Nur indem man menschliches Verhalten lange vergleichend beobachtet, in seinen Leiden und Freuden analysiert, lässt sich einer unqualifizierten Meinungs- und Verhaltensbehauptung durch Beobachter entgehen. Ernst Bloch hat einmal von „Philosophie als einer Detektivgeschichte" gesprochen. Analog dazu müsste man über die Menschenrechtsgeschichte als Detektivgeschichte verschiedener kriminologischer Schulen sprechen. Die Abhängigkeit der Bedürfnisse und der Münder, die sie als („eigene") Meinungen ausdrücken, von den gegebenen mikro- und makropolitischen Umständen zeigt den schwankenden Grund, auf dem wir bestimmen, was den Menschen nottut. Wie könnten kollektive und individuelle Selbsttäuschungen bis hin zu Massenpaniken vermieden werden? Anders würden Menschenrechte beliebige Größen gesellschaftlicher Situationen. Paul Feyerabends methodenkritisches Postulat in seinem Traktat „Freie Erkenntnis für freie Menschen" wäre im Sinne einer Toleranz aus Mangel an Urteilskriterien einzig folgerichtig. Jedem das Seine, jeder das Ihre. Allein ein Blick darauf, wie gegenwärtig im europäischen 17. und 18. Jahrhundert (klassen-)bürgerlich entdeckte, allgemein formulierte Menschenrechte in ihren sozialen Bedingungen und im Verhalten der Menschen erodieren und wegrutschen, demonstriert die letzte Welle der wissenschaftlich technologischen, weltkapitalistisch eingekapselten Neuerungen. Schon bevor die technologisch beschleunigte und Technologie beschleunigende Welle im letzten Drittel des 20. Jahrhunderts anhob, hat Günther Anders in einer teils überholten, in vielen Kernaussagen jedoch nach wie vor bedenkenswerten Analyse von der „Antiquiertheit des Menschen" im Sinne des überkommenen modernen Verständnisses „des Menschen" gesprochen. Nimmt man sich ein wenig Zeit, um nur die Veränderungen zu summieren, die im eigenen Umkreis der Erlebnisse und Erfahrungen durch die Infor-

---

[97] Andrew Cockburn, Worth It, in: London Review of Books 22 July 2010. Dt. Fassung: Der andere Krieg gegen den Irak, in: Le Monde Diplomatique, September 2010, S. 1 sowie 8 f.

mations- und Kommunikationstechnologien im letzten Vierteljahrhundert bewirkt worden sind und anhaltend bewirkt werden, dann erhält man eine Ahnung davon, wie unsere Bedürfnisse und unser Verhalten beeinflusst und verändert werden. Die längst nicht mehr neuen Technologien – alt ist man, wenn man sie noch als „neu" wahrnimmt –, sind analytisch im Kontext der Faktoren und Veränderungen zu betrachten, denen die Sammelbezeichnung „Globalisierung" gegeben wird. Betrachtet man die neuen Technologien, zu denen im hier primär interessierenden Zusammenhang Biotechnologie und Humangenetik hinzukommen und ihre a-sozial konstruierten sozialen Effekte bis ins Pianissimo psychischer Befindlichkeiten, dann werden gerade noch zentrale Begriffe der Menschenrechte fragwürdig. Beispiel: die physische, psychische und intellektuelle Integrität des Menschen, eine Säule der Menschenrechte. Sie wurde im England des 18. Jahrhunderts errichtet. Seinerzeit wurde schichtspezifisch begrenzt erkannt, dass der unversehrte Körper zusammen mit seinem ersten sozialen Ring, der unversehrten eigenen Wohnung, eine der Voraussetzungen menschlicher Selbstbestimmung darstelle (vgl. Art. 2 und Art. 13 GG). Was kann mit Integrität als wichtigem menschlichen Bedürfnis, rechtsverkapselt, noch maßstäblich angefangen werden, wenn sie vom Kinderzimmer bis zum Krankenbett, ja lange vorweg in gesundheitspolitischer Prävention durchlöchert wird? Sie ist (fast) schon nicht mehr zu verletzen. Ihre Voraussetzungen sind geschwunden oder werden von den Furien des Verschwindens vertrieben. Computerspiele im Wohnzimmer, die das Wohnzimmer entgrenzen und nach Oliver Kaltner, dem deutschen Microsoft-Vertreter, anderer ‚Logik' folgen: „Der Markt braucht jetzt wieder Innovationen und Dynamik. Wir denken, dass Kintect das schafft." Medizin kann in weltweit konkurrierender Gesundheitspolitik und Wissenschaft, da Anamnese, Diagnose, Therapie und Prävention gesundheitsökonomisch dominiert werden, mit ihrem herkömmlichen Maß körperlicher Unversehrtheit und dem Ziel einer „restitutio ad integrum" allein nichts mehr anfangen. Zur vielfach durchlöcherten und maßstäblich verlorenen Integrität kommt hinzu – bewirkend und selbst von analogen Faktoren bewirkt –, dass Privatsphäre und öffentlicher Raum sich in dauernden Umfunktionierungen durchdringen. Darum verlieren sie vorab ihr soziales, rechtlich-institutionell gestärktes Gerippe.

Gerade darum kommt es auf die historisch anthropologische Begründung an. Trotz ihrer Unschärfen und versuchsweisen Sichtungen. Der schon des öfteren benannte Fischzug mit allerlei Netzen und Fanggeräten bringt reichhaltige, in ihren mit Hilfe moderner Archäologie präparierten „Fängen". Sie belegen, wenn nicht analoge, so doch homologe Qualitäten. Es gibt allgemeine menschliche Strebungen. Die einen nützen. Sie machen Menschen mitmenschlich. Die anderen bewirken, dass sich Menschen verlieren, krank werden, um sich schlagen. Zunächst soll ein Dreierbündel genügen:

- in gemischter Folge sich und die ‚Welt' wahrzunehmen, sich bewusst zu werden, zu erkennen. Das lernt aufrecht gehen und übt Unterscheidungsvermögen;
- sich selbst im sozialen Zusammenhang und aus demselben zu erfahren. Menschen *sind*, was sie sozial sind, die Vereinzelung mit einem weiten Spektrum der Distanzen ist ein soziales Ergebnis. So auch das Selbst- oder Eigendenken, die Schlüsselkategorie aller Aufklärung, ein Ergebnis der Art gesellschaftlichen ‚Seins' in einem fragil und prekär bleibenden Sinne;
- der Verletzlichkeit und Bedürftigkeit eigenen (Da-) Seins inne zu werden mit dem langen, sich verändernden Schwanz sozialer und individueller Folgen.

Immer droht freilich, auch und gerade in fundierter historischer Anthropologie, ein anderer „Toller Mensch" nach Nietzsche aufzutreten. Murmelte Nietzsches Kompagnon in einem späten Stadium christlicher und philosophisch idealistischer Kultur selbst erschreckt, andere kaum schreckend: Gott ist tot, tritt sein Nachkömmling in einer Talkshow mit dem Nebensatz auf: Menschen wissen nicht, was sie selbst sind. Menschenrechte sind ein sentimentales Erinnerungsstück oder: die Neurowissenschaft macht es planbar.

40. Individuell und kollektiv

Zwischen beiden ‚Seinsweisen' besteht eine Reihenfolge allenfalls insofern, als die Individuen, „extreme Nesthocker" (A. Gehlen), mit ihrer Geburt – und schon in vorgeburtlich fötaler Existenz – nicht existentialistisch abgehoben nackt ins Dasein *geworfen* werden. Sie werden immer schon mitsamt den ‚sozialen Konstituentien' der Eltern in bestimmten Gesellschaften „ausgesetzt". Sie werden also physisch und sozial gleichzeitig geboren. Deswegen eignet sich der Begriff der Person besser als der des Individuums, griechisch: Atom, das nicht Teil- oder Spaltbare. Abgesehen davon, dass man sich frühliberal über die allgemeine naturrechtliche Begründung hinaus keine weiteren Gedanken gemacht hat, besteht in der individualistischen Fiktion der Hauptfehler der liberalen Konzeption der Menschenrechte. Als ob dem seinerseits fiktiven „Naturzustand" nach einem herrschaftlichen Unterwerfungs- (Thomas Hobbes) oder klassenspezifischen Gesellschaftsvertrag (John Locke und folgende) die zivile Gesellschaft folge mit einer unverfassten Ökonomie und einer verfassungsrechtlich gewaltenteilig gegängelten staatlichen Politik. Immerhin wurden die Menschenrechte als ‚Abwehrrechte' vorstaatlich verstanden, also staatlicherseits prinzipiell nicht aufzuheben. Ihr abwehrrechtlicher Charakter erhellt aus dem seinerzeitigen Herrschaftsgegenüber des absolutistischen Staates, verkörpert in göttlich legitimierten Herrschergestalten. Ungleich mehr als die Verengung auf Freiheits- und Integritätsrechte in der Konzeption von „Abwehrrechten" waren die Menschenrechte von Beginn an magersüchtig infolge ihres exklusiven individualistischen Akzents. Dieser kam aus einem doppelten Grunde zustande. Zum einen ging es vor allem darum, sich bürgerlich von einer Fülle herkömmlicher feudal-absolutistischer ständischer Bindungen zu befreien. Der wachsende Markt und auf ihn bezogene Produktion verlangten Befreiungen. Zum anderen wollten die marktorientiert wirtschaftenden Einzelnen nicht neu eingebunden werden. Und sie individualisierten sich vor allem wirtschaftend. Genau besehen, verstand sich allerdings ein kollektiver Untergrund der individualistischen Freiheitsrechte jenseits der Kritik am absolutistischen Herrschaftsgebaren wie von selbst. Und er tut es verändert heute noch. Dass die Individuen, die vor allem ihre wirtschaftlichen Interessen verfolgten, in späterer Sprache ausgedrückt, klassenpolitisch nicht in

Frage gestellt wurden. Dass sich das liberale Bürgertum in traditionaler Begrifflichkeit und neu als allgemeiner Stand verstand. Freiheit und Eigentum stellten ein selbstverständliches Tandem dar. Die bäuerliche Bevölkerung, vor allem Gruppen der ‚alten' und der neuen, allmählich sich proletarisierenden Armen zählten erst, als sie sich im Zuge der Geschichte der Arbeiterbewegungen im 19. und 20. Jahrhundert kollektiv organisierten und wehrten.

Jenseits der historischen Faktizität ist rückwärtsgewandter Prophetie heute einsichtig, dass und warum die liberalen Freiheitsrechte Rechte des weißen, bürgerlich besitzenden Mannes gewesen sind. Daraus folgt: es reicht nicht aus, zweihundert oder mehr Jahre später in quantitativ und qualitativ veränderter Situation die hauptsächliche Form der ersten modernen Menschenrechtserklärungen prinzipiell bestehen zu lassen. Nur der Umfang der Menschenrechtsgenossinnen und -genossen wurde nach vielen Windungen und Hürden drastisch ausgedehnt. Sollten die numerisch alle Menschen potentiell umfassenden individualistisch liberalen, auf Abwehr ausgerichteten Menschenrechte qualitativ ihrem Anspruch entsprechen, dann wären sie neu zu qualifizieren. Vor allem: als *kollektive Rechte* wären sie zu begreifen. Das bedeutete unter anderem:

- Kein Individuum vermag im Dickicht gesellschaftlicher Bedingungen und Regelungen Freiheit zu erfahren. Das staatlich verdichtete Rechtsspinnennetz ist nur ein Teil. Menschen können nur dann Freiheit lernen, wenn sie als ‚politisches Wesen' im aristotelischen Sinne an den nahen und den entfernten gesellschaftlichen Bedingungs- und Bestimmungskomplexen beteiligt werden. Sie begrenzen ihre Willkürfreiheit ihrerseits unvermeidlich. In diesem Sinne gilt es, die Menschenrechte doppelt wachzurütteln. Zum einen, indem ihr Verwirklichungsgrund kollektiv gezimmert wird. Zum anderen, indem die Menschenrechte als politische Rechte über das punktuelle Wahlrecht hinaus erweitert werden. Mit einer simpel einleuchtenden Bemerkung Hannah Arendts gesprochen, hebt Politik mit Mehreren an (jenseits der Ekstase träumerischen Gangs im vor-virtuell geschlossenen Schlafzimmer).
- In zwei Hinsichten sind das Individuum und seine Rechte kollektiv zu ergänzen. Individuelle Rechte allein sind nicht funktionstüchtig. Man

kann allenfalls verschiedene Klassen von Individuen unterschiedlich behandeln: privilegiert und nicht privilegiert. Gemäß dem berühmten Satz der Orwell'schen „Farm der Tiere" auf alle Gesellschaften geeicht: „Alle Menschen sind gleich; manche sind gleicher als die anderen." Das ist auch der Sinn von Rosa Luxemburgs bekanntem, an die Adresse von Lenin und Trotzki gerichteten Satz: „Freiheit ist immer Freiheit des anders Denkenden." Dieser Satz fällt im Zusammenhang von Rosa Luxemburgs Einsatz für die Meinungs-, Vereins- und Versammlungsfreiheit mitten im revolutionären Prozess. „Hingegen ist es eine offenkundige, unbestreitbare Tatsache, dass ohne freie, ungehemmte Presse, ohne ungehindertes Vereins- und Versammlungsleben gerade die Herrschaft breiter Volksmassen völlig undenkbar ist." „Die bürgerliche Klassenherrschaft", setzt Rosa Luxemburg nach einem Zwischensatz fort, „braucht keine politische Schulung und Erziehung der ganzen Volksmasse … Für die proletarische Diktatur ist sie das Lebenselement, die Luft, ohne die sie nicht zu existieren vermag." Darum fügt Rosa Luxemburg ihrem zum geflügelten Wort gewordenen Freiheitssatz hinzu: „Freiheit ist immer nur Freiheit des anders Denkenden. Nicht wegen des Fanatismus der ‚Gerechtigkeit', sondern weil all das Belebende, Heilsame und Reinigende der politischen Freiheit an diesem Wesen hängt und seine Wirkung versagt, wenn die ‚Freiheit' zum Privilegium wird."[98] Damit wird zutreffend gerade für die bürgerliche Freiheit gesagt, ihr sei die Gleichheit der Freiheitschancen ins freie Herz eingeschrieben. Es sei denn, sie sei Gegenwart und Zukunft einer Illusion. Mit all den sozialen und institutionellen Konsequenzen, die dieses Eingewachsensein der Gleichheit in die Freiheit bedeutet. Die kollektive Ergänzung der individuellen Freiheitsrechte, von denen eingangs die Rede war, betrifft zum einen die soziale Fundierung des Freiheitsanspruchs. ‚In Fesseln frei', ‚arm, aber frei' und dergleichen sind in besitzorientierten Gesellschaften bestenfalls stramme Sprüche. Lebten wir in einer Gesellschaft, die den Spuren Franz von Assisis folgte, wären Armut und Nichtbesitz ma-

[98] Vgl. Rosa Luxemburg, Die russische Revolution, in: dies., Gesammelte Werke, Bd. 4, Berlin 1979, S. 332-365; vgl. zu einer trefflichen Kurzcharakteristik von Rosa Luxemburg anlässlich des Erscheinens einer Auswahl ihrer Briefe in Englisch Jacqueline Rose, What more could we want of ourselves!, in: London Review of Books 16 June 2011, pp. 5-12.

terieller Güter und von ihnen begründete Machtpositionen allgemein, dann gälte auch Gerrard Winstanley's fünf Jahrhunderte nach Franz von Assisis gelebter Botschaft prophetisch vertretene Devise: Eigentum und Freiheit schließen einander aus (s. Law of Freedom, 1652). In Gesellschaften der groben und feinen Unterschiede an allen Ecken und Enden aber wird die nicht besitzende Mehrheit unfrei gebunden. Zum anderen kann sich Freisein der politischen Bürgerinnen und Bürger nur ereignen, wenn sie am Wirken, Entscheiden und Anwenden aller wesentlichen Institutionen teilnehmen. Und zwar nicht auf die staatliche, ihrerseits wahlverengte Willens- und Entscheidungsbildung begrenzt! Freiheit ohne Teilhabe bleibt leer und ohne Teilnahme taub, eine abstrakte Idee. Darum dürfte ein menschenrechtlich begründeter, an Menschenrechten orientierter Verfassungsstaat nicht in zwei Teile, einen Grundrechtsteil à la Grundgesetz und einen Organisationsteil aufgeteilt sein. Er müsste in der institutionell konsequenten Logik der durch Teilhabe allgemein möglich gemachten Grund- und Menschenrechte aufgebaut sein und entsprechend funktionieren. So wie die verfassten Verhältnisse schon in der Norm und noch wässriger in der Praxis arrangiert sind, bleiben nicht nur die Grund- und Menschenrechte überwiegend abgehoben allgemein und sind allenfalls punktuell wirksam. Die Verfassung der liberalen Demokratie schlottert als veraltetes Norm- und Institutionengerüst in veränderten Kontexten wie eine Vogel- oder Menschenrechtsscheuche. Sie wird gerade von denjenigen verfassungspathetisch und nicht zuletzt verfassungsschützerisch zu einem funktionsfähigen Norm- und Organisationsensemble aufgeblasen, die an der Irrelevanz der Verfassungsscheuche, genauer an ihren Demokratisierung abschreckenden Geräuschen und an deren repressiven Gebrauch interessiert sind.

- Lange vor diesen Überlegungen haben Vertreter unterdrückter Völker, von bekämpften und/oder gefährdeten Minderheiten solche Erwägungen angestellt. In den Vorschlägen zu lateinamerikanischen oder afrikanischen Menschenrechten spielen sie eine erhebliche Rolle. Kollektive Rechte meinen dann nicht primär Teilhabe und Teilnahme an Bedingungen und Prozeduren einer Gesellschaft insgesamt. So wurden materielle und verfahrensförmige Gleichberechtigungen von der Arbeiterklasse im 19. Jahrhundert zu einem Teil erkämpft. Kollektive Rechte haben auch nicht nur die berechtigten Ansprüche kolonial unterdrückter und ausgebeuteter Völker bis an die Schwelle der Gegenwart zum primären Inhalt. Kollektive Rechte enthalten vielmehr Ansprüche auf Teilautonomien kultureller, ökonomischer und politischer Art im Rahmen von ethnisch anders komponierten Mehrheitsgesellschaften. Bedenkt man, welche Zwangsexklusionen, auch Zwangsinklusionen betrieben werden, welche aggressiv kriegerischen Effekte Nationalismus und Nationalstaaten seit Ende des 18. Jahrhunderts freisetzten und allen Änderungen zum Trotz freisetzen, dann sind Konzeptionen und praktische Erprobungen von Gesellschaften als Allianz mehrerer Gruppen, sind das, was man neuerdings Parallelgesellschaften nennt, sind Gesellschaften als Versammlungen von selbstständigen Einheiten geradezu eine Forderung des Tages. Darum ist es zu begrüßen, dass der jüdische Gedanke kollektiv eigener Organisation in Formen der Diaspora über die jüdischen Erfahrungen hinaus neu aufgegriffen und ansatzweise probiert werde.[99] Selbst im Europa der Nationen (une et indivisible) gibt es fast kein staatlich zusammengefasstes, Abweichungen jahrhundertelang weghobelndes und einheitlich umgrenztes Land, das ohne Minderheiten wäre. Die Minderheiten werden mehr oder minder zwangsassimiliert (vgl. den primär repressiven Integrationsbegriff in der BRD und seine praktische Handhabung seit dem verräterisch genannten „Zuwanderungsbegrenzungsgesetz" 2005). Und/oder sie verkommen und verelenden generationenlang. Nahezu alles, selbst dem offiziellen Begriff nach Menschenrechtswidrige wird getan, so es im nationalen und internationalen Akzeptanz- und Rationalisierungsmanagement durchzusetzen ist. Die unionseuropäische Institution mensch(enrecht)licher Schande kann bald ihr zehnjähriges Jubiläum feiern. Ihr lautmalerischer Name: FRONTEX; ihr Aktionsradius vor allem das Mittelmeer und Nordafrika bis jenseits der Sahara; ihre Funktion, verzweifelt Brot, Arbeit und

[99] Vgl. Grit Jilek, Nation ohne Territorium. Über die Organisierung der jüdischen Diaspora bei Simon Dubnow, phil. Diss., FU Berlin 2010 (im Erscheinen); zur ersten Begriffsklärung: Ruth Mayer, Diaspora. Eine kritische Begriffsstimmung, Bielefeld 2005; vgl. auch Werner Schiffauer, Parallelgesellschaften. Wie viel Wertekonsens braucht unsere Gesellschaft? Für eine kluge Politik der Differenz, Bielefeld 2008; Simon Dubnow, Nationalism and History. Essays in old and new Judaism, Philadelphia 1958.

wenigstens vorübergehende Sicherheit suchende Menschen – die nicht dem europäischen Wohlstand unmittelbar nützliche Facharbeiter sein könnten – von europäischen Gestaden abzuhalten; ihr Ertrinken und die Ausbeutungen von Schlepperbanden werden von der europäischen Zivilisation billigend in Kauf genommen, von delegierten Rechtsverletzungen beispielsweise durch das Libyen Ghaddafis vor dem jüngsten Aufstand, Frühjahr 2011, nicht zu reden; ihr Sitz, offenbar niemand peinigend: Warschau.

- „Individuell und kollektiv" – dieser menschenrechtlich notwendige zweigipflige Akzent ist, anders als Brecht fälschlich in analogem Fall des Sozialismus annahm, das Schwierige, das schwer zu machen ist. Wir haben angesichts der unverändert dominierenden individuellen Fiktion kollektiv notwendige Verlängerungen und Ergänzungen der herkömmlichen Menschenrechte und ihre notwendige Wandlung unterstrichen. Es wäre indes geschichts-, begriffs- und verantwortungslos, übersähe man die Dauerspannung zwischen Einzelnen und Kollektiven. In Form von großen Organisationen nicht zuletzt: à la Nationalstaat. Wird einzelnen und Gruppen im griechisch wörtlichen Sinne ein Idiotenraum gewährt, ihren mehrheitlich noch so komisch auffälligen Eigenheiten zu obliegen (griechisch: idios, *eigen*, darum idiotes, der unpolitische Eigenbrötler)? Geschichte und Gegenwart der Psychiatrie und wissenschaftlich-praktischer Nachbarunternehmungen, à la Sexualstrafrecht, belegen, wie zwangswirksam herrschaftsträchtige Normalität sein kann. Wie rasch werden nicht zeitentsprechend gescheitelte Menschen diskriminiert – man erinnere das Feindbild, das die ‚Langhaarigen' 67er/68er abgaben, Ästhetik und Politik in repressiver Toleranz vereinend. Wie rasch werden „A-Normale" ausgegrenzt und in totale Institutionen gesperrt. Zum „Selbstschutz" in herrschaftsinteressierter Täuschung oder diffus ausgemachten Gefahren für „die Allgemeinheit"! Die Geschichte von Minderheiten aller Art – ihnen gilt menschenrechtsspontan auf Pluralität angelegte Sympathie – belegt unter anderem, wie rasch diskriminierte Minderheiten ihrerseits interne Minderheiten diskriminieren. Zuweilen tun sie dies, noch bevor sie selbst „an die Macht" gelangten. Darum gilt menschenrechtlich, dass die äußerste oder letzte Minderheit, der oder die einzelne menschenrechtlichen Schutz dort beanspruchen können, wo Konflikte mit Kollektiven sie bedrohen. Die ‚abweichenden' einzelnen und kleinen Gruppen bedürfen eines Freiraums, der Leben im uneingeschränkten Sinne gewährleistet. Die einzelnen mit ihren Unterschieden stehen am Anfang und am Ende aller Menschenrechte. Ein extremer Liberalismus ist das regulative Prinzip der sozialen Konstitution des Menschen. Adornos Wunschvorstellung, 1946 geäußert, bildet eine Maxime, die im Sinne institutionalisierter Toleranz immer mitzubedenken und mit zu praktizieren ist: Zu wünschen wäre eine Gesellschaft, in der jede und jeder ihr oder sein „abweichender Fall ist".

Neunter Einschub: *Freiheit ist nur gleichzeitig und prinzipiell gleichräumlich als die Freiheit der anders Denkenden und Lebenden*

Auch angeblich universelle Werte können so einseitig verstockt sein, dass sie Besonderheiten menschlicher Gesellung und ihre „Menschentypen" brutal negieren. Auch individuelle Menschenrechte, von der Einzigartigkeit jedes Menschen jedenfalls nominell überzeugt, können eine global nivellierende Modernisierung unter ihrer Flagge barbarisch wirksam machen. Indem sie ganzen Gesellungen und ihrer sozialen Ökologie die Lebensluft abschnüren. Das war und ist trotz genozidaler Katastrophen immer noch der Fall. Längst wäre darum eine zweite Aufklärung und eine andere Modernisierung dringend. Die Dialektik abendländischer Aufklärung wurde von verschiedenen Perspektiven aus erkannt – nicht zuletzt infolge der hauptsächlich europazentrischen Katastrophen des 20. Jahrhunderts.[100] Sie sollten zum panoptischen Blick erweitert werden. Dem erweiterten Horizont folgten eine erweiterte Erfahrung und die ihr folgende Fähigkeit, menschenrechtlich zu urteilen. Indem man deren modernen „Okzidentalismus" (hier im Sinne von Ethnozentrismus) und seine abhängige Größe, die universellen Menschenrechte, um ihrer humanen Geltung willen in Frage stellte.

[100] Siehe vor allem Max Horkheimer/Theodor W. Adorno, Dialektik der Aufklärung, Frankfurt/M. 1947.

Um spätes Lernen zu inszenieren, in Zeiten der Globalität und zunehmender Globalisierung mehr akut denn je, wären eine Reihe praktisch folgenreicher Einsichten erforderlich. Deren interessenharte Blockade schwächt ihre humane Notwendigkeit nicht ab. Indem der europäisch-angelsächsische kapitalistisch etatistische Konkurrenzmechanismus individuell und kollektiv global exportiert und angeeignet worden ist, sind die Lernchancen trotz andauernder unermesslicher humaner Kosten verringert worden. Einige Hinweise zu den Kosten bornierter Universalität und Tupfer in die Richtung, wie sie überwunden werden könnten!

• Dass der Prozess der westlichen Zivilisation, der die Aura des „Abendlandes" global ausstrahlte, nur im Zusammenhang der „Entdeckung der Neuen Welt" und der Kolonialisierung der Welt in seiner mangelnden Balance und seiner einseitigen mörderischen Rationalität verstanden werden kann, dürfte allgemein eingesehen werden. So nicht nach Maßgabe einer West-Mystik Augen, Ohren und alle Sinne angesichts der siegreichen „Rationalität" geschlossen werden.[101]

• Im Zuge der in anderen Formen anhaltenden Kolonisierung, heute mit dem neologischen „Post" versehen – die „Emanzipation" eigener, nicht nur afrikanischer Staaten ereignete sich vor einem halben Jahrhundert – schwanden und schwinden vollends die Existenzbedingungen eigensinniger Bevölkerungen. Kulturen und ihre Menschen sterben. Verschwindende Menschenreste sind gegenwärtig vor allem in Lateinamerika zu beobachten. Sie müssen „notwendigen" Staudämmen, Abholzungen und dergleichen weichen. Nicht nur Pflanzen- und Tierarten, Menschenarten können allenfalls museal „gerettet" werden.[102] Die von den Vereinten Nationen verabschiedete Deklaration in Sachen in-

[101] Vgl. nur zum Überblick, Tzvetan Todorov, Die Eroberung Amerikas. Das Problem des Anderen, Frankfurt/M. 1985. Vgl. auch anders ansetzend: John H. Bodley, Victims of progress, 4th Edition 1999.

[102] Vgl. als ein Jahrzehnte zurückliegendes, humane Trauer mit verhaltenem Zorn angesichts der monomanen negativen Dialektik des Fortschritts verbindendes Beispiel der Anaguta in Nigeria. Vgl. Stanley Diamond: The Anaguta of Nigeria: Surban Primitives, in: Julian H. Steward (ed.), Contemporary Change in Traditional Societies, Vol.1 , Univ. of Illinois Press 1967, S. 363-505.

digenous peoples (13. September 2007) ändert deren vom Untergang und restlosen Untergehen bestimmte Situation bestenfalls randständig.

• Das, was sich in den beiden letzten Weltkonferenzen gegen Rassismus in Durban (2001) und Genf (2009) abspielte, illustriert, wie hart primär Interessen der (Ex-)Kolonialstaaten sich mit denjenigen der (Ex-)Kolonisierten im Raume stoßen: nicht nur neuerlich artikulierte Entschädigungsforderungen werden vergeblich gestellt. Allenfalls konsequenzlose Entschuldigungen werden üblich. So Präsident Clinton gegenüber den Hawaianerinnen und Hawaianern[103] oder der australische Ministerpräsident gegenüber den Aborigines. Vor allem werden eigene Ressourcen, angefangen von Land, und eigene ökonomische Möglichkeiten nicht frei gegeben, von den Schwierigkeiten, wenn nicht Unmöglichkeiten angesichts des alldurchdringenden globalen Kapitalismus riesiger ökonomisch politischer Machtaggregate nicht zu reden. Selbst Konsequenzen scheitern, die enge Beziehung „Rasse“ und „Armut“ in den USA gründlich zu wandeln, obwohl sie im kapitalistischen Rahmen und der der Verfassung der USA blieben.[104]

• Edward Saids Buch „Orientalism“[105], kann zwar als eines der erfolgreichsten Bücher im Rahmen der Sozial- und Geisteswissenschaften der letzten 30 Jahre bezeichnet werden. Oft kommentiert, imitiert, kritisiert. Seine im Kern stimmigen Thesen blieben jedoch menschenrechtlich in Konzeption und Praxis folgenlos. Said behauptete und belegte nicht allzu überraschend, wie sehr das, was westlich als „orientalisch“ angesehen wird, vor allem im Kontext des Islam, aus meist mangelhaft informierten Projektionen besteht. Das hätte in Sachen Politik allgemein und Menschenrechten besonders erhebliche Folgen. Sie bestün-

[103] Siehe Judith Shachter, One Hundred Percent Hawaian, Introduction, pp. 1 Forthcoming 2012.

[104] Für einen informationsreichen Überblick siehe: Naomi Klein, Minority Death Match. Jews, blacks, and the post-racial presidency, in: Harper's Magazine, September 2009, S. 53-67; zu einigen Aspekten vgl. Romain Banikina Zeba, Das Erbe transatlantischer Sklaverei. Zu den notwendigen menschenrechtlichen und zivilisatorischen Folgen heute, FU-Berlin phil. Diss. 2011 (erscheint 2012).

[105] Edward W. Said, Orientalism, New York 1979. Dt.: Orientalismus, Frankfurt/M. 1981.

den teils in der Revision westlich gründender Vorurteile, hätten also eine westliche Selbstaufklärung zur Folge. Teils wären Änderungen menschenrechtlicher Konzeption und Verwirklichung angezeigt. Diese wiederum bestünden vor allem in einer begrenzten Pluralisierung der Menschenrechte. Teils würde endlich realisiert, dass der kollektive Kontext der Menschenrechte nicht ausgelassen werden darf. Pauschal gesprochen, besteht der westliche Begriff bekanntlich darin, dass er nur implizit verallgemeinert und darum seinen aufgeklärten Charakter westlich begründet. Darum müsste die in westlicher (Pseudo-)Universalität steckende Spezifik im Sinne des besitzindividualistischen Kerns und seiner Grundlage im formell freien Konkurrenzkapitalismus und dem allgemeinen staatlichen Gewaltmonopolkontrolleur und -sanktioneur behoben werden. Erst dann wären die menschenrechtliche Qualität und die Art ihrer angeblichen Universalität angemessen zu erörtern. Sie wäre zu beziehen auf den Menschen- und Gesellschaftstypus, den die in den kapitalistischen und staatlichen Produktionsverhältnissen eingebetteten Menschenrechte formieren. Analog müsste Ähnliches für den soweit wie möglich seiner westlichen Projektionen befreiten Orient geschehen, einheitlich und uneinheitlich wie er ist. Dann könnte an eine veränderte Allgemeinheit mit in ihren veränderten Besonderheiten herangetastet werden. Die (Selbst-)Täuschungen „repressiver Toleranz" wären vermeidbar.

• Erstaunlich ist es, dass heute circa 200 Staaten den Vereinten Nationen angehören. Sie haben der Allgemeinen Erklärung der Menschenrechte vom 10.12.1948 samt einigen späteren Ergänzungen zugestimmt. Sie taten dies, wenngleich sie zum Teil von erheblich anderen Traditionen geprägt, Nöten geplagt und Absichten bestimmt sind. Dafür gibt es mehrere, für die einzelnen Staaten und Staatenblöcke variierende Gründe. Diese mögen hier dahingestellt sein. Ein Grund dürfte darin bestehen, dass die Menschenrechte symbolisch – und polemisch – im Umgang mit anderen Staaten geeignet sind. Sie sind zugleich exzessiv unverbindlich. Anders ist es nicht zu erklären, dass die von aus verschiedenen Weltregionen, aus Afrika, Asien, Lateinamerika, mit guten Gründen kritisierte westliche Prägung der Universalität nie folgenreich thematisiert worden ist. Nachdrückliche Initiativen, sie zu erweitern und kollektiv anders zu fundieren, sind nicht zu erkennen. Ohne große Mühe ergänzbare Wortmeldungen wie beispielsweise von Kevin Dwyer haben deshalb allenfalls akademische Resonanz erzeugt.[106] Zu Recht stellt er eine Reihe nicht beantwortete Fragen: „Sind Menschenrechtsbegriffe örtlich verschieden? Kann es einen universalen Begriff geben? Gibt es Hinweise darauf, dass die Übereinstimmung in Sachen Menschenrechte zunimmt? Nimmt ein universaler Begriff die verschiedenen Vorstellungen der Menschen nicht zur Kenntnis und übersieht die substantiellen Differenzen im Gebrauch? Schwächt eine universalistische Vorgehensweise Menschenrechte nicht eher, als ihren Gebrauch in den verschiedenen Regionen der Welt zu verbessern?" Wie man Kevin Dwyers Fragen im Einzelnen beantworten mag, eine geradezu krude Tatsache ist es, dass der dominant westliche Gebrauch unter anderem drei Folgen birgt und entbirgt.

(1) Er fixiert die Menschenrechte auf das abstrakte Individuum, entbettet in Vergesellschaftungsformen, die die Abstraktion des Individuums in Richtung fast beliebigen flexiblen und mobilen Gebrauchs ohne persönliches Eigengewicht fördern. Politische Mit- und Selbstbestimmung werden ebenso unterbunden wie assoziative Organisierung von Problemen. Welche sozialen Ersatzformen schaffen technologische Innovationen? Ob das „soziale" Element des Internet heute und morgen neue Gesellungsformen mit sich bringt, die demokratisch assoziativ dauernde Formen fördern, ist aktuell schwer zu sagen. Kulturkritisches Räsonnement wäre wenig hilfreich. Jedoch ist schon festzustellen, dass sich informations- und kommunikationstechnologische Einrichtungen von der Börse über die Krankenversorgung bis zur etablierten Politik Größenordnungen erlauben, die von humanem Begreifen und soziopolitischem Verantworten schon der Möglichkeit nach techno-logisch abstrahieren. Schon in sprachlichen Wandlungen erkenntlich werden Ausdrücke wie Handeln, Reflektieren, Selbstbestimmen, Bewerten u.a.m. versachlichten „Subjekten" (!) zugeordnet. À la „best practice", „good governance", „reflexive Mechanismen", „autopoetische Systeme" usw. Die informationell überfluteten und in ihrer Größenordnung nicht

[106] Kevin Dwyer, Arab Voices: The human rights debate in the Middle East, London 1991.

mehr durchsichtigen Komplexitäten können tatsächlich nicht mehr von sozialen Einrichtungen mit zurechenbaren Personen dirigiert, geschweige denn „gesteuert" und kontrolliert werden. „Verantwortliche Politik" wird zur Schimäre.

(2) Auf diese Weise werden die Menschenrechte nicht nur zu einer abstrakt abhängigen Größe. Sie lassen infolge ihrer systemischen Bindung an die beiden dominant verschlungenen Vergesellschaftungsformen mit ihren entgesellschaftenden Herrschafts- und ihren Reichtumseffekten andere Konzepte und kollektive Bedingungen von Menschenrechten nicht zu. Ihre gegenwärtige Universalität ist universell in und aufgrund ihrer Einseitigkeit und Intoleranz. Andere „Menschenrechtsarten" mit anderen Vergesellschaftungsformen sind nicht deswegen unzulässig, weil sie allen Menschenrechtssorten zugrunde liegende menschenrechtliche Urteilskriterien nicht zuließen. Mit Kant formuliert: „Probiersteine" menschenrechtlicher Stimmigkeit. Sie werden deswegen nicht zugelassen, Freund oder Feind scheidend, weil sie dem Expansions- und Dominanzinteresse versachlichter Riesenakteure, Transnationaler Korporationen, darunter Staaten, nicht zu pass kommen. Abweichungen werden gegebenenfalls „humanitär" bekriegt, das gegenwärtige Unwort an sich. Man schaue sich nur die Kriege der letzten 10 Jahre an, die den Namen „neu" erhalten haben, um völkerrechtlich zähmende Einschränkungen im Namen der Menschenrechte zu umgehen.

(3) Die streitbar intolerante, „weltgerecht" auf ganzer Sohle auftretende Universalität hat schließlich zur Folge, dass die dringend erforderliche Debatte über die individuellen und kollektiven Rechte und Bedingungen der Menschen unterbleibt. Das Versäumnis passiert analog dem abstrakt symbolischen Fetisch „Repräsentative Demokratie". Gerade wenn man diesem Verfassungstypus als politisch funktionsfähiger Organisationsform anhinge, müsste man an eine gründliche neue Konzeption, an eine Verfassungsreform an Haupt und Gliedern herangehen. Zu immens an Quantität und Qualität sind die gesellschaftlichen Veränderungen seit der „Erfindung" der repräsentativen Demokratie im angelsächsischen 18. Jahrhundert. Und von Anfang an war das Thema nicht Demokratie, sondern aufgeklärte Eliteherrschaft, demokratisch geölt.

41. Defensiv, aktiv

Unverändert werden die primär „westlich“ akzentuierten Menschenrechte als „Abwehrrechte“ geübt. Vorausgesetzt wird, sie seien gegeben, wenn sie zum Beispiel in Verfassungen und internationalen Kodizes verankert sind. Wenn sich Bürger und Bürgerinnen in ihren Menschen- (und Grund-)rechten verletzt fühlen, können sie gegen vermeintliche Verletzungen klagen. In der Bundesrepublik entsprechen der Annahme, Menschenrechte seien gegeben und im Zweifel- oder Verletzungsfall einzeln von einzelnen auf dem Klagewege zu restaurieren, neben der Formulierung der Grund- und Menschenrechte vor allem Art. 1 Abs. 3 GG. Er soll ihre unmittelbare Geltung garantieren. „Die nachfolgenden Grundrechte binden Gesetzgebung, vollziehende Gewalt und Rechtsprechung als unmittelbar geltendes Recht.“ Wenn sie nicht „unmittelbar“ gelten, das heißt ohne weitere Vermittlung schlicht und einfach praktiziert werden, dann steht mittelbar der Klageweg offen (vgl. vor allem Art. 19 GG). In den Formulierungen der Grundrechte wird schon im ersten Satz von Art. 1 GG vorausgesetzt, sie seien gegeben: „Die Würde des Menschen ist unantastbar.“ Die „Würde“ eigne jedem Menschen primär. In Sachen sozialer und politischer Bedingungen bleiben die „gegebenen“ Grundrechte konsequenzenlos. Sie können wie ein Tabu nicht ‚angetastet‘ werden. Wenn es dann doch geschieht, können sie auf dem Gerichtswege punktuell wiederhergestellt werden. So war es beispielsweise dem Bundesverfassungsgericht möglich, die lebenslange Freiheitsstrafe mit Art. 1, Satz 1 GG – „Die Würde des Menschen ist unantastbar“ – und Art. 2 Abs. 1 und Abs. 2 GG vereinbar zu behaupten (Recht auf freie Entfaltung der Persönlichkeit und Unversehrtheit). Ein statisch abstraktes, a-soziales, außerdem körper-, seelen- und geistloses Verständnis menschlicher Würde! Man wünschte sich, die Damen und Herren hätten Gelegenheit, ein halbes Jahr „Freiheitsstrafe“ in bewährter ethnologischer teilnehmender Beobachtung zu ‚erleben‘, realistisch so, dass sie zunächst nicht wüssten, ob sie frühestens nach zehn Jahren Hafterleichterungen erwarten können. Allein am Widerspruch der Freiheitsstrafe in sich selbst ließe sich demonstrieren, dass und warum das Strafrecht und der Strafvollzug zu beträchtlichen Teilen grund- und menschenrechtswidrig sind. Man nimmt den Menschen eine zentrale humane Qualität, deren Mangel sie straffällig gemacht hat, um ihnen die Fähigkeit einzupauken, frei leben zu können. Indem man ihnen die Freiheit entzieht. Das ist Schwarze Pädagogik. Die lebenslang gekrönte Freiheitsstrafe findet in der unvermeidlich willkürvollen „totalen Institution“ der „Justizvollzugsanstalten“ statt. Mit ihr drücken sich Verfassungsgeber, Legislative, zuständige Institutionen und Bürgerinnen und Bürger darum, Formen friedlichen Umgangs mit ihren Konflikten untereinander zu üben. Dafür wären zuerst soziale Bedingungen zu schaffen, die die Faktoren veränderten, die regelmäßig potentiell Andere schädigendes kriminelles, vor allem gewalttätiges Verhalten produzieren: vor anderem erhebliche Sorge- und Bildungsmängel in den Phasen primärer und sekundärer Sozialisation; materielle Not; fehlende Chancen, von anderen regelmäßig anerkannt zu werden einschließlich des Mangels sinnvoller beruflicher Einbindungen. Die Sprache verrät: Haft im „geschlossenen Vollzug“ klagt gesellschaftliche Mängel an. Diese werden aber dadurch gewaltzirkulär, dass Personen weggesperrt werden, die deshalb mit der Normalität in Konflikt kommen. Die „Normalität“ aber normiert mit legitimer Gewalt „gerecht“.

Das staatliche Gewaltmonopol macht die Gewaltspaltung möglich. Sie entzieht den Menschenrechten den Boden, auf dem alle Menschen gleich stehen sollen.

Die fast geradezu ständische Sichtweise der Menschenrechte als fertig gegeben, ist nicht zu halten. Der „frei Geborene“ wird frei nur, wenn er den gesellschaftlich gepflasterten „Weg ins Freie“ mit eigenen Beinen und dafür geübten Muskeln zu gehen vermag. Selbst wenn man eine allen Menschen mitgegebene menschenrechtliche Potenz annähme, ein auf den griechischen Philosophen Aristoteles des 4. Jahrhunderts vor unserer Zeitrechnung zurückgehender Gedanke, aktualisierte sie sich nur, wenn sie in gemäßen gesellschaftlichen Bedingungen erprobt, entwickelt und handelnd verwirklicht werden könnte. Oliver Sacks’ spannende Beobachtungen am Beispiel von Taubstummen mögen das Kontinuum und die Differenz zwischen Potenz und Aktualität illustrieren (vgl. „Seeing Voices“). Soweit wir wissen, kommen Menschen sprachbegabt zur Welt. Ob sie indes sprechen lernen, wie Taubstumme durch Zeichensprache, hängt davon ab, ob innerhalb der ersten sechs Jahre Eltern oder andere Bezugspersonen mit ihnen als Säuglingen und kleinen Kindern laut, zeichen- und körpersprachlich reden. Damit das strampelnde und gehend fallende Möglichkeitsbündel Kind seinerseits vom Lallen und seiner Mimesis der umgebenden Personen zum Sprechen und aufrecht Gehen entwickelnd reifen könne: learning by doing von allem Anfang an (John Dewey) (einer der hauptsächlichen Mängel schulischer Einrichtungen einschließlich der Universitäten, learning by doing nicht genügend zu betreiben).

Die sprachliche Beobachtung gilt menschenrechtsallgemein. Geprägte und prägende menschliche Bedürfnisse sind in der Regel lebenslang in den gesellschaftlichen Kontexten erwerbend zu besitzen. Menschenrechte sind nicht. Sie werden erst. Und sie bleiben nur, wenn sie immer erneut geübt werden.

Darin besteht eine arge Lücke des üblichen Grund- und Menschenrechtsverständnisses. Es hebt schon mit der sprachlich substantivischen Form an. „Freiheit", „Integrität", „Selbstbestimmung", „Gleichheit", „Anerkennung" … Menschenrechte werden wie statisch feste und fertige Größen gehandelt. So mag vielleicht herausgefunden werden, dass etwa der Freiheitsrock zu kurz oder zu fadenscheinig geraten ist. Es wird aber nicht begriffen, dass alle Menschenrechte und die in ihnen treibenden Bedürfnisse nur unter zwei verschwisterten Voraussetzungen gedeihen. Einmal, indem sie lebenslang geübt werden. In diesem Sinne kommen Menschenrechte nur, indem sie agiert werden und agieren machen, als Rechte handelnder Praxis zum Menschen als ihrem Subjekt/Objekt. Und Handeln kann nur in den gegebenen gesellschaftlichen Bedingungen geschehen. Handeln wird und bezieht sich beeinflusst beeinflussend auf seine bedingten Bedingungen. Dass dem so ist, liegt daran, dass menschliche Bedürfnisse und ihre Formen, die Menschenrechte, keine fertigen Substanzen oder Qualitäten darstellen. Ihre einmal gegebene Form ist nur, indem sie „lebend entwickelt" wird. Das heißt persönlich und gesellschaftlich ein Doppeltes. Zum einen muss das, was als Menschenrecht versprochen wird, von jedem Menschen selbst mitbestimmend angestrebt und allgemein in gesellschaftlich gegebenen Grenzen erreicht werden können. Zum anderen sind politische und gesellschaftliche Organisationen so einzurichten, dass der mitentscheidenden und der anwendenden Teilnahme Tür und Tor geöffnet sind.

Zwei Illustrationen mögen genügen:

a) Menschenrecht auf Integrität

Art. 2 Grundgesetz: „(1) Jeder hat das Recht auf die freie Entfaltung seiner Persönlichkeit, soweit er nicht die Rechte anderer verletzt und nicht gegen die verfassungsmäßige Ordnung und das Sittengesetz verstößt. (2) Jeder hat das Recht auf Leben und körperliche Unversehrtheit. Die Freiheit der Person ist unverletzlich. In diese Rechte darf nur auf Grund eines Gesetzes eingegriffen werden."

Wir alle ‚glauben zu wissen' (!), was Unversehrtheit (deutsch) oder Integrität (lateinisch) bedeutet. Eine taufrische Frühsommerwiese in den ersten Sonnenstrahlen am Morgen. Der See ruht still. Ein Waldstück nach dem ersten kräftigen Schneefall. Ein kleines Kind schläft. Makellose Körper junger Menschen. Gedichte, Töne, Bilder … Schlägt man im „Georges", dem großväterlich geerbten „Kleinen lateinischen Wörterbuch" in der 5. Auflage von 1885 nach, findet sich in „physischer Hinsicht" „a) unversehrt = unverwundet, unverstümmelt, unverletzt"; „b) von der Fäulnis unversehrt, frisch"; „c) unversehrt = ganz, … voll, ungeschmälert"; „d) unvermischt"; „e) (und ff.) verschont geblieben … „ungeschwächt", „unbefleckt", „unentehrt", „rein"; „ganz gesund", „wohl"; „in geistig moralischer Hinsicht" u. a. „unausgemacht", „unentschieden", „unverloren", „vernünftig", „freien Geistes", „vorurteilsfrei", „unverdorben", „sittenrein", „lauter"… . Das Verbum „integrare" meint darum, „wiederherstellen", „wieder zurecht bringen", „auffrischen", „verjüngen". Die körperfesten Bedeutungen drücken Phänomene auf verschiedenen Ebenen und in unterschiedlichen Wirklichkeitsfeldern aus. Obwohl sie „wirklich" und metaphorisch, im systemtheoretischen Jargon gesprochen, eher „unterkomplex" anmuten, sind sie schon körperlich auf einzelne Personen schwierig anzuwenden. Alle Bedeutungen enthalten, wenn man eine Sache, vor allem aber, wenn man eine Person kennzeichnen will, einen beträchtlichen Spielraum der Interpretation. Wie der Spielraum genutzt wird, hängt von der Perspektive ab und den Maßkriterien von Integrität. In Sachen Integrität von Personen bedarf es offenkundig deren Stimme. Das Erfordernis entscheidender Mitbestimmung ergibt sich, so man sich aufs Grundrecht bezieht, aus Art. 2 Abs. 1 GG: dem „Recht auf freie Entfaltung der Persönlichkeit". Niemand anderes kann nach dem Sinn der Integrität und darf normativ über die eigene Integrität bestimmen und verfügen. Eigenbestimmung ist unabdingbar. Das, was Integrität ausmacht, stellt sich nur auf den ersten, von der Taufrische geblendeten Blick „unterkomplex" dar. Nur die Person vermag zu entscheiden, was ihre „Integrität" ausmacht. Welchen Menschen und Institutionen gibt sie ‚Elemente' ihrer Integrität um ihrer Person willen ein Stückweit preis? In Freundschaften oder Liebesbeziehungen, um sozialen Engagements willen beispielsweise. Oder um sich, physisch oder psychisch-geistig verletzt oder behindert, von Pflegepersonen und Ärzten helfen zu lassen. Die Normierungen des Art. 2 GG offenbaren eine gravierende Lücke. Nicht nur, dass in Art. 2 Abs. 1 GG „die verfassungsmäßige Ordnung und das Sittengesetz" ihrerseits pauschal „das Recht auf freie Entfaltung der Persönlichkeit" begrenzen können. Vielmehr irritiert, wenn in Art. 2 Abs. 2 GG das „Recht auf Leben und körperliche Unversehrtheit", die „Unverletzlichkeit", durch ein einfaches, mehrheitlich abgesegnetes Gesetz der Legislative verletzt werden kann. Wie kann ein Verfassungsgeber und wie können seine autorisierten, in der Regel bürokratisch ermächtigten Ausleger mit eindeutigen Worten so fahrlässig umgehen?! Damit wird die Verlässlichkeit von ‚Grundnormen' über ihre Unbestimmtheit hinaus kasuistisch, sprich von Fall zu Fall zerpflückt. Unverletzlich heißt insgeheim verletzlich. Wie wenig die „Wesensgehaltsgarantie" (Art. 79 III GG) für die Grundrechte wert ist, demonstrieren unter anderem die Änderung von Art. 13 GG („Unverletzlichkeit der Wohnung"). In die angeblich „unverletzliche" Wohnung wurde im Zuge der antiterroristischen Gesetzeswelle 2001 ff. der „große Lauschangriff" eingebaut. Ein menschenrechtliches Minimum bestünde darin, jede Person bestimmen und im Rahmen aller sozialen Problementscheidungen mitbestimmen zu lassen, wo „unverletzliche" Menschenrechte verletzt werden sollen. Eine rühmliche Ausnahme stellt die 2009 verabschiedete „Patientenverfügung" dar. Sie ist in den §§ 1901 a bis 1901 c BGB ins Bürgerliche Gesetzbuch eingefügt worden. Der verändernde Effekt der neuen Bestimmungen auf damit zusammenhängende Paragraphen des BGB oder andere in der Sache einschlägige Gesetze steht aus. Ebenso sind eine prozedurale Reorganisation vor allem der Krankenhäuser, in Sonderheit ihrer psychiatrischen Abteilungen und der Altenpflegeheime dringend. Sonst flatterten die neuen Rechte schmetterlingsgleich.[107] Die individualistische ‚Lösung' der menschlichen Integritätsprobleme bleibt unzureichend. Hätte man korrekt Menschen- und Grundrechte als bürgerliche Aktivrechte verstanden, dann hätte es der willkommenen Korrektur des BGB in Form der Patientenverfügung nicht bedurft. Sie wäre selbstverständlich aus dem Art. 2 GG entsprungen. Insgesamt gälte, dass alle Institutionen, Berufe und Handlungen, die integritätssensibel handeln, strikt selbst- und mitbestimmend aufgebaut wären. Daran hapert es. Die Patientenverfügung korrigiert nur punktuell.

---

[107] Die Integrität der Person, verfassungsgerichtlich 1983 im Recht auf „informationelle Selbstbestimmung" zugespitzt, wird auf den riesigen Feldern der Informations- und Kommunikationstechnogie durch eine Myriade formell öffentlicher und privater Nutzer bis zur Unkenntlichkeit durchlöchert. Vgl. zu einigen Aspekten im Rahmen zeitgenössischer Medizin, Gesundheitspolitik und ihrer Ökonomie: Komitee für Grundrechte und Demokratie (Hrsg.): Digitalisierte Patienten – verkaufte Krankheiten. Elektronische Gesundheitskarte und Kommerzialisierung des Gesundheitswesens, Köln 2011. Siehe prinzipiell mit unzureichenden Folgerungen Maximilian Hotter, „Privatsphäre". Der Wandel eines liberalen Rechts im Zeitalter des Internet, Frankfurt/M. 2011. Umso erfreulicher ist es, dass das Bundesverfassungsgericht in zwei sich überschneidenden Zwangs-Sicherheitsbereichen, die die humane Integrität gravierend verletzten, diese mit problematischen Einschränkungen erheblich gestärkt hat. Mit einem Satz: Wider den professionell legitimierten Zwang, für die Selbstbestimmung der Person! Vgl. BverfGE – 2 BvR 571/10 vom 4. Mai 2011 (weitgehend) gegen die sog. Sicherheitsverwahrung; in wichtigen Aspekten analog vgl. BverfGE vom 23. Mai 2011 in Sachen „Zwangsbehandlung" – 2 BvR 882/09. Die „Leitsätze" dieses Beschlusses des Zweiten Senats lauten: „1. Der schwerwiegende Eingriff in das Grundrecht aus Art. 2 Abs. 2 GG, der in der medizinischen Behandlung eines im Maßregelvollzug Untergebrachten gegen dessen natürlichen Willen liegt, kann zur Erreichung des Vollzugsziels gerechtfertigt sein. 2. Eine Zwangsbehandlung zur Erreichung des Vollzugsziels ist nur zulässig, wenn der Untergebrachte krankheitsbedingt zur Einsicht in die Behandlungsbedürftigkeit oder zum Handeln gemäß dieser Einsicht nicht fähig ist. Maßnahmen der Zwangsbehandlung dürfen nur als letztes Mittel und nur dann eingesetzt werden, wenn sie im Hinblick auf das Behandlungsziel, das ihren Einsatz rechtfertigt, Erfolg versprechen und für den Betroffenen nicht mit Belastungen verbunden sind, die außer Verhältnis zu dem erwartbaren Nutzen stehen. Zum Schutz der Grundrechte des Untergebrachten sind besondere verfahrensmäßige Sicherungen geboten. 3. Die wesentlichen Voraussetzungen für die Zulässigkeit einer Zwangsbehandlung bedürfen klarer und bestimmter gesetzlicher Regelung. Das gilt auch für die Anforderung an das Verfahren." Zu den Graden und Grenzen dieser Entscheidungen des BVerfG siehe W.-D.Narr, Thomas Saschenbrecker, Eckart Wähner: Behinderung, Menschenrechte und Zwang, Berlin 2011. Das Man. kann über das Sekretariat des Komitee für Grundrechte und Demokratie bezogen werden.

b) Menschenrechte und Demokratie

Selbst- und Mitbestimmung heißen die aktive Verlaufs-, Entscheidungs- und Umsetzungsform der Menschenrechte. Sie folgen aus einem nicht willkürlichen Verständnis der Menschenrechte. Sie können nur in der genau begründeten Ausnahme stellvertretend von anderen oder von Institutionen wahrgenommen werden. Darum reichen liberale moderne Verfassungen nicht aus, Menschenrechte mit den Prozeduren repräsentativer Demokratie zu koppeln. Die frühliberale Konzeption der Menschenrechte leidet unter einer doppelten Amputation. Sie galt nur für einen bestimmten Menschentyp im Rahmen von dessen fälschlich vorausgesetzten sozioökonomischen und politischen Bedingungen. Sie entbehrten prozedural angemessener Formen, sie zu verwirklichen. Dass Menschenrechte *und* Demokratie innig zusammenhängen, ergibt sich historisch fast nur aus Mängeln menschenrechtlicher Praxis und demokratischem Fehlverhalten. Fuhrwerkt man mit den Begriffen und ihren Bedeutungshöfen jedoch nicht je nach herrschendem status quo in verfahrenen Spuren herum, dann bedürfen die Menschenrechte demokratischer Formen ohne Wenn und Aber. Wo blieben sonst die „Würde des Menschen", Persönlichkeitsrechte, Gleichheit, Gewissensfreiheit, Meinungs- und Versammlungsfreiheit, um entlang der ersten Artikel des Grundgesetzes die einschlägigen Normen aufzureihen, wenn sie nicht in der einzig angemessenen politischen Form gesellschaftlicher Willens- und Entscheidungsbildung verwirklicht würden? Demokratie wurde erfunden, um Herrschaft zu minimieren. Sonst heterogen enteignende Herrschaft scheint allenfalls als Selbstherrschaft minimiert akzeptabel. Das heißt die Bevölkerung (verkürzt: „das Volk") kann nur dann und insoweit herrschaftlichen Entscheidungen und Handlungen unterworfen werden, als alle Mitglieder einer Bevölkerung an allen wichtigen Entscheidungen und ihrer Umsetzung beteiligt werden. Zentrale Menschenrechte, wie Selbstbewusstsein, Wirklichkeitskenntnis, Urteils- und Handlungsvermögen, Umgang der Personen miteinander in friedlichem Konflikt, können nur demokratisch angeeignet und übend bewahrt werden. Umgekehrt: demokratische Formen können nur zureichend praktiziert und mit menschenrechtlich qualifizierten Inhalten versehen werden, wenn demokratischer

Habitus und menschenrechtliche Standards der Bürgerinnen und Bürger prinzipiell vorausgesetzt werden können.

Die moderne Geschichte der Tandempartner „Menschenrechte" *und* „Demokratie" ist durch eine beiderseitige Verkürzung gekennzeichnet. Die Menschenrechte wurden soziopolitisch abgemagert und auf individuelle Abwehrrechte des idealtypischen Bürgers mit Besitz und Bildung zugeschnitten. Genauer: Sie wurden schon magersüchtig erfunden. Damit wurde Selbstbestimmung von vornherein unpolitisch privatisiert. Das moderne Demokratieverständnis wurde bis auf wenige Ausnahmen repräsentativ abstrahiert. Historisch ist dafür eine Reihe von Gründen zu nennen, die die repräsentative Resignationsform von Demokratie erklären. In frühliberalen Zeiten sollte mehr Demokratie nicht gewagt werden. Howard Zinn und andere haben am Exempel der Vorgeschichte der USA nachgewiesen, dass der Erfolg der „Föderalisten" nicht von vornherein festgestanden hat. Diese verteidigten „ihre" Verfassungsvorstellung in einer Artikelserie, den „Federalist Papers", 1787/88. Eine andere Demokratieform wurde auch von einer Reihe herkömmlicher Herrschaften und soziokultureller Ungleichzeitigkeiten behindert.[108] Insofern waren ein „back to the grassroots" mit dezentraler Gliederung nicht ohne weiteres möglich. Eine rückprojizierte Geschichte im Sinne hypothetischer Geschichtsbetrachtung muss hier indes außer acht bleiben. Die Formen und der Umfang von Demokratie waren jedenfalls schon an ihrem elitär halbierten Beginn strittig.

Menschenrechts- und demokratiesystematisch wäre es erforderlich, die doppelte Amputation zu ‚heilen'. Folgt man keinem leichtsinnigen Menschenrechtsverständnis als gelegentlichem Herrschaftsschmelz und ist an verantwortlicher Politik größtmöglicher humaner Rationalität interessiert, dann drängte ein neues Verfassungsverständnis in beide Richtungen. Man täuschte sich und andere, behauptete man, repräsentative Demokratie der Gegenwart funktionierte wenigstens leidlich irgendwo auf der Welt. Allein

---

108 Vgl. unter einer Unzahl von meist „verfassungspatriotischen" Untersuchungen Howard Zinn, A People's History of the United States, New York 1980; American Social History Project under the direction of Herbert Gutman, Who Built America?, Vol. One, New York 1991; Ralph Ketcham (ed.), The Anti-Federalist Papers and the Constitutional Convention Debates, New York 1986.

an der Zusammenstellung „repräsentative“ oder „liberale“ „Demokratie“ lässt sich zeigen, dass seine einzelnen Elemente an sich selbst und im Zusammenhang trügen. Quantitativ, dem Umfang der Bevölkerungen und der Größe der Länder nach und quantitativ/qualitativ nach der Fülle und Komplexität der Aufgaben ist eine stellvertretende Vergegenwärtigung durch einige Hundert gewählte Vergegenwärtiger (= Re-Präsentanden) der Demokratie im besten aller denkbaren Fälle nicht mehr möglich. Es rächt sich, dass die liberale Demokratie in Konzeption und Praxis die Bevölkerung nur ernst nahm im Sinne der Legitimation durch periodische Wahlen der Repräsentanten mit exekutiv-bürokratischem Unterbau. Der nicht gewählte bürokratische Unterbau wurde bald zur mehrfachen „Führungskanzlei“. Für die Bevölkerung genügte nach herrschender liberaler Ansicht das, was man heute Akzeptanzmanagement nennt. Die überwiegende Mehrheit der Bürger, später der Bürgerinnen, sollte sich, von Politik „befreit“, ihrer konkurrierenden Lust zum Haben widmen. Die Bevölkerung war dieser Annahme zufolge Teil der Privatsphäre und nur randständig politisch gefragt. Dieses Absehen von der Bevölkerung als politischer Größe befreit die repräsentative Funktionselite nur dem Scheine nach. Die Kluft zur Bevölkerung droht legitimationsgefährlich zu groß zu werden. Das ist längst „massendemokratisch“ der Fall. Eine unpolitisch ‚tragende (Wahl-)Mehrheit‘ muss bei ‚Laune‘ gehalten werden. Sonst sprudelte der Quell der Legitimation durch Wahlverfahren nicht ausreichend. Also muss mit Hilfe von Vorurteilen die unpolitisch gezähmte Bevölkerung mobilisiert werden. Für öffentlich allgemeine Interessen kann bei Privatisierten nicht mobilisiert werden. Damit wird die strukturelle und funktionelle Grenze liberaler Demokratie unüberwindlich: Ihr nicht demokratieangemessen vorgesehener Hauptfaktor zumal: die kapitalistische Ökonomie und ihr Dispositiv privater Konkurrenz mit ihrer globalen Reichweite samt ihren Investitions- und Verwertungsbezügen. Das dissoziative ökonomische Kalkül ist in der letzten Hälfte des 20. Jahrhunderts und früh im 21. Jahrhundert vollends in jede Fuge von Gesellschaft und Staat, von Habitus und Bewusstsein der Bevölkerung gedrungen, der darum entsprechend bornierten „Wissenschaften“ nicht zuletzt. Repräsentative Politik ist nur als weithin abhängige Größe ökonomischen Geschehens funktionsfähig. Dazu bedarf sie vor allem des staatlichen Gewaltmonopols. Dieses garantiert „das Recht“ mit seiner in der normativ abstrakten Gleichheit aufgehobenen strukturellen Ungleichheit und ihren aktuellen Ungleichheiten. Dem ungleich gebrochenen allgemeinen Recht folgt die allgemeine, repräsentativ auf Verfahren ohne politische Beteiligung verkürzte Legitimation. Sie sichert präventiv den ökonomischen Standort. Sie balanciert die Folgen sozialer Ungleichheit bis zur Verelendung und zu Umweltzerstörungen. All das in Kürzeln Angedeutete macht repräsentative Demokratie bestenfalls zu einer, durch periodische Wahlen personal ausgetauschten Herrschaft einer politischen Funktionselite.

Also besteht ein mehrfaches strukturelles Demokratiedefizit repräsentativer Demokratie. Dadurch lahmen die Menschenrechte. Sie können nicht lebendig geübt werden. Sie halten die Menschen in der Hürde ihrer strukturell ungleich verwirklichbaren, von den ökonomischen Prämissen der Gesellschaft geformten Privatinteressen. Politisch (und sozial) angemessene Formen der Teilnahme mangeln. Einzelne demokratische Versatzstücke, wie Fetische gehandelt, erzeugten allenfalls negative Effekte. So etwa, wenn unter sonst gleich bleibenden Bedingungen plebiszitäre Verfahren auf einen Ast der repräsentativ demokratischen Verfassung gepfropft würden. Sie könnten nur blüten- und fruchtlose Triebe erzeugen. Und verschleierten dadurch allenfalls den undemokratischen Charakter repräsentativ demokratischer Verfassung im aufwändigen, steril aufgeregten Getümmel von Volksentscheiden. Als drückten gelegentliche Windhosen Leben in der Wüste aus. Vielfache Staubfahnen wären die Folge. Um der Realisierung der Grund- und Menschenrechte halber bedürfte es einer Verfassungsreform, die die Verfassungsdefizite und ihre Ursachen zusammen sähe. Punktuelle Reformen, die drehbühnengleich die Verfassungswirklichkeit veränderten, schäumten wie Seifenblasen.

Wollte man alle Mitglieder einer Gesellschaft menschenrechtlich demokratisch gehfähig machen, ausgedrückt im Verhalten der Menschen und ihren Umgangsformen, dann käme man um eine Reihe nüchterner Einsichten und einschneidender Konsequenzen nicht herum. Nur dann wäre die Zukunft der Menschenrechte, demokratisch gebettet, keine Illusion. Sie würde das, was Ernst Bloch eine docta spes, eine erfahrene, lernoffene Hoffnung genannt hat. Vorweg sei schon aus Sorge um Missverständnisse gesagt: so umfangreich und durchdringend die Kritik hergebrachter Umstände sein muss, so umfangreicher und durchdringender Neuerungen es bedürfte, verhängnisvoll wäre eine Revolutionierung der Gesellschaften gleichsam auf einen Schlag. Selbst wenn es dafür soziale Träger gäbe, könnten sie nur gewaltsam ‚kurzfristig' wie ein Erfolgsrausch wirken. Und nicht nur gilt: alle kollektive Gewalt auf Erden rächt sich an den Überlebenden (von Morden zuvor zu schweigen). Sie sorgte für herrschaftlich gewaltsame Kontinuitäten. Vielmehr ist historisch gewiss und härter als Stahl, dass nicht nur Institutionen Zeit benötigen, sich wirksam zu ändern. Humane, eingefleischte Verhaltensweisen, Habitus zu wandeln, braucht Zeit und noch einmal Zeit. Darum ist die mehrfach paradoxe Kunst der Langsamkeit eilig zu üben und auszuhalten.

Thesenförmige Zusammenfassung einiger Aspekte dessen, was im Kern nottäte, sollte das Tandem „Menschenrechte und Demokratie" menschenwesentlich und -möglich, wie es ist, seine strampelnde Fahrt auf unabsehbares Ziel beginnen. Ein menschenrechtlich demokratischer Dekalog, um zu stimulieren und Verhalten zu orientieren!

(1) Menschenrechte können als Maßeinheiten des Verhaltens und der Orientierung dienen. Sie sind allen Menschen angemessen.

(2) Nur in demokratischen Schrittmustern können Menschenrechte geübt werden.

(3) Freiheit als Kern menschlichen Strebens kann von Menschen als sozialen Wesen nur erfahren werden, wenn das gesellschaftlich größtmögliche Maß an Selbst- und Mitbestimmung gewährleistet ist.

(4) Selbst- und Mitbestimmung können nur praktiziert werden, wenn Menschen sich und die sie prägende Welt verstehen. Dazu gehört: die Grenzen des Verstehenkönnens zu begreifen.

(5) Selbst- und Mitbestimmung werden praktisch nur, wenn sie in allen hauptsächlich Menschen bestimmenden Bereichen der gesellschaftlichen Wirklichkeit, soweit menschenmöglich, handelnd wahrgenommen werden können.

(6) Gerade wenn in komplexen Gesellschaften mehrere Ebenen gesellschaftlicher Organisierung, das heißt Politik, erforderlich sind, kommt es auf dreierlei an: Darauf, dass die Ebenen von unten nach oben in ihren Kompe-

tenzen gestaffelt sind; darauf, dass direkte Formen der Mitbestimmung auf der untersten Ebene allen Bürgerinnen und Bürgern ermöglicht und von ihnen zwanglos verlangt werden; darauf, dass die nötigen koordinierenden Instanzen mit den niedrigen periodisch rückgekoppelt werden.

(7) Weil politisch-gesellschaftlich vermittelte Wirklichkeiten sich auf alle Lebensfelder des Menschen ausgedehnt haben, ist eine Vermehrung der teilnehmenden Möglichkeiten geboten. Komplexe Vorgänge sind zugleich quantitativ und qualitativ zu entzerren, zu dezentralisieren und verantwortlich gestaltbar zu organisieren.

(8) Freie Teilnahme aller Menschen als verwirklichte Selbstbestimmung und sozial gebundene Freiheit mit anderen setzen gleiche Teilhabe voraus (oder ziehen sie nach sich). Diese gleiche Teilhabe gilt kindlich, jugendlich, jungerwachsen den gleichen Chancen der Bildung und ihren Institutionen. Gleiche Teilhabe hat aber vor allem zur Folge, dass Teilungen zwischen Menschen in ihren human ungleichen Dauereffekten behoben werden müssen. Dazu gehören die alten Teilungen zwischen Männer- und Frauenarbeit und zwischen Hand- und Kopfarbeit. Dazu gehört die strukturell ungleichgewichtige Arbeitsteilung mit ihren sozialen und habituellen Folgen. In nötiger Arbeitsteilung und zugleich ihrer ausgleichenden Aufhebung besteht eine der größten menschenrechtlich demokratischen Aufgaben.

(9) Das menschenrechtlich demokratisch notwendige und spaßvolle Tandem Teilnahme/Teilhabe hat zur Folge, dass eine Eigenart der Modernisierung in Frage gestellt werden muss. Der Fortschritt in Form eines „Gesetzes der Ausdifferenzierung“. Am besten ist es heute illustrierbar an den Wissenschaften, die nur noch nominell ein gemeinsames Band umschlingt: „die“ Wissenschaft; „die“ Universität. Eine Ausdifferenzierung besteht in der Trennung von Ökonomie und Politik. Wie immer die Unterschiede der produktiven Ergebnisse halber gepflegt, gehegt und fortgesetzt werden sollen, menschenrechtlich demokratisch klar und eindeutig ist: Ökonomie und Politik müssen als in sich geteilte Einheit entdifferenziert werden. Und zwar im Sinne neu verfasster Politik als *Politische* Ökonomie unter dem Primat menschenrechtlich-demokratisch vertäuter und verantwortlicher Politik.

(10) Das ist die größte aller Aufgaben, die menschheits- und erdweiten Nutzen verheißt. Noch nie vorhandene menschenrechtlich demokratische Verfassungen von der durch sie qualifizierten und formierten Basis in pluraler Fülle zu bauen. Parallelverfassungen, Diasporaverfassungen und andere Formen. Sie erlaubten das, was Immanuel Kant im „Ewigen Frieden" ein foedus pacificum, einen friedlichen Vertrag nicht nationalstaatlich aggressiv verfasster Gesellungen genannt hat.

42. Menschenrechte treiben

Streben, Verfehlen, Leiden, Sich-Freuen, Tun und Lassen. Dass Menschenrechte substantivisch ausgedrückt werden, ist nicht erheblich. Erheblich würde es dann, wenn Substantive wie „Freiheit", „Gleichheit" und andere verkennen ließen, wie sehr Menschenrechte Strebungen, Bedürfnisse, zur Gewohnheit gewordene Übereinkünfte (customs, ungeschriebene Gesetze) ausdrücken, die durchs Handeln lebendig werden. Mal sind einzelne und mal Gruppen/Gesellschaften Subjekt oder Objekt. Angeregt von Aristoteles kann man sich die Menschenrechtsbegriffe als Formen vorstellen, die die stoffliche Fülle der Bedürfnisse fassen. Mit Begriffen geraten wir in Gefahr, Verhaltensweisen festzustellen. Sie werden wie etwas Festes und Abgrenzbares verdinglicht. Der Vorzug ihrer begrifflichen Form besteht darin, Menschenrechte berechenbarer zu machen. Die begrifflich ungebändigten Bedürfnisse rumoren und brodeln. Sie bergen die Gefahr, auszuufern und auszurasten. So gesehen widerstreben Bedürfnis und Begriff einander und hängen in unruhiger Praxis zusammen.

Menschenrechte sind nie fertig, nie geschlossen. Gegebenenfalls sind sie immer erneut zu verflüssigen. Dazu gehört u.a.:

- Sich selbst zu bestimmen und das eigene Selbst mitbestimmend zu erhalten und im sozialen Kontext zu entwickeln: das immer präsente zoon politikon (der Mensch als soziales, auf Gemeinschaft angelegtes und Gemeinschaft bildendes Wesen). Dazu zählen die vielen Formen der Anerkennung von „ich", „du" und von einem größeren sozialen Dritten der Gruppe, einer Institution.[109] Sie geben dem Selbst soziale Stabilität; machen es handeln, sich mit außer seinen unvermittelt persönlichen Interessen liegenden Zwecken zu identifizieren. Sie geben einer Person die Chance, sich nicht fast nur projizierend zu entfremden, sondern letztlich selbstbestimmt und verantwortlich zurückzunehmen. Den Ausschlag gibt die Fähigkeit, Selbst- und Fremdbestimmung zu balancieren.

- Erkennen und urteilen zu können. Das Hin- und Widerspiel zwischen Subjekt und Objekt hält an. Erkennen kann man nur, öffnet man sich Anderem und Andersartigkeiten in immer neu probierter Vorstellungskraft. Wenn alle Sinne zum Anderen geöffnet sind, kann man schneckengleich zu ihm hintasten. Zugleich findet Erkennen nur statt, wenn Anderes ins eigene Subjekt erweiternd zurückgeholt wird. Urteilen lernen ist Teil des Erkenntnisprozesses. Wenn ich Anderes und Andersartigkeiten nicht annäherungsweise und distanziert an sich selber wahrzunehmen vermag, reduziere ich seine Eigentümlichkeiten und Erfordernisse. „Ich" verkenne, inwieweit und inwiefern anstößige, sperrige „Wirklichkeit" mir Handeln abverlangt. Erkennen ist Handeln. Ihm sind in Anderen und Andersartigkeiten Grenzen gesetzt. Zugleich vermag ich Anderes und mich in Distanz und Nähe nur auszumachen, wenn ich es, bezogen auf sachliche und/oder meine Zusammenhänge zu qualifizieren vermag.
- Wir bedürfen immer erneut der Chance, unseren menschlichen Bedürfnissen nachzukommen. Menschen und ihre Wirklichkeiten sind vermengt. Darum sind der Begriff der „Identität" und der Versuch, sie herzustellen, meist fragwürdig und gefährlich (wenn „Identität" und „identifizieren" nicht nur wie im inflationären Gebrauch neuerdings als emphatische Ausdrücke von Wissens- und Merkmalslücken eingesetzt werden)[110]. Beim Identifizieren wie beim statischen Begriff „Identität" entfallen störende Besonderheiten. Merkmale werden fixiert; eines oder

---

[109] Vgl. Helmut Gollwitzer, Frieden als Menschenrecht, in: Freiheit + Gleichheit. Streitschrift für Demokratie und Menschenrechte Heft 4, 1983, S. 7-16.

[110] Siehe zu einigen Gefahren des Identitätsbegriffs und seines Gebrauchs: W.-D. Narr, Identität als (globale) Gefahr. Zum Unwesen eines leeren Wesensbegriffs und seinen angestrebten Befindlichkeiten, in: Walter Reese-Schäfer (Hrsg.), Identität und Interesse. Der Diskurs der Identitätsforschung, Opladen 1999, S. 101-128.

mehrere. Infolge der vielfältigen Wirklichkeit der Menschen kommt es darauf an, dass zwischen ihnen keine strukturellen und keine funktionellen Unterschiede bestehen, die sie gefangen nehmen. Moderne Gesellschaften verändern und verstärken Unterschiede. Sie schieben tradierte an den Rand. Im Zuge der zuerst europäisch-angelsächsischen Modernisierung ‚regierte' das ‚Gesetz' der „Ausdifferenzierung" zuvor gegebener Zusammenhänge: die konsequente Spezialisierung. Die Rationalisierungs- und Spezialisierungsprozesse basierten auf vorgefundenen, dann vertragsförmig umgewandelten sozialen Unterschieden. Sie vervielfältigten diese. Sie verschärften sie klassenspezifisch zu permanent reproduzierten strukturellen Ungleichheiten. Sie rationalisierten und legitimierten sie als sach- und gesellschaftsrationale Differenzen. Als „zweite Natur". Sie wirkt interessenstarr ungleich härter als die technisch veränderbare „erste". Längst hat eine Art Renaturalisierung der institutionellen und funktionellen Zwänge stattgefunden, Ungleichheiten zu schaffen und zu erhalten. Sie sind zu „Non-Decisions" geworden, zu Sachverhalten, die nicht mehr zur Disposition des Entscheidens gestellt werden. Die gegebenen Formen der Arbeits- und Funktionsteilung samt den unterschiedlichen sozialen Anerkennungen, den quantitativ und qualitativ verschiedenen materiellen Sanktionen haben die oben angetuschten repräsentativ demokratisch verfassten Länder zu einer Kaskade der Menschenrechtshürden und Menschenrechtsverhinderungen gemacht. Nicht geschwiegen werden darf von der Klassenungleichheit globalen Kapitalismus' und der durch die Dynamik des Kapitals gesicherten strukturellen Ungleichheit zwischen ganzen Kontinenten und vielen Ländern.[111] In Walden Bellos knappem Buch heißt es schon einleitend: „Diese turbulenten Entwicklungen (infolge der gestiegenen Nahrungsmittelpreise, begründet in kapitalistischer Welt- und Agrarpolitik; d. Verf.) haben das Heer der Hungernden um 75 Millionen vergrößert und schätzungsweise 125 Millionen in extreme Armut getrieben." Die strukturell groben Differenzen zwischen Lohnarbeit und Kapital, aseptisch zwischen „Arbeitgebern" und „Arbeitnehmern", bilden den nicht mehr problematisierten Untergrund. Die „feinen Unterschiede"

[111] Vgl. Walden Bello, Politik des Hungers, Berlin/Hamburg 2010.

des Karriere- und Arbeitsmarkts individualisieren, motivieren, disziplinieren und stabilisieren in anhaltender Konkurrenz. Nicht dichotomisch geteilte Klassen, Subklassen und Schichten schaffen und erneuern „feine Unterschiede“ mit existentieller Bedeutung für die Unterschiedenen. Darunter breitet sich das Elend der Welt aus. Ein bleiern belastendes und erstickendes Tuch. Unter ihm strecken die Arbeitslosen, die Überflüssigen, die Sans Papiers ihre bloßen Beine hervor. Ein weites, als wie von angeborenen Unterschieden sklerotisch zerfurchtes gesellschaftliches Feld. Nicht nur trifft zu, dass die Arbeits- und soziale Chancenstruktur vom staatlichen oder privaten Bildungssystem gespiegelt und kognitiv habituell auf Dauer gestellt wird. Das Bildungssystem mit seinen Abschlüssen, Noten und Graduierungen kann schon deshalb keine ausgleichende Balance bilden, weil es den Arbeitsmarkt nach dessen externen Postulaten ungleich füttert. Von ihm wird Ungleichheit vor allem vorab in seinen sozialen Fixierungen geprägt.

- Die individuell abgehobenen Menschenrechte gelten den Menschen also unterschiedlich. Die einen können sie, Privilegien gleich, für ihre Interessen nützen. Die anderen wissen bestenfalls nominell um sie. Und können allenfalls und meist vergebens an sie appellieren.

43. Menschenrechte und kollektive Gewalt

Menschenrechte und Frieden hängen essentiell zusammen. Ausnahmsweise eindeutig gilt (apodiktisch): Die Befürwortung kollektiver Gewalt, staatenübliche Kriege und menschenrechtliches Urteilen und Engagement schließen einander aus. „Humanitäre Interventionen“ als Tarnkappen von Kriegen stellen einen Widerspruch in sich selbst dar.

Hier mag es genügen, darauf hinzuweisen, dass der wechselweise Ausschluss gilt: Menschenrechte oder Kriege ohne ein „und“. Der wechselseitige Ausschluss ist so oft und trefflich dargetan worden, dass eine Erinnerung reicht. Dort, wo versucht wird, die Lehre vom „gerechten Krieg“ menschenrechtlich zu unterfüttern, verpufft der argumentative Beweis. Verschiedene Herrschaftsinteressen fungieren als Scheuklappen, die kollektive Unvernunft kriegerischer Zwangs- und Vernichtungsmittel einzusehen. Über die

Kriegsverweigerung hinaus bleibt nur die unablässige Demonstration mit Käthe Kollwitz' Ruf: „Nie wieder Krieg!". Und ein entsprechendes Verhalten: Nicht mitzumachen. Was selbstverständlich bleibt, ist jede erdenkliche Hilfe für Kriegsflüchtlinge und kriegerisch verelendete Gesellschaften.

Vier zusätzliche argumentative Pfeile ohne systematische Erörterung:

Zum ersten: wer hätte nie die eigene Not gespürt angesichts unsäglicher Leiden, von Not, Verzweiflung und Tod, ‚unbedingt' ein Ende des Schreckens herauszuschreien. Und sei dies nur mit Schrecken möglich. Gewalt gegen Gewalt. Krieg, um kriegerisches Unheil zu stoppen. Zum letzten Mal in meinem Leben war ich mir als 19-jähriger hundertprozentig sicher. Hätte die Möglichkeit bestanden, ich hätte mich sofort einer Freiwilligentruppe angeschlossen, um Imre Nagy und den Seinen im Aufstand in Ungarn 1956 gegen sowjetische Truppen zu helfen. So verständlich dieses ‚unmittelbare' Bedürfnis in uns und anderen pochen mag, ihm kann nicht ‚unmittelbar' gefolgt werden. Man verlangt nach Mitteln, die die Schreckenswunde nicht ‚unmittelbar' schließen oder am Verbluten hindern könnten. Man ruft Staaten und ihre militärische Gewalt zu Hilfe. Damit hat man die Art, wie dem gefühlten Schrecken abgeholfen werden soll, aus der ohnmächtigen Hand, vor allem aber aus der eigenen Verantwortung und Kontrolle gegeben. Nun entscheiden staatliche Instanzen und deren herrschende Interessenvertreter, wie dem ‚unmittelbaren' Bedürfnis genügt werden solle. Dieses mag dazu dienen, die kriegerische Gegengewalt eines oder mehrerer Staaten zu legitimieren. Staatliche Gewalt, die dem anhaltenden Schrecken ein Ende bereiten soll, wird jedoch nicht nur von anderen Interessen bewegt. Darunter befinden sich vielleicht Interessen, die am Gewaltausbruch (in-)direkt beteiligt waren. Vielmehr unterliegt ihr militärischer Einsatz einer Dynamik, die keine den Krieg „hegenden" und „zivilisierenden" Konventionen zu kontrollieren und zu bremsen vermag. Dann heißt es bald nicht mehr nur: „illegitime" Gewalt gegen Menschen und ihre Rechte versus legitime Gewalt, die mit dem menschenrechtlichen Federbusch auftritt. Dann verschwimmen bestenfalls die Grenzen. Andere Gewalt- und Legitimationskalküle werden vorrangig. Der ‚authentische' Gefühlsdruck wird aber noch weiter entfremdet. Die eigene Verantwortung wird weggegeben. Billigend in Kauf genommen wird das Risiko, dass Gewalt sich eigendynamisch entgrenzt.

Vor allem aber wird die nimmersatte Rüstungsspirale der Staatenkonkurrenz vorweg und hinterher legitimiert. Als sei sie am Konfliktgeschehen unbeteiligt. Als seien die zur kriegerischen Intervention aufgerufenen Staaten nichts anderes als Vorkämpfer der Menschenrechte.[112] Um ein länger mit Gründen zu bespickendes Argument abzukürzen: das mich selbst und alle, die mir nahe stehen, ab und an unvermeidlich umtreibende ‚Gefühl', es müsse unbedingt und sofort Schreckenbeendendes geschehen, entledigt sich mit der Legitimation von (Gegen-)Gewalt seiner Unmittelbarkeit und Eigenverantwortung. Sehenden Auges wird das Engagement gegen aktuelle Gewalt dazu verkehrt, Gewaltverhältnisse zu erhalten. Lerne: so unmittelbar physische Gewaltäußerungen für sich selber zeugen, so wenig erlauben sie unmittelbare Reaktionen. Es sei denn selbst leistbare Nothilfe notfalls mit eigener Gewalt. Ansonsten sind Gewaltäußerungen durch vielerlei Ursachen vermittelt. Sie sind bedingt! Über aktuelle Hilfe hinaus, die meist möglich ist,[113] ist menschenrechtlich skrupulöse Sorgfalt in Konfliktanalyse und in dem Versuch geboten, die Ursachen zu bekämpfen. „Spontaneität" in Sachen Gewalt verführt dazu, herrschenden Gegebenheiten und Motiven zu folgen. Der widerborstige Mut und die Zeit sind aufzubringen, selbst genügend zu recherchieren und nahe Hilfsmöglichkeiten auszuspähen. Im Übrigen gilt für das, was man „spontan" nennt, dass es sich meist um eine mangelhaft überlegte „irrationale" Reaktion handelt, keine unvermittelt „gefühlsreine". Über sofortige Hilfen hinaus, wenn Gewalt ins Spiel kommt, sind widersprüchliche Forderungen auszuhalten. Damit noch so verständliche „moralische Panik" nicht durch eine kriegerische Gewalt mehrende ergänzt werde. Und die moralische Panik dauerhaft verdoppele.

Zum zweiten: immer gilt, dass Ziele und die Mittel, sie zu verfolgen, miteinander abzugleichen sind. Menschenrechtlich trifft dies in einem strikteren Sinn zu als anderwärts. Selbstbestimmung, Unversehrtheit, fort-

---

[112] Vgl. als prominente Stellungnahme zu Beginn des Kosovo-Krieges im Frühjahr 1999: Jürgen Habermas, Bestialität und Humanität. Ein Krieg an der Grenze zwischen Recht und Moral, in: Die Zeit, 29.4.1999; siehe dazu: Komitee für Grundrechte und Demokratie (Hrsg.), Wider kriegerische Menschenrechte. Eine pazifistisch-menschenrechtliche Streitschrift. Beispiel Kosovo 1999 – Nato-Krieg gegen Jugoslawien, Köln 1999.

[113] Vgl. Klaus Vack, Friedenspolitik mitten im Krieg. Das Exempel Ex-Jugoslawien, hrsg. vom Komitee für Grundrechte und Demokratie, Sensbachtal 1996.

dauernde Erneuerung darauf bezogener gleicher Lebensbedingungen und Verfahrensformen heischen eine Konformität der Mittel. Allzu leicht kann es auch geschehen, dass Ziele und Mittel den Platz tauschen. Sozialpolitisch gezielte Verteilung von Mitteln, fürs eigene Leben und die Gesundheit zu sorgen, wirken dann verkehrt, wenn ihre bürokratische Vergabe und ihre Kontrolle den aufrechten Gang derjenigen krümmen, denen sie verteilt werden (Hartz IV seit 2003 als millionenfaches, schon am Gesetz vor seiner Umsetzung ablesbares Exempel). Und in Sachen Menschenrechte ist mehr erforderlich, als die Ziele stumm vorauszusetzen und nur auf die Mittel zu schauen. Als könnten sie mechanisch zielgerecht aufeinander bezogen werden. Jedes Mittel interpretiert das Ziel, das es verwirklichen helfen soll. Also sind die Ziele und Mittel in einem dialektischen Hin und Her miteinander abzustimmen. Gewalt und Zwang gegen Personen widerstreiten menschenrechtlichen Normen grundsätzlich. Das macht das eigentümliche Instrument des modernen Staates, das Monopol legitimer physischer Gewaltsamkeit grundsätzlich fragwürdig. Die Fragwürdigkeit nimmt zu, wenn gezeigt werden kann, dass das staatliche Monopol nicht primär dazu benutzt wird, Gewaltursachen und Gewaltverhältnisse unter den Menschen abzubauen. Gegensätzlich wird es dazu eingesetzt, zuerst den Politikzwang des Gewaltmonopols zu erhalten und zu legitimieren. Was indes schon für das Verhältnis Bürgerinnen und Bürger hier, staatliches oder privates, staatlich lizensiertes Verhalten dort im Sinne der Gewalt- und Zwangsfreiheit erforderlich ist, trifft vollends auf kollektive, durch Menschenrechte normativ gegängelte (Verfassungs-)Staaten zu. Kollektive Gewalt ist kategorisch ausgeschlossen. Und wäre sie in militärischer Arroganz „chirurgisch" gegen das aktuell „Böse" zu präzisieren. Ließe man sie zu – wie dies staatenallgemein trotz der 1945er Verfassung der Vereinten Nationen der Fall ist –, dann müsste man in Kriegsfällen im Sinne eines symbolischen Minimums das Verfassungsgesicht der Staaten verhüllen, das menschenrechtliche Züge trägt. Von Argumenten und Belegen seit Menschengedenken nicht zu reden: unter gegenwärtigen Bedingungen der Globalität (und weiterer Globalisierung) ist kein Fall vorzustellen, in dem kollektive Gewalt im kriegerischen Vernichtungsgewimmel von Staaten durchs Vertrauen gerechtfertigt werden könnte, ihre Opfer tauchten in menschenwürdigere Zukünfte ein. Es geht nicht an, einmal zu behaupten, das Herz der universellen Menschenrechte schlage im Leben jedes einzelnen Menschen. Diese fundierende Behauptung sei aber dann wegzuziehen, wenn bestimmte staatliche und/ oder private Interessen auf dem Spiel stünden. So sehr menschenrechtliche Praxis die Unterschiede zwischen den Menschen beachten muss, so sehr gilt für sie ein existentielles Entweder statt des Oder. Leben! Nicht „oder tot". Und, wohlgemerkt: angesichts der Schauzivilisierung des Völkerrechts, d.h. des Staatenrechts, scheint man vergessen zu haben: Soldaten sind zuerst Menschen und nicht staatsmännisch ‚verheizbare' Funktionäre, andere Menschen zu töten.

Zum dritten: Kriegszeiten sind nicht auf das unmittelbare Geschehen beschränkt, Menschen zu morden und Umstände, in denen sie leben, zu zerstören. Die Kassandra Christa Wolfs betont zu Recht, dass Kriegszeiten immer Vor-Kriegs- und Nach-Kriegszeiten einschlössen. Kriegerisch akzentuierte Zeiten währen also nachhaltig. Vorkriegszeiten verlangen, sich auf Kriege vorzubereiten. In Gesellschaften, in denen das geschieht, wird gerüstet. Die Bevölkerung wird auf die Möglichkeit, Kriege zu führen, über die dazu ausgebildeten Soldaten eingestimmt. Die führenden Politiker sind mit einem militärischen Sanktionstornister ausgestattet. Und alle Nachkriegszeiten müssen nicht kalkulierbare Kosten decken und Trauer tragen. Sie werden dazuhin im „ewigen" Zyklus der Gewalt ihrerseits zu Vorkriegszeiten. Wie das dahin geschrieben werden mag, tönt es fast „harmlos". Die Kette unendlichen Kriegs hat indes zur Folge, dass im Gegensatz zur Annahme des kriegsvernünftigen Denkers von Clausewitz aus einem Krieg als Fortsetzung der Politik mit anderen Mitteln die umgekehrte Qualifizierung den Ausschlag gibt. Politik wird zur Fortsetzung des Krieges mit anderen Mitteln. Wird Krieg aktuell nicht geführt, hebt sie ihn in sich auf, bewahrt ihn in ihrer Eigenart. Das ist schon deshalb der Fall, weil die Präsenz militärischen Denkens und potentiellen Handelns die Notwendigkeit beseitigt, politisch ohne Alternative zu handeln. Politisch zu handeln heißt, mit den potentiellen und aktuellen Gegnern zu kommunizieren und mit Hilfe von Gaben und Gegengaben zu handeln. Politik verlangt außerdem, der eigenen Bevölkerung den Umgang mit potentiellen Gegnern und aktuellen Konflikten gegenüber zu erläutern. Dies nicht, indem man Aggressionen schürte. Dies vielmehr, indem man Aggressionen gar nicht aufkommen ließe. Anders gesagt: Indem die Potenz, Kriege zu führen, Politik nicht von ihrer

Pflicht entlastete, friedliche Wege zu finden, öffnete sie den staatlichen und gesellschaftlichen Binnenraum für demokratische Umgangsformen. Das, was man herkömmlich Außen- oder Internationale Politik nennt, verlöre seinen innenpolitisch disziplinierenden Marsch- und Denken blockierenden Flaggencharakter. Damit wäre verbunden, dass der Militärapparat und seine politische Definitionsmacht, bedeutungslos würden. Erneut würde eine entscheidende Gasse internationalen Konfliktabbaus geöffnet.[114]

Zum vierten: Um argumentativ zu erhärten, dass Kriege keine menschenrechtlich qualifizierten Ziele fördern, ist es nicht geboten, die Geschichte rückwärts aufzurollen, so als ob an früheren Kriegsumständen, gerade wenn sie historisch vergleichsweise nahe sind, aggressiv gelernt werden könne. Etwa aus der das ganze Jahrhundert prägenden Katastrophe des Ersten Weltkriegs 1914-1918 und seinem faulen Frieden 1919. Dieser Behauptung steht ein Ereignis entgegen, das sich Worten entzieht: der Zweite Weltkrieg als Ausdruck nationalsozialistischer Herrschaft und die über die Massenschlächterei des Krieges hinaus betriebene genozidale „Endlösung" (in der Sprache des III. Reiches).[115] Nicht zu vergessen ist, dass die stalinistische Gegenseite in ihrer systematischen Mörderei auch die eigenen Leute hemmungslos einsetzte. Als Generalsekretär der Regierungspartei CDU hat Heiner Geißler 1983 formuliert – um eine Spitzenformel im Kampf um die „Formeln der Macht" bemüht –, der „Pazifismus" sei „an Auschwitz schuld". Abgesehen von ihrem propagandistischen Charakter als neu geprägte „Formel der Macht" scheint sie ein Korn Wahrheit zu enthalten. Kann nicht am Krieg gegen die nationalsozialistische Ungeheuerlichkeit (und seine Ungeheuer) belegt werden, dass es „gerechte Kriege" geben könne? Davon kann zusätzlich nicht abgesehen werden, dass das nationalsozialistische Deutschland den Krieg von Beginn an stufenförmig verschärft und 1939 und 1941 zwei Mal begonnen hat. Der Zweite Weltkrieg müsste

[114] Zum Verhältnis Militärapparat und zivile Regierung vgl. zu einem jüngsten, nicht zureichend ausgeloteten Beispiel am Fall der führenden westlichen Demokratie Jonathan Stevenson, Owned by the Army. Has the president lost control of his generals, in: Harper's Magazine, May 2011, S. 34-50.

[115] Zur „LTI", wie er sie sammelte und nannte, zur Lingua Tertii Imperii, des „3.Reiches" also, siehe Victor Klemperer, LTI – Notizbuch eines Philologen, Berlin 1947; jüngere Ausgabe Stuttgart 2007.

unter dem Signum firmieren: justum bellum. Einem 1937 Geborenen, dessen bester amerikanischer, eine halbe Generation älterer Freund, Stanley Diamond, sich in England freiwillig zum Krieg gemeldet hat, weil ihm die USA zu lange zögerte, fällt es schwer zu urteilen. War der Zweite Weltkrieg nicht allein deswegen nötig, um gegen den grenzenlosen, „völkisch" überschießenden Vernichtungsantisemitismus europäische Juden, Sinti und Roma und Menschen aus anderen besetzten Gebieten zu retten? Weiter zu argumentieren und sich hinterher zu einem Kriegsgegner zu erklären, macht einem, auch wenn man's nur schreibt, das Herz schneller schlagen, ob der damit möglicher Weise verbundenen, wenn auch „nur" rückwärts gerichteten Verschuldungen. Und doch ist zu denken und zu fühlen, nachzufragen und skrupulös zu urteilen, nicht vorzeitig abzubrechen, wenn auch der kalte Schweiß die Haut überzieht. War die Art und Weise, wie der Zweite Weltkrieg von den vier alliierten Mächten geführt worden ist – von den Vorkriegszeiten nicht zu schweigen – die einzige Möglichkeit, genozidalen Massenmord zu bekämpfen, zu denen Massen von Soldaten und Zivilpersonen hinzukommen? Stand die Rettung von Menschenleben an erster Stelle der Kriegsstrategien und -taktiken gegen Hitler (personal verkürzt)? An dieser Stelle, will ich es damit sein Bewenden haben lassen, dass die nationalsozialistische Herrschaft als formierte Todesschwadron insofern die Qualifizierung einzigartig verdient, als der Versuch, sie zu beseitigen, sie notfalls kriegerisch zu besiegen, in keiner Hinsicht verallgemeinert werden kann. Mit anderen Worten: der Krieg gegen die Nationalsozialisten, der Zweite Weltkrieg durch vier kriegsalliierte Mächte geführt, die Sowjetunion, England, Frankreich und die USA, kann hinterher nicht dazu benutzt werden, andere Kriege vorweg zu legitimieren oder hinterher die Legitimation eines anderen Krieges durch Hinweis auf den Krieg wider die nationalsozialistische Herrschaft zu rechtfertigen. Das banalisierte den Legitimationsgrund des Krieges gegen die Nazis. Hinzukommen Nachforschungen, Analysen und Argumente. Ich will über andere Einlassungen pazifistischer Art hinaus nur auf einen jüngst erschienenen Artikel aufmerksam machen. Er lässt deutlich werden, dass man es sich selbst angesichts solcher Ungeheuerlichkeiten wie der von der NS-Herrschaft praktizierten menschensorgsam, lebensernst nicht so leicht machen kann, mit einem Horrorbild vor Augen pauschal kriegerische Gewalt zu rechtfertigen, die dem Horror abzuhelfen zu versprechen scheint.[116]

44. Menschenrechte und Gesellschaft

Obwohl die Menschenrechte frühliberal vorstaatlich begründet worden sind, wurden sie, als seien sie von der „Natur" einer Gesellschaft gegeben, nur gegen staatliche Übergriffe gerichtet. Dass Gesellschaften im formell „privaten" Bereich, wo es nicht nur um das abstrakt isolierte Individuum als ein fiktives Wesen zu tun ist, menschenrechtlichen Standards gemäß zu organisieren seien, hätte sich dem allgemeinen Begriff nach von vornherein erschließen müssen, hätte nicht ein Doppeltes dagegen gestanden. Die individualistische Fiktion und der ihr entsprechend verstandene ökonomische Bereich. (Wirtschaftliche) Interessen sollten sich individueller Konkurrenz aussetzen. Über die verborgene Hand des Marktes hinaus sollte es keiner sozial schlichtenden Instanz bedürfen.[117] Auch in Kants trefflichem, spaßvoll zu lesenden, klassisch liberalen Aufsatz: „Idee zu einer allgemeinen Geschichte in weltbürgerlicher Absicht" von 1784, wird das „größte Problem für die Menschengattung", „die Erreichung einer allgemeinen, das Recht verwaltenden bürgerlichen Gesellschaft" nur in liberalem Doppel von naturwüchsiger Konkurrenz und herrschaftlichem Zwang gelöst. Aufgrund „der Natur" werden die Menschen, um ihre Anlagen zu entwickeln, in „ungeselliger Geselligkeit" gegeneinander gesetzt. „Dank sei also der Natur für die Unvertragsamkeit, für die missgünstig wetteifernde Eitelkeit, für die nicht zu befriedigende Begierde zum Haben, oder auch zum Herrschen! Ohne sie würden alle vortrefflichen Naturanlagen in der Menschheit ewig unterentwickelt schlummern." „Der Mensch", so fährt Kant fort, „will Ein-

[116] Vgl. Nicholson Baker, Why I'm a Pacifist. The dangerous myth of the Cold War, in: Harper's Magazine, May 2011, S. 41-50. Siehe zusätzlich: Andreas Buro/Arno Klönne, Der militärische Sieg gegenüber dem Faschismus ist kein geeignetes Argument gegen den Pazifismus. Eine Überprüfung pro-militärischer Argumentationen. In: Forum Pazifismus, 3/2004, S. 3. Insgesamt siehe Andreas Buro, Gewaltlos gegen Krieg. Lebenserinnerungen eines streitbaren Pazifisten, Frankfurt/M. 2011, bes. S. 309 f. und passim.

[117] Vgl. Albert O. Hirschman, The Passions and The Interests, 1977, dt. Leidenschaften und Interessen, 1985.

tracht; aber die Natur weiß es besser, was für seine Gattung gut ist: sie will Zwietracht.“ Der begierdevolle natürliche Konkurrenzmechanismus bedarf um der ungebärdigen Menschen willen, Luther und Hobbes folgend, einen Herrn. Denn der Mensch „ist ein *Tier*, das, wenn es unter anderen seiner Gattung lebt, *einen Herrn nötig hat.*“ Der hat ihm seinen „Willen“ zu „brechen“. „Die Aufgabe ist daher die schwerste unter allen; ja ihre vollkommene Auflösung ist unmöglich:“ (Freiheit zu geben und zugleich die Freiheit missbrauchenden Menschen durch einen Herrn, der „Gewalt über ihn, den Menschen, hat“, zu disziplinieren) „... aus so krummem Holze, als woraus der Mensch gemacht ist, kann nichts ganz Gerades gezimmert werden“. Herrschaft und Marktvertrauen sind die Mittel, die haltlosen Menschen in scharfen Konkurrenzkonflikten zum Fortschritt zu hetzen. Eine spannungsreiche, aber seltsam gekoppelte liberale Vorstellung. An ihr wird auch in Zeiten globalen Neoliberalismus wie einem Kerngehäuse des global expandierten, weiter expandierenden und in fast allen Hinsichten veränderten Kapitalismus festgehalten. Markt und klassenförmige Ungleichheiten zwischen Gesellschaften und innerhalb derselben; Freiheit und Freiheit erhaltender Zwang des staatlichen Gewaltmonopols. Die Herren des Monopols legitimieren die Verfassung. In der Form Rechtsstaat werden aufgeherrschte Ungleichheit und Kosten der durch Konkurrenz mehr oder minder sublim gewalttätig kanalisierten Freiheit verschluckt. Die Kontinuität des Mangels, nämlich über Gesellschaft und ihre Organisierung diesseits des Staates, wie über dessen passende Einrichtung nachzudenken, verlangte gesellschaftliche Muster der Organisierung, die dem Selbstdenken und Selbsthandeln individuell und kollektiv gemäß wären. Anregungen und Versatzstücke dafür, so behutsam sie in anderen Zeiten und Räumen zu üben und umzusetzen wären, gibt es in der Geschichte kommunaler Organisation und dessen zuhauf, was E.P. Thompson die „moralische Ökonomie“ genannt hat.[118]

[118] E.P. Thompson, Plebejische Kultur und moralische Ökonomie. Aufsätze zur englischen Sozialgeschichte des 18. und 19. Jahrhunderts, Frankfurt/M. 1980. Das, was die utopischen Sozialisten im Hinblick auf eine andere, nicht durch Klassenverhältnisse strukturierte ökonomisch-gesellschaftliche Produktionsformen vorgeschlagen haben, Allmende und solidarische Organisation im Kern, war und ist so nicht weltweit zu institutionalisieren. Es behält über die Schwäche entgegen der expansiv durchdringenden Herrschaft des Kapitals hinaus Elemente des Wunschdenkens. Unbeschadet davon befinden sich gerade heute, angesichts der Kettenkatastrophe globalen, finanzkapitalistisch ausufernden und nicht mehr steuerbaren Weltmarkts,

F. Staat und Menschenrechte

45. Vorstaatlich

Im Sinne säkularer Naturrechte wurden Menschenrechte vorstaatlich begründet. An „Natur“ wurde als die Legitimationsbasis der frühen Moderne mit tradierten Elementen appelliert, die in die Antike zurückreichen. „Von Natur aus“ hat Aristoteles Sklaven begründet, unbeschadet seines Wissens, dass Menschen z.B. aus athenisch eroberten Ländern zu Sklaven umgewandelt worden waren. In der Entwicklung vom ererbten Status zum modernen partnergleich geschlossenen Vertrag standen naturgegebene Eigenschaften herrschaftlichem Missbrauch entgegen. Oder sie führten auf langen Wegen zur Befreiung (David Brion Davis, The Problem of Slavery in Western Culture, 1966). In den individuellen Abwehrrechten wirkt die staatskritische Begründung fort. Gerichtet waren sie freilich gegen den vorkonstitutionellen Staat rechtlich kaum begrenzter Staatsräson. Dem Staat sollte nur nach vorab festgelegten Gesetzen erlaubt sein, in die naturgegebenen Rechte wirtschaftlichen Erwerbs und privaten Besitzes einzugreifen. Insofern wurde die staatliche Sphäre aus der privaten herausgehalten. Indem Politik verfasst wurde und die Legislative gewaltenteilig einen gesonderten Rang zugebilligt erhielt, sollte rechtssicher gemacht werden, dass in die Integrität der Privatsphäre nur aufgrund eines förmlich zustande gekommenen Gesetzes eingegriffen werden könne.

46. Staat als Adressat

Von Anfang an wurden staatliche Instanzen der Gewaltenteilung in Konflikten über umstrittene Eingriffe zum Adressaten. Staatlichen Maßnahmen musste also mit staatlicher Hilfe gewehrt werden. Im Zuge des 19. und 20. Jahrhunderts wurden mehr und mehr gesellschaftliche Felder staatsgesetzlich eingehegt, europäisch zuvor meist von Feudalgewalten bestritten. Innenpolitik entstand. Sie war gekoppelt mit wachsender Bevölkerung und einer raumgreifenden kapitalistischen Ökonomisierung. Damit korre-

wichtige, auszubauende Ansätze.

spondierte eine zunehmende politische Schließung des Staates. Inklusion in Form von „Staatsbürgern" (ein entwicklungstypischer deutscher Begriff) und Exklusion von Fremden waren die Folge. Ein Spezifikum nicht nur in deutschen Landen, vor allem in Preußen und ab 1871, dem Zweiten deutschen Kaiserreich, gesellte sich hinzu: die beschränkte Emanzipation der Juden ohne volles Staatsbürgerrecht, von den Sinti und Roma nicht zu reden (vgl. analog die eigenartige nationalstaatliche Fixierung der „Integration" von Ausländerinnen und Ausländern in europäisch-angelsächsischen Staaten am Beginn des 21. Jahrhunderts). ‚Der Staat' wird zum hauptsächlichen Generator und Adressaten staatlich zugesprochener oder abgesprochener Rechte. Es dauerte bis nach der ersten kapitalistischen Industrialisierungswelle, in Deutschland bis 1871, und der kapitalistischen Expansion in den letzten Jahrzehnten vor dem Ersten Weltkrieg, dass die Arbeiterbevölkerung langsam verstreute Arbeitsrechte erhielt. Allgemein ist festzustellen, dass nicht nur in Deutschland von Menschenrechten noch keine Spuren zu erkennen waren. Grundrechte, im Unterschied zu Menschenrechten durch die staatliche Verfassung gegebene Rechte, wurden bürgerlich in der 1848er Revolte vergeblich gefordert. In der ersten klein-deutschen Verfassung von 1871 waren den bürgerlichen Kräften „rechtsstaatliche" Zusicherungen genug. Nur aufgrund förmlich verabschiedeter Gesetze durch den Reichstag sollte in formell private bürgerliche Belange interveniert werden dürfen. Große Teile heutigen Rechts, ein Gutteil der Staatsverwaltung, der gesamte staatsgeregelte Bildungsbereich u.a. gehörten zum „besonderen Gewaltverhältnis des Staates", vom Militär nicht zu reden. Sie waren also rechtlich nicht normiert.

47. Staatliches Gewaltmonopol

Der moderne Staat entstand als in „Innen" und „Außen" nicht eindeutig zu scheidender Kriegsstaat, indem sich allmählich „das Monopol legitimer physischer Gewaltsamkeit" auskristallisierte. Von Thomas Hobbes war der Staat („Leviathan") schon im 17. Jahrhundert als „sterblicher Gott" oder „großer Mensch" mit außeralltäglicher Aura versehen worden. Der Monopolinhaber, der sich jenseits der Herrscherperson versachlichte (apparatisierte, sprich zuerst vor allem eine Bürokratie ausbildete), sicherte sich primär mit kriegerischen Mitteln ein Herrschaftsterritorium. In dessen Grenzen schaltete er andere feudale Herrschaftsansprüche gleich. Im Zuge der Entwicklung regulierte der Monopolinhaber seine Ansprüche gegenüber seinen Herrschaftsunterworfenen mit dem neuen Mittel des (modernen) Rechts. In den kontinentaleuropäischen Ländern ist es römisch rechtlich rezipiert und eigenartig systematisiert worden. Im angelsächsischen Bereich wurde das Common Law den staatlichen Belangen angepasst. Modernes staatliches Recht zeichnet sich durch folgende Merkmale aus: Zum ersten: es wird staatlich gesetzt (Weber spricht von „gesatztem" Recht). Sprich: es wird zuerst durch den Herrscher und seine Bürokraten als Mittel ihrer Interessen geschaffen: um zu regulieren und zu steuern, um zu strafen. Im Wandel zum Verfassungsstaat wurde die dann gewählte Legislative zur Gesetz gebenden Instanz. Durch eine Herrschaftssetzung unterscheidet sich modernes vom vormodernen Recht – dem Gewohnheitsrecht, Brauch, den schon genannten „ungeschriebenen Gesetzen", von den Vorfahren ererbten Richtlinien. Zum zweiten wird das staatlich erfundene Recht, wenn ihm nicht von den Rechtsunterworfenen gefolgt wird, mit Gewalt (Zwang) durchgesetzt. Die staatliche Rechtsmedaille hat zwei Seiten. Die legislativ geprägte und die gewaltgeprägte Seite. Letztere tritt in Erscheinung, wenn es am Rechtsgehorsam fehlt. Etwa, wenn die Steuer als Zwangsabgabe nicht bezahlt wird. Dann tritt der staatliche Gewaltapparat in Aktion. Seit dem 19. Jahrhundert entwickelte sich die Polizei als innenpolitischer Gewaltarm des Staates. Überall, wo Recht ist, ist staatliche Gewalt zugegen. Zum dritten: das Recht, zunächst vom rechtlich nicht verpflichteten Herrscher legitimiert, erhielt durch den Verfassungsstaat und seine gewählte Legislative die legitimatorische Weihe allgemein gültigen Rechts mit Fermenten der Gerechtigkeit. Mit einer übergesetzlichen Gerechtigkeit haben Gesetze nichts zu tun. Sie wird mit ihnen propagandistisch verbunden und bürgerlich auf sie projiziert. Zum vierten: das auf Verfassung erpichte Bürgertum, wie nachfolgend die Arbeiterbewegung, drängte auf das, was Rechtssicherheit genannt wird als Schutz vor Willkür. Vom Beginn des modernen Rechts an bedeuteten rechtliche Regelungen ein Stück Erwartungs- und Verhaltenssicherheit. Sie wurden für expandierende Bürokratien zur inneren Regelung erforderlich. Im Sinne des bürgerlichen Rechtsstaats und seiner Rechtssicherheit gewannen die Form der Gesetze und ihre nachfolgende richterliche Kontrolle besondere Bedeutung. Gesetze, insbesondere solche, die in bürgerliche Belange tief eingriffen, sollten in ihrer Rechtssprache klar und deutlich sein. Damit interpretatorische Willkür in engen Grenzen gehalten werden könne. Das war immer nur passagenweit der Fall. Im Zuge der enormen Expansion rechtlicher Regulierungskomplexe im Sinne einer Verrechtlichung hat sich die angestrebte Rechts- als Interpretationssicherheit erheblich verändert. Insbesondere in Bereichen, die sich durch rapide Entwicklungen auszeichnen – beispielsweise rund um die „Neue Technologien". Außerdem lässt sich eine ‚präventive Kehre' des Rechts feststellen. Diese Veränderungen haben zur Folge, dass bürgerliche Rechtssicherheit schwindet. Unbestimmte Rechtsbegriffe, zuweilen auch Generalklauseln verlagern die Rechtsauslegung in die zuständige Bürokratie. Das umstrittene Hartz IV-Gesetz ist ein typischer Fall dafür. Die auf dieses Gesetz angewiesenen Personen geben schon in der Auslegung des Gesetzes ihren Bürgerstatus auf. Sie haben sich dem zuständigen staatlichen Funktionär zu unterwerfen. Trotz seinem gesetzten Charakter ist Recht zunächst eine eher konservative Institution. Es ermöglicht vergleichsweise stabiles Regulieren durch die (verwaltende) Exekutive. So lange das Gesetz gilt, ist der Wandel recht-vertäut. Gesetze vernetzen insgesamt bekannte Sachbereiche und Tatbestände. Bürgerinnen und Bürger können ihr Tun und Lassen entsprechend vorab einrichten. Die Zeit konservativ prinzipiell auf Bekanntes ausgerichteter Gesetze ist allerdings vorbei. Wandel, Innnovation und steigende Komplexität verkehren die annäherungsweise erreichte Eindeutigkeit, Übersichtlichkeit und Berechenbarkeit. Die bürgerrechtlichen und die menschenrechtlichen Folgen dieses Wandels der Rechtsquantitäten und Rechtsqualitäten sind kaum zu überschätzen. Schon bisher waren Bürgerinnen und Bürger infolge des systematischen Mangels demokratischer Mitbestimmung über ihre Rechte unzureichend informiert. Die bildungspolitische und sozial verschärfte Deklassierung der dem Recht und seiner impliziten Gewalt nur noch ausgesetzten Bürgerinnen und Bürger verstärkt soziopolitische Ungleichheiten im Rahmen formell gleichen Rechts. Der Rechtsstaat, dessen bestimmer Artikel schon trügt, mutiert zum verordneten Legitimationsfetisch.

Sie ergänzen und legitimieren sich wechselseitig, jedoch mit einem erklecklichen Vorsprung des Monopols und seiner politischen und administrativen Inhaber. Von Polizei und Militär insbesondere. Zwar ist das Gewaltmonopol seinerseits verrechtlicht. Es wurde indes nie zureichend repräsentativ demokratisch konstituiert. Es hapert an allen Ecken und Enden seiner Aufgabenbestimmung und an seiner Kontrolle. Der „soziologisch amorphe" Charakter auch institutionalisierter Gewalt[119] bedürfte anderer institutioneller Anstrengungen, um ihn konstitutionell zu zähmen und demokratisch zu legitimieren. Der herkömmliche Versuch muss scheitern, dieses den Staat kernig ausmachende Instrument in die Fäden des Rechts einzuspinnen. Solches Recht vergrößert nur den Schein verrechtlichter Kompetenzen. Angesichts der Unübersichtlichkeit und Wirrnisse des labyrinthischen Verrechtlichungskomplexes und der in ihm enthaltenen normalen Unfälle, Korruptionen und sich ausbreitenden Unsicherheiten ist es kein Zufall, dass ein erfahrener Rechtslehrer und Kriminologe, Peter-Alexis Albrecht, den Weg zur „Sicherheitsgesellschaft" gebahnt sieht.[120] Die unzureichend kontrollierte, „populistisch" vorwärts legitimierte Gewalt der Exekutive vermag die überforderte Legislative mit Hilfe ihrer „Herrschaft kraft (bürokratisch detailliertem, geheimdienstlich unüberprüfbaren) Wissen" (M. Weber) auszuhebeln. Statt gegebene Probleme liberaldemokratisch anzugehen, kann sie sogar die entpolitisierte Bevölkerung einbeziehen. Dazu ist es nur erforderlich, „Sicherheit" zum Zweck der Gewaltmonopolreklame gefahrenraunend einzusetzen. Auf diese Weise erlaubt das staatliche Gewaltmonopol Ersatzpolitiken mitsamt den nötigen Ersatzlegitimationen.

Das staatliche Gewaltmonopol, international, im Kontext der EU und global vielfach relativiert, ist nicht einmal im sparsamen liberal demokra-

---

[119] Vgl. exemplarisch: Komitee für Grundrechte und Demokratie (Hrsg.), Wolf-Dieter Narr, Dirk Vogelskamp, Der Mord in Dessau im Schoß der Polizei – mit gerichtlichen Nachspielen, Köln 2010; s. insgesamt die Jahrgänge von „Bürgerrechte und Polizei".

[120] Vgl. Peter-Alexis Albrecht, Der Weg in die Sicherheitsgesellschaft: Auf der Suche nach staatskritischen Absolutheitsregeln, Berlin 2010; vgl. W.-D. Narr, Zu Peter Alexis Albrecht: „Auf dem Weg in die Sicherheistgesellschaft", in: Bürgerrechte und Polizei/CILIP 97 (3/2010), S. 62-70.

tisch verfassten Rahmen als Schutz und Schirm der Grund- und Menschenrechte geeignet. So es diese Aufgaben repräsentativ demokratisch angesichts der allem unterliegenden Gewaltprämisse fadenscheiniger Legitimation je übte.

49. Die Tyrannei des Nationalen

Schon die Abstufungen der Inklusion der rechtlich ungleich eingebundenen Bürger und Bürgerinnen ergeben so etwas wie Terrassenbildungen der bürgerlichen Ungleichheit. Existentielle Ungleichheiten werden vollends durch Exklusionen bewirkt. Gesellschaften, vollends Staaten kommen durch soziale und politische Schließungen zustande. Sie können nicht alle Menschen umfassen. Totalitäten wie „Weltgesellschaft“ und „Weltstaat“ sind nur monströs vorzustellen. Eine Differenz ums Ganze macht es aber, wie und wer inkludiert und wie und wer exkludiert wird. Welche Toleranzen repressiver und nicht repressiver Art herrschen vor, welche Normen und welche Sanktionen sind vorgesehen? Albert O. Hirschmans politisch soziologisch feinsinnige Beobachtung zu „exit“, zu „voice“ und ihren Folgen für die Loyalitäten liefert einen Schlüssel.[121] Unter „voice“ versteht Hirschman, Möglichkeiten von einzelnen und Gruppen in Ländern mitzubestimmen. „Exit“ meint die Chance, Länder, die den einzelnen oder Gruppen nicht passen, zu verlassen, um sich neuen Ufern hinzuwenden. Deshalb sind beide Verhaltensweisen miteinander verzahnt. Nicht selten ist es in der Moderne der Fall, dass Chancen, zusammen zu leben und mitzubestimmen, herrschaftsborniert verrammelt und mit tödlichen Gefahren verbunden sind. Besteht dann ein Mangel an Lücken, um sich zu anderen Ufern aufzumachen, zu fliehen, ist man in einer Lebendfalle gefangen. Sie kann tödlich werden. Die Wahl zwischen Standhalten und Flüchten wurde während des Nationalsozialismus doppelt blockiert. Erinnert sei an Walter Benjamin, der 1940 in Portbou/Spanien, kurz hinter der französischen Grenze, seinem Leben ein Ende setzte. Er befürchtete, er könne den Nazihäschern ausgeliefert werden, bevor ihm der unsichere Transit über Portugal gelinge. Albert O. Hirsch-

[121] Vgl. Albert O. Hirschman, Exit, Voice, and Loyalty. Responses to Decline in Firms, Organizations, and States, Cambridge/Mass. 1970.

man, in Berlin geboren, hat übrigens als junger Mann, selbst gefährdet, in Marseille Chancen für Flüchtlinge miteröffnet.[122]

Im Laufe des 19. Jahrhunderts haben die mittel- und westeuropäischen Nationalstaaten ihre Grenzen zunehmend abgedichtet. Gérard Noiriel hat dies in einer quellennahen Sozialgeschichte Frankreichs des 19. und 20. Jahrhunderts plastisch beschrieben. Trotz unterschiedlicher Gegebenheiten und Regelungen kennzeichnet seine Studie vergleichbare Länder, wie Deutschland.[123] Selbst zu Zeiten des raren Grundrechts auf Asyl von 1949 hat die Bundesrepublik eine negativ diskriminierende Ausländerinnen- und Ausländerpolitik betrieben. Im Exzess vorurteilsblinder Borniertheit galt bis 2000 und gilt unter veränderten Zeichen in erheblichem Umfang noch die bundesdeutsche Angst- und Aggressionsdevise: „Deutschland ist kein Einwanderungsland!“[124] Die BRD hat sich mit den anderen EU-Ländern zusammengetan, um die oben apostrophierte Institution „FRONTEX“ zu schaffen. Exklusion notfalls dadurch, Menschen ertrinken zu lassen. Wie andere Länder der „Europäischen Wertegemeinschaft“ betreibt sie eine repressive Politik der Inklusion („Integration“ als Disziplinierungs- und Ausschlussmittel).

Im 9. Kapitel der „Elemente und Ursprünge totaler Herrschaft“ hat Hannah Arendt die tödliche Situation der „Nation der Minderheiten und (des) Volks der Staatenlosen“, bis heute im Kern gültig, beschrieben. Ihre Aussagen treffen noch mehr zu als seinerzeit. Die reichen Staaten betreiben mitten in der Globalisierung mehr denn je eine national hermetische Politik der aggressiven Exklusion. Es sei denn, ‚integrationswillige‘ hochqualifizierte Fachkräfte stünden Schlange. Bei Hannah Arendt stimmt fast nur die Kapitelüberschrift nicht. „Der Niedergang des Nationalstaates und das Ende der Menschenrechte“. Davon kann his-

---

[122] Vgl. Varian Fry, Auslieferung auf Verlangen. Die Rettung deutscher Emigranten in Marseille 1940/41, org. 1945, dt. 1986.

[123] Gérard Noiriel, Die Tyrannei des Nationalen. Sozialgeschichte des Asylrechts in Europa; Lüneburg 1994.

[124] Siehe stattdessen zu euphemistisch Klaus J. Bade u.a.: Migrationsland 2011. Jahresgutachten 2011 mit Migrationsbarometer (Sachverständigenrat deutscher Stiftungen für Integration und Migration), Berlin 2011.

torisch keine Rede sein. Die Menschenrechte haben über ihr spärliches Verkünden hinaus den Nationalstaat des 19. und beginnenden 20. Jahrhunderts nicht einmal wie ein Lichtschatten begleitet. Ohne weiteren Kommentar seien drei kurze Abschnitte aus dem 9. Kapitel, vor allem dem Teilabschnitt „Die Aporien der Menschenrechte", herausgepickt.

„Für die Staaten wirkt sich dieser Fluch (einer gesetzeswidrigen Diskriminierung, d. Verf.) wie der Keim einer tödlichen Krankheit aus. Denn der Nationalstaat kann nicht existieren, wenn nicht alle seine Bürger vor dem Gesetze gleich sind, und kein Staat kann bestehen, wenn ein Teil seiner Einwohner außerhalb aller Gesetze zu stehen kommt und *de facto* vogelfrei ist."

Normativ richtig, faktisch nicht.

„Der Verlust der Menschenrechte findet nicht dann statt, wenn dieses oder jenes Recht, das gewöhnlich unter Menschenrechte gezählt wird, verloren geht, sondern nur, wenn der Mensch den Standort in der Welt verliert, durch den allein er überhaupt Rechte haben kann und der die Bedingung dafür bildet, dass seine Meinungen Gewicht haben und seine Handlungen von Belang sind."

Eine Basisnorm aller Menschenrechte!

„Dass es so etwas gibt, wie ein Recht, Rechte zu haben – und dies ist gleichbedeutend damit, in einem Beziehungssystem zu leben, in dem man aufgrund von Handlungen und Meinungen beurteilt wird –, wissen wir erst, seitdem Millionen von Menschen aufgetaucht sind, die dieses Recht verloren haben und infolge der neuen globalen Organisation der Welt nicht imstande sind, es wiederzugewinnen. Dieses Übel hat so wenig mit den uns aus der Geschichte bekannten Übeln von Unterdrückung, Tyrannei oder Barbarei zu tun (und widersteht auch allen humanitären Heilungsmethoden), dass es sogar nur möglich war, weil es keinen ‚unzivilisierten' Fleck der Erde mehr gibt, weil wir, ob wir wollen oder nicht, in der Tat in ‚einer Welt' leben. Nur weil die Völker der Erde trotz aller bestehenden Konflikte sich bereits als ein Menschengeschlecht etabliert haben, konnte der Verlust der Heimat und des politischen Status identisch werden mit dem Ausschluss aus der Menschheit überhaupt."[125]

[125] Hannah Arendt, Elemente und Ursprünge totaler Herrschaft, München 1986 , S. 559-625.

Nein: Nationalstaaten heute – wenn denn je – und Menschenrechte stehen auf anderen Stufen humaner Qualität und Wirklichkeit. Borniert interessiert die einen. Und nur darin expansiv. Universell konkret die anderen. Da gibt es kein freundschaftliches Miteinander. Allenfalls erfreuen hin und wieder nicht verlässliche Überschneidungen.

G. Menschenrechte und Kapital. Das Kapital der Menschenrechte

50. Mehrfache Befreiung

Der seit dem 18. Jahrhundert ruckartige Abschied von einer primär agrarisch statischen, lokalen und regionalen Subsistenzökonomie hatte befreiende Folgen. Soziale und räumliche Grenzen verloren ihre Starre. Städte wurden zu organisierten Zentren und lockerten die feudal überlagerten Bindungen ans Land. „Land macht eigen; Stadtluft macht frei." In der Fülle der Bezüge und der „flüssigen Übergänge" der späteren Entwicklung ähnlich, profiliert Max Weber einige Merkmale der mittelalterlichen Städte typologisch. „Die Stadtbürger waren ... ökonomisch zunehmend an friedlichem Erwerb durch Handel und Gewerbe interessiert ... Die politische Situation des Stadtbürgers wies ihn auf den Weg, ein *homo oeconomicus* zu sein, ... Der antike Bürger war ein *homo politicus*. Das platte Land war in der Regel für die mittelalterliche Stadtpolitik lediglich Objekt der Stadtwirtschaftspolitik ..." (Max Weber: Wirtschaft und Gesellschaft, Teilband 5: Die Stadt, 1999). In unserem Zusammenhang kommt es nicht auf historisch möglichst genaue Beschreibung an. Bemerkenswert ist, wie die sich verbreiternde Entwicklung des Warenhandels und der folgenden Warenproduktion eine Reihe von Befreiungen und neuen Freizügigkeiten bewirkte, die heute wie selbstverständlich erscheinen. Enge soziale und örtliche Bindungen halten nicht nur. Sie können auch, wie das ‚alte Dorf', den Horizont einengen und gefangen nehmen. Die galoppierende kapitalistische Entwicklung legte frühere Grenzpfähle um, eröffnete Freiräume, schnitt soziale Fesseln entzwei. Sie trug zur Individualisierung, zur Mobilität, zur Freiheit und der Privatisierung der Interessen bei, die sie rückkoppelnd verstärkte. In dieser

Hinsicht war sie, zu einem Teil wenigstens, politisch. Mitsamt der Autarkie beförderte sie die Autonomie der Städte. Freiheit und Gleichheit wurden zunächst vor allem städtische Parolen. Die weithin parallel erfolgende, ihrerseits zuerst eher randständige Verstaatlichung zeitigte ähnliche Effekte. Sie zerriss feudale Fesseln, verallgemeinerte rechtliche Bestimmungen und entnestelte das „Nest der Zaunkönige", deren adlige und kirchenherrschaftliche Mitpiepser vielfache Abhängigkeiten und Ausbeutungen bewirkten. Der Brief eines französischen Bauern kurz vor der französischen Revolution, von Alexis de Tocqueville zitiert, von Gustav Landauer in seine Sammlung „Briefe aus der Französischen Revolution" aufgenommen, gibt einen Einblick in den feudal-absolutistischen Flickenteppich. „... Die ganze Gegend ist mit Abgaben verpestet. Der größte Teil der Ländereien schuldet jährlich den siebten Teil des Weizens pro Morgen, andere Wein; der schuldet den vierten Teil der an die Herrschaft zu liefernden Früchte, jener den fünften usw., wobei immer der Zehnte vorher erhoben wird; der den zwölften, jener den dreizehnten. All diese Lasten sind absonderlich, dass ich deren vom vierten Teil der Früchte bis zum vierzigsten kenne. Was soll man von all diesen Abgaben in allen Gestalten halten: von Körnerfrüchten, Gemüsen, Geld, Geflügel, Fronden, Holz, Obst, Kerzen? ..."

51. Disziplinierung und A-Sozialität

Auf der staatlichen Seite folgten der Beseitigung und Kooptation lokaler und regionaler Herrschaftssauger der wachsende Schatten disziplinierender Eingriffe. Sie gruppierten sich zunächst rund um die Militärhaushalte der Territorialherren in Form von Steuern als Zwangsabgaben, anderen Kontributionen in Form von zwangsrekrutiertem „Soldatenmaterial", der Einübung des Kadavergehorsams und dergleichen. Am Beginn kristallisiert sich vor allem ums Kriegswesen die Bürokratie aus. Sie wird zu einem ihrerseits herrschaftlich penetrant funktionierenden Instrument. Je größer der staatliche Regulierungs-, Abgabe- und bürokratische Verteilungsprozess wurde, desto mehr nahmen staatliche Disziplinierungen zu. Sie wurden in erklecklichem Umfang zusammen mit der verzweigten und sich bis heute weiter verzweigenden Präsenz des Gewaltmonopols ins Innere der bürgerlichen Gesellschaft verlagert. Sie trugen also zur ‚Modellierung' der Staatsbürger bei (vgl. zu wichtigen Einsichten, wenngleich analytisch unterbelichtet, vor allem ohne humane Kostenreflexion Norbert Elias, Der Prozess der Zivilisation). Die kapitalistische Ökonomie etablierte sich, indem sie folgende Strukturelemente in sozial kostenreicher Konkurrenz durchsetzte. Sie wurden notfalls staatlich armiert:

(a) die Klassenteilung zwischen Lohnarbeit und Kapital. Die soziologische Prämisse der Ungleichheit rangiert heute wie eh und je vor der wirtschaftlichen Effizienz, die angeblich durch die Markt- als Klassengesellschaft bewirkt wird. Dazu gehört, dass zwischen Kapitalprofit samt der damit verbundenen Verfügungsmacht und Lohneinkommen der gesellschaftspolitische Hauptunterschied besteht. Kurz: die Kritik der politischen Soziologie rangiert wenigstens gleichrangig neben der Kritik der politischen Ökonomie oder ist, recht verstanden, entgegen ‚ökonomistischen' Verengungen in ihr enthalten. Das war bei Marx der Fall. Er konzipierte das Kapitalverhältnis als Sozialverhältnis.

(b) Die Proletarisierung der Arbeitskraft in dem Sinne, die Marx als „doppelte Freiheit" des Arbeiters beschrieben hat. Der Arbeiter ist besitzfrei dazu befreit, seine Ware Arbeitskraft unter vorausgesetzten Klassenbedingungen feilzubieten. Gleichzeitig konkurriert er mit anderen Proletariern, die ihrerseits ihre Arbeitskraft verkaufen müssen (die Reservearmee der umgewälzten Arbeitslosen und des Lumpenproletariats der strukturell Arbeitslosen). Die Arbeiter sind zugleich frei aller anderen Mittel, außer ihre Nachkommenschaft zu zeugen und zu versorgen.

(c) Die Verelendung der vorweg mit Bankenhilfe „gelegten" Bauern („Landflucht") betrifft auch die Arbeiter. Diese Verelendung besteht unter anderem darin, Arbeiter als potentielle Arbeitslose und aktuell Arbeitslose voneinander zu lösen und gegeneinander zu richten. Kurz, surplus labour gerät in eine a-soziale Situation. Die ‚ursprüngliche' Verelendung im Zuge der „ursprünglichen Akkumulation" wiederholt sich vor allem in kapitalistisch neu kolonialisierten Ländern im Sinne ‚zweiter' und ‚dritter' Ursprünglichkeit oder erneuert sich sekundär. Sie wurde infolge kapitalistischer ‚Häutungen' des ‚geplanten' Kapitalismus und staatlicher Sozialpolitik in Deutschland in den 80er Jahren des 19. Jahrhunderts erstmals modifiziert. Motiviert wurden diese und spätere Modifikationen vor allem durch die erstarkte Arbeiterbewegung und die mit ihr verbundenen Krisenängste und Repressionen.

Unbeschadet der hier schlagwortartig summierten Änderungen hat sich an den nun global beförderten Versuchen nichts verändert, um fast jeden sozialen Preis an der Ware Arbeitskraft zu sparen. Indem man beispielsweise Outsourcing oder Kurzarbeit betreibt oder illegalisierte Menschen vogelfrei beschäftigt. Die Dissoziation der arbeitenden Menschen hat infolge vieler „feiner Unterschiede" zugenommen. Die bei der Entstehung der Arbeiterbewegungen starken Reste einer „moral economy" und deren habituelle Effekte sind weithin aufgezehrt worden (vgl. erneut die schier unübertreffliche, darum nicht unkritisch zu lesende Darstellung von Edward P. Thompson, The History of the English Working Class). Außerdem haben sich global die Anforderungen an die Arbeitskräfte ebenso erhöht, wie sie „innovativ" an Zahl weniger gebraucht werden.

52. Zwang und Abstraktion

Indem die „Produkte und Tätigkeiten in Tauschwerte" aufgelöst werden, tritt, wie Marx in den „Grundrissen" schreibt, „die allseitige Abhängigkeit der Produzenten voneinander" an die Stelle der „festen persönlichen (historischen) Abhängigkeitsverhältnisse". Die Pointe ist eine zweifache. Zum einen liegt sie darin, „dass das Privatinteresse selbst schon ein gesellschaftliches Interesse ist und nur innerhalb der von der Gesellschaft gesetzten Bedingungen und mit den von ihr gegebenen Mitteln erreicht werden kann; also an die Reproduktion dieser Mittel und Bedingungen gebunden ist". „Es ist das Interesse der Privaten; aber dessen Inhalt, wie Form und Mittel der Verwirklichung, durch von allen unabhängige gesellschaftliche Bedingungen gegeben." Hier treten die staatlichen Instanzen kontrollierend, Gesetze schaffend und sanktionierend auf den Plan. Die andere Pointe besteht darin, dass der gesellschaftliche Zusammenhang von den Individuen abstrahiert und dem Anschein nach eigendynamisch funktioniert. „Der gesellschaftliche Charakter der Tätigkeit, wie die gesellschaftliche Form des Produkts, wie der Anteil des Individuums an der Produktion erscheint hier als den Individuen gegenüber Fremdes, Sachliches; nicht als das Verhalten ihrer gegeneinander, sondern als ihr Unterordnen unter Verhältnisse, die unabhängig von ihnen bestehen ...“. Daraus folgt: „Die Individuen sind unter die Produktion subsumiert, die als Verhängnis außer ihnen existiert; aber die gesellschaftliche Produktion ist nicht unter die Individuen subsumiert, die sie als ihr gemeinsames Vermögen handhaben.“ Die individuellen Interessen der Kapital besitzenden Herren, Kants positionell repräsentierte „Begierde zum Haben und auch zum Herrschen“, treten den individuellen Interessen der Arbeiter in beiderseits abstrahierten Zusammenhängen gegenüber. Diese Zusammenhänge sorgen dafür, dass die unterschiedlichen Interessen unterschiedlich bedient werden. Zuschläge (Boni) hier, Kurzarbeit und Hartz IV dort, um es auf die Gegenwart zu verkürzen. Die fundierende Abstraktion besteht in den genannten strukturellen Elementen. Sie haben im Zeichen der Globalisierung und ihrer unfasslichen Größenordnungen dem Scheine nach an natürlicher Qualität zugenommen. Diese wird überlagert von den versachlichten Bedingungen der Produktion und ihren wirtschafts-, arbeits- und sozialrechtlichen/bürokratischen Auffangbecken. Letztere verstärken qua staatsbürokratischer Abstraktion die nur noch in vereinzelten ‚Endmoränen‘ fass- und skandalisierbaren sozialen Zusammenhänge. Auch die zweite abstrakte Überlagerung teilt die Undurchdringlichkeit der beiden ersten: die Produktionsbedingungen definieren abgehoben maschinell. Neuerdings tun sie es noch ungreifbarer technologisch. Die Arbeitenden werden an den Rand gedrängt. Marx hat die fortgesetzte Marginalisierung und substantielle Entwertung schon in der ‚Großen Maschinerie‘ beobachtet. Zwischenzeitlich sind sie so eigenbestimmt geworden, so „selbstbezogen“ – *Technologien*, nicht bloß Techniken –, dass sie den Arbeitern und Konsumenten die nötige „Flexibilität“ und „Mobilität“ abverlangen. Dem entspricht die zeitgemäße Bildungs- als habituelle Subsumptionspolitik unter die globale und zugleich personalisierte Technologie (PC, Genom u.a.). „Der flexible Mensch.“[126]

53. Freiheit und Gleichheit in kapitalistischer Gesellschaft

Menschenrechte als konkrete Bedingungen aller Menschen werden zu „verhimmelten“, sprich leeren, von Wunschdenken verführerisch aufgeblasenen Abstraktionen. Für die vereinzelnde Abstraktion in herrschaftlich versach-

[126] Vgl. Richard Sennett, Der flexible Mensch. Die Kultur des neuen Kapitalismus, Berlin 1998.

lichtem Zusammenhang aber gilt: „Das allgemeine Interesse ist eben die Allgemeinheit der selbstsüchtigen Interessen. Wenn also die ökonomische Form, der Austausch, nach allen Seiten hin die Gleichheit der Subjekte setzt, so der Inhalt, der Stoff, individueller sowohl wie sachlicher, der zum Austausch treibt, die *Freiheit*. Gleichheit und Freiheit sind also nicht nur respektiert im Austausch, der auf Tauschwerten beruht, sondern der Austausch von Tauschwerten ist die produktive, reale Basis aller *Gleichheit* und *Freiheit*. Als reine Ideen sind sie bloß idealisierte Ausdrücke desselben; also entwickelt in juristischen, politischen, sozialen Beziehungen sind sie nur diese Basis in einer anderen Potenz. Dies hat sich denn auch historisch bestätigt. Die Gleichheit und Freiheit in dieser Ausdehnung sind gerade das Gegenteil der antiken Gleichheit und Freiheit, die eben den entwickelten Tauschwert nicht zur Grundlage haben, vielmehr an seiner Entwicklung kaputtgehen" (Karl Marx, Grundrisse der politischen Ökonomie, S. 170).

Die ‚systemische' Lektüre von Freiheit und Gleichheit in global konkurrierenden kapitalistischen, durchbürokratisierten Machtblöcken mit davon abhängigen Staaten lässt den allseits verkündeten Anspruch auf universelle Geltung der Menschenrechte schal schmecken. Es sei denn, er würde zureichend unterbaut. Es sei denn, er fände in der Lage konkreter Menschen überall auf dem Globus Bestätigung oder politisch aggressive Kritik. Um der glokal (global und lokal) versaubeutelten Rechte der Menschen willen. Eine analytisch nüchterne Diagnose der ‚Menschenrechtslage' zu Zeiten einer Globalisierung, die einer wissenschaftlich technologisch innovativ angeheizten und einer real- und finanzkapitalistisch unverantwortbaren Logik transnationaler Unternehmenskomplexe folgt, hat zu sagen, was ist. Nämlich zu sagen, dass die hauptsächliche Gefährdung der Menschenrechte an erster Stelle ausgeht von staatlich gestützten, militärisch vorwärts geschützten kapitalistischen Gigantomanien. Nicht ein Hauch von Reflexion der Abgründe lässt sich in der „strukturellen" Arroganz kapitalistischer Machtaggregate spüren. Vom Wachstum und seinen längst kapitalisierten allgemeinen Produktionsbedingungen angefangen, erlaubt das Law of Large Numbers (LLN) schier unbegrenzt fressenden Wachstums, alltägliche humane Katastrophen zu übersehen, wie von einem Riesenfetisch gebannt. Abstraktion, die nicht zu Menschen und ihrer Umwelt rückvermittelt wird, terrorisiert als unvermittelt angewandte Abstraktion alles Besondere,

Menschen und ihre Besonderheiten zuerst. Frei nach Robespierre ins 21. Jahrhundert versetzt: Wachstum, Energiegewinnung, sklavenarbeiterisch gewonnene Rohstoffe müssen den Schrecken von Katastrophen – mit publizistisch angemessener Betroffenheit – billigend in Kauf nehmen lassen. Wie käme British Petrol und wie kämen die anderen Ölmagnaten, bei denen alles selbstredend bestens bestellt ist, auch nur vorübergehend auf die absurde Idee, weitere Tiefseeölbohrungen aufzugeben? Um den während des Höhepunkts der finanzkapitalistischen Krise 2008/09 regierungsamtlich gebrauchten Begriff aufzunehmen, handelt es sich um systemische Energien, Unternehmen, Metalle und technologische Innovationen.[127]

54. Das Kapital der Menschenrechte

Der Ausdruck ist analog zum Begriff „kulturelles Kapital“ gebildet. Pierre Bourdieu, französischer Ethnologe und Soziologe, hat die meist auf die Ökonomie begrenzte Terminologie: Kapital, Produktion und Produktionsverhältnisse auf Politik und Kultur ausgedehnt. Vorsicht ist bei einem analogisch gedachten Gebrauch geboten. Nur metaphorisch sollte man die gedehnten Begriffe benutzen. Um das „Kapital“ der Menschenrechte, also seinen politischen Gebrauchswert, ist es dem virtuellen, betrügerisch gründenden Geld eines Hedge-Fonds gleich bestellt. Dem Kapital des Kapitals, also der Ökonomie ist es nicht nur nachgeordnet, es ist ihm systemisch untergeordnet. Mehr als zu seiner Zeit vor 150 Jahren trifft Marx' Beobachtung: „Die(se) Art individueller Freiheit ist daher zugleich die völligste Aufhebung aller individuellen Freiheit und die völlige Unterjochung der Individualität unter gesellschaftliche Bedingungen, die die Form von sachlichen Mächten, ja von übermächtigen Sachen – von den sich beziehenden Individuen selbst unabhängigen Sachen annehmen.“ (Karl Marx, Grundrisse der politischen Ökonomie, S. 551) Nur propagandistisch scheinen menschen-

[127] Vgl. den beobachtungsreichen und viele Aspekte ansprechenden Bericht von Rebecca Solnit, Diary, in: London Review of Books Vol. 32, No. 15, 5 August 2010, S. 28-31; zu Rohstoffen aus dem Ostkongo für Mobiltelefone und Laptops siehe: Oliver Jungen, Auf der dunklen Seite der digitalen Welt, FAZ 21.8.2010.

rechtlich geprägte Münzen mit dem begrenzten Wappen individueller Abwehrrechte üppig benutzt zu werden. Auch dienen sie nach wie vor misshandelten einzelnen und Gruppen als allgemeiner Wertbezug. Damit ein Appell an die allgemein hoch gehaltenen „Werte" wenigstens ein Echo erhalte. Ansonsten unterliegen Menschenrechte selbst in ihrer beschränkten Form den allgemeinen Bezugswerten, die der Konkurrenz auf globalen Ebenen dienen. Und bringe die Konkurrenz neue Exklusionen mit sich. In der Grenzkontrolle; in der Abschiebung und Absperrung in Slums oder in der direkt indirekten Vernichtung der verstreuten Überreste von „Indigenous people" oder Minderheiten – was nutzt da schon die ihnen geltende UN-Erklärung! Hegels Dialektik von „konkret" und „abstrakt", droht undialektisch zu erstarren. Nicht nur in dem Sinn, dass abstrakte Kategorien à la „Staat", „Sicherheit", „Wachstum", „Energie" nicht auf ihre sie bewirkenden und von ihnen bewirkten Interessen auseinander genommen werden. Dann machten sie das mit ihnen sachzwangsartig verbundene Verlangen beurteilbar. Vielmehr wird mit solchen Abstraktionen, die alles human Besondere in sich beseitigt haben, schier unmittelbar auf die spezifischen Umstände und besondere Menschen eingewirkt. Pauschal mobilisierend; pauschal abweichende Sach- und Personenverhalte disqualifizierend. Das Streben nach Ungleichheit und danach, ungleiche Status auf der Habens- und Herrschaftsseite zu erhalten, treibt die staatlichen und kapitalistischen Kollektive wie ihre strebsamen Schuppen im Legitimationspanzer. Wer an täglichen Beispielen, möglicherweise auch in der Introspektion Mangel leiden sollte, mag sich die in ihrem Rahmen informationell hoch stehende Financial Times, englische und zum Wochenende edierte Ausgabe, mehrmals durchsehen. Und FT Lesende werden begreifen, warum der Kampf um die Boni keine Nebensache darstellt. In einer solchen Situation kann man an Menschenrechten fast nur noch im Sinne eines trotzigen Humors unverzagt festhalten. Wilhelm Busch wusste es:

„Es sitzt ein Vogel auf dem Leim,
er flattert sehr und kann nicht heim.
Ein schwarzer Kater schleicht herzu,
die Krallen scharf, die Augen gluh,
er steigt die Äste immer höher
und kommt dem Vogel immer näher.

Der Vogel denkt, weil das so ist,
weil mich doch gleich der Kater frisst
so will ich weiter quinquillieren
will weiter singen wie zuvor
Der Vogel, scheint mir, hat Humor."

H. Menschenrechte und ihre Anwendung – erkenntniskritische und praktische Marksteine

55. Menschenrechte erkennen

Wer immer Menschenrechte erkennen will, muss mystisches In-Sich-Versenken fast umkehren, ohne es ahnungslos abzutun. Sie/er sollte alle Sinne öffnen, um die feinziselierten und groben Markierungen der Menschen, vor allem die Spuren wahrzunehmen, die auf Verletzungen und ihre Umstände aufmerksam machen.[128] Über die fünf Sinne hinaus, ihrerseits verletzliche Organe des Menschen und seiner belebten und unbelebten Umwelt, kommt es vor allem auf Phantasie, Vorstellungskraft, Imagination an. Wie immer man die lern- und übbare Fähigkeit des Menschen nennen mag, sich Bilder zu machen, die über die physisch bedingten Hör-, Seh-, Tast- sowie Geschmacks- und Fühleindrücke hinausgehen. Fähigkeiten sind es, die den Menschen eignen, die ihnen ‚virtuelle' Einsichten ermöglichen. Sich Bilder zu machen, kann in die Irre führen. Eigene Interessen und Vorurteile malen mit. Wie alle Sinne sind Vorstellungen der Täuschungen voll. Und sind dennoch alle vonnöten. Um die Sinne physisch und über das

[128] Vgl. beispielhaft: Elaine Scarry, The Body of Pain. The Making and Unmaking of the World, New York 1985.

physische Vermögen hinaus zu überprüfen, sind sie, wenn irgend möglich, miteinander zu kombinieren. Wie bei aller Erkenntnis bedarf es zusätzlicher Anstrengungen. Das, was man dem Anscheine nach unmittelbar erfährt, sieht, schmeckt, fühlt, kann in die Irre leiten oder nur einen wenig bedeutsamen Aspekt einer Sache, eines Verhaltens, eines geachteten oder verletzten Menschen signalisieren. Es ist fast immer geboten, das, was man wahrgenommen hat, nach seinen Herkünften, seinem Werden und Entstehen, wie nach seiner Bedeutung zu untersuchen, kurz den Kontext und die Genesis auszukundschaften. Menschenrechte sind nur Probiersteine menschlicher Zustände. Sie signalisieren, ob und wie Menschen verletzt werden oder unzureichend ausgestattet sind. Sie erlauben es, Menschen in ihren Leiden und Freuden zu erkennen. Menschenrechte sind nur so gut, wie sie dazu taugen, die Befindlichkeiten der Menschen hier und jetzt, zu bestimmten Zeiten und Orten herauszufinden, also den Blick fürs Besondere zu schärfen. Dazu bedarf es der Rekonstruktion ihrer Physik und Metaphysik, die ihre umfassende Wirklichkeit ausmachten. Klaus Dörners Leitsatz, in Bezug auf die „Chronisch-Kranken-Psychiatrie" formuliert, mit neutestamentlichen und anderen Vorbildern, gilt für jede und jeden, der es menschenrechtlich ernst meint: „Handle in Deinem Verantwortungsbereich so, dass Du mit dem Einsatz all Deiner Ressourcen (an Zeit, an Kraft, manpower, Aufmerksamkeit und Liebe) immer beim jeweils Schwächsten beginnst, bei dem es sich am wenigsten lohnt".[129]

56. Wahrnehmen schärfen im Daueraustausch von ‚Subjekt' und ‚Objekt'

Selbsterkenntnis führt über die Auseinandersetzung mit dem Anderen und den Anderen. Sie könnte die Selbsterkenntnis verfeinern und mit Ambivalenzen versehen. Möglicherweise endet sie angstvoll bei uns selbst (vgl. das treffliche Kinderbuch auch für Erwachsene: von Janosch: Oh, wie schön ist Panama). Dann begriffen wir Andere und Andersartigkeiten besser, nicht

[129] Vgl. Klaus Dörner, Chronisch-Kranken-Psychiatrie: die Probleme vom Kopf auf die Füße stellen, in: Klaus Dörner (Hrsg.), Ende der Veranstaltung. Anfänge der Chronisch-Kranken-Psychiatrie. 1998. Eine der einschlägigen biblischen Stellen lautet: (Jesus) „Was ihr dem geringsten unter meinen Brüdern getan habt, habt ihr mir getan."

angstbesetzt, könnten wir uns im Anderen selbst eigenartig und uneigen spiegeln. Vermöchten wir die begrenzten Neigungen und Fähigkeiten zu überwinden, uns selbst zu erkennen, könnten wir die argen Mängel in den meisten Kontexten entdecken und wären zu folgern imstande. Wir entdeckten, dass nicht primär psychogene, in den Brunnengrund des einzelnen hinabgefallene Ursachen an Verhaltensmängeln schuld sind. Diese irritieren und ärgern uns aus gutem Grund auch im eigenen Spiegel. Das umwegige Gehen, um ‚Wirklichkeit' im konstituierenden Wechselbezug von „Subjekt" und „Objekt" zu erfassen, verlangt mehr. Wagemutig, und sei es nur hypothetisch, sind Subjekt und Objekt immer erneut auszuwechseln. Mich, das Subjekt, fasse ich ins Auge, als wäre es ein Objekt, indem ich das Ich verlor. Sobald ich der Hypothese folge, dürfte die Entdeckung der dinglichen Bestimmtheit meiner Wirklichkeitssicht dienen, meiner Kritik und der Einsicht in die Grade und Grenzen der Kritik. Nicht nur Richterinnen und Richtern ist ein solches nicht nur vorgeselltes und nicht allein gedankliches Experiment anzuempfehlen. Das Strafrecht ist im Prinzip unverändert auf die idealistische, Kant gemäße Fiktion „bewusster und gewollter", von jeder und jedem einzelnen bewusst gewollter Taten fixiert. Es unterstellt allenfalls zweitrangig begrenztes Bewusstseins-, Entscheidungs- und Handlungsvermögen. Ihm ähnlich kalkuliert man offiziell im „Exzellenzmuster" in fast allen, nicht zuletzt politischen Feldern. Darum werden aus bergehohen – wissenschaftlich überdeterminierten – Einsichten keine Folgerungen gezogen. Auf vielfache Weise werden bewusstes und gewolltes Tun überlagert, gehemmt und verhindert. Umso mehr schadet darum die insgeheim objektivierende Behandlung angeblich subjektsouverän entschiedener Geschehnisse. Das Gedanken- und Realexperiment ist vor allem auch umgekehrt anzustellen. Also „Subjekt" und „Objekt" um der Erkenntnis willen auszutauschen. Aus den als Objekte traktierten Menschen werden Subjekte (in zeichnerischer Ironie hat dies leichter Hand Loriot einmal an Hunden und Menschen ausprobiert). Kehrte man ‚Objekte' zu ‚Subjekten', dann schärfte man das Gespür für die Eigenarten Anderer und von Anderem. Man behandelte „Indianer" und andere ‚vormoderne' Gruppen nicht wie sitzengebliebene, unfertige Menschen, die den Zug des Fortschritts verpasst haben. Das geschah europäisch im Zuge der Kolonisierung, mit starken

Spuren in postkolonialistischer Zeit.[130] Erfahrene Distanz zur dominierenden Erkenntnisform seit dem Beginn der Moderne ist dringlich. Die heute mehr denn je allobjektivierende, fortschrittsverdinglichende Erkenntnis unterwirft Mensch und Umwelt („Natur“) experimentell in Rekonstruktion und Konstruktion. Nicht instrumentell reduzierte Erkenntnis öffnete stattdessen die Chance, Anderes und Andersartigkeiten eher nach ihren eigenen immanenten Bedingungen und Funktionspostulaten zu begreifen[131]. Man verstünde die sozialen und naturökologischen Bedingungen der Menschen besser. Ja, mehr noch. Das humane Subjekt verlöre ein Stückweit seinen aggressiven Eroberungs- und Unterjochungscharakter und würde unter Seinesgleichen im Anti-Hobbes'schen Sinne gesellschaftsfähiger („humaner“). Erneut ein weites Feld, das von anderen Faktoren mitbewirkt wird. Nicht zu unterschätzen aber, so es um menschlichen Umgang unter Menschen geht – eine merkwürdige Tautologie – wie sehr die Art, Wirklichkeit, sich und Andere/Andersartigkeiten wahrzunehmen, den Umgang bestimmt. Diese Feststellung gilt vermehrt in einer Zeit, da, mit Robert Musil gesprochen, „die Herrschaft der Sachzusammenhänge“ einen Subjektcharakter im Sinne eigendynamischer ‚Objektivitäten‘ erhalten hat. Die Objektivitäten lassen sich zwar, von Marx am „Kapital“, von Weber an der „Bürokratie“ beobachtet, letzten Endes auf entsprechend formierend soziale und damit auch personal fassbare Interessen zurückführen. Darin bestünde ein Teil der Kritik. Sie sind aber in ihren Größenordnungen und ihrer menschlichem Handeln feindlichen apparativ technologischen Hermetik so eigendynamisch geworden, dass in Handeln gründende Politik nur noch ein zirzensisches Spektakel sich selbst in die Ohren dröhnender Claqueure darstellt. „Bis jetzt war noch Händearbeit nötig“, jauchzt der Offizier in Kafkas „Strafkolonie“, „von jetzt aber arbeitet der Apparat allein.“

---

130 Vgl. zu einem anders wahrnehmenden und lernenden Zugang: Stanley Diamond: In Search of the Primitive. A critique of civilization, 1974; siehe seine Gedichtsammlung „Totems“.

131 Viel gelernt werden könnte vom durchaus nicht zimperlichen Forscher Goethe. Vgl. als kleine Fundgrube: Goethes Anschauen der Welt. Schriften und Maximen zur wissenschaftlichen Methode. Zusammengestellt und mit einem Nachwort versehen von Ekkehart Krippendorff, Frankfurt und Leipzig 1994.

57. Allgemeines und Besonderes (1)

Wie Erkenntnisakte hirnbegründet stattfinden, zwischen unserem dadurch bewirkten Bewusstsein und Umwelt en détail, Akt für Akt, wissen wir nicht genau. Und können es aller hirnforschenden Anmaßungen zum Trotz nie genau wissen. Unter diesem Vorbehalt gilt Goethes am Beginn seiner „Farbenlehre" mitgeteilte Einsicht (die anders schon im 5. Buch der Politeia Platons, dem Linien- vor dem Höhlengleichnis zu finden ist):

„Wär' nicht das Auge sonnenhaft,
Die Sonne könnt es nicht erblicken.
Läg nicht in uns des Gottes eigne Kraft,
Wie könnt uns Göttliches entzücken?"

Menschenrechtsgewandt besagt diese Einsicht in die Bedingungen, Verletzungen und Verhinderungen von Menschenrechten, dass wir eine nicht zu vage Vorstellung dessen benötigen, was Menschenrechte ausmachen, um kritisch und konstruktiv erkennen und benennen zu können, was faul und genießbar ist. Dazu betrachten wir, anhaltend, die Menschen an ausgewählten Orten und Zeiten oder versuchen, ihre globale Verortung herauszufinden. Wir bedürfen sozusagen einer Theorie der Menschenrechte und des von ihr informierten Blicks, zu der das Wissen um ihren physischen ‚Unterbau' und ihren metaphysischen ‚Überbau' gehört. Kurz gesagt: wir bedürfen eines allgemeinen Verständnisses der Menschenrechte und der wichtigsten Bedingungen, wollen wir zur *Kritik* in der Lage sein. Sonst gingen wir blind ob der Nähe in Einzelheiten und Besonderheiten auf. Insofern müssen wir, um eine Nikolaus von Cues verwandte Formulierung aufzugreifen, *einen* Menschenrechtsbegriff in all seinen diversen Gebrauchsarten erwerbend besitzen.

58. Allgemeines und Besonderes (2)

Benutzt man das Vergrößerungsglas des allgemeinen Menschenrechtsbegriffs mit einer Perspektive, die Urteilen erlaubte, dann geschieht es um der besonderen Menschen willen. Menschen mögen in ihren örtlich zeitlich umgrenzten Gegebenheiten mehrheitlich und/oder minderheitlich weit unter ihren historisch humanen Möglichkeiten leben. Sie taten und tun dies quer durch Geschichte und Gegenwart. Das zugleich differenzierende und präzisierende Vergrößerungsglas dient dazu, die in ihren Bedürfnissen unterdrückten und geknechteten Menschen herauszufinden, worin immer das jeweils gesellschaftlich Allgemeine bestehen mag. Damit ist die detektivische Qualität des allgemeinen Begriffs hervorgehoben. Zugleich ist seine Grenze erreicht. Der allgemeine Begriff sollte zwar zusätzlich dazu dienen, den Bezugshorizont nötiger Änderungen anzugeben. Die Änderungen aber müssen von und mit den beleidigten und im Elend befindlichen Menschen zusammen erfolgen. Von außen kommende Aktionen, kritische Öffentlichkeit zu schaffen, die unterdrückenden Faktoren zu kritisieren oder, wie es Amnesty International tut, in einzelnen Fällen der mit Folter, Todesstrafe oder mit unmenschlicher Behandlung bedrohten Personen durch etablierte Gruppen oder Staaten mit international mobilisierten öffentlichen Appellen beizuspringen – all dies und Ähnliches ist wichtig. Es ist menschenrechtlich ohne Fehl und Tadel. Jedoch geht es nicht an, menschenrechtlich kollektive Gewaltaktionen zu legitimieren. Nicht nur weil kollektive Gewalt und Menschenrechte konträr sich verhalten. Vielmehr weil Rechte der Menschen nur errungen werden können, wenn Inhalt und Form/Verfahren übereinstimmen. Dieser Kant umkehrende kategorische Imperativ gilt. Nicht vom Allgemeinen das Besondere zu richten, umgekehrt das Besondere mit dem besonderen Menschen im Singular und Plural zusammen zum auch allgemein Stimmigen hin zu entwickeln. Darauf käme es an. Darauf kommt es an! Ausnahmen als Ausnahmen bedürften der besonderen, diejenigen, die sie bewirken, zur verantwortenden Schuld ziehenden Rechtfertigung. Einzuräumen, dass der menschenrechtlich allein angemessene Imperativ des Besonderen praktisch auf viele Probleme trifft und eine der peinvollsten Aporien praktizierter Menschenrechte darstellt, gehört zur menschenrechtlichen Wahrhaftigkeit.

59. Allgemeines und Besonderes (3)

Hier sind wir wieder bei der Dialektik von „abstrakt" und „konkret". Sie bedeutet jeweils etwas Besonderes. Sonst setzte man sie als dunkle, Tiefes vermuten lassende Formel ein, die alles Wirkliche tiefsinnig verschlammt. Das tut sie weder bei Hegel, noch seinem vom Kopf- zum Fußstand wechselnden ‚Schüler' Marx, noch gar in Adornos „Negativer Dialektik". Diese lotet das 20. Jahrhundert. Zur dialektischen Technik, die Kunst zu disputieren, wie es Platons Sokrates übt, soll nur so viel angedeutet werden, dass sie gerade im Zusammenhang der Menschenrechte und der umfangreichen Gilde herrschaftsnaher philosophischer Schleier-Macher immer erneut geübt werden muss. Dazu gehört „die Anstrengung des Subjekts, zu durchdringen, was als Objektivität hinter der Fassade sich versteckt"; gehört, die Formen – Institutionen, Prozeduren – so ernst zu nehmen wie die Inhalte (der wirksamste Fehler der sozialistischen Internationalen I - IV; in der Formmissachtung stimmten sie alle überein; mit großen Ausnahmen. Rosa Luxemburg zum Beispiel). Dazu zählt das Wissen um den Bruch zwischen Anschauung, Kunst und Begriff; das Festhalten an der Kategorie realer Möglichkeit, konkreter Utopie, angesichts der global verhärteten Produktionsverhältnisse. Sie werden nun noch virtuell, in kaum fassbarer Dimension und Größenordnung, der Kritik – und der Vorstellungskraft – entzogen und verstärkt. Sich des Nicht-Identischen bewusst zu sein und jedem ‚aufgehenden' methodologischen Szientismus zu misstrauen, ist darum umso mehr geboten. Ebenso fertigen Definitionen gegenüber Vorsicht walten zu lassen wie beim Umgang mit Reißnägeln! Im Falle der Menschenrechte und ihrer Anwendung hebt das Minimum Dialecticum damit an, allen Euphemismen abhold zu sein (Orwells Sprachkapitel in „1984" ist aktuell wie je)[132]. Neuerlich wuchernde Euphemismen rutschen, wie nach einer

---

[132] George Orwell, 1984, Revised and Updated, New York 1983, siehe besonders, Appendix: The Principles of Newspeak, S. 246 ff. Wie auch das treffliche Sprachkapitel in Richtung politische Gegenwartssprache übersetzt und vermittelt werden muss – wie anders Viktor Klemperers „Sprache des Dritten Reiches" (LTI) –, so gilt für Orwells „1984", wie für seine „Farm der Tiere", sein Buch über den spanischen Bürgerkrieg, neuerdings seine zugänglich gemachten Briefe, dass sie sich durchgehend zu lesen lohnen, wenn man sie nicht abstandslos liest. Allgemein sind sprachliche Behutsamkeit und sprachkritische Überlegungen im Umkreis der Menschenrechte besonders bedeutsam.

Beobachtung Adornos Ideologeme, in die Worte selber. Auch die Wissenschafts- und Lehr-, Lernsprachen sind voll davon: „best practice", „good governance", fast schon altertümlich, „nachhaltig", „zivilgesellschaftlich" und viele andere exzellente Verdunklungen mehr. Am ärgsten steht es mit „den" „Menschenrechten". Außerdem ist die besagte Dialektik von Allgemeinem und Besonderen, nie bloß zugunsten einer ‚Seite' aufzulösen (der Anregungen voll vgl. Theodor W. Adorno, Der Essay als Form).

Ein Beispiel, das, so unterstellen wir, für sich selbst spricht, mag die nötige Anschauung präsentieren.

„Ein offener Brief an Elie Wiesel[133]

In einem offenen Brief an Präsident Obama forderte Elie Wiesel den Präsidenten vor kurzem auf, auf Israel keinen ‚Druck' auszuüben, um die Siedlungsaktivitäten in Jerusalem zu beenden. In seinem offenen Brief heißt es:

‚Für mich als Juden steht Jerusalem über jeglicher Politik. Jerusalem wurde mehr als sechshundert Mal in den Schriften erwähnt, nicht jedoch ein einziges Mal im Koran. Seine Präsenz in der Jüdischen Geschichte ist für viele Theologen überwältigend, sie, die Stadt, **ist** *jüdische Geschichte. ... Sie gehört zum jüdischen Volk und ist mehr als eine Stadt; sie ist das, was Juden miteinander in einer Art verbindet, die zu erklären schwer fällt. Besucht ein Jude Jerusalem das erste Mal, dann ist es nicht wie das erste Mal, es ist wie eine Heimkehr. ... Entgegen gewissen Medienberichten ist es Juden, Christen und Muslimen erlaubt, ihre Wohnhäuser überall in der Stadt zu errichten. Bei der Angst um Jerusalem geht es nicht um Immobilien, sondern um Erinnerung.'*

Die von Elie Wiesel ausgedrückten Ansichten werden von einer wachsenden israelischen Bewegung nicht geteilt, die gegen die fortgesetzte Expansion der Siedlungen opponiert und die gegen die Räumung der palästinensischen Bewohner des Ost-Jerusalemer Stadtteils Sheikh Jarrah durch die israelische Regierung protestierten. Diese Israelis antworten mit dem nachfolgenden Brief auf Herrn Wiesel. Unter den Hunderten von Unterzeichnern befinden sich u.a. ... Avishai Margalit und Zeev Sternhell, ... und viele andere Bewohner Jerusalems, darunter viele Akademiker und prominente Intellektuelle.

[133] Vgl. The New York Review of Books, May 27, 2010, S. 57/58, Übersetzung, d. Verf.).

Avner Inbar und Assaf Sharon

Sehr geehrter Herr Wiesel!

Wir schreiben Ihnen aus Jerusalem, um Ihnen unsere Enttäuschung, sogar Empörung über Ihren kürzlich publizierten Brief über Jerusalem mitzuteilen. Wir sind jüdische Bewohner Jerusalems aus freiem Willen, einer geschundenen Stadt, einer Stadt, die genutzt und missbraucht wird, die immer wieder geplündert wurde zuerst durch fremde Eroberer und nun durch seine eigenen Politiker. Wir können unsere Stadt in der sentimentalen Abstraktion, die sie bei Ihnen durch ihren Namen hervorruft, nicht wiedererkennen.

Unser Jerusalem ist konkret: seine Hügel und Berge sind mit Kalksteinhäusern und Pinien bedeckt; seine Straßen sind mit Synagogen, Moscheen und Kirchen gesäumt. Ihr Jerusalem ist ein Ideal, ein Objekt der Gebete und eine Stütze des kollektiven Gedächtnisses eines Volkes, dessen Mitglieder gegenwärtig viele individuelle Erinnerungen hervorbringen.

Unser Jerusalem wird von Menschen, jungen und alten, Frauen und Männern, bevölkert, die sich wünschen, dass ihre Stadt ein Symbol der Würde ist und nicht eines der Hybris, der Ungleichheit und der Diskriminierung. Sie reden von einem himmlischen Jerusalem; wie leben in einem irdischen.

Seit mehr als einer Generation zerbröckelt schon die irdische Stadt, die wir unser Zuhause nennen, unter dem Gewicht ihrer eigenen Idealisierung. Ihr Brief ärgert uns, nicht allein deswegen, weil er mit sachlichen Fehlern und falschen Darstellungen versehen ist, sondern weil er eine Bindung an eine beliebige jenseitige Stadt aufrecht erhält, die die Interessen derjenigen zu ersetzen beansprucht, die in der diesseitigen leben. Für jeden Juden, so sagen Sie, sei ein Besuch Jerusalems eine Heimkehr, aber es ist unser Einsatz, der ein Nachhausekommen möglich macht. Wir ziehen die Mühsal, die Bürgerschaft in dieser Stadt durchzusetzen, der Annehmlichkeit vor, sie lediglich zu ersehnen.

Ihre Behauptung, dass Jerusalem über jeglicher Politik stehe, ist doppelt skandalös. Erstens, weil das gegenwärtige Jerusalem durch eine politische Entscheidung geschaffen wurde und weil allein Politik die Stadt formal zusammenhält. Die gewundenen kommunalen Grenzen des heutigen Jerusalems wurden von israelischen Generälen und Politikern kurz nach dem Krieg von 1967 gezogen. Um die Einheit einer alten Stadt vorzutäuschen, haben sie ein sperriges Ungetüm (Behemoth) geschaffen, das palästinensische Dörfer einkreist, die nie ein Teil Jerusalems waren. Von den Außenbezirken Ramallahs im Norden bis zum Rand von Bethlehem im Süden gestreckt, ist das Jerusalem, das die israelische Regierung törichterweise ausheckte, größer als Paris. Sein historischer Kern, die Verknüpfung von Erinnerungen und religiösen Bedeutsamkeiten, oft das „Heilige Becken" genannt, besteht aus kaum mehr als einem Prozent der Fläche. Nun nennt die Regierung dieses künstliche Gebilde ‚Jerusalem', um jede sich bietende Chance auf Frieden zu vermeiden.

Zweitens bedeutet Ihr Versuch, Jerusalem über jegliche Politik zu stellen, uns unserer Zukunft zu berauben. Über der Politik zu stehen, heißt, frei von Macht zu sein, um die Lebenswirklichkeit eines Menschen ausgestalten zu können. Als echte Jerusalemer können wir nicht beiseite stehen und unsere geliebte Stadt betrachten, in der Teile völlig vernachlässigt werden, um als Sprungbrett für ausgekochte Politiker und sentimentale Populisten zu dienen, die den Anspruch erheben, Jerusalem über Politik und Verhandlungen zu stellen. Hektisch ‚judaisieren' sie die ganze Zeit Ost-Jerusalem, um seine Geopolitik jenseits der Anerkennung zu transformieren.

Wir laden Sie in unsere Stadt ein, damit Sie mit eigenen Augen die katastrophalen Auswirkungen des Wahnsinns der Bebauung in Augenschein nehmen können. Sie werden Zeuge sein, dass es entgegen gewissen Medienberichten Arabern nicht erlaubt ist, ihre Wohnhäuser überall in Jerusalem zu errichten. Sie werden die grobe Ungleichheit in der Verteilung kommunaler Ressourcen und Dienstleistungen zwischen Ost und West zu sehen bekommen. Wir werden Sie mit nach Sheikh Jarrah nehmen, wo palästinensische Familien gerade aus ihren Häusern vertrieben werden, um für ein neues jüdisches Viertel Platz zu schaffen, und nach Silwan, wo dutzende von Häusern abgerissen werden sollen, weil sich die Jerusalemer Stadtverwaltung weigert, Palästinensern Baugenehmigungen zu erteilen.

Wir, die wir in Jerusalem leben, können nicht länger geopfert werden für die Phantasien jener, die unsere Stadt nur aus der Ferne lieben. Das Jerusalem dieser Welt muss zwischen den Bewohnern beider Nationen geteilt werden. Nur eine geteilte Stadt wird die prophetischen Visionen erfüllen: ‚Zion wird durch Gerechtigkeit erlöst werden'. Oder wie wir jede Woche bei unseren Mahnwachen in Sheikh Jarrah skandieren: ‚In einer besetzten Stadt kann nichts heilig sein!'"

60. Zwang ist Menschenrechten zuwider

Zwang kennt viele Erscheinungsformen. Wir apostrophieren nur von Menschen und ihren Gesellschaften ausgeübten und gerechtfertigten Zwang in wenigen Aspekten. Alle Bedürfnisse und Strebungen, die in den offiziell anerkannten Menschenrechten unzureichend ausgedrückt sind, sind gegen Zwang gerichtet. Um Bedingungen geht es, die erlauben, dass Menschen selbst- und mitbestimmend aufrecht gehen. In diesem Sinne sind Menschenrechte durch und durch politisch. Es gilt: mit anderen, im Kreis von anderen, Verhältnisse herstellen, in denen nach einem alten Wort der Mensch den Menschen ein Mensch ist. Selbstbewusstsein, Handlungsvermögen im anerkennenden Zusammenhang mit anderen: das ist die konkrete Utopie. Nicht Friede, Freude, Eierkuchen selig lächelnder satter Säuglinge, sondern viele politische Einheiten, in denen nach dem aristotelischen Politik- und Menschenverständnis, im handelnden Mittun Menschen sich erst erfüllen. Dagegen stehen moderne ‚Kopfprodukte', die dazu tendieren, vielfachen Zwang zu legitimieren. Um neue perfekte Gesellschaften zu schaffen; um Menschen zu ihrem Glück zu zwingen; sie zu bilden; sie am Leben zu erhalten und ähnliches mehr. Die Geschichte der Totalen Institutionen (Erving Goffman) ist eine Kette von sortierenden, reparierenden, aussondernden Zwängen, darauf ausgerichtet, die geltende gesellschaftliche Normalität durch Aussondern und Abkapseln aufrecht zu erhalten. Psychiatrische Zwangseinrichtungen und/oder Gefängnisse als Zwingburgen der Normalität. Was in den Kapiteln F und G, „Staat" und „Kapitalistische Ökonomie" nur gestreift worden ist, wäre gründlich aufzuarbeiten. Beide modernen Vergesellschaftungsformen basieren auf der a-sozialen Annahme natürlicher, kulturell fortgesetzter Individualität. Bis heute werden Nobelpreise für Ökonomen vergeben, die die Annahme individueller Interessenkonkurrenz und ihre Marktregulation zum allgemeinen Besten, randständig institutionell und/oder psychologisch korrigieren. Während jedoch der wirtschaftliche Interessenkampf immanent rational vermutet wird, müssen die Interessen der Menschen ob ihrer angeblich nur hier ausagierten Gewalt entgegen ihrem ‚Naturzustand' durch die (pseudo-)vertragsbegründete Zwangseinrichtung ‚Staat' so gebändigt werden, dass sie die Normalität der Marktregulierung und ihrer ‚rationalen', nämlich ökonomisch kalkulierenden Interessen nicht im allgemeinen Gewaltkampf gefährden. Über die obigen Anmerkungen hinaus wäre es eine menschenrechtlich demokratisch gebotene Aufgabe, die vielen Zwangseinrichtungen und den angeblich legitim ausgeübten staatlichen Zwang quer durch die heutigen Gesellschaften zu untersuchen. Welche Zwangswirkungen gehen direkt und indirekt auf das vor die Staatsklammer gezogene Gewaltmonopol zurück? Welche Ursachen haben die ausgeübten Zwänge direkter und indirekter Art? Gründet ihre Legitimation, als allgemeine Überzeugung naturalisiert, nach wie vor auf der Annahme zur „Natur des Menschen", wie sie Hobbes, zuvor Luther, danach der nur erkenntnistheoretisch idealistische Kant und viele andere, ihren Argumenten für die staatliche Zwangsgewalt und ihre Strafen zugrunde gelegt haben? Staat als Anstalt schwarzer Pädagogik insgesamt! Analog und anders bedürften die Prämissen und Konsequenzen der Kapitalistischen Ökonomie einer ähnlichen Recherche. Erst danach ließe sich triftiger belegen, als es hier geschehen konnte, dass die direkten staatlichen und die indirekt strukturell ökonomischen Zwänge als penetrante Sozialisationsagenturen, die ‚Erzieher' des modernen Menschengeschlechts, erst einen Großteil der Probleme bewirken, die sich aktuell, dem Krieg zwischen den Staaten vergleichbar, dem Anschein nach nur mit Zwang, neuen Zwang gebärend, lösen lassen. Unbeschadet heute schon belegbarer Feststellungen gilt die menschenrechtlich demokratische Vermutung: Zwangsmaßnahmen direkter und indirekt struktureller Art sind prinzipiell ausgeschlossen. Sie bedürften in jedem einzelnen Fall ausführlicher Begründung. In Sachen Psychiatrie und Haftanstalten als „absurdem System" sind sie durch andere Behandlungsformen zu ersetzen, die zuerst die ‚behandelten' Menschen uneingeschränkt achten.

61. Menschenrechte und Urteilsbildung

Ein eindeutiges, klares und dauernd verlässliches Fundament des Urteilens ist nicht gegeben. Es ist von Menschen, wie wir sie bis heute kennen, nicht auszuheben und zu füllen. Kein allgemeines Fundament nützte, wenn es sich nicht ohne beliebige Kasuistik mit den einzelnen Fällen und Problemen vermitteln ließe, ohne diese gewaltsam zurechtzuschneiden oder tugendgewiss tugendhaft zu zwingen. Ein allgemeines, verbindliches, in den Einzelfällen tragendes Fundament widerspräche der Geschichtlichkeit des Menschen und seinen Besonderheiten. Auf die Besonderheiten sind die Menschenrechte gespitzt. Darum sind die einzelnen und ihre je besondere ‚Wahrheit' zuerst und zuletzt wichtig. Die ‚Sehnsucht' nach einem allzeit und überall gültigen Urteilsfundament drängt nach außerhumanen Sicherheiten. Sie hilft den Menschen und ihrem ‚urhumanen' Verlangen nicht, in immer neuer Anstrengung urteilsfähig zu werden. In Menschenrechten, die wir andeuteten, könnte Urteilen den Grad menschenmöglicher Verlässlichkeit und ihrer nötigen Redlichkeit finden. Man ist den Menschen und ihren historisch anthropologisch gesichteten und gesiebten Bedürfnissen und Strebungen nahe. Die möglichen Einsichten in ihre physischen und metaphysischen sozialen Bedingungen und Formen werden aus Kenntnissen über „Kopf und Hand" aus früheren Zeiten und zeitgemäßen Recherchen gewonnen.[134] Die begrifflich gewonnenen Abstraktionen werden zu detektivischer Erkenntnis eingesetzt. Praktische Kritik und Veränderung finden aber örtlich und zeitlich mit den Menschen in ihren Verhältnissen statt. Auf diese Weise sind Hauptelemente jeden Urteilsprozesses gegeben, genauer, verlässlich zu erwerben. Problemwahrnehmung: Vorstellungskraft von Eigenem und Anderem; ein in sich zerbrechliches, flexibles und doch human verlässliches Maßverhältnis. Dazu ein immer präsentes, in seiner ‚theoretischen' und praktischen Bedeutung kaum überschätzbares sokratisches Wissen als nie sicheres Wissen um die Zerbrechlichkeit des Guten. Das aber, das Gute und worin es allemal bestehe, kann nur zusammenhandelnd und diskutierend in allemal auch widrigen Umständen unablässig erreicht wer-

[134] Vgl. das von Anregungen und Einsichten volle, vor- und frühgeschichtlich anhebende, unsere Gegenwart erschließende Buch von André Leroi-Gourhan: Hand und Wort. Die Evolution von Technik, Sprache und Kunst, Frankfurt/M. 1980.

den. Urteilen als offener Lernvorgang, das, was Helmut Schelsky einmal als die versuchsweise Institutionalisierung von Dauerreflexion genannt hat.[135] Damit sind nicht alle Probleme gelöst. Damit fangen sie an. Das haltlose Schwanken indes, von einem Vorurteil zum anderen, das könnte ein Ende haben. Freilich nur, wenn man die dauernde eigene Vorurteilsabschüssigkeit noch und noch bedenkt und korrigiert. Welches große Versprechen, wenn man sich im Kontext der Menschenrechte engagiert. Ein Stück Freiheit, kräftige Brisen von Selbstbewusstsein, ungewöhnliche, gewiss ihrerseits fragile Gewissheit, den richtigen Weg zu gehen. Immer an menschlichen Leiden, Nöten und Freuden der am meisten bedürftigen Menschen unter uns ausgerichtet. Und sei dieses, wie nun einmal die menschlichen Dinge sich entwickelt haben und neu entwickeln, von mehr Hindernissen und Hinterhalten bestückt, als eine eingeschlagene Richtung vermuten lässt, die als richtig, wenngleich dauernd prekär erkannt worden ist. Der menschenrechtliche ‚Selbstgewinn' rechnet sich weder in Geld noch im Erfolg, so sehr letzterer anzupeilen ist. In diesem Sinne gilt Gandhis Wort. Der Weg ist das Ziel.

Zehnter Einschub: *Tier und Mensch*

„Ach Sonitschka, ich habe hier einen scharfen Schmerz erlebt. Auf dem Hof, wo ich spaziere, kommen oft Wagen vom Militär vollgepackt mit Säcken oder alten Soldatenröcken und -hemden, oft mit Blutflecken …, die werden hier abgeladen, in die Zellen verteilt, geflickt, dann wieder aufgeladen und ans Militär abgeliefert. Neulich kam so ein Wagen, bespannt statt mit Pferden mit Büffeln. Ich sah die Tiere zum ersten Mal in der Nähe. Sie sind kräftiger und breiter gebaut als unsere Rinder, mit flachen Köpfen und flach abgebogenen Hörnern, die Schädel also unseren Schafen ähnlicher, ganz schwarz, mit großen sanften schwarzen Augen. Sie stammen aus Rumänien, sind Kriegstrophäen … Die

[135] Vgl. Helmut Schelsky, Ist die Dauerreflexion institutionalisierbar? Zum Thema einer modernen Religionssoziologie, in: ders., Auf der Suche nach Wirklichkeit. München 1979, S. 250-275. Dass es dem ungewöhnlich produktiven Soziologen insbesondere der frühen Jahre der Bundesrepublik politisch, insbesondere während des Nationalsozialismus selbst an zureichender Reflexion gemangelt hat, mag als allgemeine Warnnotiz angemerkt werden.

Soldaten, die die Wagen fuhren, erzählten, dass es sehr mühsam war, diese wilden Tiere zu fangen, und noch schwerer, sie, die an die Freiheit gewöhnt waren, zum Lastziehen zu benutzen. Sie wurden furchtbar geprügelt, bis sie zu begreifen lernten, dass sie den Krieg verloren hatten und für sie das Wort gilt ‚vae victis' (wehe den Besiegten, d. Verf.) … An hundert Stück der Tiere sollen in Breslau allein sein; dazu bekommen sie, die an die üppigste rumänische Weide gewöhnt waren, elendes und karges Futter. Sie werden schonungslos ausgenutzt, um alle möglichen Lastwagen zu schleppen, und gehen dabei rasch zugrunde. – Vor einigen Tagen kam also ein Wagen mit Säcken hereingefahren. Die Last war so hoch aufgetürmt, dass die Büffel nicht über die Schwelle bei der Toreinfahrt konnten. Der begleitende Soldat, ein brutaler Kerl, fing an, derart auf die Tiere mit dem dicken Ende des Peitschenstils loszuschlagen, dass die Aufseherin ihn empört zur Rede stellte, ob er denn kein Mitleid mit den Tieren hätte. ‚Mit uns Menschen hat auch niemand Mitleid', antwortete er mit bösem Lächeln und hieb noch kräftiger ein … Die Tiere zogen schließlich an und kamen über den Berg, aber eines blutete … Sonitschka, die Büffelhaut ist sprichwörtlich an Dicke und Zähigkeit, und die war zerrissen. Die Tiere standen dann beim Abladen ganz still, erschöpft, und eins, das, welches blutete, schaute dabei vor sich hin mit einem Ausdruck in dem schwarzen Gesicht und den sanften schwarzen Augen wie ein verweintes Kind. Es war direkt der Ausdruck eines verweinten Kindes, das hart bestraft worden ist und nicht weiß, wofür, weshalb, nicht weiß, wie es der Qual und der rohen Gewalt entgehen soll … Ich stand davor, das Tier blickte mich an, mir rannen die Tränen herunter – es waren *seine* Tränen, man kann um den liebsten Bruder nicht schmerzlicher zucken, als ich in meiner Ohnmacht um dieses stumme Leid zuckte. Wie weit, wie unerreichbar, verloren, die schönen freien saftiggrünen Weiden Rumäniens! Wie anders schien dort die Sonne, blies der Wind, wie anders waren die schönen Laute der Vögel, die man dort hörte, oder das melodische Rufen der Hirten. Und hier – diese fremde, schaurige Stadt, der dumpfe Stall, das ekelerregende muffige Heu, mit faulem Stroh gemischt, die fremden, furchtbaren Menschen und – die Schläge, das Blut, das aus der frischen Wunde rinnt … O, mein armer Büffel, mein armer, geliebter Bruder, wir stehen hier beide ohnmächtig und stumm und sind nur eins in Schmerz, in Ohnmacht, in Sehnsucht. – Derweil tummelten sich die Gefangenen geschäftig um den Wagen, luden die schweren Säcke ab und schleppten sie ins Haus; der Soldat aber streckte beide Hände in die Hosentaschen, spazierte mit großen Schritten über den Hof, lächelte und pfiff leise einen Gassenhauer. Und der ganze herrliche Krieg zog an mir vorbei. Schreiben Sie schnell. Ich umarme Sie, Sonitschka – Ihre Rosa"[136]

Das ist das „document humaine", das Zeugnis eines ungewöhnlichen Menschen. Rosa Luxemburg. Zweifellos. „humaine"? Gilt es nicht vor allem den rumänischen Büffeln, grausam getrieben, bis aufs Blut geschlagen? Keine Scheidung. Der Brief bezeugt den Mitschmerz mit den Büffeln. Sympathie, das heißt gemeinsames Leiden und, jedenfalls vom Menschen wahrnehmbares Leiden des Anderen, des Tiers.

Seit Menschengedenken spielen Tiere eine vielfältige Rolle im Leben der Menschen. Als Beute in Hirten- und Jägergesellschaften. Als Arbeits- und Nahrungsmittel seit der Sesshaftigkeit. Zugleich als ‚Schädling' und Gefahr. Keine uns bekannte Religion und (ihre) Mythologie, in der Tiere nicht in vielerlei Gestalten und Erscheinungen als Fabelwesen, als Tier- und Menschzusammensetzungen und Mischungen wie die Kentauern der griechischen Antike oder als Ungeheuer vorkämen. Die ersten Zeichnungen, die ersten plastischen Figuren – Tiere sehen uns an. Ur-Tiere, Fabeltiere. Die ersten Erzählungen, die wir kennen mit ihren jahrtausendealten Mustern handeln von Tieren fremdvertraut. Was wäre die menschliche Sprache, ohne Tiere nachzuahmen, ohne die Fülle der Tiermetaphern, die Menschentümeleien ausdrücken. Hier sind nachhaltige Kontinuitäten zu beobachten. Die Natur- und Sozialgeschichte der Menschen und ihre Selbst- (und Fremd-)Erkenntnis ist jedenfalls ohne Tiere nicht zu erfassen. Darum kann auch über Menschenrechte nicht gehandelt werden, ohne physischen, sogar ohne metaphysischen Bezug auf das riesige „Reich der Tiere".

---

136 Rosa Luxemburg, Briefe aus dem Gefängnis, Berlin 1977, S. 85 ff. (Geschrieben an Sonja Liebknecht Mitte Dezember 1917.)

Nur ein zweigipfliger Aspekt soll hier apostrophiert werden: die Differenz und der Zusammenhang Tiere, Menschen und deren Übersetzung in Verhaltensweisen und Regeln. Selbst in der vordarwinistischen Moderne gab es nicht wenige, die ein tierisch-menschliches Kontinuum unterstellten, wenngleich Franz von Assisi auch hier im europäischen Kontext eine Ausnahme machte. Nah an von ihm nicht beabsichtigtem „ketzerischen" Abweichen, also der offiziellen Kirchenlehre nicht genehm, ist bei ihm fast so etwas wie eine Beseelung der gesamten, gottgeschaffenen Natur zu beobachten. Im Umgang mit Tieren als Subjekten fällt sie am meisten auf. Von Legenden abgesehen und der Sonderrolle von „Bruder Wolf" gibt der authentische „Sonnengesang" des Franz v. Assisi den Hintergrund einer „Ehrfurcht vor dem Leben". Fast 800 Jahre später hat es Albert Schweitzer so formuliert.[137] Mitten in der Aufklärung, wo man üblicher Weise annimmt, die Gott- und Tier-Emanzipation der Konzeption des Menschen sei am weitesten gediehen, erfreut nicht nur der von Kant trotz seiner Widerlegung geschätzte physikoteleologische Gottesbeweis. Dass die wohlgeordnete Natur die Existenz eines Schöpfergottes belege. Vielmehr werden Tier und Mensch immer erneut bedacht.[138] Die Entdeckungen und Argumente Charles Darwins bedeuten weniger und, so überhaupt, bei einer abnehmenden Gruppe von Menschen und Institutionen eine „narzisstische Kränkung". Die Annahme der Einzigartigkeit des Menschen war nicht mehr zu halten. Der Abschied von ihr wird vielmehr als Befreiung erfahren. Die folgenreiche Selbsterkenntnis des Menschen als eines Naturwesens wird möglich. Diese Selbsterkenntnis zeitigt Folgen für Tiere, vor allem einer Gruppe von Tieren, die sich auf dem Weg zum Naturwesen Mensch befindet. Im Sinne einer nicht abnehmenden Kette von tödlichen Experimenten mit Tieren, damit man unter anderem Pharmaka erfinde und erprobe. Im Sinne dessen, was Rosa L. an den Büffeln beobachtete, erkannte man für eine Reihe von Tierarten: dass sie schmerzempfindlich sind; dass die Umgangsformen mit ihnen eine Differenz ausmachten;

[137] Vgl. Kammerer/Krippendorff/Narr, Franz von Assisi, Zeitgenosse für eine andere Politik, Düsseldorf 2008.

[138] Siehe Dieter und Roland Narr, Menschenfreund und Tierfreund im 18. Jahrhundert, in: Dieter Narr, Studien zur Spätaufklärung im deutschen Südwesten, Stuttgart 1979.

dass tierisches Wohlbefinden und ihre Ansprache keine sentimentale Projektion darstellen. Seit dem expansiven Kapitalismus, dem Größenwachstum der Bevölkerung und der mit beidem verbundenen Entdeckung von Nahrungs- und „Tier"-Mitteln als profitabel bis zur neuerlichen Umfunktionierung derselben für Börsenspekulationen wird am Umgang mit Nahrungsmitteln, insbesondere mit höher entwickelten Tieren eine andere Mensch-Tier-Verbindung spruchreif. Dass an der medizinisch-technologischen und pharmakologischen Rekonstruktion und Konstruktion an Pflanzen, vor allem Tieren erprobt wird und erfahren werden kann, welche (Re-)Konstruktionschancen und -gefahren Menschen drohen. Die Massentierschlachtereien spotten dazuhin schon in der Aufzucht der Tiere aller Beschreibung.

Von der Perspektive der Menschenrechte aus gesehen, einem ihrer Minima, Schmerzen und Leiden zuerst zu vermeiden, gilt jedenfalls eindeutig: dass die Massenproduktion, Massenverwertung und Massenschlachtung von Tieren nicht ‚nur' um der Tiere willen nicht akzeptabel ist. Ob man Peter Singer und anderen folgen will, nur noch die vegetarische, wenn nicht gar die veganische Option zu wählen, mag hier dahin gestellt bleiben. Singers Argumenten für ein vernünftiges vegetarisches Verhalten kann jedenfalls menschen- und in ihrem vollen Sinne auch tierrechtlich kaum widersprochen werden.[139] Das, was heute auf Agrarmärkten allgemein, auf Tiermärkten insbesondere geschieht bis hin zur Züchtung von Kühen, die ob ihres Rieseneuters als Milchmaschinen nicht mehr gehen können, ist auch ein menschenrechtlicher Skandal. Er wird dadurch noch größer, dass der agrarische Sektor für Tiere, bäuerliche Bevölkerung und die Gesellschaften allgemein folgenreich fehl behandelt wird. Insofern ist heute mehr denn je geboten, sich menschenrechtlich mit Tieren zu beschäftigen. Dies gilt sowohl um

[139] Peter Singer. Animal Liberation, New York 1990, Second Edition. Singers in anderen Zusammenhängen – „angewandte Ethik" – vorgetragenen Argumente, die zu Recht kritisiert worden sind, vermögen wir nicht beizupflichten. Dort bleibt er eindimensional, indem er u.a. Schmerzbewusstsein als entscheidenden Indikator ansieht und, so solches angeblich bei alten Menschen nicht mehr vorhanden ist, für einen Pflegeabbruch plädiert. Eine angemessene Auseinandersetzung wird hier unterlassen. Die Animal Liberation gilt unabhängig davon tier- und menschenrechtlich.

der Menschen willen bis hin zu ihrer in der genetischen Luft liegenden Züchtung. Dies gilt für Tiere in einer ganzen Reihe von Varianten vom Experiment, über den Test, über die Veränderungen der Tierzucht und Massentierhaltung bis hin zum Umgang mit Menschen selbst, nicht nur philosophisch moralisch. Er schließt den mit dem Tier ein.

62. Was rechtens sei?

Die offene, treibende und in lebensfroher Phantasie und Sympathie, in Furcht und Zittern menschenrechtlich zu beantwortende Frage, begleitet von dem geübten Lieblingsausdruck meines Freundes Klaus Vack, er stammt von Erich Kästner: Es gibt nichts Gutes, es sei denn, man tut es.

„Was rechtens sei?" Ernst Bloch hebt in „Naturrecht und menschliche Würde" damit an. Und fährt fort: „ – darum kommt man nicht herum. Diese Frage läßt immer aufhorchen, sie drängt und richtet."[140]

Was aber, um aller Menschen und ihrer Schicksale willen, ist rechtens? „Panthea: O ewiges Geheimnis, was wir sind und suchen, können wir nicht finden; was wir finden, sind wir nicht."[141] Das Maß des Rechten und seine Kennungen liegen nicht jederzeit, nicht jeder Person und Assoziation griffbereit zuhanden. Der Streit um das Maß hallt stattdessen durch alle Zeiten. Maßloses Tun und Lassen sandet wenigstens so wüstenweit wie entsprechend karge Gegenden sich auf der Erdoberfläche dehnen. Sie begrenzen Leben spärlich. So sie es überhaupt erlauben. Wer stellte sich nicht, Jung und Alt, immer erneut die Frage, ob verlässlich nur die Willkür sei, Freud' und Leid nicht berechenbar und ohne Verdienstregeln gemixt?

Und dennoch lehrt die Geschichte der Menschen mehr, als dass man aus ihr nichts lernt. Auch die Erfahrung brennt, dass überwiegend nichts gelernt wird. Sie tut es insbesondere dann, wenn man unter den anstrengungslos Nachgeborenen und Entronnenen keiner Zeit angehört – oder scheint es nur so (?) –, in der ...

---

[140] Ernst Bloch, Naturrecht und menschliche Würde, Frankfurt/M. 1977, S. 11.

[141] Siehe Friedrich Hölderlin, Der Tod des Empedokles, Erste Fassung, in: Hölderlin. Sämtliche Werke, Vierter Band, Stuttgart 1962, S. 9.

„Ein Gespräch über Bäume fast ein Verbrechen ist
Weil es ein Schweigen über so viele Untaten einschließt!
Der dort ruhig über die Straße geht
Ist wohl nicht mehr erreichbar für seine Freunde
Die in Not sind?“ (Bertolt Brecht, An die Nachgeborenen)

Und dennoch schießt geschichtliche Erfahrung von Menschen aller ‚Sorten‘ mit Menschen aller Charaktere über das Nichts-Lernen, das Unwegsame, Orientierungslose hinaus. Nicht ein Metermaß ist ihr zu entnehmen, in Hosen- oder Handtasche mitzuführen, jederzeit anwendbar, allen verbindlich und längenmillimetergenau. Wohl aber finden sich Maßverhältnisse, die Freuden und Klagen von Menschen von Anbeginn zugrundeliegen. In der Wirrnis menschlicher Geschichten sind Bedürfnisse, Nöte und Notwendigkeiten zu entdecken, denen genügt und gefolgt werden muss, soll es unter Menschen rechtens zugehen. Sie können jedoch auch verfehlt werden. Soweit beachtet wird, dass Menschen ihre nie aufgebbare Natur geschichtlich und gesellig in darum sich wandelnder, gesellschaftlich angeeigneter, sich veränderter Kulturnatur verwirklichen, kann es rechtens zugehen. Evolutionär zur eigenen Gestaltung genötigt, ergeben sich daraus beträchtliche Freiheitsräume. Sie schließen die Möglichkeit ein, zu versagen, wie Chancen, es kollektiv und individuell besser zu machen.

Im Kern des Maßes, der zu Teilen in den modernen Menschenrechten formuliert worden ist, treiben menschliches Freiheitsverlangen samt der sozialen „Konstruktion(en) seines Raumes“. Sieht man genau hin und lässt sich nicht durch aktuell kurzsichtige Interessen den Blick verstellen – dazu ist der vergleichende, also schmale Interessen ausputzende Gang durch die Geschichte überaus nützlich –, dann ankern in menschlichem Freiheitsverlangen seine weiteren Elemente (gleich einem analytischen Urteil). Damit die Fülle der Freiheit und ihre Bedingungen nicht verkannt werden, ist es angebracht, sie gesondert zu erinnern.

Ernst Bloch in seinem Kapitel „Aporien und Erbe an der Trikolore: Freiheit, Gleichheit, Brüderlichkeit“ in „Naturrecht und menschliche Würde“ mag das Wort übernehmen.

„Freisein bedeutet zunächst, daß einem Menschen nichts mehr von außen her aufgetragen wird. Er ist vielmehr in den Stand gesetzt, zu tun, was er zu tun gewillt ist, was ihm sein eigener Wille zu sein *scheint.* Die psychologische Freiheit des Willens ist hierbei nur in der Art vorausgesetzt, als dem Menschen die Kraft zugestanden wird, zwischen widerstreitenden Antrieben wählen zu können. Sie ist als diese *Wahlfreiheit* vorausgesetzt, nicht etwa als Erzeugungsfreiheit, dergestalt, daß der freie Wille aus kausalen Zusammenhängen austreten oder gar sie zerreißen könnte. Die Nötigung durch kausale Umstände besteht, der menschliche Entscheid ist, auf die verschiedene Weise, organisch wie sozial determiniert; jedoch: auch die vorhandene Person ist eine kausale Nötigung. In dieser letzteren eben liegt das zureichende Moment zur Wahlfreiheit, dann nämlich, wenn die Nötigung des subjektiven Faktors die Nötigung durch andere Umstände überwiegt. Ein völlig willensfreier Mensch, das heißt einer, der weder durch seinen bisherigen Charakter noch durch verstehbare Überlegungen gebunden wäre, der äußere Umstände nicht einmal als Nebenursache wirksam zeigte, dieser Nicht-Determinierte wäre kein Freier, sondern, wenn er überhaupt möglich wäre, ein gemeingefährlicher Narr. Er wäre die völlig unverantwortliche, völlig unberechenbare Faselei, er wäre kein Schöpfer, sondern – genau umgekehrt – ein vollkommenes Abbild des Chaos. Psychologische Freiheit wird von der politisch-sozialen Freiheit mithin nicht als Willkür vorausgesetzt, nicht als antikausale Kraft zur beständigen Richtungsveränderung, sondern lediglich als jene Willensnötigung, in der die Nötigung durch die eigene Person (gegebenenfalls durch das Klassenbewußtsein der Person) die anderen Nötigungen überwiegt. Dann freilich nach der *Wahlfreiheit*, eröffnet sich die Frage der eigentlichen *Handlungsfreiheit*; und sie ist eine, die erst durch politisch-sozialen Kampf richtig gestellt und tätig gelöst wird. Freiheit, hat man gesagt, sei ein bloßer Beziehungsbegriff, ja eine bloße Privation, nämlich nur ‚Freiheit von etwas'. Höher stehe ‚die Freiheit zu etwas', Nietzsches Zarathustra unter anderem preist sie als das wahrhaft Helle: ‚Deinen herrschenden Gedanken will ich hören und nicht, das Du einem Joche entronnen bist' (Vom Wege der Schaffenden). Aber man sollte auch die ‚Freiheit wovon', die ‚Freiheit von etwas' nicht so formalistisch mißverstehen, wie das den interessierten Entwertern dieses Begriffs bequem war: Das Objekt, von dem das Subjekt sich befreien wollte, war vielmehr jederzeit eindeutig. Befreiung ist allemal eine von *Zwang* oder *Druck*, sie wurde, sofern man sich nicht in Wortspielereien verliert, niemals anders verstanden, sie wurde folglich inhaltsvoll genug verstanden. ‚Freiheit wovon' ist allemal Freiheit von Druck, also etwas, das den aufrechten Gang verhinderte und verneinte; indem der Druck wegfiel, kam von selbst ein großes *Wozu der Fälligkeit.*"[142] Wenig später ergänzt Ernst Bloch: „Eben Rousseau formulierte dieses letztere oder Citoyen-Moment im Freiheitsruf der bürgerlichen Revolution dahin, daß ‚der Bürger nicht in seiner Freiheit beschränkt sei, außer soweit dieses für die gleiche Freiheit der anderen notwendig sei'. Eine großartige Verbindung schien damals angebahnt zwischen dem einzelnen Individuum als moralischer Person und dem Interesse der Gesellschaft, das wiederum nichts anderes sein sollte als das Interesse an der Freiheit, an der Unverletzlichkeit, an der Würde der Person."[143] Die Einschränkung folgt auf dem historischen und seit dem 18. Jahrhundert, dem Beginn kapitalistischer Produktion England als erstem „Workshop of the world" (Hobsbawm) geltenden Fuß. „Das Individuum konnte in einer Gesellschaft aus lauter undurchschauten Abhängigkeiten keineswegs der Täter seiner Taten sein, keineswegs auch war Aufklärung auf bürgerlichem (kapitalistischen, d. Verf.) Boden, auf die Dauer, als was sie Kant unvergeßlich vorsah: ‚Ausgang des Menschen aus selbstverschuldeter Unmündigkeit.' Handlungsfreiheit war bei bleibender ökonomischer Abhängigkeit den meisten Menschen nach wie vor verriegelt, und auch die Herren der Kommandobrücke waren lediglich Funktionäre eines unbeherrschten Warenumlaufs."[144] Also musste das Freiheitsverständnis den organisatorischen und orientierenden Möglichkeiten des historischen bürgerlichen Menschen im Bereich der europäisch angelsächsischen Moderne nach qualitativ weiter ergänzt werden. „Dergestalt erweitert sich hier das Freiheitsideal dahin, daß das Reich der undurchschauten Abhängigkeiten überhaupt verlassen wird; daß die Selbstentfremdungen der Warengesellschaft ursächlich verschwinden. ... Aus der gesprengten, das meint: aus einer so überbietend starken Einsetzung des subjektiven Bewegungs- und Arbeitsfaktors, daß in Geschichte und Gesellschaft kein objektives Verhältnis mehr den Menschen über den Kopf wächst und die Macht des Schicksals aufhört." Hinzu kommt, Bloch gemäß, die

[142] Ernst Bloch, a.a.O., S. 176 ff.

[143] Ebenda, S. 178.

[144] Ebenda, S. 178 f.

„ethische Freiheit", „vielleicht als charakterhaftes Oberhaupt (der Handlungsfreiheit, d. Verf.), doch immer dann nur als ebenso tätiges. ... Ethische Freiheit bildet sich, wo sie statthat, nicht in der Stille, sondern genau eben als Charakter im Strom der Welt. Und der Charakter bildet sich an ihr nach dem Maße, wie er an ihr selber bildet, damit sie den homo liber ohne Zwang, mit Notwendigkeit enthalten könne."[145]

Das mag an Bloch'schem Freiheitsprofil genügen. Um mit ihm ein wenig vertraut zu werden und verfremdend auf den Freiheitsquell alles dessen aufmerksam zu machen, was Menschen recht ist, sollte es gelungen sein, das individuellkollektive, soziopolitischen Raums bedürftige Herz des menschenrechtlichen Maßes und seine Rhythmen zu erinnern. Seine Töne und sein Takt sind in allen unermesslichen Varianten zu hören. Trotz ihrer Vielfalt weisen die spezifischen sozialen Bedingungen seiner Möglichkeit in erstaunlich gleichläufige Richtungen.

Außerordentlich wichtig ist es, zu wissen und notfalls erneut zu bestätigen, dass das, was den Menschen rechtens ist, von den Menschen aus den Erfahrungen ihrer Geschichte und Gegenwart geschöpft und begründet werden kann. Darum besitzt menschengemäßes Urteilen trotz allem Schwanken und selbstredend verschiedener Interpretationen, trotz der historischen Relativismen eine erstaunlich feste Grundlage. Die Devise „anything goes" kann als falsch erwiesen werden. Sie folgte den Eseleien Buridans. Dem erklecklichen Gewinn steht eine Situation menschenrechtlicher Praxis mitten in der Gegenwart entgegen, die realistisch an Charly Chaplins unübertrefflich sprechenden Stummfilm „Goldrausch" erinnert. Nicht „nur" rückschauend sind wohlfeil ‚historisierte' düstere Vergangenheiten, besonders die polyzentrischen „Bloodlands" des 20. Jahrhunderts zu erinnern. Millionen, Milliarden von Menschen müssten heute, dem armen und erfolglosen Goldsucher Chaplin gleich, Schuhsolen kochen und die Nägel der Schuhe ablutschen, um so etwas wie Essensgeschmack empfinden zu können. Sollten die Armen und Verelendeten versuchen, vielleicht mit einigen ihr schimmliges Brot nicht zusätzlich verzehrenden hilfreichen Personen ihre abgründige Situation zu verbessern, könnten sie kaum mehr tun, als der Goldsucher Chaplin. Bauchig ernährt und kraftvoll, wie er

[145] Ebenda, S. 179-181.

schuhsohlig nägelleckend ist, bleibt ihm keine andere Wahl, als sich ohne Griff an den spreißelvollen Bodenbrettern emporzuziehen. Anders stürzte die Hütte jählings in den Abgrund. Aus den Zeitungen der letzten Julitage (2011) gepickt, mögen drei Ereignissplitter die chaplineske „Goldrausch"-Situation der Menschenrechte illustrieren. Sie könnten zu einem riesigen fransigen und löchrigen Tuch der Menschenrechte inmitten des Weltmarkts und seiner Politik nachhaltiger Produktion von Ungleichheit, repräsentiert durch machtungleiche Staaten und transnationale Korporationen, ausgebreitet werden.

Am 25. Juli 2011 berichtet die Süddeutsche Zeitung, der Soziologe Jean Ziegler sei als Vortragender der Salzburger Festspiele ausgeladen worden. Er sei dessen Financiers nicht genehm gewesen. Das verwundert nicht. Es ist auch ‚an sich' nicht weiter des Aufhebens wert. Wohl aber sind des Aufhebens wert das Interview Jean Zieglers und Auszüge aus seiner ungehaltenen Rede.[146] In seinem Interview spricht Jean Ziegler, selbst für oberflächliche Kenner nicht verzerrend – so Worte, mit dem sanft genauen Matthias Claudius gesprochen, die „Sache nicht verderben" sollen –, von der „kannibalischen Weltordnung, hervorgebracht vom Raubtierkapitalismus". „Der Terror Profitmaximierung", zeige sich darin, man könnte sich auch szientifischer ausdrücken und vom überall aktualisierten Wesensgesetz globalen Kapitalismus reden, „dass die Weltlandwirtschaft ... zwölf Milliarden Menschen normal ernähren" könnte. „Wir tun es aber nicht. ... Das Geld ist nicht da. Denn es wird gebraucht, um die Banken zu retten." Etwas analytischer, Jean Ziegler nicht entgegen, zeigte man, warum und wie die weltweit verhängnisvoll einseitige Restkapitalisierung der Landwirtschaft solche Ergebnisse zeitigen muss. Jean Ziegler fährt mit einer aktuellen Beobachtung des viel Gereisten und Erfahrenen gerade in afrikanischen Ländern fort: „Am Eingang des kenianischen Flüchtlingslagers Dadaad muss die UN aufs Grausamste selektieren (‚Selektieren' nach 1945 eine Zeitlang mit guter Scheu Teil des „Wörterbuchs des Unmenschen"; d. Verf.), viele Hunger-

[146] Siehe SZ vom 25.7.2011 „Empört euch! Der Schweizer Soziologe Jean Ziegler über seine Ein- und Ausladung zu den Salzburger Festspielen und den Zusammenhang zwischen Bankenrettung und Hungerkatastrophe". Das Interview führte Alex Rühle. Vgl. Zieglers letztes Buch: Der Hass auf den Westen. Wie sich die armen Völker gegen den wirtschaftlichen Weltkrieg wehren, München 2011.

flüchtlinge, die da ankommen, werden abgewiesen, nur noch die Kräftigsten werden eingelassen. Weil es kein Geld gibt, um all die Geschwächten zu versorgen. Seit der Finanzkrise haben die europäischen und amerikanischen Großbanken mehr als acht Billionen Euro erhalten. Im gleichen Zeitraum hat das World Food Programm die Hälfte seines Budgets verloren, es schrumpfte von sechs auf 2,8 Milliarden Euro. Als die UN einen Notappell herausgab, dass sie für den Monat Juli 180 Millionen Euro benötigen, haben sie 58 Millionen erhalten." Im Redetext ist folgende Passage enthalten. „‚Unsterbliche gigantische Personen' nennt Noam Chomsky die Konzerne. Vergangenes Jahr – laut Weltbankstatistik – haben die 500 größten Privatkonzerne 52,8 Prozent des Welt-Bruttosozialprodukts … kontrolliert. Die total entfesselte, sozial völlig unkontrollierte Profitmaximierung ist ihre Strategie. Es ist gleichgültig, welcher Mensch an der Konzernspitze steht. Es geht nicht um seine Emotionen, sein Wissen, seine Gefühle. Es geht um die strukturelle Gewalt des Kapitals. Produziert er dieses nicht, wird er aus der Vorstandsetage verjagt."

Noch viel weiter am Rand des Weltmarkts und der Großnationenpolitik, westlich strikt menschenrechtlichen Wertanstrichs, mutet die Meldung der FAZ vom 29.7.2011 an: „Mehr Kranke, weniger Lernende, gleich viele in Lagern. Vor einem Jahr begann Frankreichs ‚Sicherheitsoffensive' gegen Roma – eine Bilanz".[147] Vor Jahresfrist hat der umtriebige französische Präsident versucht, die Roma mit einer sog. Sicherheitsoffensive zu vertreiben. Die lächerlich geringe Zahl der knapp 20.000 Roma-Mitglieder in der Grand Nation hätte den machttrunkenen Herrn nicht dazu veranlasst, gegen ausländische Bürgerinnen und Bürger sicherheitsoffensiv wie in einem inneren Krieg zu werden. In Frankreich wie in allen führenden EU-Ländern, die Bundesrepublik Deutschland eingeschlossen, ist regierungsamtliche, auch gesetzlich verordnete und mobilisierte Ausländerfeindlichkeit Trumpf. So konnte vor sechs Jahren die europäische Institution FRONTEX geschaffen und dieses Jahr erweitert werden. Sie ist darauf geeicht, insbesondere Migrantinnen und Migranten aus Afrika vom hehren und reichen und um die Krone des Weltmarktwachstums ringenden Abendland fernzuhalten. Um nahezu jeden Preis, das Leben von Afrikanern eingeschlossen. Darum

[147] von FAZ-Redakteurin Michaela Wiegel.

waren die EU und ihre führenden Staaten auch tief involviert in die Politik der Machterhaltung des nordafrikanischen Staatengürtels entlang dem Mittelmeer bis zum Jemen und Syrien, das Regime Gaddafi eingeschlossen. Energie-, Rohstoff- und expansive Investitionsinteressen unterstü(t)zen den europäischen Herrschaftskonservatismus. Seitdem Teile der Bevölkerung in diesen autoritären Polizei- und Militärstaaten, Tunesien und Ägypten zuerst, gegen die dort Herrschenden, die Ben Alis, Mubaraks, dann Gaddafis und andere rebelliert haben, versucht man pseudohumanitär, darum militärisch, die alten Machtpositionen mit den altneuen Regimen zu halten. Ohne die Situation genauer zu beschreiben, ist doch insgesamt festzustellen, dass die Globalisierung der Konkurrenz und ihre Verschärfung fast alle Staaten, die westlichen zumal, dazu veranlasst haben, eine Politik der aggressiven Exklusion von Menschen zu betreiben, die nicht sofort „in Wert" gesetzt werden. Gleichzeitig werden ihre expansiven Gewinne ungleich eingeheimst. Menschenrechte spielen wie in allen europäisch-angelsächsischen Kriegen die Rolle einer Legitimationsessenz für die heimische Bevölkerung.

In China ereignete sich im Juli ein Zugunglück. Zwei Hochgeschwindigkeitszüge stießen aufeinander. Die Kritik, die selbst in der beschränkten Öffentlichkeit Chinas laut wurde, lässt sich über das riesige China hinaus und seinen Wachstums- und Größenwahn verallgemeinern. Im Mikrobloggerdienst Weibo lautete einer von vielen Einträgen: „China halte deinen fliegenden Schritt an, warte auf dein Volk, warte auf deine Seele, warte auf deine Moral, warte auf dein Gewissen."[148] Als hätte sich weltweit die Spezies des homo sapiens in ein Milliarden umfassendes Kollektiv von Wachtstumslemmingen verwandelt. Der nach- und aufholende Wettlauf Chinas und seiner treibenden Interessenkräfte überrascht und bedrückt weniger, seitdem sich China weltmarktpolitisch einmischt. Bedrückend ist vor allem, wie die mit ihren Werten expansiv „postkolonialistisch" auftrumpfenden westlichen Länder keine Vorstellung dessen haben, was sie, auch nur sich selbst verantwortlich, wollen könnten. Aller randständigen Kritik an einem gigantomanen Wachstum ohne andere Perspektive zum Trotz ergeben sie

[148] Mark Siemons: Wir sind alle Passagiere. China streitet nach dem großen Zugunglück über das Tempo der Modernisierung, in: FAZ vom 28.7.2011. Dort wird ein weiterer Mikroblogger zitiert: „China ist heute wie ein Zug, der durch ein Gewitter fährt. Keiner von uns ist Zuschauer; wir sind alles Passagiere."

sich längst in das, was sie systemisch gezwungen sind zu wollen: in ihre zunehmende, jedoch anhaltend machtglänzende Ohnmacht. Absehbare normale, ihrerseits wachsende Katastrophen sind die Folgen. Nie bedeutete der politisch soziale Inhalt von Verantwortung und ihren institutionellen Formen in schier unbegrenzter Größenordnung weniger als heute. Das aufgeklärte Projekt des bürgerlich begrenzten Verfassungsstaats der Neuzeit: verantwortliche Politik ist ein substanzloses Schemen geworden.

Was rechtens sei? Menschenrechte und Demokratie orientieren sich an menschlichem Tun und Lassen in freier Gleichheit. Sie ist so zu organisieren, dass selbstbewusste und handlungsfähige Personen werden und leben können. Ganz einfach. Und in dieser Einfachheit menschengemäß kompliziert, strittig und einvernehmlich zugleich. Schon lange vordem, gegenwärtig und in gegenwartsbestimmter Zukunft hapert es daran, dass Gesellschaften im einzelnen und im weltweit konkurrierenden, zugleich massiv ungleichen Zusammenhang rechtens seien. Das hindert allein schon eine Menschenrechte fundierende und darum fundamentale Tatsache: dass die überwiegende Mehrheit der Menschen auf Erden, in 200 Staaten und mehr zusammengefasst, fast nichts zu sagen hat. Diese Feststellung gilt mehrheitlich bei weitem auch für die sogenannt entwickelten und etablierten, die westlichen und als liberal behaupteten Gesellschaften. Sie maßen sich legitimationsdünn demokratische Repräsentation nur an. In der Politik des demokratischen Als Ob im Westen. Die biblische Devise ohne religiösen Anspruch, indes in fast religiös zu nennender Intensität: Die Wahrheit wird euch freimachen, müsste alle, die sich menschenrechtlich und demokratisch nicht vergebens kümmern, feststellen machen: ein globales, je nationales Menschenrechts- und Demokratiedefizit rundum ist gegeben. Dann gingen vielleicht mehr einzelne und Gruppen darauf aus, im Ganzen und im Kleinen, Schritt für Schritt, Handlung für Handlung in wechselseitig kritischer Konsenssuche, Bretter über die demokratische Leere zu legen und Brücken zu bauen. Nicht abstrakte, weithin akademische Gerechtigkeitsphilosopheme zählten, die seit den 70er Jahren des letzten Jahrhunderts jenseits aller ‚Faktizität und Geltung' ins welke Kraut geschossen sind. Allein Konzepte und Schritte entsprächen menschenrechtlich-demokratischem Maß, die mitten in globaler Verwüstung und ihres Wachstums Inseln „ewigen Friedens" ausmalten und verfertigten, weit unterhalb Kant'scher Abstraktion, stimuliert aber von seinem idealischen Willen.

Was rechtens sei? Gegenwärtig allenfalls wenige spärlich erhellende Lichtflecke. Das große menschliche Ziel bleibt jedoch, wie klein und mickrig es in kleinen Kollektiven von Gruppen umgesetzt werde. Helmut Gollwitzer hat es im Titel seines letzten monographischen Buches genannt: „Krummes Holz – aufrechter Gang". [149] Nicht Illusionen, Menschenunmöglichem nachjagen. Das krumme Holz indes, aus dem wir menschlich geschnitzt sind, am Menschenschönsten und Menschenmöglichen auszurichten: der Ekstase des Aufrechten Gangs, wie sie jedes nicht vom Hunger gedrückte Kind anfänglich erlebt. Das auf erwachsene Dauer zu ist jeder und jedes Aufgabe. Allen gleichrangig. Und vielleicht gelingt es sogar, mehr als freie Fußnoten im Herrschafts- und Katastrophentext anzufügen. Menschenrechte als immer herrschaftsquere Motive lungern subversiv und treiben zur Revolte.[150] Das macht ihr fortgeltendes humanes Minimum aus. Verbunden ist es mit einer anhaltenden praktischen Sehnsucht, es möge gelingen, Gesellschaften zu schaffen, in denen es rechtens zugeht. Denn alle Personen sind gleich und frei geboren. Sie könnten sich als Freie und Gleiche entwickeln und miteinander in friedlichen Konflikten leben.

Nur einen zusammenfassenden Knoten schürzendes Nachwort

In zwei aufeinanderfolgenden Ausgaben dokumentierte die New York Review of Books zum ersten Mal einer allgemeineren Öffentlichkeit eine Rede des US-amerikanischen Literaturnobelpreisträgers von 1976, Saul Bellow. S.B. ist 2005 gestorben. Titel der Rede: A Jewish Writer in America.[151] Die

---

[149] Helmut Gollwitzer, Krummes Holz – aufrechter Gang. Zur Frage nach dem Sinn des Lebens, München 1970. Wir waren uns freundschaftlich nie klar, was uns, den Gläubigen und den Ungläubigen, trenne. Es schien uns, irdisch gesprochen, minimal. In diesem Sinne fügen sich viele Beobachtungen, Aussagen, Problematisierungen Helmut Gollwitzers in die Argumentation dieses Buches (und umgekehrt).

[150] Vgl. Albert Camus, Der Mensch in der Revolte, Hamburg 1953; Johannes Agnoli, Subversive Theorie. ‚Die Sache selbst und ihre Geschichte', Freiburg i. Br. 1999.

[151] Saul Bellow, A Jewish Writer in America, Part I, The New York Review of Books, October 27, 2011, S. 26-28; Part II, NYR, November 10, 2011, S. 28 f.

Lektüre, voll intellektueller Faszination und Trauer, hatte beim nichtjüdischen, einst „arisch“ blutgebodeten Deutschen eine Generation jünger zur Folge – der darob nur zu einem deutschen Sprach- und Kulturbürger im menschenrechtlichen Überstieg geworden ist –, seine Absicht im und durch das Buch „Trotzdem: Menschenrechte!“ noch inniger zu begreifen. Das Nachwort soll die Absicht pointieren. Wenige gedankliche Flügelschläge mögen sie umkreisen. Bis sie sich zu einem prekären Sitz auf einem historisch gegenwärtig getriebenen Ast niederlassen.

Wozu der im exkursreichen Büchlein unternommene Versuch, jenseits wohlfeiler Originalität, Menschenrechte historisch anthropologisch als die allgemeine, verbindlich offene politisch-humane Urteilsbasis unserer Zeit begründen zu wollen?

Bellows Vortrag lohnte mit einer erheblichen, letztlich zum Scheitern verurteilten Anstrengung – wenn sie denn Geschichte und Politik der ersten Person S.B.s erlaubte –, von deutsch-europäischer Perspektive aus auf ihre entsprechenden Analogien und Dyslogien getestet zu werden. Nur eine mögliche Pointe wird aufgegriffen.

Die Fremdenfeindlichkeit, vor allem der Antisemitismus spielen die Begleitmusik von Saul Bellows jüdisch amerikanischer Primärverortung im menschlich nie perfekt Verortbaren. Bellow spricht von seinem „core consciousness“ (Bewusstseinskern). Zu ihm zählt er sein nicht in Frage gestelltes Vertrauen, sein Wissen, dass er, mit Morris R. Cohen gesprochen, ein Recht habe zu existieren (das also, was Hannah Arendt gemäß allen Displaced Persons existentiell und aktuell fehlt). Zu diesem ebenso ‚spontanen‘, wie fundamentalen Bewusstsein gehörte: „I was, among other things, a Jew, the child of Jewish immigrants.“ Vierjährig wurde mit ihm begonnen, das Alte Testament auf Hebräisch zu lesen. „Because I had to memorize most of Genesis, my first consciousness was that of a cosmos, that in that cosmos I was a Jew. I suppose it would be proper to apply the word ‚archaic‘ to such a representation of the world as I had – archaic, prehistoric.“ Deshalb bedeutete es einen Akt des Verrats „to my first consciousness to un-Jew myself.“ Folge davon war oder ist unter anderem: „Thus I may have been archaic, but I escaped the horrors of an identity crisis.“ Bellow berührt danach, wie ihn die Lektüre von Oswald Spengler geärgert und verunsichert habe. Spengler ließ die Juden allenfalls als untergegangene Kultur gelten. In der englischen Sprache habe er seinen spirituellen Ort gefunden. „Our language is a spiritual location, it houses your soul. ... Your English is the principal instrument of your humanity“ (cf. Oct. 27, pp 26/27).

Mit einem Sprung erreiche ich den Rand des nächsten Gedankens. Im II. Teil seines Vortrags berichtet Bellow, wann und wie er zuerst mit dem Nazi-Terror 1946 konfrontiert worden sei. Er führt den Holocaust zu einem Teil, Bellows Argumente werden hier zusätzlich verengt, auf zwei Faktoren zurück (statt Holocaust hieß es nazistisch: die „Endlösung“. Die Sprache in nazistischem Deutsch verrät mehr als der entlehnte jüdisch religiöse Ausdruck „Holocaust“.[152] Er verfremdet deutscherseits Sprache (!) und Geschichte). Darauf, dass Juden in Europa immer nur als Besucher, als Fremde, als Eindringlinge behandelt worden seien. Nach einem Zitat Karl Shapiros: „ ... The European Jew was always a visitor ... But in America everybody is a visitor ...“, wird einsichtig, warum Juden von den bodenständig sesshaften sich bildenden Europäern – im Rahmen der sich im 19. und 20. Jahrhundert entwickelnden, gebiets- und grenzenfixierten Vorurteilskokons der Nationalstaaten zumal –, permanent diskriminiert und periodisch verfolgt worden sind. Eine Differenz ums Ganze: die US-amerikanische Toleranz verglichen mit der europäischen, der deutschen vor allem. Besonders unter Deutschen, deutsch ‚Gebildeten‘ zumal, wirkte im ausgehenden 19. und der ersten Hälfte des 20. Jahrhunderts das verbreitete Gefühl nach, national zu spät zu kommen, im „Konzert der Mächte“ keine angemessene Rolle zu spielen. Daher der Versuch, in der Krise des Deutschen Idealismus im Nihilismus spannungsreich Wesen- und Eigentlichkeit zu suchen und verdinglicht zu finden. Bellow handelt darüber im II. Teil. Auf den philosophisch sumpfigen Spuren Heideggers, Schmitts u.a. kam es dazu, den Grund des Grundes in Blut und Boden zu riechen. Politische Ethik und ihre Urteilsgründe bornierten und entgrenzten sich zugleich im deutschen, auf Expansion „realpolitisch“ angelegten Nationalstaat: „Blut und Eisen“.

---

[152] Vgl. Hans Keilson, Kein Plädoyer für eine Luftschaukel. Essays, Reden und Gespräche, Frankfurt/M. 2011, S. 58-63.

Erneut ein Sprung. Diese Lesart meiner Väter- und Vorväter, meiner Mütter- und Vormüttergeneration sollte in der politischen Hauptsache nicht irrig sein, so grob und lückenriesig sie skizziert wurde. Dann bestünde die (bundes-)deutschen, aber weit über sie hinausgehenden Konsequenzen im Sinne einer zukunftsorientierten „Fähigkeit zu trauern" darin, auf allen Ebenen und im Kontext aller prägekräftigen, Habitus schaffenden Institutionen die persönliche und kollektive politische Urteilskraft zu stärken. Dies kann nicht durch den Rekurs auf eine lange Tradition geschehen. Das war bei Diaspora-Juden der Fall oder kann es zusätzlich zur neuen Tatsache des Staates Israel seit 1948 sein. Orientierungs- und Urteilsgründe individuell, vor allem kollektiv können nicht im Sinne eines verbindlichen religiösen Kanons gefunden werden. Die Einsicht in das Verhängnis von vermeintlich ‚wahren' Ersatzfüllungen irgendwelcher Wesenheiten nationaler Art ist immer erneut zu lernen, eingeschlossen alle ethnischen Fixierungen mitsamt den jeweiligen aggressiven Ein- und Ausschlüssen. Wenn die menschenrechtliche Orientierung, wie sie hier in mehreren Linien gefunden und verknotet worden ist, überhaupt einen persönlichen und politischen Sinn haben sollte – weit über die aus historischen Gründen besonders betrachteten Deutschen hinaus –, dann bestünde er darin, allen Menschen überall Motive, Grundlagen, Kriterien und Aspekte der eigenen Urteilsfähigkeit persönlich und politisch anzubieten. Menschenrechte orientierten und qualifizierten positiv und negativ zumal. Das ist ihre gespaltene, dialektisch gebogene Zunge. Gegen herrschaftliche Unterdrückungen und Ausbeutungen. Für das Ebenmaß gleich verteilter Selbst- und Mitbestimmungschancen. Menschenrechte würden so zum einzigen Urteilsmaß, das nicht diskriminierte. Es sei denn Strukturen der Diskriminierung, der Mittel und Funktionen von Herrschaft und Ungleichheit. Sich nicht zu identifizieren, Kopf und Herz nicht im falschen Kollektiv zu verlieren, sich vom 20. Jahrhundert erfahren gebeutelt für die Möglichkeit gesamtgesellschaftlich begründeter Freiheits- und Gleichheitschancen jedes Menschen zu engagieren – so lautet die jeden Tag grüne, riskante und welke Lerndevise. Die verbindliche, utopisch vorscheinende Identität des Nichtidentischen.

Zwei geborgte, zu eigen gemachte Nachschriften

Kublai Khan und Marco Polo unterhalten sich über die Städte der Welt. Marco Polo hat sie alle erfahren. Ihr Austausch endet mit diesem Gespräch:

„Der Atlas des Großkhans enthält auch die Karten der verheißenen Länder, die in Gedanken besucht, aber noch nicht entdeckt und gegründet worden sind: das Neue Atlantis, Utopia, die Sonnenstadt, Oceana, Tamoé, New Harmony, NewLanark, Icaia.

Kublai fragt Marco: ‚Du, der forschend umherreist und die Zeichen siehst – kannst du mir sagen, zu welcher von diesen Zukünften uns die günstigeren Winde treiben?'

‚Für diese Häfen könnte ich weder eine Route auf der Karte einzeichnen noch ein Ankunftsdatum festlegen. Manchmal genügt mir ein kurzer Durchblick mitten in einer unübersichtlichen Landschaft, ein Aufleuchten von Lichtern im Nebel, der Dialog zweier Passanten, die sich im Gedränge begegnen, um mir vorzustellen, dass ich von hier ausgehend Stück für Stück die vollkommene Stadt zusammensetzen könnte, aus Fragmenten, die mit dem Rest vermischt, Momenten, die durch Pausen getrennt sind, Signalen, die jemand sendet, ohne zu wissen, wer sie empfängt. Wenn ich Dir sage, dass die Stadt, zu der meine Reise strebt, diskontinuierlich in Raum und Zeit ist, mal spärlicher, mal dichter, darfst du nicht glauben, dass man aufhören könnte, nach ihr zu suchen. Vielleicht entsteht sie jetzt gerade, während wir hier reden, verstreut in den Grenzen deines Reiches. Du kannst sie aufspüren, aber nur so, wie ich dir gesagt habe.'

Schon blättert der Großkhan in seinem Atlas nach den Karten der Städte, die in Alpträumen und Verwünschungen drohen: Enoch, Babylon, Yahoo, Butua, Brave New World.

Er sagt: ‚Alles ist vergebens, wenn der letzte Anlegeplatz nur die Höllenstadt sein kann und die Strömung uns in einer immer engeren Spirale dort hinunterzieht.'

Darauf Polo: ‚Die Hölle der Lebenden ist nicht etwas, das erst noch kommen wird. Wenn es eine gibt, ist es die, die schon da ist, die Hölle, in der wir jeden Tag leben, die wir durch unser Zusammensein bilden. Es gibt zwei

Arten, nicht unter ihr zu leiden. Die erste fällt vielen leicht: die Hölle zu akzeptieren und so Teil von ihr zu werden, dass man sie nicht mehr sieht. Die zweite ist riskant und verlangt ständige Aufmerksamkeit und Lernbereitschaft: zu suchen und erkennen zu lernen, wer und was inmitten der Hölle nicht Hölle ist, und ihm Dauer und Raum zu geben.'"

Italo Calvino, Die unsichtbaren Städte, dt. 2002

Sch' ma (Höret)

Ihr, die ihr sicher wohnt
In euren gewärmten Häusern,
Ihr, die ihr bei der Heimkehr am Abend
Warmes Essen findet und Freundesgesichter:

Fragt, ob das ein Mann ist:
Der arbeitet im Schlamm
Der kennt keinen Frieden
Der kämpft um ein Stück Brot
Der stirbt auf ein Ja, auf ein Nein hin.
Fragt, ob das eine Frau ist:
Kahlgeschoren und ohne Namen
Ohne Kraft der Erinnerung mehr
Leer die Augen und kalt der Schoß
Wie eine Kröte im Winter.

Denkt, dass dieses gewesen:
Diese Worte gebiete ich euch.
Ins Herz schärft sie euch ein,
Wenn ihr im Haus seid oder hinausgeht,
Wenn ihr euch niederlegt oder erhebt:
Sprecht sie wieder und wieder zu euren Söhnen.
Sonst sollen eure Häuser zerbersten,
Krankheiten über euch kommen,
Eure Nachgeborenen das Gesicht von euch wenden.

Primo Levi am 10. Januar 1946.
In: Zu ungewisser Stunde. Gedichte, dt. 1998

Gewaltlos gegen Krieg

Im Oktober 2011 ist die Autobiographie von Andreas Buro mit dem Titel „Gewaltlos gegen Krieg. Lebenserinnerungen eines streitbaren Pazifisten" erschienen.

Der Verlag Brandes & Apsel hat das 328 Seiten starke Buch herausgegeben (Frankfurt/M. ISBN: 978-3-86099-709-3; 24,90 Euro).

Das Buch kann auch im Sekretariat in Köln bezogen werden.

Grundrechte-Report 2011

Zur Lage der Bürger- und Menschenrechte in Deutschland

Zum 15. Mal dokumentiert der Grundrechte-Report Eingriffe in die Grund- und Freiheitsrechte in Deutschland. Die Palette der Themen ist breit: Gilt das Recht auf ein menschenwürdiges Existenzminimum auch für Flüchtlinge? Bleibt der Bombeneinsatz von Kunduz ohne Konsequenzen? Welche Gefahren gehen vom Zensus 2011 aus? Haben kirchliche Arbeitnehmer keine Rechte?

Welche Folgen hat die Abschaffung der Wehrpflicht? Sind unsere Wahlgesetze noch demokratisch? Der Grundrechte-Report 2011 behandelt schwerpunktmäßig das Spannungsfeld zwischen Sicherheit und Freiheit in Deutschland.

Fischer Taschenbuch Verlag, ISBN 978-3-596-19171-0

Preis: 9,99 Euro

Digitalisierte Patienten – Verkaufte Krankheiten

Elektronische Gesundheitskarte und die Kommerzialisierung des Gesundheitswesens

Die elektronische Gesundheitskarte soll mit großem Aufwand und unter Zwang noch in 2011 durchgesetzt werden. Dieses Buch bietet eine Fülle von Hintergrundinformationen zur ärztlichen Praxis, zu Entwicklungslinien im Gesundheitssystem, zum Schutz und zur Gefährdung von Patientendaten und zur bürokratischen Konzeption der eGK und begründet damit Protest und Widerstand.

ISBN 978-3-88906-136-2; 192 Seiten, Köln 2011

Preis: 12,00 Euro

Der Mord in Dessau im Schoß der Polizei

Am 7. Januar 2005 verbrannte Oury Jalloh, ein schwarzer Asylsuchender, an Händen und Füßen gefesselt, bei lebendigem Leib in einer Gewahrsamszelle der Dessauer Polizei. Er befand sich vollständig in deren Gewalt. Zwei der an der Ingewahrsamnahme beteiligten Polizisten werden angeklagt und freigesprochen. Der BGH hob das Urteil gegen einen der Polizisten auf. Ein neues Verfahren steht in Magdeburg an.

Die Analyse des ersten Prozesses vor dem Landgericht Dessau-Roßlau deckt die Beschränktheit des individualisierenden Strafverfahrens und seine unzulänglichen Wahrheitskonstruktionen auf.

ISBN 978-3-88906-133-1; 74 Seiten, Köln 2010; Preis: 5,00 Euro

Komitee für Grundrechte und Demokratie e.V.

Das Komitee für Grundrechte und Demokratie konzentriert seine Arbeit auf die Situation der Grund- und Menschenrechte in der Bundesrepublik Deutschland. Die Schwerpunkte, Themen und Aktionen orientieren sich an aktuellen Fragestellungen. Einige grundlegende Themen beschäftigen das Komitee immer wieder neu. Schwerpunkte der derzeitigen Arbeit seien stichwortartig herausgegriffen: Strafrecht, Haftbedingungen und Gefangenenhilfe; Friedenspolitik; Demonstrationsrecht und -beobachtungen; Flucht, Migration und Asyl; Soziale Bürger- und Menschenrechte; Verletzungen von Grundrechten im Namen der „Inneren Sicherheit"; Neue Technologien und das Gesundheitssystem (elektronische Gesundheitskarte); Prozessbeobachtungen; Fragen einer menschenrechtlich-demokratisch nötigen bundesdeutschen und europäischen Verfassung; Ferien vom Krieg für Kinder und Jugendliche aus dem ehemaligen Jugoslawien, Israel und Palästina.

Zu vielen dieser Themen sind Arbeitsgruppen tätig, die Aktionen planen, vorbereiten und ermöglichen. Zu aktuellen Fragen werden Stellungnahmen oder Pressemitteilungen herausgegeben. Auf Tagungen und in Publikationen werden Hintergründe und Zusammenhänge grundrechtlicher Probleme analysiert. Dort, wo möglich, nötig und sinnvoll, tritt das Komitee für bedrohte Menschenrechte und gegen undemokratische Maßnahmen in Formen strikt gewaltfreien symbolischen Handelns direkt ein.

Die Gefangenenbetreuung umfasst einen umfangreichen Briefwechsel mit Gefangenen und Eingaben zur Verbesserung von Haftbedingungen bei den Behörden, aber auch Gefangenenbesuche. Auf Anfrage erhalten Gefangene Literatur in die Justizvollzugsanstalten geschickt. Ein besonderer Schwerpunkt liegt in der kritischen Auseinandersetzung mit der lebenslangen Freiheitsstrafe und ihren repressiven Auswirkungen auf den so genannten Normalvollzug.

Das Komitee für Grundrechte und Demokratie wurde 1980 gegründet. Die Initiative ging aus von Personen, die am Zustandekommen des Russell-Tribunals über die Situation der Menschenrechte in der Bundesrepublik Deutschland (1978/79) beteiligt waren. Die damals formulierten Ziele sind nach wie vor seine Leitlinie: Couragiertes und menschenrechtlich erforderlichenfalls zivil ungehorsames Engagement für Menschenrechte aller Menschen und überall.

Im Gründungsmanifest von 1980 heißt es: „Das Komitee begreift als seine Hauptaufgaben, einerseits aktuelle Verletzungen von Menschenrechten kundzutun und sich für diejenigen einzusetzen, deren Rechte verletzt worden sind (z.B. im Kontext so genannter Demonstrationsdelikte, Justizwillkür, Diskriminierung, Berufsverbote, Ausländerfeindlichkeit, Totalverweigerung, Asyl- und Flüchtlingspolitik), andererseits aber auch Verletzungen aufzuspüren, die nicht unmittelbar zutage treten und in den gesellschaftlichen Strukturen und Entwicklungen angelegt sind (struktureller Begriff der Menschenrechte). Die Gefährdung der Grund- und Menschenrechte hat viele Dimensionen, vom Betrieb bis zur Polizei, vom ‚Atomstaat' bis zur Friedensfrage, von der Umweltzerstörung bis zu den Neuen Technologien, von der Meinungsfreiheit bis zum Demonstrationsrecht, von der Arbeitslosigkeit bis zur sozialen Deklassierung, von den zahlreichen ‚Minderheiten' bis zur längst nicht verwirklichten Gleichberechtigung der Frau."

Das Komitee hat die Rechtsform eines eingetragenen, gemeinnützigen Vereins. Organisatorisch besteht das Komitee aus einem Mitglieder- und einem Förderkreis zur Unterstützung des Komitees. Interessierten senden wir gerne Informationen und die Liste unserer Veröffentlichungen zu.

■ **Komitee für Grundrechte und Demokratie e.V.**

Aquinostraße 7 – 11 • 50670 Köln
Telefon 0221 972 69 30 • Fax 0221 972 69 31
info@grundrechtekomitee.de

Spendenkonto 8 024 618
Volksbank Odenwald • BLZ 508 635 13
Spenden sind steuerlich absetzbar.

www.grundrechtekomitee.de